문제중심학습(PBL)

6·25전쟁사

도서출판 진 영 사

문제중심학습(PBL) 6 · 25전쟁사

김 성 우

2015년 08월 26일 초판 인쇄

2017년 01월 29일 초판 2쇄발행

발행인 박 진 영

발행처 도서출판 진영사

인천광역시 부평구 부평동 134-16 태승빌딩 4층

전화 : 032)505-4207

팩스 : 032)505-4206

E-mail : 0183734207@hanmail.net

등록 : 122-91-77317

ISBN 978-89-6541-232-8 93390

값 18,000원

서 언

전쟁의 양상은 과거보다 현대에 이를수록 복잡해지고 규모가 커지고, 그 가열성이 한층 심화되어 전쟁수행이나 전쟁지도가 더욱 어려워지고 있다. 현대의 군사력 준비와 유지 및 관리는 평상시에도 그 중요성이 강조되고 있다. 불안정성의 연속인 전장환경 속에서 전쟁에서 승리하거나 전쟁을 예방하는 방법을 알아야하며 이를 위해 전쟁사를 연구하여 전쟁 그 자체를 이해하고 선배들의 전쟁경험을 교훈으로 삼아 장차 전쟁에 대비해야 한다.

여기서 전쟁사를 효과적으로 공부하는 방법은 여러 가지가 있겠지만 군생활과 민간대학에서 강의한 경험에 의하면 문제중심학습법(Problem-Based Learning; PBL)이 가장 좋은 방법이라고 판단되어 6·25전쟁사를 책으로 편찬하였다.

1. 문제중심학습법의 필요성

엘빈 토플러는 그의 저서 '제3의 물결'에서 인류는 제1물결의 농업사회와 제2물결의 산업사회를 거쳐 이제 제3의 물결인 정보화사회에 접어들고 있다고 하였다. 다니엘 벨은 '탈 산업사회의 도래'에서 미래의 사회를 탈산업사회로 예견하였다. 미래학자들이 생각하는 21세기가 원하는 유능한 인제란 광범위한 지식을 보유하고 있을 뿐만 아니라 새로운 지식을 받아들이고 창의적으로 문제해결에 적용할 수 있으며, 팀 구성원으로서의 역할과 기능을 다할 수 있는 사람으로 보고 있다.

대학에서는 입학하는 학생들의 수준을 잘 파악하여 학생들을 위한 가장 효과적인 교육방법으로는 산업체나 사회 각 분야에서 요구하는 능력을 정확하게 파악하여 이에 합당한 인력을 배출하는 것이 대학의 경쟁력을 향상시키는 길이라 볼 수 있다. 현재 경향은 학생들이 사회과학 분야에 많이 입학하고 있지만 이들이 원하는 산업체는 다양하기 때문에 제대로 맞춤식 교육을 하기에는 여러 가지 제한사항이 있다. 학습자의 학업 능력은 학습자 특성과 교수 능력과 의지뿐만 아니라 그들의 동기 수준과도 밀접한 관련이 있기 때문에 학습의 결과는 학습자들이 보다 학습 상황에 의미를 부여하고 보다 흥미를 느낄 때 더 높은 성취도를 보일 수 있다. 단순히 효과적, 효율적인 교수 상황을 학습자에게 제공하기 위한 방법이 아니라, 어떻게 학습상황을 보다 흥미 있게 만들 수 있느냐에 관심을 둘 필요가 있으며, 학습자가 주도적 학습 환경을 이끌어가면서 창의력 및 문제 해결력을 신장시킬 수 있는 학습동기 설계 및 개발의 구체적 전략이 절실히 필요하다.

학습자의 학업 능력은 학습자 특성, 교수 방법 그리고 학습자의 동기 수준과도 밀접한 관련이 있기 때문에 학습의 결과는 학습자들이 보다 학습 상황에 의미를 부여하고 보다 흥미를 느낄 때 더 높은 성취도를 보일 수 있다. 따라서 학생들에게 실제적인 문제를 제시하고 그 제시된 문제를 학습자들 상호간에 공동으로 문제를 해결하고 방안을 강구하며 개별학습과 협동학습을 통하여 공동의 해결방안을 마련하는 일련의 학습방법이 필요하다. 이 책은 군사학의 기본인 '전쟁사(The History of The War)'에 대한 교수 및 학습을 사례연구토론(CSD; Case Study Discussion)을 활용한 전쟁사 강좌의 교육을 효과적으로 하는 교수 및 학습 모형을 개발하는데 그 기초를 제공하도록 노력하였다. 역사의 기본 지식이 없는 학생들에게 역사의 일부인 '한국전쟁사'와 '세계전쟁사'가 군사학의 기초 학문임을 인지시키고 군 간부가 되기 위해서는 필히 알아야할 내용임을 체득할 수 있도록 한다. 어렵다고 기피하는 학습자에게 학습 의미와 흥미를 유발하게 도와주고, 학습자가 주도적 학습 환경을 이끌어가면서 창의적인 생각으로 접근하도록 해야 한다.

학생들의 학업 능력은 학습자 특성과 어떤 교수가 어떤 내용을 어떻게 수업에 적용하느냐와 학생들이 졸업 후 진로를 얼마나 명확하게 정하고 있느냐에 따라 달라진다. 결국 교수의 능력뿐만 아니라 그들의 동기 수준과도 밀접한 관련이 있다. 학습자들은 그들이 좋아하는 과목에 대해서는 높은 학업 성취도를 보이며, 싫어하는 과목에 대해서는 낮은 성취도를 보인다. 더욱이 학업의 결과는 다시 동기 수준에 영향을 미치기 때문에 한 번 흥미를 잃어버린 과목은 계속 동기가 저하되는 악순환이 계속된다, 이와 같은 동기와 학업 성취도와의 관련성에 대해서는 누구도 의문을 제기하지 못할 것이다. 그러나 이렇게 동기가 학업 성취에 중요한 영향을 미침에도 불구하고, 학습에 대한 동기적 요소의 역할에 대해서는 별로 관심을 두지 않는다. 학습의 결과는 학습자들이 보다 학습 상황에 의미를 부여하고 보다 흥미를 느낄 때 더 높은 성취도를 보일 수 있다. 이는 단순히 효과적, 효율적인 교수 상황을 학습자에게 제공하기 위한 방법이 아니라 어떻게 학습상황을 보다 흥미 있게 만들 수 있느냐에 관심을 두고 학습방법을 교과 특성에 맞게 발전시켜야 한다.

군사학을 전공하는 학생들은 다른 학과에 비해 자신의 목표가 명확하다. 그러나 개인적으로는 우수한 군인이 되겠다는 포부를 가지고 있지만, 그 목표를 달성하기 위해서 어떤 공부를 하고 자기계발을 위해 노력을 해야 하는지 잘 모르고 있다. 이들이 군 전문 인력으로서 성공적인 생활을 하기위해서는 군사학에 관련된 각종 기초 지식을 습득하도록 해야 한다. 그 중에서도 특히 전쟁사는 가장 기초적인 학문이다. 그러나 이들이 대부분 역사적인 안목이 부족하기 때문에 전쟁사를 제대로 이해하는 데는 다음과 같은 여러 가지 제한사항이 있다.

첫째, 대부분 학생들은 고등학교 졸업할 때까지 국사나 세계사에 대한 체계적인 교육이 제대로 되어 있지 않기 때문에 역사를 기초로 한 전쟁사의 흐름을 제대로 이해하는데 많은 시간과 노력이 필요하다. 둘째, 전쟁사를 제대로 이해하려면 군사학이나 전술의 기초 지식이 있어야 하는데 학생들에게는 그 기초 지식이 부족하다. 셋째, 전쟁사는 일반적인 인문사회 과목과 달리 부대의 배치와 기동계획을 교수가 일목요연하게 설명하여야 한다. 그러나, 대부분 교재가 일반 서적으로 되어 있어 부분적인 설명과 그림으로는 이해하기가 어렵다. 따라서, 워크시트(Work Sheet)나 파워포인터를 이용한 기동계획의 에니메이션화, 동영상 자료 등이 필요하다.

2. 새로운 학습법 필요성

군사학은 학문으로 인정되고 대학에서 정식으로 공부하기 시작한 것은 짧은 역사를 가지고 있다. 우리나라에서는 많은 대학에서 군사학과를 신설하였고 군과 협정을 체결하여 학과를 설치 운용하고 있다. 이들은 전투 및 행정병과 위주의 수업을 하는 학교와 기술위주의 수업을 하는 학교로 분류할 수 있는데 이들 모두 군사학의 대표적인 과목인 '전쟁사'는 깊이 있게 알아야 할 내용이다. 아직 대학에서는 '전쟁사' 수업에 대한 학교별 방법론이 명확하지가 않아서 학교별로 별 차이 없이 예전 방식대로 하나의 교재를 가지고 일방적인 교수의 강의식 수업에 치중하고 있다. 그러나, 군 교육기관과 야전에서 교육시에는 최근에 여러 가지 교수 기법을 연구 검토하여 '전쟁사' 관련 내용은 학습자의 적극적인 참여와 역할을 강조하는 '토의식' 교수법을 적용하고 있다.

군사학과 전쟁사 강좌사례를 중심으로 문제중심학습(PBL) 경험연구는 사례연구토론

(CSD)을 활용한 전쟁사(The History of the War) 강좌의 문제중심학습(PBL) 교수모형을 활용하여 전쟁사의 새로운 교수 모형을 시도하여 좀더 효과적인 학습법을 적용해야 할 때이다.

3. 문제중심학습법

사지(Sage)는 문제중심학습(Problem-Based Learning; PBL)은 일반교육에서 이루어지는 잘 정의되고 통제된 상황 속에서 나타나는 과학적 현상을 다루기보다는 복잡한 실제 세계에서 나타는 현상을 비구조화된(ill-structured)문제의 형태로 제시하여 학생 스스로 의미 있는 해결방법을 찾아내게 함으로서 교과지식과 과정지식뿐만 아니라 문제해결 전략을 동시에 가르치는 구성주의적 접근방법을 적용한 교수전략이다라고 정의하고 있다.

'교육학용어사전'에는 문제중심학습(PBL)은 학습자 중심의 교육환경을 통해 자주적이고 지속적인 학습인으로서의 체질화에 두고 있는 만큼, 학습자 스스로 자신의 학습과정과 결과에 대한 분명한인식이 다른 어느 객관적 평가방법에 앞서 중요시되어야 한다. 따라서 학습자들의 학습성취에 대한 평가는 학습자가 학습과정에서 스스로 작성한 기록을 가장 기본적이고 중요한 평가자료로 활용해야 하며, 외부인들의 관찰과 참여에 의한 학습과정과 결과에 대한 평가는 부수적인 혹은 보완적인 자료가 되어야 한다라고 서술되어 있다.

1960년대 중반 Barrow에 의해 캐나다의 McMaster 의과 대학에서 처음 실시되었다, 기존의 강의식, 암기식 수업이 의과대학 수업에는 잘 맞지 않는다는 결론에서 시작하여 자신의 경험적 틀에 의한 새로운 수업모형 짜기에 들어갔고, 거기에 인지심리이론들을 덧붙이면서 하나의 교수-학습모형으로 자리 잡게 되었다. 그 후 구성주의라는 학습이론과 더불어 좀 더 이론적 기반을 확실히 하게 되면서 북미 전 지역을 거쳐 전세계로 퍼져 나갔다. 영남대 의과대학 연구에 의하면 2002년에 미국 내 125개 의과대학이 교육과정에 문제중심학습 요소를 포함하고 있으며, 대부분의 수의과 대학에서도 문제중심학습을 수업방법으로 활용하고 있다. 최근에는 의학 분야에서 뿐만 아니라, 경영, 교육, 건축, 법학, 공학, 경제 및 사회사업분야에 이르기까지 다양한 분야에서 전문적인 프로그램으로 사용되고 있다. 이와 같은 경향은 우리나라에도 영향을 주어

2000년대에 들어서 초·중·고등학생을 대상으로 하는 문제중심학습 연구가 활발하게 진행되고 있으며, 국내의 42개 의과대학 중에서 39개 의과대학이 정규교육과정에 문제중심학습을 적용하고 있다.

가. 과학적 지식의 습득보다는 활용에 강조를 두고 있다.

학생들은 수업시간에 배운 과학 지식을 기억만 할뿐 실제로 활용하는 경험을 전혀 해보지 않았다. 불행히도 이와 같은 과학지식의 습득과 이해는 전통적인 수업에서 공통적으로 강조되고 있으며 영재교육의 현장에서도 역시 크게 다르지 않다. 물론 영재들의 경우 추상적이고 복잡한 개념들을 다루지만 대부분의 교육이 개념을 잘 이해하기 위한 계획된 상황에서 이루어지고 있으며 활용의 기회는 극히 드물다.

나. 여러 가지 학문적인 접근을 강조하고 있다.

학생들이 그들이 수업 중에 공부한 내용을 실제 생활에 적용시키려고 한다면 당황하는 경우가 많다. 실제 생활에서 필요한 지식이나 기능은 시험을 치르기 위해서 기계적으로 암기하거나 부분의 분리된 형태로 습득되지 않는다. 다양한 분야의 지식이나 기능이 함께 조화를 이루어야만 해결할 수 있는 문제들이 바로 실제 생활의 문제이기 때문이다.

다. 종합적인 면에서 학습할 수 있게 한다.

우리는 흔히 과학자는 글쓰기에 조금 능력이 떨어져도 괜찮다고 인식하고 있다. 그동안 과학수업에서는 논리적인 사고, 분석적인 사고만이 중요하게 생각되어지고 다른 기능들은 간과되어 왔던 것이 사실이다. 정보를 찾기 위해 인터뷰를 잘하는 방법, 논리적으로 과학적 연구를 표현하는 능력, 또 여러 사람들 앞에서 연구결과를 발표하는 능력 등이 사실은 과학자에게도 중요한 기능들이다.

라. meta-cognitive skill을 강조한다.

실제 생활에서 만나는 문제들은 단순히 공식에 수치를 대입하여 해답을 얻는 것이 아니라 문제를 찾고 문제를 해결하기 위해 스스로 학습하고, 해를 생각하고, 해를 얻기까지 어떤 전략을 쓸 것인가를 결정하고, 얻어진 결과가 타당한지 또는 최선인지를 평가하는 일을 해야 한다. 이와 같은 일련의 과정이 과학자들이 연구할 때 수행해야 하는 것이다. 이와 같은 과정들은 전통적인 수업에서는 결코 가르치는 일이 없다.

마. 실제 생활의 측면을 강조하고 있다.

학생들은 수업시간에 공부한 내용과 주변의 일상생활과 밀접한 관련이 있다고 느끼면 수업에 적극적으로 참여하여 이해하고 기억하려고 한다. 학생들은 항상 왜 이것을 배워야 하는가? 그들이 배운 것을 어디에 이용할 수 있을 것인가를 끊임없이 생각한다. 문제중심학습에서는 실제상황을 주로 다루므로 이와 같은 학생들의 흥미를 자극할 수 있다.

4. 수업 절차

앞에서 지적한 바와 같이 수업방법으로서 사례연구법의 절차는 문제의 탐구, 분석, 토론 및 이해의 과정을 거치는 점에서 Socrates식 산파술이나 Dewey의 반성적 사고에 토대를 둔 문제해결법과 유사한 점이 있고 사례토의가 주된 역할을 차지하고 있다는 점에서 토의법의 절차와 비슷하다. 또 현실적인 문제를 해결하는데 적합한 수업방법으로 평가되고 있는 역할연기법, 시뮬레이션게임, 또는 범례학습 방법의 절차와 유사하다.

가. 준비단계

이 단계는 본격적인 수업을 전개하기 전에 수업에 필요한 준비사항을 마련하는 과정이다. 사례연구법의 효과를 높이기 위해서는 세심한 사전계획이 수립되어야 한다. 우선 학습자의 필요와 수업목표에 적합한 사례를 준비해야 하고 사례를 제시할 수업매체를 설정하고 사례분석과 토의를 진행하기 위한 학습지도안을 작성해야 한다. 또한 모든 학습자가 서로 서로 의견을 활발히 교환하면서 학습자 중심의 학습이 이루어질 수 있도록 집단의 크기, 교실 시설과 환경, 토의 시간 그리고 학습분위기 등을 사전에 계획해야 한다.

집단의 크기는 5~6명이 적당하나 10명 정도를 1개조로 편성할 수 있다. 그러나, 40명을 넘어서는 그 효과를 기대하기 어렵다. 하버드 경영대학에서는 100명 정도의 학생을 대상으로 사례토의를 진행할 수 있다고 하는데, 대집단 토의를 실시하기 전에 7~8명 정도의 소집단을 편성하여 약 2시간 가량 예비토의를 거치는 특별한 전략을 활용하고 있다.(교과교재 연구의 이론과 실제, 1996)

좌석은 세미나 또는 회의일 경우와 비슷하게 배치하면 된다. 그리고 사례토의 시간은 사례의 길이나 사례의 복잡성의 정도에 따라 다소 다를 수 있지만 대략 2~3시간 정도가 적당하다. 학습분위기는 토의과정에서 공개적이고 비형식적이며 이완된 분위기를 조성하게 해야 한다.

수업시간에 다루고자 하는 사례를 선정하는 것이 바로 수업목표의 설정에 해당된다. 수업목표를 너무 구체적으로 제시할 필요는 없고 사례의 제목과 목차를 간략하게 통보하는 것이 좋다. 아울러 이 단계에서는 그 사례와 관련된 경험이나 배경지식을 상기시켜서 새로운 사례를 학습하는데 도움을 줄 수 있도록 유도해야 한다.

나. 전개단계

전개단계는 사례연구가 실제로 진행되는 과정이다. 이는 대체로 사례의 제시, 분석, 토의, 해결책의 결정이라는 세부단계로 구분하여 진행된다.

(1) 사례의 제시

준비단계에서 선정한 교육용 사례를 제시한다. 사례는 준비단계에서 선정한 수업매체에 따라 제시하면 된다. 사례를 학습자에게 문서화된 인쇄자료로 제시하는 것이 가장 보편적이다. 그 외에도 말로 전달하거나 녹음테이프와 같은 청각매체로 제시하기도 하고 영화나 슬라이드와 같은 시각매체로 전달할 수도 있다. 또한 사례를 학급 전체에게 소집단에게 또는 개인에게 각각 제시할 수 있다.

(2) 사례의 분석

학습자들은 각각 제시받은 사례를 읽고 사례 속에 포함되어 있는 사실(Facts)과 문제해결을 위해 좀더 알아야 할 이슈(Learn Issues)를 분석해야 한다. 사례분석에서는 첫째, 분석의 단서가 되는 중심단어와 구, 둘째, 등장인물 또는 집단 사이의 조직적 관계, 셋째, 집단의 역할 배당, 넷째, 대안적 행동의 근거를 검토해야 한다. 일반적으로 사례를 분석하는 절차는 기본적인 문제나 쟁점을 확인하고, 장면을 분석하고 등장인물들이나 각 집단간의 관계를 탐색하고, 그들의 신념과 태도를 분석하는 과정을 거치게 되어 있다. 전사(The History of the War)에서는 역사적 사실과 그 사실을 창조하고 리드한 인문과 집단을 이해해야 한다. 좀더 깊이 있는 분석을 하려면 그 시기의 사회풍조와 국가간, 집단간 힘의 균형관계도 고려해야 한다.

(3) 사례의 토의

사례를 면밀히 분석한 후 학습자는 자신의 분석결과를 기록해서 토의 사회자에게 제출한다. 소집단별로 사례를 분석할 경우에는 한 사람의 발표자를 선출해야 한다. 이 단계가 사실상 사례연구법의 핵심이라 할 수 있다. 여기서 중요한 것은 토의 사회자(Case study leader)의 역할이다. 토의 사회자는 교수가 될 수 있으나 통상 이 방면에 정통한 학생을 지정하거나 조교를 활용할 수 있다. 사례토의의 성패는 사회자의 역할에 달려 있으므로 다음 몇 가지 토의 사회자의 역할을 명심할 필요가 있다.

① 모든 성원들이 적극적으로 토론에 참여하여 자유로이 의사를 표현하도록 이완되고 허용적인 분위기를 조성해야 한다. 특정한 한두 사람에 의해서 독점되는 일이 없도록 진행해야 하고 토의에 적극적으로 참여하면 할수록 각자에게 더 유익할 것이라는 점을 강조해야 한다.

② 종합적인 결론이나 일반적 원칙에 관한 설명을 학습자들이 요구하더라도 응하지 말아야 한다. 사례연구법은 일종의 비지시적인 수업방법이므로 사례토의에 교사나 토의 사회자가 적극적으로 개입하면 그 기본목적에 위배되기 때문이다. 따라서 학습자들이 스스로 자기 책임하에 상황을 판단하고 결정을 내리도록 유도해야 한다.

③ 토론이 엉뚱한 방향으로 전개되거나 한 문제에 대하여 지나치게 오랜 시간이 소요된다고 판단될 때에 토론의 방향을 바로 잡아 주어야 한다. 또한 명백한 오류가 옳은 것으로 받아들여질 때 교수가 개입하여 수정해야 한다.

④ 학습자의 토의활동에 대하여 언어적·비언어적 강화와 피드백을 제공해야 한다. 여기에서는 교사가 주는 것보다는 오히려 동료들끼리 서로 강화하고 피드백을 제시하는 것이 더 중요하다. 사실 토의과정에서 동료들과 자신의 여러 가지 경험과 정보를 교환함으로써 자기발견이 이루어지는 커다란 효과를 가져올 수 있다.

⑤ 사회자 자신도 학습자임을 명심해야 한다. 경우에 따라서는 지교 교수도 학습자가 될 때가 있다는 사실을 알아야 한다.

(4) 해결책의 결정

사례토의 과정을 통해서 각자의 의견을 비교하고 종합하여 가능한 최선의 해결책을 결정한다. 여기에 해결책이란 보편적인 것이라기보다는 사례 가운데에서 그 문제에 직면하고 있는 특정한 인물의 입장에서 구체적으로 생각되는 것에 지나지 않는다. 따라서 모범답안과 같은 유일한 해결책은 있을 수 없으며 다만 현실에 가까운 해결책을 찾는 것이 가장 좋다. 교사나 사회자가 그 문제에 대한 자신의 해결책을 미리 제시해서는 안 된다. 결국 학습자 스스로 토의과정을 거쳐 자기발견을 하도록 지도해야 한다.

다. 정리 및 평가 단계

이 단계에서는 토의가 끝날 때 또는 끝나고 난 다음에 정리하고 강평(AAR ;. After Action Review)하는 절차가 필요하다. 사례연구의 평가는 성적을 산출하는 경우와 수업과정 전체를 강평하는 평가로 나누어 볼 수 있다. 성적을 산출하는 경우에는 학습자의 사례분석 능력과 토의의 참여행동을 확인하는 방법이 있다.

학습자의 사례분석 능력을 평가하는 가장 효과적인 방법은 지금까지 연구하고 토의한 것과 비슷한 사례를 제시하고 난 후 질문에 답변하게 하는 방법이다. 토의한 내용과 상관이 없는 내용을 질문하게 되면 학생들은 다음 토의에 열심히 임하지 않는다. 이러한 경우 학생들의 입장에서 보면 열심히 연구하고 토의해도 실제 평가는 개인의 운에 많이 좌우된다고 믿기 때문이다.

사례분석을 통한 정리 및 평가 단계에서는 연구 토의전 사례를 제시하고 교수의 발문과 학생의 질문에 답하는 방법이 효과적이다.

끝으로 이 책을 통하여 우리역사의 가장 비극적인 사건의 하나인 6·25전쟁을 보다 효율적으로 공부하는 계기가 되기를 바라고 장차 국가를 이끌어 나갈 학생들이 좀 더 역사에 대한 안목을 가지고 국가의 정책을 기획할 수 있는 계기가 되기를 바란다.

저자 씀

목 차

제1장 6 · 25전쟁에 관한 연구동향

제2장 6 · 25전쟁의 서막

제3장 초기작전

제4장 지연작전

제5장 낙동강 방어선 작전

제6장 인천상륙작전과 반격작전

제7장 북진작전

제8장 중공군 1, 2차 공세

제9장 중공군 공세 및 반격작전

제10장 교착전기 및 휴전

제 1 장 6 · 25전쟁에 관한 연구동향

제1절 전통주의적 관점

1. 스탈린 주도설

6 · 25전쟁에 관한 인식은 전쟁 발발시부터 전통주의적인 해석이 지배적이었다. 이때 서방, 특히 미국은 6 · 25전쟁을 스탈린의 전쟁으로 해석하였다. 미 국무부는 스탈린이 다음과 같은 동기에서 6 · 25전쟁을 도발했을 것으로 분석했고 이 분석이 신문에 보도되어 미국 국민들의 보편적인 인식이 되었다.

첫째, 압력분산설인데 이는 북대서양조약기구(NATO)의 창설로 유럽에 가중되는 미국의 군사적 압력을 극동으로 분산시키기 위해 스탈린이 6 · 25전쟁 도발했다는 주장이다. 소련의 대 아시아 정책을 대 유럽 정책의 종속물로 파악하는 것은 지나친 단순화라고 주장하는 학자들도 압력분산설을 긍정하고 있다.

둘째, 미 · 일 조약 견제설 또는 극동전략설이다. 미국이 소련을 배제시킨 일본과 평화조약을 체결하려고 하자 이것을 견제하기 위하여 소련이 6 · 25전쟁을 일으켰다는 설명이다. 미국은 일본 점령시 일본을 '아시아의 스위스'로 만들기 위해 군대조직과 중공업 및 재벌을 해체해 나갔다. 그러나 1947년 중국 공산당이 대륙을 재패할 가능성이 커지자 미국은 아시아에서 팽창하는 공산주의 세력을 견제하기 위해 일본을 강력한 군사기지로 발전시켜야 한다는 새로운 정책을 채택하게 되었다.

그리하여 일본에 대한 점령초기의 정책으로부터 완전 선회하여 자위대를 창설하고 중공업을 육성해나가는 한편 전범으로 수감 중이던 우익 정치인들과 고위 관료들을 석방하여 보수 정계를 부활시켰다. 이와 더불어 소련을 무시하고 대일 강화조약 체결을 추진해 나갔다.

스탈린은 미국의 이러한 행동을 미국이 일본에 반공국가를 수립하고 새로운 일본을 중심으로 북대서양조약기구와 유사한 아시아 반공연맹을 형성하려는 시도로 해석하였다. 그리하여 1950년 2월 모스크바에서 중국의 마오쩌뚱과 일본 그리고 일본과 제휴할 제국주의 국가들에 대항하기 위한 중 · 소 동맹을 체결하는 한편 미국이 아시아 · 태평양 국가들을 침략적 군사 블럭으로 흡수시키고 있다는 선전공세를 폈다. 이와 동시에 일본 공산당의 반미 시위도 격화되었다.

이러한 시점에서 스탈린은 미국이 참전할 것 같지 않으며 손쉬운 승리가 예상되는 한반도에서 전쟁을 통해 전체를 공산화하고 아시아 공산주의의 안전을 확보하여 일본에서의 미국의 힘을 약화시키는 한편 일본의 친미화와 군사화를 방지하려고 6 · 25전쟁을 도발했다는 추론이다. 이 당시 미국의 대일 정책결정에 많은 영향을 미친 케넌(George F. Kennan)[1]도 일본문제가 소련의 한반도 전쟁도발의 유일한 원인이라 할 수 없으나 일본문제가 아무런 영향을 미치지 않았다고 할 수는 없는 것이라고 논평하였다.

셋째, 공격허점설이다. 팽창주의자인 스탈린은 소련의 세력권을 확장하기 위해 언제나 허점을 노리고 있었는데 미국이 1949년 여름 주한미군을 완전히 철수시키고 1950년 1월 국무장관 애치슨(Dean Acheson)이 기자회견을 통해 남한을 미국 극동방위선에서 제외시키고 1950년 5월 제2대 국회의원 총선거에 이승만 · 김성수계의 우익 보수세력이 패배하자 남한을 허점으로 판단했다는 것이다. 특히 1949년 10월 1일 중화인민공화국의 수립에서 나타났듯이 중국 공산당이 대륙 제패를 미국이 방관한 사실은 북한이 남침해도 미국이 개입하지 않을 것으로 예측하게 만들었다는 것이다. 이처럼 허점공격설은 미국 개입 여부에 대한 소련의 계산착오를 강조한 것으로 볼 수 있다.

넷째, 미국의 결의 실험설 또는 저항력 실험설이다. 스탈린이 자신의 세계적화 대전략을 실천하기에 앞서 미국과 서방의 반응을 살피기 위해 한국전쟁을 시도했다는 설명이다. 실제로 이 설명은 트루먼 대통령이 6 · 25전쟁 참전결정에 가장 크게 작용하였다. 그의 회고록이 말해주듯이 그와 국방부의 고관들은 북한의 남침소식을 듣자마자 1931년의 만주에 대한 일본의 침략과 1937년 중국에 대한 일본의 침략 및 1938년과 1939년 동부유럽에 대한 나찌 독일의 침략을 연상하게 하였다. 그리하여 마치 일제나 나찌의 침략이 처음부터 저지되지 않았기 때문에 제2차세계대전이 확대되었듯이 한국

1) George Frost Kennan (1904년 2월 16일 - 2005년 3월 17일) ; 미국의 외교관, 역사학자이다. 소련이 팽창정책을 추구하던 시기에 외교관이었으며 이후 학자로서 봉사하였다. '봉쇄의 아버지' 라고 잘 알려져 있으며 미소냉전의 핵심이 된 인물이다.

에서의 공산침략이 저지되지 않았다면 스탈린의 침략이 다른 곳으로 확대될 것으로 판단했던 것이다.

다섯째, 무력시위설이다. 중국대륙의 적화에 이어 북한의 남침으로 손쉽게 남한의 적화에 성공함으로써 미국의 위신을 떨어뜨리고 소련의 무력을 과시함으로서 아시아의 다른 지역들의 공산세력을 고무시키려했다는 것이다.

여섯째, 미·중 대결유도설 또는 미·중 자기소모유도설인데 함정설이라고도 부른다. 이 설은 중국 공산당에 대해 스탈린이 불안감을 갖고 있었다는 것에서 출발한다. 스탈린은 소련의 지원을 크게 받지 않고 사실상 독자적으로 대륙제패를 이룩한 중국공산당에 대해 불안해지고 있었다. 그는 중국이 독자노선을 추구해 나가는 경우, 즉 제2의 유고슬라비아가 되는 경우 소련의 세계적화전략에 많은 장애가 발생할 것으로 판단했다는 것이다. 그런데 미국정부가 1950년 초 중국을 승인하려는 듯한 움직임이 보이자 스탈린은 미국과 중국을 직접 대결 구도로 묶어 놓아 중국을 고립시키고 미국을 중국이라는 깊은 늪 속에 빠뜨려 두 나라의 힘을 소모시키기 위해 6·25전쟁을 일어켰다는 것이다. 중국이 6·25전쟁에 개입했고 이로 말미암아 국제적 고립을 면하지 못했으며 특히 미국의 봉쇄정책에 묶였던 것이 바로 스탈린이 파놓은 함정에 중국이 빠진 결과라는 것이다.

일곱째, 한반도내 군사기지화 및 부동항 획득 의도설이다. 채피(Wilbur Chaffee)[2]는 1949년 10월 중화인민공화국의 수립이 스탈린에게 소련의 동아시아 정책을 재정립시켜야 할 필요성을 제기시켰다고 주장하였다. 원래 스탈린은 동아시아에 있어서 소련의 안전을 지키기 위해서는 중국과 한반도 사이의 서해에 상단한 군사적 영향력을 행사할 수 있어야 한다고 판단하고 장개석의 국민당 정부와의 조약을 통하여 중국의 서해 해안 항구들을 기지로 확보하고 있었다. 그런데 1950년 1월과 2월 모스크바에서 열린 마오쩌뚱과 스탈린의 회담에서 마오쩌뚱은 서해 항구들을 더 이상 소련에 빌려줄 수 없다고 하였다. 이에 스탈린은 서해 항구들은 계속 기지로 확보해야겠다고 고집하며 중국과의 동맹을 유지하기 어렵게 할 뿐 아니라 중·소 대리마저 각오해야 하고 중국과의 우호관계 때문에 서해 해안 항구들을 돌려주면 시베리아의 안전을 위한 소련의 장치가 없어지게 되어 곤란하게 되었다. 그렇다면 자신의 안전장치도 확보하고 중국과의 우호도 살리는 길은 무엇일까. 이 질문에 대한 해답이 6·25전쟁을 통한 한

2) 경제의 자원과 정치체계이 상관관계를 연구하였다. 현재는 브라질의 정치적인 거시경제에 관련된 연구를 하고 있다. Stanford University에서 연구 중에 있다.

반도의 공산화였다고 추론하였다. 한반도 전체를 적화시켜 친소정권을 세워놓고 여기에 군사기지를 확보하면 난점이 해결될 수 있다고 스탈린은 계산하였다는 것이다.

이상의 추론들은 명백하게 입증할 수 있는 공식문서는 없다. 공식문서가 있다고 할지라도 찾기 어려울 것이다. 어디까지나 정황증거들에 의한 분석들이다. 이러한 가설들에 대해 서방의 국제정치학계는 오랫동안 미 · 일 조약견제설과 저항력실험설에 호의적이었다.

2. 중국 공모설

전통주의자들은 스탈린이 중국과도 음모했다고 주장한다. 즉, 전통주의자들은 1947년 가을 즈다노프(Andrei A. Zhdanov)[3]의 선언을 계기로 세계적화를 노골적으로 추구한 소련이 1949년 10월 중화인민공화국의 수립 이후에는 아시아 지역의 공산혁명전략의 주도권을 자신의 보조역인 중국에 위임했다고 주장한다. 그리하여 중국은 소련의 주도 아래 북한과 남침을 위한 일련의 군사협정을 밀약하고 6 · 25전쟁의 성공적 수행을 위한 전략을 조정했다고 주장한다. 따라서 이 주장은 6 · 25전쟁을 아시아 적화를 위한 중국과 소련 사이의 제1단계 공동전략으로 본다. 이러한 입장에 있는 학자들의 견해는 다음과 같다.

바네트(A. Doak Barnett)[4]는 "중국과 아시아"(Communist China and Asia ; 1961)에서 중국정부의 수립 이후 베이징이 아시아 공산주의를 위한 지역적 센터가 되었으며 소련은 지역분업의 원칙에 따라 아시아 적화의 지역 책임을 중국에 위임하였다고 주장하면서 그 증거로 1949년 11월 16일 베이징엣 열린 아시아태평양 지역 세계노동연맹대회에서 중국의 '리우사오치(劉少奇)[5]'의 연설을 지적하였다. 리우사우치는 대회 의장의 자격으로 우선 "제국주의자와 그 주구들은 패퇴시키고 중화인민공화국을 수립함에 있어서 중국인민이 걸어온 길은 많은 식민지와 반식민지 국가의 인민이 민족이 독립과 인민민주주의를 위한 그들의 투쟁에 걸어야 할 길"이라고 선언하였다. 그는 이어 베트

---

3) Andrei Alexandrovich Zhdanov(1896년 2월 26일-1948년 8월 31일) ; 소련의 정치가. 제2차 세계대전 후 Stalin을 추종했으며 국회의장 역임하였다.

4) A. Doak Barnett(1921년 8월 8일 - 1999년 5월 17일) ; 정부와 Columbia University(1961-69) 교수 역임.

5) 리우사오치(劉少奇)(1898년 11월 24일 - 1969년 11월 12일) ; 중국의 정치가. 중국 2대 국가주석(1959년-1968년). 중국공산당의 주요 이론가.

남, 미얀마, 인도네시아, 필리핀, 일본을 포함한 동아시아에서 민족해방운동이 고조되고 있다고 주장하면서 한반도에 관해서는 "미제의 괴뢰 이승만을 반대하는 그리고 통일된 조선민주주의 인민공화국을 수립하려는 조선인민의 투쟁은 정지될 수 없다"고 강조하였다. 바네트는 "이 연설이 아시아에 있어서 공산혁명을 고취하겠다는 중국의 새로운 임무선언이며 노동대회는 아시아 공산혁명운동의 전반적 연락망이었다"고 하였다. 여기서부터색인작업

힌턴(Harold Hinton)[6]교수는 "중국의 세계정치"(Communist China in World Politics ; 1966)에서 비슷한 논리를 전개하였다. 그는 북한을 포함한 동아시아 각국 대표들이 베이징 대회에 참석하여 "동아시아의 공산혁명을 위한 중국과 북한 및 북베트남 등 주요 공산주의들이 전략을 조정하였다"고 추측하고 6 · 25전쟁을 이 전략의 조정에 따른 결과로 보았다.

달린(Alexander Dallin)[7]은 "스탈린 이후 소련의 대외정책"(Soviet Foreign Policy after Stain ; 1961)에서 노동연맹 대회가 11월 20일 베이징에 창설한 '상설연락국'에 주목하였다. 그는 이 기구를 극동의 코민포름(Cominform ; 국제공산주의정보국)에 비유하였고 소련, 중국, 인도, 호주의 대표로 구성된 이 기구가 소련 대표 솔로비요프(Solovyov)의 명령에 좌우되었다고 주장하면서 이 기구가 6 · 25전쟁의 전략을 추진해 나간 것으로 설명하였다.

이 세 학자들 외에도 많은 학자들이 소련과 중국의 공동전략설을 제시하였다. 이러한 공동전략설 가운데 한 가지 재미있는 것은 6 · 25전쟁의 기원에 있어서 소련보다 중국의 역할을 강조한 슐만(Marshall Schulman)교수와 애틀리(Clement R. Attlee)수상의 해석이다. 슐만은 "스탈린의 대외정책 재론"(Stalin's Foreign Policy Reappraised ; 1963)에서 중국이 소련의 지원여부에 관계없이 아시아 공산혁명의 연장으로서 6 · 25전쟁을 추진할 자세를 보였다고 강조한 다음, 이렇게 되면 북한에 대한 지배적 위치를 중국이 차지할 것이라는 우려 때문에 소련이 6 · 25전쟁을 추진한 것으로 추측하였다. 한편 애틀리는 중국이 국제연합 가입에 실패함으로서 실추된 위신을 되찾기 위해 6 · 25전쟁을 도발했을 가능성이 있다고 추론하면서 중국이 미국에 의해 승인되고 국제연합에

6) Harold C. Hinton ; 아시아 전문가. George Washington University에서 정치학과 국제관계 교수 역임. 66세에 사망하였다.

7) Alexander Dallin(1924년 5월 21일-2000년 7월 22일) ; 미국의 역사학자, 정치학자, Columbia University에서 국제관계 교수 역임하였다.

가입되었다면 6·25전쟁은 일어나지 않았을 것이라고 주장하였다.

중국이 6·25전쟁의 계획에 직접적으로 관여했다는 주장의 또 하나의 논거는 중국이 중국군에 편입되어 있던 조선인 병사들을 1948년 가을 이후 북한에 돌려보냈고 특히 1950년 초 이후 그들의 북한 귀환이 촉진된 사실이다. 원래 중국군에는 만주나 중국에서 항일운동을 전개하다가 입대했거나 또는 화북이나 만주에서 살다가 일본의 항복이후 입대한 조선인이었다. 그런데 중국군이 만주 전역을 점령하는 데 성공한 1948년 가을부터 중국은 그들을 북한으로 보내기 시작하였다. 바로 그때 북한의 정권이 수립되는 시기였다. 이어 중국군이 양쯔강 도하작전을 강행하여 난징에 입성한 1949년 5월 이후에는 중국군 제4야전군에 있던 약 2개 사단 병력의 조선인 병사들이 북한으로 돌아가 북한군 제5사단과 제6사단에 편입되었다. 특히 1950녀 4월에는 약 12,000명의 조선인 병사들이 북한으로 돌아와 인민군 제7사단으로 편입되었다. 이리하여 6·25전쟁이 일어나기 직전에는 실전경험을 쌓은 중국군 출신이 북한군의 30%을 넘었다.

이러한 조선인 병력들이 북한 귀환을 증거 삼아 중국이 6·25전쟁의 계획에 직접적으로 관여했다고 중장하는 학자 가운데 조선인 병사들의 북한귀환이 소련의 주선으로 체결된 중국과 북한 사이의 협정에 의한 것이라고 보는 견해도 있다. 국민당 정부도 비슷한 내용의 협정들을 제시하였다. 1949년 5월 5일 상시 상하이에 있던 국민당의 중앙통신은 "중국은 1949년 3월 17일 김일성의 방소 중에 김일성과 상호방위조약을 체결했다"고 단정적으로 보도했다. 또 "양자는 어떠한 제국주의 세력이든 어느 일방을 공격하는 경우 공동 행동을 취할 것"을 다짐했다고 주장하였다. 중앙통신은 이어 1949년 5월 5일 '조·중상호방위조약'의 요지로 다음 사항을 제시하였다.

① 중국공산당은 1949년 7월 1일부터 8월 31일까지 만주로부터 무기와 병력을 북한에 제공한다.

② 북한은 만주에 있는 일본 기술자와 고용원 그리고 일본 군수품 사용에 관해 최우선을 갖는다.

③ 북한과 중국공산당은 양쪽의 경제적 필요에 의해 물물교환을 한다.

중앙통신의 보도는 여기서 그치지 않는다. 1949년 10월 16일에는 "중국과 소련 사이에 하얼빈과 모스크바에서 2개의 비밀협정이 이미 체결되었다"고 보도하면서 이 가운데 북한은 만주의 지린성 안뚱 일부에 군대를 주둔시킬 수 있으며 이 지역을 적절한 시기에 할양받는다고 되어 있다고 방송하였다.

이 여타 문제들 가운데 6 · 25전쟁 계획안이 우선순위를 차지하고 있었을 것이라고 전통주의자들은 주장하였다. 예를 들면 달린 교수는 미국 정보기관의 정보를 인용하여 "베이징과 모스크바는 북한이 전쟁을 시작해야 한다는 데 동의하였다. 그들은 북한이 외부의 군사적 지원 없이 승리할 것이라고 믿었다. 미국이 승리하기 시작할 때에만 중국은 소련이 대공엄호와 군사지원을 받아 참전한다"는 내용이 스탈린과 마오쩌뚱의 회담에서 결정되었다고 주장하였다.

이러한 중국과 소련의 음모설을 주장하는 사람들은 1949년 3월 김일성이 모스크바를 방문해 체결한 조 · 소 경제 및 문화협력협정에 주목한다. 이 협정이 체결되었을 때 소련의 관영매체들은 북한이 앞으로 모든 면에서 소련의 협조를 받을 것이라고 보도하였다. 모든 면에서라는 의미를 놓고 서방의 전통주의자들 가운데는 그것이 곧 군사적인 지원을 의미하며 다만 앞으로 있을 6 · 25전쟁에 대한 직접적인 책임을 회피하기 위해 그러한 애매한 용어를 선택한 것으로 보는 사람들도 있다.

이러한 우회적인 자료 외에 공산권으로부터 망명자들의 증언은 훨씬 더 구체적이다. 그 가운데 전통주의자들에 의해 가장 널리 인용된 증언은 3가지이다.

첫째, 북한에서 근무하다가 동독으로 전속되었을 때 서독으로 망명한 소련군 출신 칼리노프(Kyril Kalinov)의 증언, 둘째, 주일 소련대사관 정보요원으로 근무 중 미국으로 망명한 라스트보르보프(Yuri Rastvorvov) 증언, 셋째, 평양주재 폴란드대사관 무관으로 있다가 서방으로 망명한 모나드(Paul Monat)의 증언이다. 이들은 모두 소련이 중국과 협의를 통하여 한국전쟁 전략을 확정하고 북한에 대한 군사적인 지원을 활성화했다고 회고했다. 칼리노프의 회고록에 따르면 소련은 1948년 12월 북한으로부터 점령군을 철수시킨 후인 1949년 1월 평양에 특별군사사절단을 파견하여 북한군의 현대화를 도왔다. 이 사절단은 슈티코프(T. Shtykov)장군과 카투코프(M. Katukov)장군 및 쿠바노프(Kubanov)장군 같은 포병 전문가들과 자가로프(M. V. Zakharov)제독 같은 정보전문가로 구성되어 있었으며 1950년 6월까지 즉, 18개월 내에 북한군을 현대화를 완료하는 임무를 지니고 있었다.

제2절 수정주의자들의 해석

1. 북한의 주장과 수정주의

전통주의자들의 해석에 대해 북한은 즉각 반발하고 있다. 북한은 한국전쟁이 미제와 그 괴뢰 이승만 정권의 북침에 의해 시작되었다고 주장하였다. 북한은 한국전쟁의 주범을 미국으로 단정하고 미국이 한국전쟁을 도발한 이유는 다음과 같이 제시하고 있다.

① 미국은 북한의 인민민주주의 정권을 파괴하여 한반도 전체와 대만을 중국 봉쇄의 기지로 삼고자했다.

② 당시 미국은 전 세계 핵무기의 98%를 차지하고 있었다. 미국은 소련이 전정한 핵 국가로 성장하기 전에 한국전쟁을 성공시키고자 하였다.

③ 당시 미국은 서유럽 제국이 제국주의 도구인 마샬 플랜의 혜택을 받고 있는 형편이어서 미국의 전쟁도발에 반발하지 못할 것으로 계산하고 있었다.

이러한 계산 위에 일으킨 북침을 격퇴하기 위해 북한은 정의의 민족해방전쟁을 수행하게 되었다고 주장한다. 북한은 처음부터 민족해방전쟁론을 취한 것이다. 소련과 중국을 비롯한 공산국가들 역시 민족해방전쟁론을 취했으며, 전쟁의 1차적 책임을 미국에게 전가하였다.

전통주의 해석에 대한 반박 또는 의문의 제기는 서방에서도 일어났다. 그 최초의 서적은 미국의 좌파 언론인 스톤(Isidore F. Stone)[8]이 한국전쟁이 진행 중이던 1952년 출판한 "한국전쟁비사"(The Hidden History of the Korean War)이다. 흔히 이 책의 북침설을 전개한 것으로 알려져 있으나, 이 책은 한국전쟁이 북침에 의해 시작되었다고 단정하지는 않았다. 다만 미국 행정부의 공식해성에 대하여 많은 의문점을 제기했으며 그 과정에서 한국전쟁이 미 군부의 맥아더와 이승만 그리고 대만의 장개석의 공모에 의해 발발했을 가능성이 있다는 가설을 제시하였다. 그래서 한국전쟁이 발발했다는

8) Isidor Feinstein Stone (1907년 12월 24일 - 1989년 7월 18일), 미국 펜실베니아주, 필라델피아에서 태어남. Isidor Feinstein, I. F. Stone, Izzy Stone이라고도 불림. 미국의 저널리스트이면서 작가이다.

소식에 맥아더 사령부는 놀라지 않았다고 주장하고 있다.

그는 우선 이승만 정부가 국내 정치적 위기에 직면해 있었다고 분석하면서 국내위기를 해소하기 위해 한국전을 도발하려했다는 추론하였다. 그는 이어 당시 아시아 우선 주의를 내세우고 있던 태평양 지역 최고 사령관 맥아더가 이승만과 장개석 그리고 국무성 고문 덜레스(John F. Dulles)[9]와 공모하여 한국전쟁을 도발해 미국을 군사적으로 개입시켜 유럽 우선주의를 추구하던 트루먼 행정부의 대외정책을 역전시키고자 했다고 추론하였다.

스톤의 "한국전쟁비사"는 신빙성 있는 자료제시가 부족하고 대부분 단편적인 신문보도와 추측에 바탕을 두고 있다. 그러나 이 서적은 수정주의 형성과 성장에 많은 영향을 주었다. 예를 들면 플레밍[10] 교수의 주장은 스톤의 명제를 조금 더 발전시킨 것이다. 그리고 콜코 내외(Gabriel and Joyce Kolko)[11]를 비롯한 수정주의자들 역시 스톤의 서적으로부터 영향을 받았다. 또 스톤의 책은 1952년 우찌마야(内山敏)의 번역으로 출간되어 좌익 편향이 강한 일본의 지식인들은 물론 일반 독자들에게도 많은 영향을 미쳤다. 일본의 유명한 소설가 마쓰모토(松本清張)의 "일본의 검은 안개"라는 책에 "모략조선전쟁"은 스톤의 논리에 바탕을 둔 것으로 볼 수 있다.

한편 콘데(D. W. Conde)의 원고를 므쓰이(陸井三郎)가 감역하여 1968년에 출판한 "조선정쟁과 역사"도 북침설을 주장하고 있다. 콘데는 대한민국의 정통성을 부인하고 북한을 민족해방의 정통세력으로 파악하는데 선도한 사람이다. 이 책은 미국 수정주의자들에게 많은 영향을 주었다.

2. 중국 공모설 부인

스톤의 추론, 그리고 그것보다 더 정밀화한 플레밍의 해석은 1960년대 후반까지만

9) John Foster Dulles (1888년 2월 25일 ~ 1959년 5월 24일)는 미국의 변호사이자, 미국의 외교정책을 공식화한 외교관, 정치가이다. 52대 국무 장관(1953-1959)이다.

10) 수정주의자인 플레밍교수는 한국전의 기원에 대한 전통주의자의 시각을 크게 여섯 개의 추론으로 정리했다. ①압력분산설, ②미·일조약견제설(극동전략설), ③허점공격설 그리고 미국의 ④결의실험설(저항력실험설), ⑤공력시위설, ⑥미·중공대결유도설(함정설) 들이다. 이 중 미·일조약견제설과 저항력실험설이 구미 정치학계에선 호의적으로 취급하고 있다.

11) Gabriel Morris Kolko (1932년 9월 17일 - 2014년 5월 19일) : 캐나다 출생, 미국의 역사가 이면서 작가이다. 그의 연구 분야는 미국의 자본주의, 정치 및 외교와 관련된 내용과 20세기 미국의 정책방향에 관한 저서들이 있다.

하여도 소수의 가설에 머물러 주류의 위치를 확보하지 못하였다. 그러나 1970년대 들어서 수정주의 성장과 더불어 보다 더 광범위하게 제시됨으로서 한국전쟁의 기원을 둘러싼 논쟁도 활발해졌다.

우선 프리드맨(Edward Friedman)과 셀든(Mark Selden)이 1971년에 공편한 "미국의 아시아"(America's Asia : Dissenting Essays on Asian-American Relations)이다. 이 책은 체2차 세계대전이 끝난 이후 미국의 아시아 정책을 수정주의 입장에서 비판한 논문들을 모은 것이다. 이 가운데 몇 편의 논문들은 한국전쟁의 기원에 관한 전통주의 해석을 수정주의 시각에서 비판하고 있다.

그 대표적인 예가 영국의 기팅스(John Gittings)이다. 그는 전통주의자들의 소련 음모설을 철저히 부인한다. 그는 우선, 스탈린이 신중한 성격이며 사려가 깊은 외교가이고 그의 외교정책은 모험을 회피하고 자제적이며 방어적인 것으로 설명하였다. 소련의 국력이 미국과 비교하면 열등하고 1930년대에 강력한 공업국가인 미국을 상대로 하여 모험적인 도발을 할 수가 없다고 수정주의자들은 주장하고 있다. 그는 이어서 중국공모설도 부인한다. 그의 주장과 같은 책에 같은 논리를 전개한 프리맨과 화이팅(Allen S. Whiting)의 주장을 종합하면 다음과 같다.

① 한국전쟁 발발 이전 시기에 중국과 북한의 관계가 전쟁을 공모할 만큼 밀착되어 있지 못하였다. 그 증거의 하나로 우선 지적할 수 있는 것은 북한의 초대 주중대사 이주연이 베이징에 부임한 때가 1950년 1월이었음에 비해 중국은 한국전쟁이 발발하고 2주가 지난 7월 10일에야 부대사와 1등 참사관을 평양에 보내고 8월 6일에야 비로소 초대 대사를 임명했다는 점이다. 이 사실이 중국과 북한간의 관계에 문제가 있거나 소원한 관계라고 단정할 수는 없지만 적어도 베이징에서는 조선 문제에 대하여 중요하게 생각하지 않았다는 것을 읽을 수 있는 단편적인 사실로 볼 수 있다.

② 한국전쟁이 발발하기 이전부터 중국과 북한은 약간의 갈등이 표출되었다. 대표적인 예가 압록강 수풍댐의 배전을 둘러싼 양자의 분규이다.

③ 베이징의 노동연맹대회에 참석한 인사들이 각국에서 주요 인사들이 아니었고 이 대회는 각국 노동관련 문제들을 실무적으로 토론하고 대책을 강구하는 집회였을 뿐이다. 이 대회 상설 사무국도 오래 지속되지 않고 소멸되었다. 이 때 리우샤오치의 연설도 아시아에서 공산혁명을 고취시킨 것이라기 보다는 중국에서 혁명을 완성한 중국공산단의 자부심을 대외적으로 나타내고 중국과 베트남의 민족해방

운동의 성공을 찬양하는 성격이 더 강하다. 그가 연설하기 이전 벌써 아시아 각국에서는 반 제국주의 투쟁이 진행되고 있었다. 따라서 그의 연설이 한국을 포함한 아시아 각국의 반제 무장투쟁의 기폭제였다는 전통주의자들의 주장은 오류가 있는 주장이라고 볼 수 있다.

④ 한국전쟁이 일어나기 이전 시기에 중국이 북한에 군사적 또는 물질적 지원을 하겠다는 의사를 직접적이거나 함축적으로 표시한 일이 없다. 1950년 1월 18일 초대 중국 주재 북한대사 이주연의 신임장 제정사에 대한 답사에서 리우사오치는 "중국인민은 조국의 독립과 민주주의와 통일을 위한 조선인민의 영웅적 투쟁에 무한한 동정을 표시한다"고 했는데 정신적 동정과 실질적인 군사력지원을 구분되어야 한다. "조선인민은 국가의 평화와 통일문제를 그들 자신의 노력에 의해 해결해야 할 것이다"라는 1950년 6월 신화사 통신의 논평은 바로 이점을 분명하게 하는 것으로 볼 수 있다.

⑤ 전통주의자들이 논거로 제시한 조선인 병사들의 북한 귀환은 다르게 해석되어야 한다. 중국의 국방비에 대한 배려와 1950년 완료할 중국군 감축계획에 대한 준비가 그러한 귀환을 촉진시켰다. 중국군을 깊이 연구한 미국의 군사전문가 그리피스(Samuel B. Griffith)[12]는 1967년 저술한 "중국 인민해방군"(The Chinese People Liberation Army)에서 중국이 조선인 병사들을 북한에 귀환시킨 것은 한국전쟁을 의식해서라기보다 중국의 국내사정 때문이었을 가능성이 커다. 그는 중국이 이미 대륙제패를 완수했고 중국군 감축고 재편을 하겠다는 계획을 공식발표했기 때문이라고 주장하고 있다.

⑥ 전통주의자들이 제시하는 일련의 조·중상호방위조약도 중국이 소련과 상호방위조약을 체결한 때가 1950년 2월인데 중국 스스로의 안전에 대한 소련의 보장을 받기 위해서 이전에 남침을 목적으로 하는 군사조약을 북한과 체결하기는 어렵다고 본다.

여기서 간과할 수 없는 일련의 조·중협정에 관한 보도원이 예외 없이 국민당 정부의 중앙통신이었다는 사실이다 이 당시 국민당정부의 수도였던 난징 주재 미국대사관이 본국 정부에 보낸 전문에도 그 점을 직적하면서 그 신빙성을 의심했다. 그렇다면 국민당 정부는 동북아시아에서 소련과 중국 및 북한이 소련의 지원 아

12) Brigadier General Samuel B. Griffith II (1906년 5월 31일-1983년 3월 27일) : 제2차세계대전 당시 미군 해병대 지휘관 역임. 미 해군사관학교 교수역임. 군사학과 전쟁사관련 역작들이 있다.

래 군사동맹을 발전시키고 있음을 강조함으로써 미국 여론으로 하여금 미국도 그것이 맞서 국민당 정부 및 한국과 동맹을 형성해야한다는 압력을 미국정부와 으회에 가중시키도록 유도하기 위해 그와 같은 선전을 편 것이 된다.

⑦ 문제의 스탈린과 마오쩌뚱 회담도 다르게 해석한다. 이 회담을 특히 중국이 한국전쟁 계획에 과연 어느 정도 깊이 관여했는가 하는 문제에 초점을 맞추어 면밀히 검토한 파이팅은 이 회담의 대부분이 중·소 동맹조약, 중국에 대한 소련의 원조, 중국의 북베트남 승인 등의 현안에 치중되었음을 밝혀내었다. 그리고 스탈린이 마오쩌뚱에게 한국전쟁 계획에 대한 어느 정도 정보를 주었을 것이라고 추론하였다. 이에 따라 중국은 화남의 야전군을 한국전 직전에 만주로 이동시켰고 중국군 내의 조선인 병사들을 신속히 북한으로 귀환시켰다고 보고 있다.

이 회담이 진행되고 있는 동안 스탈린의 생일을 축하하기 위해 모스크바를 방문한 북한 사절단의 귀국보고도 소련에 대해서만 언급하고 있다. 사절단장인 북한 최고인민위원회의 상임위원회 의장 김두봉은 최고인민회의 상임위원회에 대한 귀국보고서에서 “소련 인민들은 조선의 조속한 통일을 바라고 있고, 조선의 통일과 독립을 위해 싸우고 있는 우리 인민들을 격려하였다”라고 말했을 뿐 중국에 대해서는 아무런 언급이 없었다.

위를 종합해보면 중국은 한국전쟁에 대하여 알고 있었고 북한의 승리를 희망하고 있었으나 한국전쟁의 준비과정에 적극적으로 개입하지 않았다는 것이 학계의 정설이다. 당시 중국은 국민당 정부와의 오랜 투쟁에서 발생한 경제문제, 즉 막대한 군비 부담과 통화팽창 및 생산력 저하로 인하여, 또 티베트와 대만의 해방뿐만 아니라 국민당 및 비적 소탕전에 몰두해 있어서 한국전쟁의 준비과정에 개입할 여력이 없었다. 중국은 특히 동북아시아에서의 어떠한 극적인 변화는 미국의 아시아 북개입 정책 변화를 가져올 염려가 있음을 깊이 깨닫고 있었던 만큼 한국전쟁에 대해 지극히 신중하게 행동했을 것으로 보인다.

3. 허구적인 남한북침설과 남침유도설

수정주의자들의 공세 앞에서 적어도 중국공모설은 무너졌다. 소련주도설의 꽤 많은 부분도 의심의 영역으로 남게 되었다. 그러나 한국전쟁이 북한의 남침으로 시작되었다는 견해는 살아 있다. 전통주의 해석에 대한 수정주의 폭격은 그 부분까지는 부정할 수 없다. 1970년대 초 수정주주의자들의 새로운 주장이 이어졌고 이에 따른 논쟁이 다시 불타올랐다. 그 대표적인 것은 다음의 2가지 이다.

첫째, 영국의 "계간 중국"(China Quarterly) 제52권(1972년 10월-12월)에 게재된 당시 켈커타 대학교 교수 굽타(Karunakar Gupta)의 논문 "한국전쟁은 어떻게 시작되었나"가 논쟁의 발단이었다. 이 논문은 남한에 의한 북침설, 또는 남침 유도설을 전개한 것이다. 여기서 그는 한국전쟁이 발발한 그날 "우리는 북진하라는 명령을 받았고 곧 해주를 점령할 것이다"라는 취지로 백인엽 부대장이 발언했다는 국내 신문의 기사를 증거로 제시하였다. 백인엽 부대장의 발언 기사는 오늘날까지 북침설을 내세우는 수정주의자들의 논거들 가운데 하나가 되고 있다. 그러나 이 논문은 학술적으로 권위있는 논문이 아니다. 인용한 자료들이 그가 런던 경제 정치 대학교에 유학할 때 수집했던 한국전쟁 발발 초기의 몇일 동안에 일어난 사건들에 대한 신문기사들에 근거를 하고 있다. 그렇기 때문에 "계간 중국" 제54권(1973. 4-6)에 캐나다 겔프대학교 시몬스(Robert Simons), 미국 펜실베니아 대학교의 이정식 교수, 영국 런던대학교의 스킬렌드(W. E. Skillend)교수의 반론이 실리게 되었다. 이들은 모두 굽타의 논리를 반박하고 북침설을 부인하였다. 이들의 반론에 대하여 굽타는 재 반론을 제기했으나 설득력이 없었다.

둘째, 미국의 "태평양 역사 평론"(Pacific Historical Review)에서의 논쟁이다. 이 논쟁은 캐나다 토론토 대학의 마르크시스트 역사학 교수로 수정주의 학파의 거장인 콜코 내외가 1972년에 발간한 미국 외교사에 관한 역저에 대해 스투어크(William Stueck)가 반론을 제기함으로서 시작되었다. 콜코 내외는 저서에서 한국전쟁의 기원과 관련하여 두 가지 분석을 제시하였다.

① 한국전쟁의 개전에 관해 소련이 관연 주도권을 취한 것인지 대단히 의심스럽다. 스탈린이 주도하기는커녕 한국전쟁의 개전 날짜도 잘 알지 못한 것 같다. 오히려 1950년 6월 25일 한국전쟁의 발발은 소련에게 놀라움이었다. 소련은 개전 날짜를 잘 모르고 있었기 때문에 문제의 6월 25일 국제연합 안전보장이사회가 미국의 요청으로 열렸을 때 불참하였다.

② 한국전쟁은 아마도 태평양 지역 연합군 최고사령관 맥아더 원수의 정치적 야심에서 구상되고 아마도 이승만과 맥아더의 합작으로 도발된 것이다. 맥아더는 미국의 드골이 되려는 야심을 갖고 있었으며, 그 야심을 실현시킬 첫 발판을 한반도에서 찾았다. 즉, 한반도에서 전쟁이 일어나면 그 기회에 미군을 개입시켜 미국의 유럽 우선주

의 정책으로 전환시키는 한편 중국으로까지 전쟁을 확대하여 아시아에서 팽창하는 공산주의 물결을 한꺼번에 역전시킴으로서 세계적 영웅이 되고, 동시에 1952년 미국대통령 선거에서 승리하려 하였다. 한편 이승만은 전쟁을 유도하여 우선 자신의 정치적 위기를 극복하고 미국의 개입을 장기화 하여 북진통일의 꿈을 달성하고자 하였다. 그리하여 두 사람의 공모에 의하여 북한을 오판하게 하여 북한의 남침을 유도하였다. 북한은 남한을 점령할 계획이 없었고 그저 서울 지역을 장악하여 이승만 정부를 놀라게 함으로써 북한이 요구하는 남북협상에 응하게 하려고 시도하였다. 여기서 맥아더와 이승만은 북한이 자신들의 함정에 빠진 것으로 판단하고, 한국군을 신속히 멀리 후퇴시켜 미국정부로 하여금 한국정부가 붕괴될 것 같다는 위기감을 갖게 하여 미군의 파병을 결정하게 만들었다. 미국정부는 정부대로 군비를 확장하려는 계획을 의회의 반대 없이 손쉽게 실현할 수 있는 길은 한국전의 전면 개입이라고 계산해 맥아더의 파병 요구에 응하였다.

이와 같이 콜코 내외는 소련무지설 또는 소련경악설고 맥아더와 이승만의 공모설을 제시하였다. 대가의 이러한 견해에 대해 당시 브라운대학교 대학원생이던 스투어크가 반론을 제기한 것이다. 그리하여 "태평양 역사 평론" 제42권(1973. 11)에는 곧 스투어크의 반론에 대한 콜코 내외의 반론과 스투어크의 재반론, 그리고 콜코 내외의 재 반론이 동시에 게재되었다. 그런데 콜코 내외의 주장에는 '아마도' '추측하건데'라는 용어가 자주 등장한다. 즉, 어떤 구체적인 자료를 근거로 분석한 것이 아니라 자신이 이미 설정한 틀에 맞추어 나가는 방법을 썼기 때문에 논리의 구성과 전재가 약할 수밖에 없었다.

제 2 장 6 · 25전쟁의 서막

문제중심 학습 요약

제1절 남북 분단 경위

1. 38 도선의 형성 경위

(가) 카이로(Cairo) 회담/ 테헤란(Teheran) 회담 ('43. 11.)
(나) 얄타(Yalta) 회담 ('45. 2.)
(다) 포츠담(Potsdam) 회담 ('45. 7.)
(라) 소련 대일전 참전 ('45. 8. 8.)
(마) 청진 상륙/ 평양 점령 ('45. 8. 13.～22.)
(바) 미국의 일반명령 제1호 ('45. 8. 15.)
(사) 소련군 38도선 이북 점령 ('45. 8. 26.)
(아) 미 제24군단 인천 상륙 ('45. 9. 8.)
☆ 열강들에 의해 한국의 의지와 무관하게 38도선에 의한 남 · 북 분단

2. 분단의 고착화 과정

(가) 미국의 일반명령 제1호 ('45. 8. 15.) : 전후처리를 위한 합의선
(나) 남 · 북한의 군정(軍政) : 북한 치스챠코프(Ivan M. Chistiakov) 대장, 남한 하지(John R. Hodge) 중장
(다) 신탁통치안 작성 ('45. 12. 26.) : 좌 · 우익의 이념적 분할선
(라) 1, 2차 미 · 소 공동위원회의 결렬 ('46. 3. 20, '47. 5. 21.)

(마) 트루만 독트린(Truman Doc.) / 마샬 플랜(Marshall Plan) 선언 ('47. 3. 12, '47. 6.), 소련의 팽창 정책에 정면 대응

(바) 한국문제의 국제연합 이관 : 유엔 감시하 남북한 총선거 실시 결의

☆ 소련의 반대로 남한 단독 선거

(사) 한국 정부 / 북한 정권 탄생 ('48. 8. 15, '48. 9. 9.)

(아) 중공 정권 수립 ('49. 10. 1.) : 복합적인 분할선

☆ 한반도가 미 · 소 냉전의 최첨단 위치

제2절 6 · 25전 원인

1. 국제적 요인

(가) 제 2차 세계대전 후 미 · 소의 대립

① 제 1단계('45년 ~'46년 초) : 소련의 팽창정책

② 제 2단계('46년 초~'47년 초) : 미국의 봉쇄정책

③ 제 3단계('47년 초~'49년 초) : 미 · 소의 냉전

☆ 미 · 소간의 냉전이 격화되어 전세계 공산진영, 민주진영 양분화

(나) 미국의 대 한반도 정책상 오류

① 한반도의 전략적 가치 경시

② 주한 미군 조기 철수('49. 6. 29.)

③ 미 극동방위선에서 한반도 제외 ('50. 1. 12.)

(다) 소련 · 중공의 대 한반도 정책 일치

① 소련의 대 한반도 정책

㉮ 유럽에서 아시아 우선 정책으로 전환 ('48.)

㉯ 한반도의 완전 적화 기도

② 중공의 대 한반도 정책

㉮ 대 한반도 인식 : 순치보거(脣齒輔車) 관계

* 순치보거: 입술(脣)과 이빨(齒)의 관계라는 뜻으로 서로 불가분의 관계에 있음을 나타낼 때 쓰는 용어

㉯ 소련의 원조 절실 (국내문제)

☆ 소련의 대한반도 공산체제 수립정책에 동조

☆ 소련의 한반도 팽창정책에 의한 적화 야망, 중공의 동조

2. 국내적 요인

(가) 남 · 북한 군사력 불균형(1950년 6월 25일 기준)

구 분	한 국 군	북 한 군
병 력	103,827명	201,050명
전 차	0대	242대(T-34)
야 포	91문 (105mm)	728문 (122,76mm)
항공기	22대 (연락, 연습기)	211대 (전투기)
훈 련	• 대대 훈련 완료 : 16개 대대	• 사단 기동훈련 완료 • 보전포 협동훈련 완료
전 투	• 비정규전 : 공비 토벌 / 38도선 일대 분쟁	• 한인계 중공군 부대 입북 – 제5, 6, 7 사단 – 제1, 4 사단(각 1개 연대)
경 험	• 사단급 지휘 경험자 : 김홍일	• 사단급 지휘 경험자 : 김무정, 방호산, 이권무 등 다수

국군 : 경찰 예비대 수준, 북한군 : 정규군 성격

(나) 국내 정세의 혼란

① 정 치

㉮ 정당의 난립 (248개)

㉯ 집권당 세력 미약

② 경 제

㉮ 인플레이션 / 경제적 불균형 초래

㉯ 인구 급증

☆ 국민의 기본적인 식생활 해결에 급급

③ 사 회

남노당 및 무장공비 활동 (폭동, 반란, 파업, 선동)

④ 군(軍)

㉮ 지휘체제 문란 : 군내 시위, 하극상 사건

㉯ 폭동 / 반란 : 여수 / 순천, 대구 반란 사건

㉰ 건제부대 월북사건 (제8연대 1, 2대대)

☆ 북한 공산주의자들이 승리를 확신케 하는 요인

제1절 한반도의 분단과 전쟁 요인

1. 일본 제국주의의 침략

한민족은 유구한 역사와 전통을 가지고 있음으로 공동의 언어와 문화적 전통을 지닌 통일민족국가를 형성 발전시켜 왔다. 그러나 19세기에 이르러 근대 자본주의 국가로 탈바꿈한 강대국들의 식민지 확대 경쟁의 소용돌이 속으로 빠져들어갔다. 한반도는 지정학적으로 대륙세력이 태평양으로 진출해 나가는 통로이고 또 태평양에서 대륙으로 진출해 나가고자하는 해양세력의 교두보가 되는 위치에 있다. 19세기 말 한반도는 청과 일본, 러시아와 영국 그리고 이 지역으로 세력을 확장해 온 서구 열강들의 이해가 상충하는 각축장의 성격을 띠게 되었다. 조선은 결국 1876년에 일본과 강화도조약을 계기로 쇄국정책에서 개방으로 외교정책을 전환하여 여러 강대국에 문호를 개방함으로써 국제무대에 첫발을 내딛게 되었다.

이러한 근대로의 이행과정에서 조선은 대내적으로 개화파와 수구파의 갈등과 내외적으로는 청 · 일 양국의 조선에 대한 주도권 경쟁으로 말미암아 임오군란과 갑신정변이라는 변란을 초래하고 말았다. 이 두 사건을 계기로 하여 청의 조선에 대한 지배권은 강화되었으며 조선 내부에서는 개화정책이 퇴조하고 민족의 자존을 지키려는 자주의식이 고조되었다.

이리하여 조선의 문호개방 이후 이를 둘러싼 청 · 일의 주도권 쟁탈을 위한 대립은 일단 청의 승리로 종결되었다. 그 후에도 청 · 일간의 대립은 더욱 첨예화되었고 여기에 러시아와 영국까지 가세하여 열강의 각축은 가속화되었다. 한반도를 둘러싸고 열강이 각축을 벌이는 동안 일본의 경제적 침략은 심화되었으며 조선의 정국도 향방을 잃은 채 혼미상태를 거듭하였다. 이와 같은 국가의 위기상황에 대응하여 일본과 서양세력을 배척하는 한편 조선 사회체제의 전반적인 개혁까지 요구하는 동학농민운동이 일어났다.

동학운동은 본과 청의 개입으로 실패하였으나 대내적으로는 갑오경장이라는 근대적 개혁의 단행을 촉구하여 조선의 봉근사회체제를 붕괴시키는 결정적인 계기를 마련하였으며 대외적으로는 청 · 일전쟁을 유발하여 중국을 중심으로 한 동아시아의 국제질서를 변화시키는 실마리를 제공하였다.

청 · 일전쟁에서 승리한 일본은 조선에 대한 영향력을 강화하고 청으로부터 요동반도를 할양받아 대륙으로 진출할 수 있는 교두보를 확보하는데 성공을 거두었으나, 러시아 · 독일 · 프랑스 등의 압력에 의해 일본은 청 · 일전쟁에서 승리의 대가로 얻은 요동반도를 포기하지 않을 수 없게 되었다. 이렇게 일본이 서구 열강의 간섭에 굴복하게 되자 조선 정계에서 친러파가 득세하고 일본의 영향력은 현저히 약화되었다. 이에 일본은 1895년 민비를 시해하는 비상수단을 써서 조선에서 열세를 만회하려 했으나 국왕인 고종이 러시아 공사관으로 피신하여 친러 내각을 구성하고 대한제국으로 국호를 개정함에 따라 조선에 대한 일본의 세력이 약화되고 러시아의 영향력이 강화되는 결과를 가져오게 되었다.

그 후에도 일본과 러시아는 한반도를 둘러싸고 일본이 한반도의 38도선 분할안을 제시하는 등 타협과 대립을 거듭하다가 드디어 러 · 일전쟁을 통하여 한반도에 대한 지배권의 향방을 판가름하기에 이르렀다. 그 결과 이 전쟁에서 승리한 일본은 러시아 · 미국 · 영국 등 열강과의 일련의 협약에 의하여 국제적으로 한반도에 대한 독점적 지배권을 인정받기에 이르렀다. 이와 같이 한반도를 강점할 수 있는 제반 여건을 조성한 일본은 1905년에 정식으로 체결되지 않은 을사조약을 공표하고 대한제국의 외교권을 박탈하였다. 이어서 1907년 고종황제를 퇴위시키고 재정이 어렵다는 구실로 대한제국의 군대를 강제해산했으며 1910년 한일합방에 의하여 국권을 완전히 빼앗았다.

2. 연합군의 회담과 해방

남북분단 원인이 우리에게도 책임이 있다고 보는 이유는 19세기 전 세계가 근대 민주국가를 탄생시키고 있는 기간에 우리나라는 실학운동, 동학운동 등 근대화 운동이 좌절됨으로써 주변 열강의 각축장이 되었다. 청 · 일전쟁, 러 · 일전쟁에서 승리한 일본의 식민지가 된다. 우리 민족은 독립운동을 하는 과정에서 어떤 구심점이 없이 벌써 분열되어 있었다. 지역적으로 국내, 미국, 소련, 중국, 만주 등에 분산되어 있었고, 임시정부가 있었으나 통합 역량이 부족했다.

더욱 심각했던 것은 독립운동 단체 간 좌 · 우이념 대결로 분열되어 있었다는 점이다. 1945년 국토 분단 이전 민족내부 분열이 시작되었고, 해방 후에도 그대로 연장되어, 이러한 내부분단이 미 · 소에 의한 분단을 촉진시켰음을 짐작할 수 있다. 분단의 1차적 요인은 강대국의 이해관계 때문임은 이미 밝혀진 사실이다. 1943년부터 연합국의 승리가 확실시되었다. 1942년 10월 북아프리카전역의 엘 알라메인전투, 1943년 1월 스탈린그라드전투, 태평양전역 1942년 6월 미드웨이 해전, 1943년 1월~7월 과다카날전투, 1943년 4월 레이테 해전에서 연합국의 승리 등이 대전환점이 되었다. 연합국 수뇌들이 빈번히 모여서 전후 세계질서에 관한 의견을 나누기 시작했는데, 주로 유럽 문제이나, 한반도 독립안과 신탁통치안이 논의됐던 회의는 다음과 같다.

카이로 · 테헤란 회담(1943년 11월)이 한반도 운명의 서곡이었다. 카이로에서 "한반도를 신탁통치한다."는 것이 최초로 거론되고, 테헤란 회담에서 스탈린 동의를 얻음으로써 공식화되었다. 서명 문서에는 "in due course(적당한 절차를 밟아서)"라고 되어 있다. 당시 국제회의는 미국이 주도했기 때문에 미국의 생각 즉 루즈벨트 대통령의 한국에 대한 편견을 이해하는 것이 이 문제를 이해하는 핵심이다. 루즈벨트 대통령의 한국에 대한 편견은 일정기간 동안 국제적 후견 아래 정치적 수습을 밟아야 하고, 일정기간 동안 연합국의 공동 관리해야 한다는 것으로 한반도의 지정학적 의미를 잘 알고 있었다. 강대국들이 한반도 문제에 공동 개입함으로써 이해 대립을 방지하고, 소련의 개별주의적 세력 팽창 충동을 통제하기 위해 다국에 의한 신탁통치를 고려했던 것이다.

얄타 회담(1945년 2월)에서는 조기에 소련을 대일전에 참전시켜 참전 대가로 러 · 일전쟁 이전의 만주에 대한 이권을 보장을 해준다고 약속한다. 이로 인해 소련은 극동지역으로 진출할 수 있는 발판 확보한다. 포츠담 회담(1945년 7월)에서 소련이 대일전 참전시 미 · 소 양군의 해 · 공군작전지역(남만주-한반도 북부-북해도 북단)을 합의했다. 지상작전 경계선에 관해서는 논의된 바 없었다.

3. 국외정세와 38° 선 형성

제2차 세계대전이 1943년에 접어들면서 연합국 측의 승리가 확실시되자 연합국 수뇌들은 전후의 새로운 세계질서에 관한 전망과 의견을 토의하기 시작하였다. 한반도 문제가 연합국 수뇌사이에 공식적으로 거론되기 시작한 것도 이때부터 이다. 1943년 2월 카사블랑카(Casablanca) 회담이 끝난 직후, 미국의 루즈벨트(Franklin D. Roosevelt)가 영국외상 이든(Anthony Eden)에게 동남아의 전후 처리에 관한 기본구상을 피력하면서, 한반도 문제에 관하여 언급한 바가 있기는 하지만 한반도에서 궁극적으로 한민족에 의한 통일정부가 수립되어야 한다는 것은 1943년 11월 카이로 선언에 의해 처음으로 공식발표가 되었다. 카이로 선언에서 루즈벨트, 처칠(Winston Churchill), 장개석 등 미 · 영 · 중의 3국 수뇌는 "한민족의 노예상태에 유의하여 적당한 시기에(in due course) 한국이 자유독립국이 되어야 할 것"을 결의하였으며, 곧 이어서 열린 테헤란(Teheran) 회담에서 소련 수상 스탈린(Joseph Stalin)이 카이로 선언의 내용을 지지함으로써 한국의 독립은 비로소 국제적인 보장을 받게 되었다. 그 후 1945년 2월 얄타회담에서 미 · 영 · 소 수뇌들은 스탈린에게 대일참전의 조건으로 극동에 있어서 소련의 러 · 일전쟁 이전의 영토의 모든 권리의 회복을 약속하였다. 이는 소련군에게 제정 러시아 이래 그들의 염원이었던 극동에서의 남진정책을 실현시켜 주겠다는 보장으로 여기서부터 비극의 씨앗은 발단이 되게 된 것이다.

1945년 7월에 열린 포츠담(Potsdam) 회담에서는 일본에 대해 무조건 항복을 요구하였다. 이 회담에서 미 합참의장 마샬(George C. Marshall)은 소련군 참모총장 안토노프(Alexei Antonov)와 미 · 소 양군의 작전구역을 합의하면서 미군의 대한반도 작전준비의 미비를 실토함으로써 한반도 전역 또는 일부 지역에 대한 소련군의 진입을 돌이킬 수 없는 하나의 기정사실로 만들고 말았다. 일본이 무조건 항복을 요구한 포츠담 선언의 수락을 거부하자 미국은 마침내 극비리에 개발하여 1945년 실험에 성공한 원자폭탄을 사용하기로 결심하고 8월 6일과 9일 두 차례에 걸쳐 히로시마와 나가사키에 원폭을 투하하였다. 한편 대일 참전시기를 최대한 지연시키면서 정치적 심리의 극대화를 노리던 소련은 8월 8월 일본에 선전을 포고하고 이튿날부터 3개 집단군으로 패전말기에 극도로 약화되어 있던 일본 관동군을 파죽지세로 격멸하면서 만주와 북한 일대로 진입하였으며 8월 12일에는 청진에 상륙하였다. 1945년 8월 8일, 소련은 일본에 대해 선전 포고를 하고, 만주와 북한에 밀물처럼 남하하였다. 미국은 소련이 빠른 속도로 극동아시아에 진출하는 것에 위협을 느끼고 38°선을 제안하게 된다. 소련은 이를 수용하였고 이에 따라 한반도는 세계 대전 후 남과 북으로 분단된다. 38선은 처음에는 미국과 소련에 의해 그어진 군사적 경계선이었다. 하지만 제2차 세계대전 후, 미국을 중심으로 한 자유 진영과 소련을 중심으로 한 공산 진영의 대립이 심해지면서 38선은 정치적 분할선으로 바뀌게 된다. 한국인들의 관점에서 볼 때, 38선은 비극의 역사였다. 그들은 힘이 없었기 때문에 아무런 죄 없이 세계의 흐름의 피해자가 된 것이다. 38선은 아직까지도 그어져 있고 이것을 없애는 것이 그들의 얽힌 실타래를 푸는 길일 것이다.

미국은 포츠담회담에서 소련의 대일 참전을 거듭 촉구하여 결과적으로 소련에게 참전의 명분과 실리를 함께 안겨주고 말았다. 일본은 포츠담회담이 열리기 4일 전 이미 주소 일본대사를 통해 항복할 뜻을 시사한 바 있으나, 소련은 이를 비밀에 부치고 있었다. 더구나 미국은 원자탄의 군사적 실용성이 확인되었음에도 불구하고 소련의 대일 참전을 거듭 촉구하였다. 1945년 8월 10일 일본정부는 마침내 포츠담 선언의 수락을 결정하였으며, 갑작스럽게 일본의 항복의사 통고를 받은 미국은 일본 본토 상륙작전 대신 항복접수 지역과 절차 등을 규정하는 일반명령 제1호의 기안을 서두르게 되었다.

미 국방성 작전국 정책과장 본스틸(Bonesteel)대령은 국무 · 국방 · 해군3성조정위원회(SWNCC: Sate · War · Navy Coordination Committee)의 독촉을 받은 가운데 야간작업을 진행하였다. 본스틸 대령의 최초 구상은 가능한 한 소련이 받아들일 수 있는 범위까지 북쪽으로 분계선을 그으려고 했으나, 소련군은 이미 한국에 진주해 있거나 아니면 기동할 수 있는 모든 준비를 끝내고 있을 것이라는 것과 미군은 한반도로부터 600마일이나 떨어져 있는 오키나와에 있다는 것을 고려할 때 문제는 소련이 그의 안을 받아들여야 하고 동시에 그들이 한국 전역을 장악하는 것을 막는 일이었다. 그는 처음에 행정적인 경계선을 따라 분계선 그으려고 했으나 그의 사무실에 있는 유일한 한국지도는 행정적인 경계가 그려져 있지 않았고, 다만 북위 38°선이 대략 한반도를 둘로 나누고 있었다. 그래서 북위 38°선을 잠정적인 선으로 설정하고 한국내의 일본군을 각각 북쪽은 소련군에게 남쪽은 미군에게 항복하도록 정하였다.

38°선의 확정은 절박한 상황과 제약된 시간속에서 한 실무자의 우연한 결정에 의해 발단되었던 것이다. 본스틸 대령이 기초한 일반명령 제1호의 문안을 합동참모본부(JCS)와 3성 조정위원회(SWNCC), 국무장관을 거쳐 트루만 대통령에게 보고되었다. 그 사이 일부에서는 분계선을 39°선으로 북상함으로써 요동반도의 대련을 포함하여 미군을 상륙시키는 안을 제시하기도 했으나 소련의 동의를 얻기 어려울 것이라는 의견에 따라 결국 38°선을 경계로 하는 최초의 기안 내용이 통과되었다. 1945년 8월 15일 마침내 트루먼 대통령의 최종 재가를 얻은 일반명령 제1호는 소련과 영국 등 연합국에 전달되어 동의를 구하는 한편, 마닐라에 있던 맥아더에게도 타전되었다. 워싱턴 당국에는 소련의 반응을 기다리는 동안 긴장의 순간이 흘러갔다. 8월 16일 스탈린은 답신을 통해

38선 문제에 대해서는 전혀 언급하지 않으므로 한반도의 분할은 말없이 확정되고 말았다. 이미 한반도 북단에 진입해 있던 소련군은 일본이 항복한 뒤에도 진군을 계속하여 8월 22일에는 평양에 진주하고 이튿날에는 개성까지 남하하면서 북한을 신속히 점령하였고, 주한 미 점령군 사령관으로 임명된 하지 중장 휘하의 미 제24군단 주력은 9월 8일에야 인천에 상륙하여 9월 9일 서울에 진주하였다.

미국이 이 38°선 구획조치는 사실상 한반도에 있어서 일본군의 항복수락과 무장해제를 위한 순수한 군사적인 조치였으며 정치적인 의도는 전혀 내포되어 있지 않은 것이었으나 음흉한 소련에게는 그것이 아니었다. 소련군은 8월말 북한 진출을 완료하자 주요 남행 간선 철로를 모두 폐쇄하고 북한전역에 대해 공산화계획을 착수하기 시작했다. 이리하여 한반도에서의 일본군의 무장 해제를 목적으로 설정된 순수한 군사적인 임시 분계선이 소련의 남진정책에 이용당하게 되었으며, 한겨레의 삶의 터전이 남북으로 분단되고, 정치적인 철의 장막으로 굳어져 동족상잔을 빚은 비극의 선으로 탈바꿈하고 만 것이다.

4. 국제정치와 한반도

1943년초부터 미국과 연합국들은 전후의 국제질서에 유념하면서 아시아에 있어서도 일본의 점령아래 있던 한반도의 독립안과 신탁통치안에 대한 논의를 본격적으로 시작하였다. 미국, 영국, 중국, 그리고 소련이 한반도 문제에 개입했던 연합국내의 주도 국가들이었다. 중국의 장개석총통은 전통적인 역사를 배경으로 대한민국 임시정부에 대해 가장 근접거리에서 지원을 해왔었다. 영국은 제2차 세계대전의 핵심으로 스스로 세계 최강대국을 자부하고 있었고 소련은 공산주의의 종주국으로 태평양 진출을 노리는 형국이었다. 그러나 실질적으로 태평양전쟁을 주도하여 일본을 직접적으로 패망시킨 미국이 한반도의 운명을 좌우할 결정적인 영향력을 행사한 나라였으며, 이들의 국제회담에서 한반도 문제를 항상 먼저 제기한 쪽도 미국이었다.

여기서 특히 미국 루즈벨트 대통령의 한국에 대한 편견이 그의 주도로 이루어진 전시의 정상회담 분위기를 결정적으로 좌우했을 것으로 판단된다. 그는 한국인이 일본으로부터 해방되면 이후 일정기간 동안 반드시 국제적 후견아래 정치적 훈련을 밟아야 한다는 지론을 가지고 있었다. 1943년 3월 루즈벨트 미 대통령과 헐(Cordell Hull)

미 국무장관, 이든(Anthony Eden)영 외상이 워싱턴에서 가졌던 회담에서 최초로 한반도 문제가 연합국 수뇌사이에 논의되었다고 알려지고 있는데, 이 회의에서 루즈벨트는 만주와 대만은 중국에 반환되어야 하며, 인도차이나와 한반도는 신탁통치 아래 놓여져야 한다는 의견을 내 놓았던 것이다. 그리고 한반도에 대한 탁치위원국으로서는 미국과 중국 및 소련을 거명했다. 이렇듯 한반도 신탁통치안은 해방된 아시아의 식민지 국민들이 강대국의 후견아래 민주적 제도 속에서 교육되어야 한다는 루즈벨트의 지론을 반영한 것이었다.

이러한 예비회담 뒤 그해 11월 20일 카이로에서 루즈벨트, 처칠, 장개석의 3거두 회담이 열렸다. 이들은 카이로 공동선언을 통해 일본은 1914년 이후 태평양 지역에서 탈취한 모든 섬들을 반환해야 하며 만주, 대만, 팽호군도를 중국에 돌려주어야 한다고 선언했으나, 한국은 "적당한 시기(in due course)"에 독립이 허용될 것이라는 단서를 붙여 자주독립을 잠정적으로 유보하겠다는 뜻을 나타냈다. 이 유보 역시 루즈벨트의 한국 탁치안의 반영이었다.

한반도 신탁통치안은 그해 11월 28일 테헤란에서 열린 루즈벨트, 처칠, 스탈린 사이의 3거두 회담에서 다시 거론되었다. 루즈벨트는 "한국인이 완전히 독립을 하려면 40년간의 수습기간을 필요로 한다."고 지적하고 스탈린은 이에 대한 동의를 표시했다. 이어 완전한 독립을 얻는 시기 등에 관한 구체적 논의가 시도되었으나, 이는 결실을 맺지 못했다. 곧 밀어 닥친 냉전의 회오리에 휘말려 무산된 것이다. 이러한 대화는 1945년 2월 8일 미국, 영국, 소련 정상 사이의 얄타회담에서 계속된다. 루즈벨트가 영 · 중 · 소의 대표로 구성된 한반도 신탁통치안을 제의하자, 스탈린은 "한국인들이 그들 자신의 만족할 만한 정부를 세울 수 있다면 왜 탁치가 필요하겠느냐?"고 물었다. 루즈벨트가 "필리핀이 자치정부를 준비하는데 약 50년이 소요되었다."는 사실을 상기시키고 "한국의 경우에는 그 기간이 20년일 수 있다."고 대답하자, 스탈린은 "그 기간이 짧을수록 좋다."고 논평했다. 스탈린이 다시 외국군이 한국에 주둔하느냐고 묻고 루즈벨트는 그렇지 않다고 대답하자 스탈린도 이에 동의했다.

결국 스탈린의 의견을 따라 미국과 소련은 미 · 소 · 영 · 중에 의한 단기간의 신탁통치가 한국에게 독립국가로서 최선의 출발과 장래의 독립을 보장시켜줄 수 있다는데 합의했다. 이로써 한반도의 전후운명에 관한 연합국 사이의 의견이 정리된 셈이었다. 흔히 한반도의 분단이 얄타회담에서 밀약된 것으로 전해지고 있으나, 회담의 공식문서 내용의 거의 전부가 공개된 지금의 상황에서 보면 한국분단에 관한 단정적 언급은 발견할 수 없다. 그러나 위에 기술한 신탁통치안에 관한 연합국 거두들의 대화는 한국문제에 관한 책임문제를 밝히는데 있어서는 매우 중요한 내용이라고 할 수 있다. 얄타회담 당시의 상황에서 보면 일본은 거의 패망하고 있었고, 미국은 독자적인 원자탄 제조에 성공했던 상태였기 때문에 미국으로선 전략적으로 소련의 협력은 그리 중요하지 않았다. 그러나 루즈벨트의 재촉과 양보에 의해 소련의 극동전 참가가 약속되었으며 그 대가로서 만주에 대한 소련의 러·일전쟁 이전의 권익을 인정함으로써 유추해석상 한반도에 대한 소련의 역사적 이권을 동시에 보장해주는 근거를 마련하였던 것이다. 이어 1945년 7월에 미·영·소 수뇌들의 포츠담회담은 대전중의 마지막 연합국 회의였다. 이 수뇌회담에서는 한국문제가 거의 논의되지 않았으나, 7월 26일 공표된 포츠담선언은 카이로선언을 재확인함으로써 한반도가 "적당한 시기"에 독립되어야 한다는 것을 명백히 했다. 특히 한반도 문제에 관련해서 이 회담에 참가한 정상을 수행했던 미국과 소련 관리들간의 회담에서 중요한 논의가 진행되었다.

이러한 점을 감안해 본다면 소련은 이 시점까지는 국경주변의 완충지대 형성을 위해 한반도에서 비우호적 정부의 출현을 방지하려는 수준에서 머물렀을 뿐, 한반도 자체를 주 전략 지역화 할 의도는 없었던 것으로 보여진다. 이는 전시 회담중 신탁국 선정에서 영국을 배제하자는 미국측의 제의에 오히려 반대했던 태도나, 전시회담중 한국문제는 거의 미국이 주도하고 소련은 동의하는 수준에서 진행된 논의 과정에서도 나타난다. 따라서 대전직후의 국제정치에서 소련은 당시의 국내적인 재건이라는 주요 과제에 직면하여 "일국사회주의"노선을 위협받지 않으려는 제한된 역할을 수행했다고 볼 수 있다.

5. 해방과 남·북 분단

1945년 8월 6일과 8월 9일 히로시마, 나가사키에 원폭을 투하함으로써 8월 10일 일본은 미국에 항복의사를 표명하였다. 1945년 8월 8일 소련은 일본에 선전포고하여 만주와 북한일대로 공격하였다. 소련의 남진속도가 예상외로 빨라지자, 소련이 한반도를 단독 점령하는 것을 방지하기 위해 일본의 무장해제와 항복접수지역 절차에 대한 일반명령 제1호에 소련의 남진한계선을 38°선으로 하여 소련측에 통보하였고, 소련은 묵시적으로 동의하였다.

미·소는 남북한에 진주 후, 군정을 실시하면서 2개의 얼굴로 나타난다. 즉, 미군은 점령군, 소련은 해방군으로 한반도에 입성하게 된다. 군정시대를 통해서 남·북한은 서로 다른 체제로 변모되어 갔다. 남한은 미국이 한민족의 정서를 무시, 직접 통치방식으로 군정을 함으로써 더욱 혼란해지고. 북한은 소련에 의해 민족해방운동의 노련한 경험으로 서서히 공산화시켜 갔다. 군정에 의해 한반도 통일문제가 해결이 되지 않자, 국제적 수준에서 해결하기 위해 모스코바 3상 회의가 개최되었고, 여기서 미·영·소·중에 의한 5년간 신탁통치 후 독립시킨다는 것이 결정된다. 남한사회는 찬탁과 반탁으로 분할, 좌우 대립으로 혼란에 빠지고, 북한은 반탁세력을 숙청하는 과정을 통해, 조만식 등 민족세력을 몰아내고 김일성 세력이 권력을 장악하게 된다. 신탁통치 문제를 협의하기 위한 미·소 공동위원회를 2회에 걸쳐 개최하였으나, 서로 합의를 못 보고 결렬되었다. 왜냐하면 한반도에 새로 탄생하는 국가는 자신에게 유리한 국가라야만 했기 때문이었다.

미국은 한반도 문제를 UN을 통해 해결하기 위해 UN에 상정했다. UN에서는 UN감시하 남북한 총선거를 실시하여 한국 정부를 수립하는 것으로 결정하였으나, 총선거는 김일성의 패배를 의미했으므로 북한과 소련이 반대하여, 결국 남한만 선거를 통하여 한국정부가 탄생하고, 북한에는 1948년 9월 9일 김일성이 조선민주주의 인민공화국을 세우게 된다.

미·소 양군이 군사점령 분계선으로 설정하였던 38°선이 정치적 분계선으로 굳어져 남북이 분단된 것이다. 이후 서로가 합법정부임을 주장하게 되고 통일을 위해서라면, 무력행사도 불사한다는 것이 사회적으로 명분화됨으로써 결국, 남북 분단이 전쟁원인을 제공한다. 그래서 6·25전쟁의 발단이 남북분단에서 시작되었다는 것이다.

6. 국제사회의 각축전

가. 제2차 세계대전이후의 미·소 대립

미국과 소련은 태생부터 달랐기 때문에 서로 화합할 수 없는 물과 기름과 같은 존재였다. 제2차 세계대전시에는 연합국으로서 공동의 적을 상대로 싸웠지만, 승리 후에는 서로의 본색을 드러내기 시작했다. 처칠은 회고록에서 "영국은 영광을 위해, 루즈벨트는 승리를 위해, 스탈린은 전투의 이익을 위해 싸웠다."라고 술회했다. 제1·2차 세계대전이후 미 · 소 관계 대립을 전쟁원인으로 보는 이유는 다음과 같다. 소련은 세계 적화를 위해 팽창주의 정책을 펴나갔고, 미국은 소련의 팽창을 저지하기 위해 봉쇄정책으로 대응했다. 이 과정에서 서로 무력충돌은 회피하였으나, 지속적으로 적개심을 가지고 대결을 계속했다. 이런 현상을 냉전(Cold War)이라고 하는데, 이 냉전이 한반도에서 열전화되어 전쟁이 발발하게된 것이다. 한반도에서 열전화된 이유는 미국의 유럽우선 봉쇄정책과 소련의 아시아 우선주의 팽창정책을 폈기 때문에 한반도에서 세력균형이 깨짐으로써 전쟁이 발발한 것이다.

제2차 세계대전 후 미 · 소 관계는 급격히 냉각되기 시작한다. 양국이 직접적인 군사충돌 관계로 들어간 것은 아니었으나 상대방에 대하여 지속적이며 강렬한 의혹과 적개심을 품게 되었다. 역사가들은 이를 냉전이라고 부르게 된다. 이 냉전이 어떻게 그리고 왜 시작되었느냐의 문제는 국제정치 학자들 사이에 심각한 논쟁의 초점이 되어왔다. 이를 단순화 시켜서 말한다면 전통주의 학파와 수정주의 학파로 나누어지는데 전자는 냉전의 책임을 소련의 팽창주의 정책에서 찾고, 후자는 미국의 제국주의적 경향에서 찾고 있다.

나. 미국의 한반도정책상의 오류

제2차 세계대전 후 미국은 전략공군 위주의 대량 보복 전략을 시행하면서 지상군을 800만에서 59만으로 대폭 감축하게 된다. 한반도의 전략적 가치를 낮게 평가하여 미 극동방위선에서 한반도를 제외하게 되고, 1949년 주한 미군을 조기 철수하여 한반도에 힘의 공백이 발생하게 된다. 애치슨이 1950년 1월 12일 프레스센터와의 기자회견에서 미 극동방위선에서 한반도의 제외 사실을 천명함으로써 북한이 오판하는 계기가 되었으며, 그 결과 북한의 남침의 빌미를 제공하게 되었다. 극동방위선의 설정은 미국의 대 극동전략개념으로 1950년 1월 12일 애치슨 미 국무장관이 설정한 미 극동방위선에서 한반도를 제외시킴으로써 그 윤곽이 드러나게 되었는데, 이때 설정된 미 극동방위선은 일본 열도를 확보하여 소련의 팽창을 저지한다는 전략적인 개념 하에 알류산열도-일본-오끼나와-필리핀을 연결하는 선으로 설정하여, 미국은 이 극동방위선의 확보가 미국의 안보에 필수적이라고 판단하고, 이선 밖의 지역에 대해서는 미국의 일방적 또는 단독적인 군사조치를 취할 의사가 없다는 것을 명백히 하였다. 이와 같은 미 극동방위선은 소련의 팽창을 저지하는 미국의 봉쇄정책을 태평양지역에 적용시킨 것으로서 서구의 나토전략과 병행하는 것이었으나 여기서 한국을 제외시킴으로써 남한지역에 힘의 공백이 발생하게 된 것이다.

미 극동방위선에서 한반도를 제외한 이유는 첫째, 1950년대 봉쇄정책에 따른 전면전쟁 전략개념에 의해 제2차 세계대전 말기의 지상군 800만을 59만명으로 축소함으로써 해외 주둔을 위한 지상군이 부족하였으며 둘째, 한국은 보잘 것 없는 국력과 부존자원이 없는 국가이기 때문에 공산주의 수중에 들어가도 세력균형에는 영향을 미치지 못한다고 한국의 전략적 가치를 낮게 평가했고 셋째, 한국내의 정세가 불안하여 미국이 원조를 해준다 해도 장개석 군대와 같은 전철을 밟게 될 것이며 넷째, 미국은 마셜플랜에 의거 1948년부터 향후 4년간 유럽17개국에 대하여 170억불의 경제 원조를 해야 한다는 부담을 안고 있기 때문에, 한국을 지원시에는 대만도 지원해야 하므로 이에 소요되는 막대한 예산으로 인해 한국을 원조할 능력이 없다고 판단하여 제외를 시켰다.

다. 소련 · 중국의 한반도정책 일치

소련은 아시아 우선주의정책을 취했다. 소련은 제2차 세계대전이후, 미국이 원자무기의 절대적인 우위로 도취되어 있는 동안 동구제국을 위성국화 하는데 성공하자, 1948년부터 유럽으로부터 아시아 우선정책으로 전환한다. 왜냐하면 수많은 신생 아시아 국가들은 안정된 정권을 갖지 못했을 뿐만 아니라 빈곤상태에 벗어나지 못한 관계로 공산주의가 침투하기 쉬운 온상이라는 것에 착안했기 때문이었다. 따라서 체코의 공산 쿠데타, 서베를린 봉쇄 등으로 서방측의 관심을 서쪽에 집중시킨 소련은 성동격서의 정책으로 중국 내전이 공산당의 승리로 방향을 바꾸게끔 지원했고, 독립국가로서의 경험이 미흡하고, 안정된 정권을 갖지 못한 월남, 말레이, 미얀마, 인도네시아, 필리핀, 한국 등을 적화시키기 위한 정책을 펴 나가기 시작했다.

한반도 적화를 위해 북한을 적극 지원했다. 중국에 대해서는 유대관계를 강화하여 중국에게 군사원조를 제공함으로써 중국의 소련에 대한 의존도를 증가시켜 티토화를 방지하려하였고, 한반도에 대해서는 한반도를 완전 장악하여 위성국화 함으로써 극동지역에 있어서의 남진정책을 실현시키기 위한 전진기지를 확보하고 또 일본에 대한 영향력 행사와 당시 태동하기 시작한 중국 세력을 견제하려 하였다. 따라서 소련은 중국이 대륙을 제패한 이후에도 공산진영 내에서 종주권을 확립하고 또 미국이 아시아에서 반공 세력을 구축할 것에 대비한 유리한 고지로서 한반도 적화를 보다 적극적으로 추진하였다. 1949년초~1950년초에 소련, 중국, 북한간 군사동맹 관계가 구축되었다.

중국은 역사적으로 볼 때 한반도는 중국대륙과 순치보거의 관계에 있기 때문에 중국의 안보를 위해서는 한반도 장악이 절실하게 요구되고, 국내문제 고려시 소련의 원조가 절실한 시기여서 소련의 대한반도 정책을 적극 지지하게 되었던 것이다. 소련의 한반도 적화 야망, 중국의 동조가 북방 3각 협력체제를 완성함으로써 북한의 남침을 지원하게 된다. 소련은 타 위성국처럼 우호 방위조약을 북한과 체결하지 않고 물밑으로 적극적인 지원을 했다.

소련의 대북한 정책은 19세기 말부터 싹트기 시작한 그들의 남진정책과 불가분의 관계에 있었다. 즉 1904년 러 · 일전쟁에서 일본에게 패배함으로써 얼마동안 주춤하였던 그들의 남진정책이 전후 만주와 북한으로 진주를 계기로 다시 활기를 되찾게 되었던 것이다. 얄타협정(1945년 2월)에 입각하여 대일참전의 조건으로 동북아시아에 다시 진출하게 된 소련은 만주에 대한 권익보호와 태평양 및 동남아시아로의 남진정책을 위한 "전진기지"의 확보 또는 일본에 대한 영향력 행사와 당시 태동하기 시작한 중국세력을 견제하기 위해서는 무엇보다도 완전장악이 절대적인 전제조건이라고 판단하였다.

이를 위한 실천수단의 도구로서 김일성 일당을 내세우고, 그들로 하여금 소련에게 충성스러운 정치권력을 조직하게 하여 한반도 무력적화를 도모하게 되었다. 그 움직일 수 없는 증거의 하나로 1945년 12월 17일 소집된 조선 공산당 북조선 분국 제3차 확대회의에서 김일성은 "우리 당의 정치노선은 북조선을 강력한 민주기지로 전환시키는데 있다."라고 밝혔다. 이것은 곧 소련의 한반도 정책의 기본 노선으로서 그들은 북한을 일반적인 뜻에서의 영토로 인정하지 않고 남한을 적화시키기 위한 "공산기지"로 보았던 것이다. 또한 1948년 8월에 공포된 이른바 "조선민주주의 인민공화국 헌법" 제103조에 "조선민주주의 인민공화국의 수도는 서울시이다."라고 규정함으로써 한국에 대한 남침을 전제로 한 통치 권력의 성격과 특징을 드러내었다.

소련은 제2차 세계대전 이후 미국의 원자무기의 절대적 우위로 도취되어 있는 동안 동구제국을 위성국화 하는데 성공하자, 1948년 아시아 우선정책으로 전환하였다. 수많은 신생 아시아 국가들은 경험이 없고 안정된 정권을 갖지 못하였을 뿐만 아니라 빈곤한 탓으로 공산주의가 침식하기 쉬운 잠재적인 온상이라는 것에 착안한 것이다.

이즈음, 중국대륙의 내전은 중국군에게 유리하게 전개되고 머지않아 공산정권이 탄생할 것이 확실시 되자, 미국은 소련의 팽창주의와 중국에 대한 대비책의 일환으로서 대 일본정책을 180˚로 전환하였다. 즉, 일본의 국력을 배양하고 일본내에 미군 기지의 설치를 서두르게 되었던 것이다. 소련은 중국의 대륙제패 이후에도 공산진영내에서의 종주권을 확립하고, 미국이 아시아에서 반공보루를 구축할 것에 대비한 유리한 고지로서 한반도 적화를 보다 적극적으로 추진하게 되었다. 이를 위하여 소련은 1948년 9월 9일 그들의 각본에 따라 북한에 괴뢰정권이 수립되자 1948년 12월 북한진주의 소련군을 철수시키면서 소련 국방상 불가린 주재하에 소 · 중 · 북한의 수뇌를 불러 모아 이른바 인민군의 기계화훈련을 비롯한 모든 전쟁준비를 18개월 내 완료한다는 요지는 비밀협정에 합의를 하였다.

소련은 중국대륙 내전이 공산당의 승리로 방향을 바꾸게끔 지원했고 독립국가로서의 경험이 미흡하고 안정된 정권을 갖지 못한 월남, 말레이, 미얀마, 인도네시아, 필리핀, 한국 등을 적화하기 위한 준비를 갖추었다. 카이로회담을 전후하여 중국은 일약 세계 4강의 하나로 등장하게 되었다. 그것은 미 · 영 양국이 중국대륙과 그 인력을 대일전에 이용하려는 정책 덕분이었다. 그러나 중국군 보다 강력한 소련군을 대일전에 끌어들일 수 있을 만큼 대독전의 전황이 유리하게 전환되고, 게다가 미 해군이 태평양의 제해권을 완전히 장악하기에 이르자, 미 · 영의 대일 전쟁지도상 중국의 비중은 낮아지고 말았다. 이러한 정세아래 장개석이 불참한 가운데 개최된 얄타회담에서 미 · 영 양국 수뇌는 스탈린(Stalin)이 대일 참전의 대가로 요구한 만주 지배권을 비롯한 엄청난 이권을 소련에게 넘겨주었다. 당시 미국은 일본 관동군(만주주둔)을 과대평가 한데다가 병약했던 루즈벨트는 전후에도 "미 · 소 협력체제"의 확립이 가능할 것이라는 환상에서 스탈린을 과신하고 있었다.

이리하여 전후 아시아의 세력권을 재론하는데 있어 중국대륙은 국부정권 통제 아래에 두는 한편, 만주는 소련이, 일본은 미국이 각각 지배하는 얄타체제가 성립되었다. 그러나 중국이 소련의 이렇다 할 큰 도움도 없이 1949년 10월 중국대륙을 석권하고 공산정권을 수립함으로써 이 체제는 붕괴되고 말았다. 이는 중국대륙이 자유진영으로부터의 이탈을 뜻하는 동시에 소련에게는 만주에 있어서의 그의 지배권의 상실을 의미하는 것이었다. 이 파문은 한반도 문제에 가장 큰 충격파를 미치게 하였다. 중국은 비록 대륙을 장악하였으나, 해 · 공군력이 열세하기 때문에 현안이던 대만점령에는 소련의 원조가 절실하게 요구되었다. 반면, 소련은 중국에게 군사원조를 제공함으로써 중국의 소련에 대한 의존도를 증가시켜 유고의 티토(Tito)화를 방지하고, 아울러 대만이 그들의 세력권내에 들어오면 서태평양으로 진출하는 오랜 꿈이 실현될 수 있게 되는 것이었다. 동상이몽 즉, 중 · 소 양국은 그들이 추구하는 이익을 위하여 밀착되었고,

중국은 반미, 반제국주의로 일관하면서, 소련 일변도 정책을 펼치게 되었다.

이러한 가운데 1949년 12월 모스크바를 방문한 모택동은 장장 3개월을 체재하면서 소련과 회담한 끝에 다음과 같은 요지의 군사동맹조약(1950.2.14)을 맺었다. "중 · 소 양국은 일본 및 일본과 협력하고 있는 어떠한 국가의 침략을 방지하고, 일국이 전쟁상태에 들어가는 경우에는 군사적으로 지원하며, 양국 어느 편에서도 반대하는 국가와는 동맹 또는 협약을 체결하지 않는다." 이 조약은 공동방위라는 이름아래 아시아 공산권을 확대하는 침략노선을 은폐하고, 미국을 적으로 간주한데 그 특징이 있었다. 그런데 공교롭게 애치슨 성명은 모택동의 모스크바 방문기간에 발표된 바, 그것은 한반도 침공을 토의했을 것으로 보이는 중 · 소 양국 수뇌에게, 미국은 한국을 방위할 군사력이 없다는 것을 밝힌 격이 되었던 것이다.

7. 국내적 요인

가. 남북한 군사력 불균형

소련의 팽창정책과 미국의 봉쇄전략의 차이에서 남북한에 대한 지원정책의 차이로 인한 심한 군사력 불균형이 초래된다. 병력면에서는 한국군은 8개 보병사단, 2개 독립연대로 약 10만 병력을 보유한 반면, 북한군은 10개 보병사단, 2개 독립연대, 1개 전차여단 등 약 20만을 보유함으로써 2:1의 비율로 북한군이 우세하였다.

장비면에서 전차는 아군은 단 한대도 보유하지 못한 반면, 북한은 불가린 계획에 의거 최신형 T-34 제105전차여단과 1개 독립전차연대로 편성되어 아군의 대전차화기에는 파괴되지 않은 소련제 T-34전차 242대나 보유하고 있었다. 야포 또한 아군은 사거리가 6,525m 밖에 되지 않은 M-3형 105M인데 반해, 북한군은 사거리가 11,710m인 122M 신형포를 아군에 비해 6:1의 비율로 절대적 우세였다. 항공력에 있어서도 아군은 겨우 연락 및 연습기 22대를 보유한 반면, 북한군은 YAK형 전투기, 폭격기 등 211대를 보유함으로써 10:1의 우위를 차지하고 있었다. 이와 같이 남침 당시 북한군은 병력, 장비 등 유형 전투력 면에서 절대적으로 우세한 상태였다.

무형적인 전투력 면에서는 훈련 면은 아군은 겨우 수경사 예하 3개 연대, 7사단 2개 연대, 8사단 1개 대대 등 16개 대대(24%)만이 대대훈련을 해봤고, 대부분의 부대는 중대훈련 수준에 있었던 반면, 북한군은 소련 군사고문단 지휘하에 사단 기동훈련 및 보 · 전 · 포 협동훈련까지 전부 마치고 남한일대 지형연구까지 완료한 상태였다. 전투

경험과 부대지휘능력 면에서도 한국군은 후방에서 공비토벌 작전 경험과 38선 분쟁 경험외에 정규전을 치러본 경험은 극소수 일본군 출신 밖에 없었으며 사단급 이상 부대를 지휘해 본 경험자는 김홍일 장군 밖에 없었다. 북한군은 1949년 1월 하얼빈 회담 결과 중국으로부터 중국내전에 참전했던 한인계 중국인 약 3만 명이 대거 입북하여 김창덕이 지휘하는 중국군 제164사단이 북한군 제5사단으로, 방호산의 중국군 166사단이 북한군 6사단으로, 소련으로부터는 스탈린그라드 공방전에 참전했던 5,000명의 한인계 소련인이 입국하여 전차부대에 배치되는 등, 인민군 전체의 1/3이상이 실전경험을 갖고 있었으며, 중국대륙에서 항일 투쟁하던 팔로군 출신 즉, 방호산, 김무정, 이권무 등 많은 인원이 사단급 이상 부대를 지휘해본 경험을 보유하고 있었다. 북한군은 한국군과는 대조적으로 일본 육사 출신이나 만주군 출신은 거의 채용하지 않았고, 임관되었다하더라도 승진되는 경우는 매우 드물었다. 소련의 아시아 우선 공산화정책으로 북한을 적극적으로 지원하게 되고, 미국은 유럽 우선의 봉쇄정책을 추진하는 과정에서 한국을 소극적으로 지원하게 됨으로써 남 · 북한 간에는 심한 군사력불균형을 초래하게 된다. 즉 한국군은 경찰예비대 수준으로, 북한군은 정규군으로 성장하게 된다.

한국군에 대한 미 군사원조는 북한에 비해 상대적으로 미약했다. 8 · 15 광복과 더불어 우리나라에 들어온 미군은 육군 제24군단 소속 7만여 명의 장병들이다. 그들은 미 · 소 합의에 따라 일본군의 무장해제와 38선 이남의 군정을 실시하기 위해 1945년 9월8일 인천항을 통해 들어왔다. 1948년 8월24일 창군 초기 미국은 한국군의 무기장비 조달과 군사훈련을 부담했다. 당시 한국에 제공한 군사원조 규모는 육군 5만여 명분의 장비와 6개월분의 예비부품으로서 5,600만 달러에 달했다. 1949년 10월에는 1,500만 달러에 달하는 물자 · 교육지원을 제공했다.

나. 국내 정세의 혼란

정치적으로는 일본군의 항복접수 이외에는 아무런 계획도 없었던 미 군정 당국은 서구식 민주주의를 표방하여 정치활동을 방임하는 태도를 취함으로써, 무려 248개의 정당이 난립, 공산주의자들의 활동까지도 합법적으로 보장받게 된다. 박헌영은 조선노동당을 재건하고 1946년에는 남조선 노동당이 결성되어 정치, 경제, 사회적 혼란을 가중시켰다. 정부 수립 후에도 100여개나 난립하였고, 여기에다 1950년 5월 30일 제2대 국회의원 선거시에는 의석 총 210석 중 무소속이 130석, 집권당 한국민주당이 54석,

약 26% 밖에 차지하지 못하여 외부에서 볼 때 정부에 동조하지 않는 국민이 많은 것으로 판단되는 실정이었다. 경제적으로는 해방 후 일본인들이 각종 산업자본과 기술을 철수하면서 해방 직후부터 9월 8일까지 4주일 만에 당시 37억원의 화폐를 발행하여(당시 화폐발행고 약 50억) 남발하였다. 10월부터는 공산당들이 여섯 차례에 걸쳐 위조지폐를 찍어내어 정판사 위폐사건이 발생하고 1947년까지 화폐발행고가 334억, 약 6.6배가 됨으로써 인플레로 인한 물가가 33배 폭등하였다. 여기에다 해외에서 귀국하는 사람, 북한지역으로 부터 월남하는 약 400여만 동포들로 인구는 늘어가고, 쌀 생산은 안되고 또 북한으로부터 전기 공급이 중단되는 등 일련의 사태로 당시의 경제는 국민의 기본적인 식생활 해결에 급급한 상태였다. 사회적으로도 남로당 및 무장공비의 활동으로 제주도 폭동과 같은 사태가 발생하여 좌익분자들에 의한 파업과 선동이 끊임없이 일어나 사회질서가 극도로 혼란했다.

군 내부에서도 불순분자들이 침투하여 암약함으로써 군내시위, 하극상, 상관구타 등으로 지휘체제가 문란하고, 불신풍조가 만연하여 급기야 여순반란, 대구반란 등으로 전투력이 후방지역으로 분산되었을 뿐만 아니라 전투력 자체가 약화되고 있었다. 1949년 5월초에는 춘천 공천지역에 배치된 6사단 8연대 1대대 및 2대대가 대대장 인솔하 월북하는 등 군기문란은 물론 미국에서는 대한원조 무용론까지 대두되었다. 이에 군은 1948년 12월~1954년 10월초까지 군 정비를 단행하여 최초 대구반란 6연대와 여순반란 14연대를 시작으로 1949년 7월까지 장교 70명을 포함한 4,749명의 친공용의자를 가려내어 전쟁전 4회, 전쟁중 1회, 전쟁후 2회에 걸쳐 숙군을 단행하였다. 만일 숙군이 실시되지 않은 상태에서 남침을 당했더라면 예측하기 어려운 불행한 사태가 전개되었을 것이다. 이런 관점에서 군 반란은 참으로 전화위복이라 아니할 수 없다.

다. 미 군정의 출발

소련군의 북한 진주보다 1개월이 늦은 1945년 9월 8일, 미 제24군단(6, 7, 40사단) 제7사단이 인천에 상륙하고, 그 다음날 이들은 한국 사람들에게 낯 설은 인상을 풍기면서 서울에 입성하였다. 이 무렵 북한에서는 소련군이 이미 군정의 기반을 굳혀가고 있었다. 이에 비추어 남한에서는 겨우 건국준비위원회가 구성되어 일본인들에게 통치권을 인수받을 준비에 착수하고 있을 때인 9월 7일에야 비로소 연합군 총사령부 일반명령 제1호가 시달되고, 한반도를 북위 38°선에서 미 · 소 양군이 분할점령 한다는 것이 공포되었다.

이것을 기화로 공산주의자들은 기다렸다는 듯이 정치단체를 만들고, 민족진영의 독립투사 이름을 도용하여 인민위원회를 구성한 후, 미군 진주와 더불어 정권을 인수할 공작을 서둘렀다. 이에 맞선 민족주의 계열 단체들과 공산당과의 사이에 싸움이 시작되자 한국의 사회상은 갈피를 잡을 수 없는 질서 부재상태에 놓이게 되었다. 미군의 인천상륙 하루 전인 1945년 9월 7일 태평양지역 미 육군 총사령부는 B-29 폭격기로 포고 제1, 제2, 제3호를 남한 전역에 살포하여 한국에 미 군정이 실시된다는 것을 공포하였다. 그런데 이 포고 제1호의 "38°선 이남의 주민은 본관(Macarthur) 또는 본관의 권한으로 발표되는 모든 명령에 복종할 것"이라는 내용은 해방이 곧 독립이라고 믿고 감격과 흥분의 도가니속에서 들떠 있던 대다수의 국민에게 크나큰 실망을 안겨주었다. 북한에 진주한 소련군 사령관이 "조선은 자유국이 되었다. 소련군은 조선인민이 자유롭게 창조적인 노력에 착수할 모든 조건을 지어 주었다."라고 하여, 북한의 소련체제화를 정치적으로 위장한 연후에, 직접 이북 5도를 돌아다니면서 인민위원회를 조직한 것과는 차원이 달랐다. 주요인사는 25전선군 사령관 치스챠코프 대장, 정치위원 스티코프 등이다.

한국의 군정을 책임진 주한 미군사령관 하지(Hodge)는 용감한 전투지휘관이었으나 정치, 외교 분야에는 부적합한 인물이었다. 게다가 그 휘하의 군정요원들은 그들의 임무에 대하여 아무런 사전지식이나 훈련도 받지 못하였으며, 한국말은 물론 이 나라가 세계 어느 부분에 위치한 것조차도 모르고 한국에 들어왔다. 따라서 그들로부터 목표가 뚜렷하고 일관성 있는 정책을 기대할 수는 없었다. 미 군정 당국은 한국에 훈련된 관리가 없다는 이유로 이 겨레의 원수인 일본인 총독 아베를 그대로 유임시키기로 결정하였다. 이 처사는 한국 사람이면 어느 누구도 용납할 수 없는 모독이었고, 이에 격분한 국민들의 항의가 빗발치자 3일 뒤인 9월 12일에 아베는 해임되었다. 이것은 하지 군정이 한국 사람을 일본인과 동일시하려고 하였다는 것을 의미한다.

출발 시초부터 이와 같은 실책과 오류로 말미암아 미 군정의 위신은 크게 손상되었다. 이것은 곧 미국은 한국에서 일본군의 항복을 받은 이외의 군정대책을 도무지 갖고 있지 않았다는 것을 뜻한다. 이러한 미 군정의 정책부재는 해방 이후 정부수립을 거쳐 6 · 25전쟁이 일어날 때까지의 한국사회를 더할 수 없는 혼란과 혼미와 빈곤에 시달리게 하였다.

제2절 단계별로 구분해 본 6 · 25전쟁

1. 제1단계 북한군 남침기

6 · 25전쟁은 1950년 6월 25일 북한군의 기습남침으로 개시되어 1953년 7월 27일 휴전이 성립되기 까지 만 3년 1개월 2일간 계속되었다. 그 동안 쌍방은 38°선을 각각 3회씩이나 넘나들면서 남으로는 낙동강, 북으로는 압록강까지 오르내리며, 전 국토의 80%에 달하는 지역에서 전투를 전개하였다. 6 · 25전쟁은 크게 4단계로 구분할 수 있다. 첫째 단계는 북한군이 38°선을 돌파하여 낙동강까지 이렀던 북한군의 남침기이며, 둘째 단계는 한국군과 UN군이 낙동강 전선으로부터 38°선을 넘어 압록강변의 초산까지 진격하였던 UN군의 반격 및 북진기이다. 셋째 단계는 중국군의 개입과 더불어 단행된 공산군의 대공세를 UN군이 평택-제천-삼척을 연하는 선까지 후퇴한 다음 재반격작전으로 38°선을 회복하게 된 중국군침공 및 UN군의 재반격기이며, 넷째 단계는 휴전회담 진행과 더불어 38°선 부근에서 공방전을 전개했던 교착전기이다.

북한군 남침기는 1950년 6월 25일~9월 15일까지로 북한군은 1950년 6월 25일 기습남침을 개시하였다. 북한군은 한강이북에서 한국군 주력을 섬멸후 신속히 전과확대 및 추격작전을 실시, 50일 이내에 부산을 점령하고 전 한반도를 공산화한다는 계획으로 공격을 실시하였다. 한국군은 전투준비태세가 갖추어지지 않은 상태에서 기습을 당하여 3일만에 수도 서울이 함락되고 춘천, 강릉이 실함되었다. 따라서 육군본부는 시흥지구전투사령부를 창설하여 한강방어선 작전을 수행하고 한국군 제6사단과 제8사단을 충주, 제천으로 이동시켜 적의 진출을 저지하게 하였다.

한편 6월 30일 미 지상군 투입이 결정되고, 미 지상군 최초 투입부대인 미 제24사단 예하 스미스 특수임무부대가 오산북방 죽미령에서 북한군과 최초로 전투를 실시한 이래, 미군은 경부도로 서부지역에서, 한국군은 중 · 동부 지역에서 지연작전을 실시했다. 7월 7일 UN 안전보장이사회의 결의에 따라 UN군이 창설되고 사령관에 맥아더 장군이 임명된다. 맥아더 장군의 전략구상은 북한군의 남진을 적당한 차령산맥, 금강, 소백산맥 선에서 저지하고 안정을 회복후 한국군과 UN군의 전력을 보강하여 UN군의 막강한 해 · 공군을 활용하여 북한군의 배후에서 상륙작전을 실시하여 조기에 전세를 만회하는 것이었다.

이에 따라 주일 미 제24사단을 긴급히 전선에 투입하여 한국군과 더불어 지연작전을 실시하게 되며 8월초에 이르러 한국군과 UN군은 낙동강전선에서 최후의 방어선을 확보하여 전세를 점차 UN군 측에 유리하게 전개한다. 8월 하순에 맥아더 사령부는 인천상륙작전을 구체화 하고, 9월 15일 인천상륙작전과 9월 16일 낙동강방어선에서 반격작전을 개시하게 된다.

2. 제2단계 UN군의 반격 및 북진기

UN군 반격 및 북진기는 1950년 9월 15일~10월 25일까지로서, 인천상륙작전과 반격작전을 구체화 할 때쯤, UN 회원국들은 UN군의 작전을 38°선 이북으로 확대할 것을 논의하기 시작한다. 만일 북한군을 38°선까지만 격퇴하고 북한지역의 군사적 점령을 포기한다면 북한군에게 재침할 기회를 주게 될 것이며, 한반도의 평화와 안전을 위해서는 보다 장기적인 정책적 조치가 뒤따라야 한다는 여론에 따라 북진이 결정되고, 9월 30일에는 반격작전을 실시한 미 제8군이 38°선 지역까지 진출하게 된다.

북진결정 후 수립된 맥아더의 북진계획은 미 제8군은 서부지역으로 진출해서 평양을 공격하고 미 제10군단은 원산에 상륙 후 미 제7사단은 평양을 협공하고, 미 제1해병사단은 북으로 공격하여 정주-군우리-함흥을 연하는 북진한계선을 점령한다는 것이었다. 10월 1일 한국군 제1군단이 38°선을 돌파하여 10월 10일에는 원산을 점령하고, 미 제1군단이 10월 9일 38°선을 돌파, 10월 19일에 미 제1군단이 평양을 점령하자 북진한계선을 선천-고인동-풍산-성진을 연하는 선으로 확대하고, 10월 20일 순천, 숙천 지역에 공정작전을 실시하였다.

맥아더 장군은 10월 24일 UN군 선두부대가 청천강 변에 도달하자, UN군의 북진한계선을 철폐하고 총 추격명령을 하달하여 국경선을 향해 진출토록하나, 10월 25일 중국군의 기습적인 6·25전 개입을 맞이하게 된다. UN군은 소규모개입으로 판단하여 11월 24일 크리스마스공세를 실시하지만, 그 다음날 중국군 2차공세로 인해 38°선 일대로 전면철수하게 된다.

3. 제3단계 중국군 침공 및 UN군 재반격기

중국군 침공 및 UN군 재반격기는 1950년 10월 25일~1951년 7월 10일까지로서, 중국군은 UN군이 38°선을 돌파하여 북진하자 6 · 25전쟁에 개입하게 되는데, 그들의 작전목적은 한반도에서 외국군을 철수시키며, 중국의 UN가입이라는 정치적인 목적과 연계해서 수행한다는 것이다.

이때 중국군은 작전을 3단계화하여 1차공세시는 UN군의 국경선 진출을 저지하고, 2차공세로 38°선까지 진출하며, 제3차공세로 서울을 재점령 후 차후작전을 준비한다는 단계별 목표를 세웠다. 중국군 제13병단, 9병단으로 구성된 30개 사단 30만 명은 UN군의 감시망을 교묘히 피하면서 10월 중순부터 한반도 잠입에 성공하였다. 중국군은 기습적으로 2차례 공세를 취하였다. 이 공세에 적절히 대응하지 못한 UN군은 10일만에 무려 250km를 지연전도 실시하지 못한 채 단숨에 무질서하게 38선으로 철수하여 38선 일대에 급편방어진지를 편성하였다. 이 때부터 1951년도 전반기에는 38선을 사이에 두고 치열한 공방전이 전개된다. 우리가 알고 있는 중국군 정월공세, 춘계공세 등 중국군의 4차례 공세가 이 시기에 있었고, 중국군의 공세에 대해 UN군은 적이 공격해오면 방어작전을 반복하면서 철수하다가 적이 공세한계에 다다르면, 즉각 반격하는 식으로 3차례의 대규모 반격작전을 시도하게 된다.

이 과정에서 서로에 대해 군사적 승리가 어렵다는 것을 인식하게 되고, 서로는 유리한 조건을 조성 후 명예롭게 철수하는 전략을 취하게 된다. 쌍방이 공격을 중단하게 된 이유는 작전의 주도권을 장악했으나 전쟁 전 상태에서 휴전을 모색하려는 미국의 정치적 고려와 춘계 공세 이래 연이은 손실로 급격한 전력 약화를 초래해 공격력을 상실한 공산군 측의 입장 때문이었다. UN군이 3차 반격중에 소련의 제의로 1951년 7월 10일 개성에서 첫 휴전회담을 가지게 되고, 이때부터 전선은 지금까지와는 전혀 다른 교착전 양상을 띠게 된다.

4. 제4단계 교착전기

교착전기는 1951년 7월 10일~1953년 7월 27일까지로서, 조기에 성사될 것 같았던 휴전회담은 질질 끌어 2년이나 계속됐다. 회담장에서는 기세 싸움과 논쟁이 연일 계속

됐고 협상이 번번이 중단되곤 했다. 그중에서도 가장 격렬한 논쟁을 벌인 의제는 포로교환 문제와 군사분계선 설정 문제였다. 1951년도 후반기부터는 휴전회담과 연계하여 조기에 성사시키기 위한 압력 수단으로서, 또는 설정된 군사분계선을 지키기 위한 고지쟁탈전, 국지전, 장기지구전의 교착전 양상을 띠게 된다.

휴전회담이 개시될 때 쌍방은 협정 조인시까지 군사작전을 계속하기로 했으므로 협상장에서 타협이 이루어지지 않을 경우 전장에서는 수시로 전투가 벌어졌다. 이 시기에 전개된 고지 쟁탈전에는 불모고지 전투 · 백마고지 전투 · 단장의 능선 전투 · 피의 능선 전투 · 저격능선 전투 등이 있다. 이런 공방전이 거듭되면서 쌍방 간에 많은 피해가 발생했다.

5. 휴전과 사후 처리

휴전협상 진전의 새로운 계기는 1953년 3월5일 스탈린 소련 수상의 사망이었다. 4월부터 휴전회담이 재개되고 상병포로 교환이 이루어졌다. 이어 6월8일 포로송환 협정이 타결됨으로써 휴전협상의 모든 의제가 합의됐다. 이에 따라 1953년 7월27일 오전 10시 판문점 제159차 본회의에서 UN군 측 대표 해리슨 중장과 공산군 측 대표 남일이 18통의 협정문서에 서명했다. 이 문서는 문산의 UN군 전방사령부로 보내져 클라크 UN군 사령관이 서명했고, 다시 평양의 김일성과 팽덕회의 확인 서명을 받은 후 영문으로 된 6통의 문서가 UN군 측에 되돌아왔다. 그리고 이날 밤 10시 전 전선에서 모든 포성이 멎었다. 전쟁이 끝난 것이다.

전쟁 결과 한국군 및 UN군은 전사 178,000여 명, 부상 555,000여명, 실종 및 포로 약 42,000여명의 인명 피해를 입었고 북한군 및 중국군은 사망 660,000여명, 부상 800,000여명, 실종 및 포로 130,000여명의 피해를 입은 것으로 추정됐다. 또 남북한 민간인 피해는 2,490,000여명, 피난민은 3,200,000여명, 전쟁미망인 300,000여명, 전쟁고아 100,000여명이 발생했는데 그 흔적과 영향은 반세기가 지난 오늘날에까지 미치고 있다.

제 3 장 초기작전

문제중심 학습 요약

제1절 한반도 상황

1. 북한의 대남 교란 공작

(가) 인민 유격대 남파

① 목적 : 한국군의 전투력 분산과 소모 강요

② '48년 초 강동 정치학원 설치(모체 : 평양학원 대남반)
월북한 남로당 요원 3~6개월 훈련 후 남파

③ '48. 11.~'50. 3. 까지 10차에 걸쳐 2,400여명 남파

④ 지방 적색 분자와 합류 살인, 방화 자행

(나) 38도선 불법 도발 자행

① 목 적

㉮ 한국군의 경계태세 및 전투력 수준 탐색

㉯ 38도선을 북한군의 실전훈련장으로 이용

② '49. 5. 부터 옹진, 개성, 춘천 등지에서 중대~연대규모 공격감행

㉮ 옹진의 은파산 전투('49. 5. 21.~11. 15.)

㉯ 개성의 송악산 전투('49. 5. 3.~5. 4.)

㉰ 춘천 682고지 전투 ('49. 8. 6.~8. 20.)

(다) 남침직전의 평화공세

① 목 적 : ㉮ 침략기도 은폐, ㉯ 전쟁도발 구실 조작

② 38도선 일대 전단 살포, 대남 방송을 통한 심리전 실시③ '50. 4. 북한 주민의 평화통일 서명운동 전개
④ '50. 6. 통일방안 제시(남북대표 회담, 총선거 실시)
⑤ 조만식 선생과 남로당 간첩 김삼룡, 이주하 교환 제의

2. 한국군의 전투준비태세

(가) 북한군의 남침 징후 무시
① 북한군 대부대, 차량, 야포 등의 38도선 부근으로 남하
② 북한군 군관 지형정찰, 귀순병사 진술
③ 정보요원의 T-34전차 사진 촬영 보고
☆ 북한군 부대 교대 징후 정도로만 처리
(나) 한국정부 및 미국의 미온적 처리
① 육본의 38도선 축성 공사비 상신 ('50년도 예산) ☞국회삭감
② 육본의 전력증강 긴급건의서 재차 상신
㉮ 한국국회 : 미상정 (5. 30. 선거 준비로 휴회 중)
㉯ 미국 국방성 : 무반응
(다) 군부의 모순된 제조치
① 신성모 국방 장관의 북진 준비 완료 발언
☞ 한국군의 전투력 열세 은폐, 미국의 경계심 발생 초래
② 채병덕 총참모장의 대대적인 인사 조치 ('50. 6. 10.)
③ 부대의 예속 변경 조치 ('50. 6. 13.~20.)
주방어 지역 담당 제7사단 예비대 미보유 (제25연대 미도착)
④ 공용화기 후송조치 / 군사 지도 회수
(라) 경계 태세 발령 / 해제 (5, 6월 위기설)

제2절 피 · 아 작전계획

1. 북한의 남침계획

(가) 근거 : 1992년 러시아 군사연구가인 코르트코프 박사가 공개한「선제타격계획」

과 「라주바예프의 6·25전쟁 보고서」를 종합하여 새롭게 발간된 6·25전쟁사 제 2권

(나) 3단계로 계획되어 있는데, 북한은 10개 사단중 6개 사단을 전방에 투입하여 초기 작전을 수행하고자 하였음

① 1 단계 : 국군주력 포위격멸단계로 2일차에 서울을 점령하고, 수원-원주-삼척을 연하는 선까지 진출하는 것

② 2 단계 : 국군 증원병력 격멸 및 전과확대단계로 군산-대구-포항을 연하는 선까지 진출하는 것.

③ 3 단계 : 남해안 진출 및 국군 잔적소탕단계로 목포-여수-부산을 연하는 선까지 진출하여 남한 전 지역을 석권하는 것.

2. 한국군 방어계획('50. 3. 25. "육본 작전명령 38호")

(가) 정보판단(북한군, 주·조공 축선 판단)

① 주공 : 동두천, 포천 - 의정부 - 서울방향

② 조공 : 개성 - 문산 - 서울방향

(나) 한국군 편성 : 총 8개 사단과 2개 독립연대를 보유

☆ 이중 4개 사단은 후방지역 치안 및 공비토벌을 위해 투입되었기 때문에 실제 전방방어는 증강된 4개 사단 규모

(다) 방어개념 : '38도선 고수방어'

① 전방방어는 현재 배치되어 있는 4개 사단과 1개 연대로 수행(방어중점 : 의정부 정면)

② 북한군 공격을 경계지대에서 저지하고, 실패시 주 방어지대에서 저지 및 격퇴

③ 개성 서쪽 지역에 위치한 부대는 의명 철수하여 주 방어지대의 방어부대를 증원(옹진반도의 제17연대, 연안지역의 제1사단 12연대 1개 대대)

④ 예비진지는 최후 저항선으로 군 예비의 역습을 위해 필히 확보

⑤ 주진지 전방에는 각종 장애물을 설치하여 적 진출을 최대한 지연시키고 진지 유린시 후방에 위치한 부대(수도경비사, 제2, 3, 5사단)를 증원하여 위급한 지역부터 순차적으로 역습을 실시하여 상실된 방어전단을 회복

※ 주 방어 지대 : 임진강 남안 - 고랑포 - 초성리 - 양문리 - 가평 북방 - 춘천 북방 - 주문진(현재 휴전선과 유사)

제3절 동두천 · 포천 · 의정부지구 전투(1950. 6. 25. ~ 26.) 작전경과

1. 제7사단(사단장 준장 유재흥)
   (가) 제1연대 : 동두천 축선, 제9연대 : 포천 축선
   (나) 제25연대 : 예비(온양 주둔중)
2. 북한군 제105전차여단 지원하 제3사단(포천 축선), 제4사단(동두천 축선) 공격
3. 25일 포천 및 동두천 함락, 채병덕 참모총장 역습결심
4. 26일 08:00 역습 실시, 실패
   (가) 동두천 방면 : 제7사단 1연대, 수도사단 18연대(-1)
   (나) 포천 방면 : 제2사단 5연대(-) 의정부 방어선 점령

제4절 춘천지구전투 계획 및 주요경과

1. 제6사단(사단장 대령 김종오)
   (가) 제7연대 : 춘천정면, 제2연대 : 홍천 동북방
   (나) 제19연대 : 예비(원주), 90Km 광정면 방어
2. 북한군 : 제2사단 : 춘천 정면, 제12사단 : 인제-홍천축선 공격
3. 25일 오후 한국군 제19연대 춘천 정면으로 증원
4. 27일 북한군 제2사단 및 제12사단 31연대로 춘천 총 공세
5. 27일 07:00 한국군 제19연대 홍천북방 큰말고개로 전환 배치
6. 29일 북한군 춘천 탈취, 원창고개-큰말고개의 지연진지 점령
7. 29일 원주로 철수(중앙선을 따라 지연전 : 육본작명)

제1절 피·아 작전계획

1. 개요

초기작전(1950년 6월 25일~28일)은 북한군의 기습남침으로부터 서울이 피탈되기까지의 작전을 말한다. 북한군은 1950년 6월 25일 04:00시에 서해안의 옹진반도로부터 동해안에 이르는 38°선 전역에서 국군의 방어진지에 맹렬한 포격을 집중시키면서 기습공격을 개시하였다. 북한군 제1군단은 105전차여단과 4개 사단을 집중하여 서울을 최종목표로 일제히 남진하였고, 북한군 제2군단은 조공으로 춘천을 공격하면서 서울 동남측과 원주로 진격하려 하였으며, 766, 549부대의 지원을 받는 북한군 제5사단은 동해안 도로를 따라 공격하였다.

기습을 당하여 38°선상의 경계진지에 배치되어 있던 아군은 조기에 분산와해 되었으며, 각 사단은 많은 병력이 외출, 외박, 휴가 등으로 부대를 떠나 있었고, 공비토벌작전으로 예하부대가 분산되어 있는 불리한 상황속에서 한국군은 우선 전방 방어병력만으로 북한군의 공격을 저지하는 한편, 후방 주둔 사단을 긴급히 전방으로 이동시키면서 북한군의 공격에 대응하였으나, 중과부적으로 38°선이 돌파당하고 주저항선으로 철수하여 결전을 시도하였다. 그러나 아군의 주저항선은 병력이 열세하고 대전차 방어수단을 보유하지 못하고 있었기 때문에 적에게 쉽게 돌파 당하여 6월 28일에는 서울과 춘천 그리고 강릉이 피탈되었다.

2. 피아 상황

가. 전투력 비교

북한군은 10개 보병사단, 1개 전차여단, 3개 독립연대, 5개 경비여단 등 지상군 191,680명과 해군 4,700명, 공군 2,000명이었으며, 총병력은 198,380명이었다. 한국군의 전력은 8개 보병사단, 2개 독립연대 등 96,140명의 지상군과 해군 7,715명, 공군 1,897명이었으며, 총병력은 105,752명이었다.

국군은 북한군에 비하여 전체 병력수에 있어 1:2, 곡사포의 수에 있어 1:6, 기타 모든 장비의 숫자와 구경, 성능에 있어서도 절대적으로 열세하였다. 가장 치명적인 약점은 공격과 방어를 막론하고 현대전 수행에 있어 불가결의 장비인 전차와 전투기 및 폭격기를 보유하지 못하고 있었다는 점과 적의 전차와 항공기에 대한 소극적 방어수단으로서의 대전차지뢰 운용 미숙, 고사포를 보유하지 못하고 있었다. 전군이 보유하고 있던 57mm 무반동총과 2.36″ 로켓은 대전차 방어에 있어 무용지물이었다. 적이 대규모의 전차부대를 보유하고 있음에 비추어 국군이 대전차방어를 위한 준비와 교육훈련을 등한히 한 것은 중대한 실책이었다.

■ 피 · 아부대배치

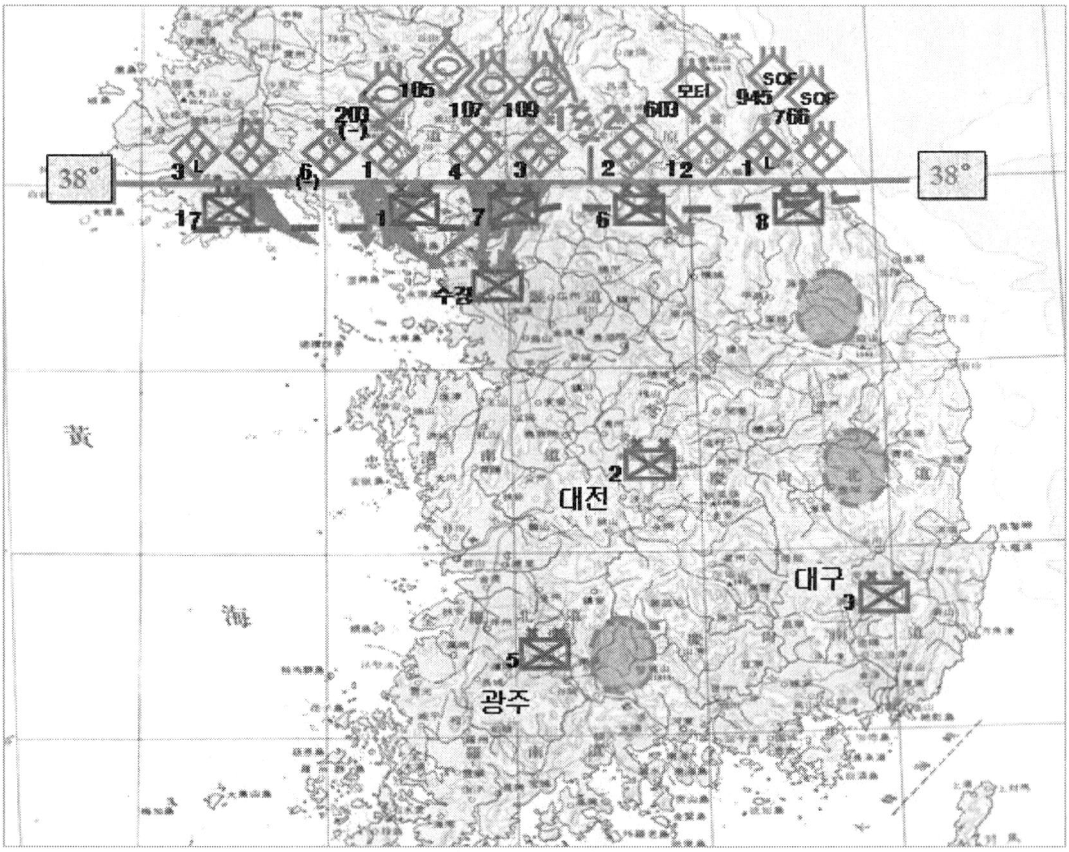

나. 부대배치

(1) 북한군 배치

야외훈련을 가장 38선일대의 공격대기지점으로 이동한 북한군은 10개 사단중 9개 사단을 전방에 배치하고 1개사단을 전략 예비로 보유했다. 제1군단이 옹진반도에서 포천, 제2군단이 춘천에서 동해안까지 전개하고, 서부의 제1군단은 서로부터 동으로 38선 경비3여단, 제6사단 14연대, 제6사단(-), 제1사단, 제4사단, 제3사단 순으로 전방에 배치하고 제13사단은 예비로 보유했다. 동부의 제2군단은 제2사단, 제7사단, 제5사단, 766유격연대를 서에서 동으로 배치하고 제15사단은 예비로 보유하였다. 그리고 전략예비로는 제10사단을 평양북방 숙천지역에 위치시켰다.

(2) 한국군 배치

한국군은 당시 보유하고 있던 8개 사단, 2개 독립연대 중 4개 사단과 1개 독립연대를 전방에 배치, 나머지 4개 사단은 후방에 위치시키고 있었다. 전방에 배치된 부대들은 서에서 동으로 독립 17연대가 옹진반도에, 제1사단이 개성 및 고랑포, 제7사단이 동두천 및 포천에, 제6사단이 춘천 및 홍천 북방에, 제8사단이 주문진 및 삼척일대에 배치되어 38선 경계임무에 임하고 있었다. 후방에 위치한 부대로는 수도경비 사령부가 서울에, 제2사단이 대전 및 청주에, 제3사단이 대구 및 부산지역에, 제5사단이 전주 및 광주지역에 각각 위치하여 공비토벌 작전 및 치안질서 유지에 임하고 있었다.

3. 피아 작전계획

가. 북한군 공격계획

주공인 1군단은 서울 북방에 배치하여 서울을 집중 공격함과 동시에, 조공인 제2군단의 주력으로 춘천 정면을 돌파한 후 그 일부 병력을 서울 동남방으로 진출시켜 한국군 주력의 퇴로를 차단하여 한수 이북에서 포위격멸하고 상황에 따라 제2군단의 일부를 대전 또는 대구 방향으로 진출하여 한국군을 소백산맥 이북에서 포위 섬멸하며 일부 병력은 동해안 도로를 따라 신속히 부산으로 진격하여 주공의 진출에 기여한다는 것이었다.

나. 아군 방어계획

아군은 방어중점을 의정부 정면에 두고, 38°선을 연하여 경계진지, 주진지, 예비진지로 구분 편성하며, 적이 주진지를 돌파하였을 때에는 사단자체 역습으로 방어지대를 확보하는 것이다. 예비진지는 최후저항선으로서 어떠한 경우에도 반드시 확보되어야 하며, 후방사단은 군 예비로서 서울 북방에 증원하여 위급한 지역부터 순차적으로 역습을 실시 주방어지대를 회복하는 것이다.

다. 작전경과

25일 04:00시 서울을 목표로 한 적 제1군단은 그들의 주공을 연천－의정부－서울축선으로 지향시키고 조공을 개성－문산－서울축선에 투입하여 서울을 포위할 태세로 진격하기 시작하였다. 그리고 중 · 동부전선의 제2군단은 화천－춘천, 인제－홍천, 동해안축선에 각각 1개 사단씩을 투입하여 남하하기 시작하였다. 따라서 옹진반도 일대, 개성－문산－고랑포 일대, 동두천 · 포천－의정부 일대, 춘천－홍천 일대, 동해안 강릉 일대에서 격전이 전개되었다.

춘천지역을 담당했던 제6사단 7연대를 포함한 몇 개 연대를 제외하고는 거의 모든 부대가 휴일 외출과 휴가 등으로 병력이 크게 부족한 상태였고 참모총장 및 육본 주요참모들은 전 날의 육군 장교구락부 준공식 파티의 여흥과 숙취에서 완전히 깨어나지도 못한 상태였다. 그러나 국군은 장병들의 개별적인 용감성에 힘입어 비교적 성공적인 방어작전을 전개하였다. 그 예로 서북청년단원이 많이 소속되어 있던 개성 · 문산 정면의 제1사단은 6월 28일까지도 적의 2개 기갑 및 기계화 연대로 증강된 2개 사단의 공격을 잘 저지하였고, 동해안의 제8사단도 독자적인 능력으로 성공적인 방어 및 지연작전을 전개하였다. 특히 춘천의 제6사단은 수리산맥을 연한 방어선의 이점을 활용하여 적 제2사단의 공격을 잘 막아내었다. 이 승리는 북한의 남침을 예상하여 대기하고 있던 제7연대의 충분한 전투준비에 힘입은 바 컸다. 춘천전투로 인해 적 제2사단은 물론, 추가로 투입된 제7사단까지도 심각한 타격을 받게 되어, 적 제2군단의 당초계획은 좌절되고, 춘천에서 3일간 저지됨으로써 수원방향으로 진출하여 서울지역에 투입된 아군퇴로를 차단하려는 최초계획에 차질을 빚게 되었다.

그러나 의정부축선에서의 전투 양상은 이와는 사뭇 달랐다. 이 지역을 담당한 제7사단은 2개 연대 밖에 없었는데, 여기에 적은 제3 및 제4사단과 2개 전차 연대를 투입하여 압도적인 전력으로 전선을 돌파하였다. 서울 정면의 이 심각한 위협에 대처하기 위하여 참모총장은 가용한 대부분의 예비부대들을 이 지역에 집중시켰다. 그것은 모두 7~8개 연대 규모에 해당하는 병력이었다. 그러나 그것은 다급히 긁어모은 혼성부대로서, 그나마도 충분한 전투준비가 되어있지 않았음은 물론, 적절한 지휘 체계도 유지하지 못한 채 축차적으로 투입됨으로써 아군의 손실만 가중시켰을 뿐 적을 저지하는 데는 아무런 도움이 되지 못하였다. 이러한 가운데 국군의 주력이 미아리일대에 포진하여 최후의 결전을 다짐하고 있던 6월 28일 새벽, 한강교까지 폭파되자 국군은 결정적인 타격을 받지 않을 수 없었다. 미아리일대의 병력은 물론이요, 봉일천상에서 선전하던 제1사단도 철수로를 차단당하여 와해되었던 것이다.

결국 국군을 포위 섬멸하겠다던 적의 기도는 그들의 성공적 작전수행에 의해서가 아니라 오히려 아군의 미숙한 작전 지휘로 인하여 훌륭히 달성된 셈이었다. 그 결과 10여만의 국군은 불과 3일만에 중장비를 모두 잃은 채 적절한 전투조직체계 마저 불분명한 2~3만 정도의 병력으로 감소되어 있었고, 그것도 대부분이 중부와 동부전선의 제6, 8사단의 병력이었다.

제2절 초기전투 개황

1. 38선 부근 전투

■ 초기 주요전투

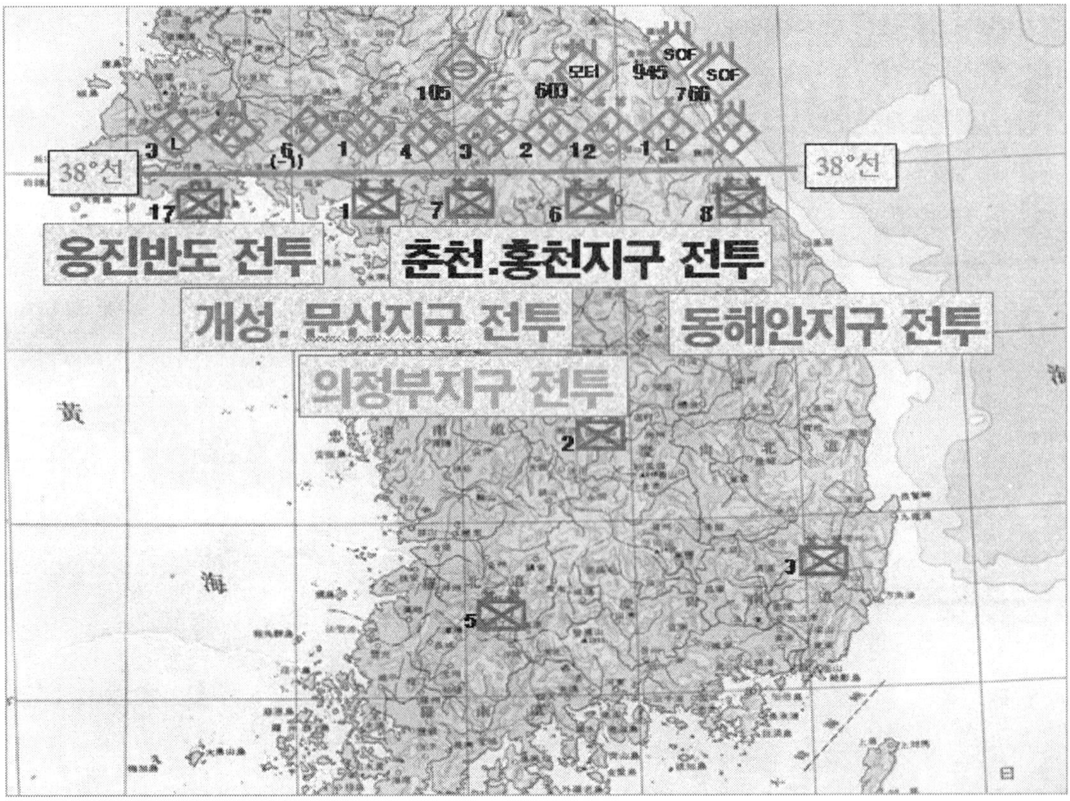

1950년 6월 25일 04시, 북한군은 옹진반도로부터 동해안의 잔교리에 이르는 38°선상의 전 전선에서 일제히 포문을 열고 30분 동안이나 한국군 방어진지를 포격후 38°선을 돌파하였다. 이때, 동해안에서는 전선 후방인 강릉·삼척 방면으로 북한군 육전대와 유격부대가 상륙하여 정규전과 비정규전의 배합작전을 시도하였으며, 날이 밝은 뒤에는 북한군 전투기가 김포공항을 폭격하고 서울 시가지에 기총소사를 가하기도 하였다.

수도 서울을 목표로 한 북한군 제1군단은 그들의 주공을 연천－의정부－서울축선으로 지향시키고 조공을 개성－문산－서울축선에 투입하여 서울을 포위할 태세로 진격하기 시작하였다. 그리고 중·동부전선의 북한군 제2군단은 화천－춘천, 인제－홍천, 동해안축선에 각각 1개 사단씩을 투입하여 남하하기 시작하였다. 따라서 옹진반도 일대, 개성－문산－고랑포 일대, 동두천·포천－의정부 일대, 춘천－홍천 일대, 동해안 강릉 일대에서 격전이 전개되었다. 이렇듯 북한군이 초전의 기습을 달성하고 38°선 남쪽 10여km까지 남하하였을 무렵인 11:00시에 북한은 평양방송을 통하여 한국에 대해 선전포고를 하였으며, 그로부터 2시간 30여분이 경과한 13시 35분에 김일성이 역시 방송을 통하여 "한국군이 해주를 공격하였기 때문에 인민군은 반격을 가하게 되었다."라고 전쟁도발의 책임을 한국측에 전가하면서 남침의 명분을 날조하였다.

아무 준비도 없이 기습을 당한 한국군 전방부대는 일부병력이 휴가·외출로 방어지역을 떠난 불리한 상황 아래에서도 온갖 힘을 다하여 힘에 겨운 저항을 계속하였다. 그러나 압도적인 전투력 격차와 상상도 못한 전차의 출현으로 방어선은 연이어 붕괴되었으며, 특히 이때 화염병 또는 포탄을 사용한 육탄공격으로 전차를 파괴하기도 하였으나, 결국에는 후퇴하게 되었으며 일부부대는 분산되었다.[1] 전쟁이 발발하자 후방에 있던 국군은 전방부대 증원과 역습을 위해 대전의 제2사단, 대구 및 부산의 제3사단, 광주지역의 제5사단이 화차를 타고 전방으로 증원시켰다. 채병덕 참모총장이 의정부전선에 나와 마이크를 잡고 혈전을 계속하는 장병들을 격려하고 있다. 채 총장은 의정부전선에 4회이상 현장지도를 하면서 역습까지 실시토록 하였지만 역습계획의 미비와 병력의 축차투입 지휘체계 등의 문제로 실패하였다.

육군본부는 뒤늦게 북한군의 전면적인 남침상황을 확인하자 서울을 방어하기 위해 후방 4개 사단과 서울 일원에 주둔한 각 지원부대들을 수도권에 집중 배치하였다. 그러나 이에 대한 계획과 준비의 미흡으로 병력수송이 지연되고 있는 가운데 대대 또는 연대 단위로 서울에 도착한 부대마저도 지휘체제와 통신·보급문제 등을 고려하지 않은 채 전장에 분산 투입한 탓으로, 어느 정면에서도 전투력을 집중 운용할 수가 없게 되어 반복되는 후퇴과정에서 시간이 흐를수록 혼란만 가중되어 갔다. 이러한 정황 아래에서 육군본부는 현지의 전황을 고려하지 않은 채 의정부 정면에 배치된 부대로 하여금 무리한 역습을 강행시킴으로써 의정부를 조기에 잃게 되는 결과를 자초하였다.

1) 25~28일 기간중 적 전차 및 자주포 20대를 파괴했다.

그 직후 의정부－서울 축선상에 배치되었던 한국군은 미아리－홍릉선에서 서울방어를 위한 마지막 저지선을 형성하였으나 대세는 이미 만회할 수 없을 정도로 악화되어 서울 피탈은 시간문제로 남게 되었다. 전방으로 이동: 전쟁이 발발하자 후방에 있던 국군은 전방부대 증원과 역습을 위해 대전의 제2사단, 대구 및 부산의 제3사단, 광주지역의 제5사단이 화차를 타고 전방으로 증원시켰다. 채병덕 참모총장이 의정부전선에 나와 마이크를 잡고 혈전을 계속하는 장병들을 격려하고 있다. 채 총장은 의정부전선에 4회이상 현장지도를 하면서 역습까지 실시토록 하였지만 역습계획의 미비와 병력의 축차투입 지휘체계 등의 문제로 실패하였다.

당시의 한국군은 정규전을 수행할 수 있는 정도의 작전대비태세가 되어 있지 못하였다. 전투부대는 인원과 장비면에서 완전한 편성을 갖추지 못하고 있었으며, 방어태세에 있어서도, 1개 사단이 평균 60km에 달하는 광정면을 담당하고 있었고, 교육훈련면에서도 거의 75% 이상이 대대훈련을 받지 못한 상태에 있었다. 그리고 북한군이 남침한 당일은 일요일로서 부대원 1/3 정도가 외출 중에 있었다. 또한 유사시를 대비하여 후방지역에 위치한 예비대의 운용은 계획조차도 가지고 있지 않았다. 더구나 북한군이 남침초기 공격의 주 수단으로 운용하였던 전차에 대비한 태세는 57밀리 대전차포와 2.36 인치 로케트포 이외에는 아무것도 준비된 것이 없었다. 이러한 여건 하에서 한국군은 병력이 2배, 장비가 3.2배에 달하는 전력을 보유한 북한군의 기습공격을 받게 된 것이다. 따라서 전쟁초기의 북한군의 공격은 그들의 계획대로 순조롭게 이루어질 수가 있었다.

2. 해 · 공군 및 기타 상황

가. 해군

한국 해군은 북한군이 남침을 개시한 6월 25일 05시경에 강릉 부근 앞바다에서 북한군의 함정을 발견하고 이를 격퇴시켰으며, 600여 명의 비정규군이 승선하여 울산 남쪽 해상을 항진중이던 북한 수송선 1척을 격침시킨 한편, 독립 17연대의 옹진반도의 철수를 지원하였다.

나. 공군

한국 공군은 북한군 전투기가 김포공항을 폭격한 직후부터 공격무기를 장착할 수 없는 연습기 10대로 편성한 3개 편대를 개성·해주·동두천·포천 상공으로 출격시켜 당시 연습용으로 국내에서 제작한 15kg 폭탄과 수류탄을 북한군 대열에 손으로 투하하여 지상군을 공격하였으며, 26일에는 공군본부와 미 극동공군사령부 간의 협의에 따라 전투기(F-51) 10대를 인수하기 위해 조종사 10명이 일본 이다쯔께로 파견하였다.

다. 경찰

국립경찰은 전쟁이 일어나자 곧 각 경찰서를 전투경찰대대로 편성하여 김포·퇴계원·춘천·강릉 일대에서 육군과 더불어 전투에 임하였으나, 군과의 협조 미흡으로 인해 지휘체제가 일원화되지 않아 소기의 성과를 거두지 못하였다.

제3절 주요 전투

1. 옹진반도 전투

옹진 전투는 6·25전쟁 발발 당시, 옹진반도에 배치되어 있던 국군 독립 제17연대가 T-34형 전차 10여대로 증강된 북한군 제6사단 제14연대와 제3경비여단 등 2개 연대 규모의 병력에 맞선 옹진·강령 일대에서 2일 동안에 걸쳐 치른 방어전투이다. 이 전투에서, 국군 독립 제17연대는 초전에 밀려드는 북한군에 맞서 45km에 달하는 광정면에 부대를 전개한 상태로 지연전을 전개하던 중, 개성과 문산 지역의 국군부대들이 후방으로 물러남에 따라 적중에 고립된데다가 작전지역이 양단됨으로써, 조직적인 저항이 불가능하여 해상으로 철수하게 되었다.

옹진반도에 위치한 국군 독립 제17연대는 작전계획상 적의 전면공격을 받을 경우, 해상으로 철수하도록 계획되어 있었으므로 곧 해군의 LST가 지원되어, 연대주력은 이 LST를 이용하고 제2대대(+)는 기관선과 목선을 이용하여 부포항과 사관리에서 각각 해상 철수를 실시, 27일~28일 사이에 인천을 경유하여 수원으로 집결한 후, 군 예비가 되었다.

■ 작전경과 요도

2. 개성 · 문산지구 전투

이 전투는 6 · 25전쟁 발발 당시, 청담 · 연백 · 개성 · 고랑포 · 적성 일대에서 38°선 방어임무를 수행하던 국군 제1사단이, 개전 이후 배속된 국군 2개 연대(제5사단 15 및 20연대)와 더불어 개성 · 문산 · 파평산 · 봉일천 일대에서 T-34형 전차 1개 연대로 증강된 북한군 2개 사단(제1 · 6사단)과 4일 동안에 걸쳐 치른 방어전투이다.

이 전투에서, 국군 제1사단은 임진강과 곡릉천의 천연장애물을 이용하여 북한군의 진출을 저지하고 있었으나, 6월 28일 서울이 실함되어 퇴로가 차단됨으로써 부득이 행주 · 이산포 나루에서 한강을 도하하여 시흥으로 철수하게 되었다. 그러나 사단은 철수시기를 놓친데다 도하장비의 부족으로 인하여 병력이 분산되고 모든 공용화기와 장비를 유기하는 등 치명적인 손실을 입게 되었다.

이 전투로, 국군은 한강 방어선과 구축에 많은 곤란을 겪었으며 북한군은 한수 이북 지역을 모두 장악하게 되었다.

3. 의정부지구 전투

■ 방어배치요도

인민군의 공격작전은 수도의 장악이 전쟁의 승패에 결정적 영향을 미쳐 왔다는 역사의 교훈과 서울이 갖는 정치·경제·사회 문화·심리 등 제반 분야의 중요성에 비추어 수도 서울의 점령에 초점이 맞추어졌으며, 2개 군단의 주력이 이곳을 목표로 공격하였다. 인민군 제1군단은 연천·운천－의정부－서울에 이르는 주공축선에 전투력을

집중하고, 개성－문산－서울에 이르는 공격축선에 조공을 투입하였는가 하면, 제2군단도 주력을 춘천－가평－서울 및 춘천－홍천－수원 방향에 투입하였다. 이들은 서울을 계획대로 양익에서 포위하여 점령하고자 하였다. 적 주공이 지향된 의정부 북방의 국군 제7사단 정면에서는 인민군 제3사단이 운천에서 포천으로, 제4사단이 연천에서 동두천 방향으로 각기 제109 · 제107전차연대와 협동하에 전격적인 속도로 남하하고 있었다. 적 주공이 지향된 의정부 북방의 국군 제7사단은 적성에서 사직리까지 47km의 정면을 방어하였다. 당시 제1연대가 동두천 정면, 제9연대가 포천 정면을 담당하였는데 연대의 각 1개 대대가 38°선 경계를 실시하고 주력은 교육훈련 중에 있었다. 사단은 예하의 제3연대가 수도경비사령부로 예속변경되고 그 대신 온양의 제3사단 제25연대가 편입되도록 명령이 하달되었으나 아직 도착되지 않아 사단예비를 보유하지 못하였다.

국군 제7사단은 인민군의 공격이 개시되자 비상소집을 실시하는 한편, 전방에 추진배치된 경계부대로 하여금 적의 전진을 저지시키면서 제1연대와 제9연대를 적 접근로상의 주진지에 신속히 배치하기 위하여 서둘렀다. 그러나 당시 전방 양개 연대의 주력은 의정부에서 교육훈련 중이어서 이들이 집결하여 감악산－마차산－소요산－가랑산－천주산을 연하는 주저항선에 투입되는 데는 상당한 시간이 필요하였다. 동두천 북방 제1연대 정면의 적 인민군 제4사단은 전곡－초성리－동두천 방향에 전차 2개 대대로 증강된 보병 제16연대를 주공으로 투입하고, 그 서쪽의 적암－봉암리 축선에 제18연대를 조공으로 투입하여 병진공격을 실시하였다. 전곡에서 한탄강을 건너 제1연대 제2대대 경계진지를 돌파하고 초성리를 점령한 인민군 제4사단 제16연대는 전차를 선두로 동두천 전방으로 진출하였다.

한편 동두천 부근 보산리까지 추진되어 준비된 진지를 점령하고 있던 제1연대 직접지원 포병 제5야전포병대대 제2중대는 제2대대 정면에서 밀집대형으로 도로를 따라 남하하는 적 1개 대대에 집중포격을 가하여 대부분을 격멸하는 수훈을 세웠다. 그 후 몇 시간이 지난 다음 적은 또다시 전차 2대를 앞세우고 공격을 재개하였다. 이때 제1연대 57밀리 대전차포 중대장은 창말고개(소요산역 북쪽 500m)에서 선두전차 2대의 측면을 사격하여 모두 파괴하였다. 이렇게 되자 후속하던 적의 공격제대는 다시 초성리 쪽으로 후퇴하였다.

이 무렵 제1연대 제2대대와 지원부대병력은 탄약이 떨어져 재보급을 애타게 기다리고 있었으나 즉각적인 조치는 불가능한 형편이었다. 결국 15:00경 제107전차연대 소속의 전차 수십 대를 앞세운 적 제4사단의 총공격에 소요산 일대의 주저항선은 돌파되기 시작하였고 제2대대는 10시간에 걸친 혈전을 하였으나 철수하지 않으면 안되었다. 적은 주저항선을 돌파한 공격기세를 이용하여 해질 무렵에는 동두천 시내로 돌입하였다. 국군은 어둠 속에서 시가전을 펼쳤으나 역부족으로 덕정으로 철수하여 집결하게 되었다. 그러나 이때 마차산의 제1대대에는 유·무선 통신의 두절로 철수명령이 전달되지 않았다. 이와 같은 상황 아래에서 경계부대였던 제9연대 제2대대는 만세교 남쪽의 160고지에서 철수병력을 수습하면서 전차를 앞세운 적과 교전하였으나 탄약이 부족하여 평촌을 거쳐 퇴계원으로 철수하게 되었다. 이날 09:00에 적 제3사단의 주력은 보·전협동작전으로 포천읍 북방 주저항선까지 진출하였다. 적의 전위대로 보이는 전차 2대는 아군 방어진지의 전방까지 진출하여 57밀리 대전차포 4문을 파괴한 연후에 일단 철수하였으며, 약 1시간 후에 전차와 자주포, 장갑차 및 차량으로 혼성된 약 80여 대의 기갑부대가 아군의 57밀리 대전차포 2문을 파괴하고 노도와 같이 밀어닥쳤다.

이렇게 신북교 일대에서 43번도로 접근로를 방어하던 제3대대의 주진지가 순식간에 무너졌다. 적의 기갑부대는 국군의 주저항선을 돌파한 후 11:00경에 포천을 점령하고, 그 여세를 몰아 포천 남쪽에 포진한 제5야전포병대대 진지를 유린하였다. 이때 연락장교편으로 "지금 제3연대가 포천으로 출동 중이니 이와 협조하여 탄장선에서 적을 저지 격멸토록 하라. 만일 현 진지에서 저지 불가하면 예비진지에서 이를 격멸토록 하라."는 사단의 구두명령이 도착하였다. 그러나 현지 상황은 이미 예비진지까지 적에게 피탈된 데다 사단과의 통신도 두절된 상태이므로 제9연대장은 축석령에서 증원부대와 합세하려는 결심하에 연대장 재량으로 광릉으로 철수하라는 명령을 내렸다. 연대는 17:00경 먹구름의 은폐와 쏟아지는 비를 틈타 서파 방향으로 철수를 감행하였다. 그러나 제3대대는 연대지휘망의 누절로 명령을 수령하지 못하여 진지를 지키고 있다가 철수시기를 놓쳐 이날 밤에 좌인접 제1연대지역 덕정 부근으로 철수하였으나 이 과정에서 전투력의 큰 손실을 입었다.

제7사단의 동측 제9연대를 증원하는 임무를 띤 제3연대가 15:00경 포천 남쪽 송우리 부근에 이르렀을 때, 포천 읍내에서는 불길이 치솟고 있었다. 뒤늦게 합류한 연대장은 제7사단 사령부에서 확인한 불확실한 적정과 눈앞에 전개되고 있는 포천 부근의 상황을 종합판단한 끝에 송우리에 방어진지를 급편하기로 결심하고 태봉산과 그 남쪽에 2개 대대를 배치하였다. 그러나 제3연대의 방어진지 편성이 미처 끝나기도 전인 17:00경 전차 7~8대를 선두로 하여 자주포, 장갑차, 차량 등 150대로 이루어진 적의 대기

갑부대가 접근하기 시작하였다

대규모의 기갑부대를 맞아 장비가 열세한 제3연대는 81mm 박격포를 비롯한 각종 화력을 집중하고 57mm와 2.36″ 대전차포로 전차를 공격하며 싸웠으나 적의 전차 1대만을 도로변 배수로에 빠지게 하였을 뿐 적의 포격과 기총사격에 완전 압도되어 거의 저항을 포기한 상태로 빠져들었다. 이처럼 위급한 상황아래서 연대장의 모습이 보이지 않았다. 더 이상 방어진지를 지탱할 수 없다고 판단한 제3대대장은 연대장을 대신하여 철수명령을 하달할 수밖에 없었다.

결과적으로 작전 초일에 국군 제7사단은 동두천과 포천 및 송우리까지 피탈당하고 부대의 전력이 분산되어 의정부 방어가 위태로운 상황으로 빠져들고 있었다.

4. 춘천 · 홍천지구 전투

춘천 · 홍천 전투(1950. 6. 25~30)는 6 · 25전쟁 발발 당시, 중동부전선의 춘천과 홍천 북방에 배치되어 있던 국군 제6사단이 전차 1개 연대로 증강된 북한군 제2사단과 제7사단의 공격을 받고 춘천 · 어론리 · 현리 · 말고개 일대에서 치른 방어전투이다.

이 전투에서, 국군 제6사단은 방어에 유리한 소양강과 말고개의 지형적인 이점을 최대로 이용하면서 6일 동안의 방어전을 전개하여 북한군 2개 사단에게 상당한 타격을 가하였으며, 이로 인하여 북한군 제2군단은 춘천 · 홍천 축선으로의 진출이 지연되었다. 이 전투로, 북한군은 수도권을 포위하기 위하여 2개 사단을 춘천－홍천－이천－수원 축선으로 우회기동시키려던 당초의 작전계획에 큰 차질을 빚게 되었으며, 국군은 한강방어선을 형성할 수 있는 시간적 여유를 얻게 되었다.

5. 동해안 지구 전투

이 전투는 6 · 25전쟁 발발 당시, 동부전선의 강릉 일원에서 38°선 방어와 해안선 경계 임무를 수행하던 국군 제8사단이 양양으로부터 해안선을 따라 남하하는 북한군 제5사단과 정동진 · 임원진 등 해안으로 상륙하여 남으로부터 협공을 기도하는 북한군 제766부대와 제549부대(육전대) 등 2개 사단 규모의 북한군과 맞서 4일 동안에 걸쳐 치른 방어전투이다.

이 전투에서, 국군 제8사단은 전·후방에서 침공하는 북한군과 천마봉·모전리 등지에서 접전을 벌인 후 27일에 일단 대관령으로 철수하여 전투력을 수습한 다음, 강릉 탈환을 위한 반격작전을 수행하던 중, 육군본부의 작전명령에 따라 제천으로 철수하였다. 그 결과, 동부전선에 배치된 국군부대는 전무하게 되었으며, 국군 제3사단 23연대가 울진으로 북상할 때까지 북한군은 아무런 저항도 받지 않고 남하하였다.

이 전투로, 국군은 한강 방어선과 구축에 많은 곤란을 겪었으며 북한군은 한수 이북 지역을 모두 장악하게 되었다.

6. 서울방어 전투

미아리 전투는 의정부 방어선이 붕괴되고 이어서 창동 전선마저 돌파되었을 때, 국군 3개 사단(제2·제5·제7사단)의 잔존부대가 미아리 일대에서 제105전차여단으로 증강된 북한군 제1군단(제3·제4사단)의 서울 침공을 1일간 저지한 방어전투이다.

이 전투에서, 국군 3개 사단은 서울의 최후 방어선인 미아리 전선을 지키기 위하여, 전방에서 철수한 병력과 후방에서 증원된 병력을 통합, 미아리와 월곡동 일대에 방어진지를 구축하고 있던 중, 27일 해질 무렵에 북한군 선두부대가 T-34형 전차 10여 대를 앞세우고 미아리 정면으로 침공하자 이들을 일단 격퇴하는데 성공하였으나, 그 후 야반에 전개된 두 번째의 교전에서 북한군 전차부대의 진출을 막지 못하여 이들 전차대가 미아리 고개를 넘어 시내로 진입하게 되었다.

그럼에도 그 곳에서 진지를 확보하고 있던 국군부대들은 그 후 태릉 방면으로 우회한 또 다른 북한군 전차대가 시내로 돌입한데다 특히 한강대교가 폭파되었다는 상황을 통보받고 분산된 채 한강 이남으로 철수하게 되었다.[2)]

이 전투로 북한군은 부분적인 저항만을 받으면서 서울을 점령하게 되었고, 국군은 주요 장비와 대부분의 공용화기까지 유기한 채 한강 남쪽으로 분산 철수하게 되었다.

---

2) T. R. Ferenbach 「This kind of war」: 한강다리 폭파가 시기상조였기 때문에 한강 이북의 44,000여명의 병력은 죽거나 실종되었을 것이다. 그들의 대포와 장비는 그들과 함께 잃게 되었다. 유재흥 장군의 7사단은 1,200명의 병력과 기관총 4정만, 백선엽 대령의 1사단은 5,000여명이 한강을 넘어왔다. 육군본부의 병적부에 98,000명이었건만 불과 22,000명밖에 확인할 수가 없었다. 대한민국은 패배한 것이 아니라 붕괴된 것이었다.

제 4 장 지연작전

문제중심 학습 요약

제1절 미군의 참전경위

1. 제 1차 유엔 안전 보장 이사회 개최 ('50. 6. 26.)

(가) 북한군은 즉시 38선 이북으로 철수
(나) 한국 원조 제공 / 북한 원조 제공 금지

2. 미 국가 안보 회의 : 지령 제1호 하달 (6. 26.)

(가) 한국군 무기 및 탄약 지원
(나) 주한 미국인 철수
(다) 한국지원 위한 조사단 파견

3. 제2차 유엔 안전 보장 이사회 개최 (6. 27.)

한국에 필요한 군사원조 제공 결의

4. 미 국가 안보 회의 : 지령 제2호 하달 (6. 27.)

38선 이남 지역에 대한 해·공군 사용 승인

5. 미 극동전방지휘소 겸 연락반(ADCOM) 수원 도착 (6. 27. 19:00)

※ Advance Command and Liaison Group in Korea

6. 맥아더 한국전선 시찰 (6. 29.)

한강 방어선 시찰시 인천상륙작전 구상

7. 미 국가 안보 회의 : 지령 제3호 하달 (6. 29.)

북한 지역에 해 · 공군 사용 승인

8. 미 지상군 투입 결정 (6. 30.)

제2절 미 극동사 작전계획 수립

1. 북한군 규모 판단

(가) 최초 : 4개 사단 + 3개 여단 + 전차 70여대
(나) 맥아더 한강선 시찰 후 : 6개 사단 + 3개 여단 + 전차 200여대

2. 작전계획 (맥아더의 작전구상)

(가) 적당한 선(차령산맥, 금강~소백산맥 이북)에서 적 남침 저지
  * 미 제24사단 및 미 제25사단 1개 연대 전투단
(나) 미 제1기병사단과 해병대를 7. 22. 경 인천에 상륙시켜 북한군을 남북에서 협격
(다) 최초 지연선 선정 : 평택-안성-충주-울진선

제3절 미 지상군 투입 과정

1. 맥아더 명령 하달 (6. 30.)

(가) 미 제24사단 : 출동
(나) 미 제25사단 1개 연대 : 출동준비
  * 미 제25사단(-) : 미 제24사단 책임지역 인수
(다) 미 제 1기병사단 : 인천상륙작전 준비

2. 스미스 특수임무부대(Smith TF) / 미 제24사단 사령부 부산 도착 (7. 1.)

3. 미 제24사단 주력 부산 도착 (7. 2.~4.) : 미 제34, 21, 19연대순

4. 스미스 특수임무부대 죽미령 도착 (7. 5.)

5. 미 제25사단 부산 상륙 (7. 10.~15.)

6. 미 제1기병사단 포항 상륙 (7. 18.~22.)

제4절 유엔군 창설

1. 제1차유엔 안전보장이사회 결의 (6. 26.) : "북한군의 38도선 이북 철수"

2. 제 2차 유엔 안전보장이사회 결의 (6. 27.)
"한국에 필요한 군사원조 제공 결의"

3. 영국 함대 파견 제의 (6. 28.)
호주, 캐나다, 뉴질랜드 등 영연방국가 : 전투기/함대지원

4. 미 지상군 투입 결정 (6. 30.)

5. 유엔 안전보장이사회 결의 (7. 7.)
(가) 미국에게 유엔군 사령부 설치 및 사령관 임명 권한 부여
(나) 유엔기 사용 승인

6. 유엔군 총사령관에 맥아더 임명 (7. 8.)

제5절 지연작전 경과

1. 한강 방어선 형성 / 붕괴

(가) 한강 방어선 형성 (6. 28.~29.)
① 혼성수도, 혼성2 / 7사단, 김포지구전투사령부 : 전방방어선 담당
② 혼성 3 / 5사단 : 낙오병 수습(수원), 제1사단 : 시흥사령부 예비
(나) 7. 2. 방어선 : 한강선(시흥사령부)-충주(제6사단)-제천(제8사단)-울진(제23연대)
(다) 한강 방어선 붕괴 (7. 3.)
(라) 축차 진지에 의한 지연전 (7. 3.~4.)
① 시흥-수원 경부 축선 : 혼성 수도 / 7 / 2사단
② 금곡리-수원 축선 : 혼성 3사단, 제1사단

2. 한 · 미 연합 전선 형성 / 국군 재편성 (7. 4.~7. 6.)

(가) 미군 참전으로 한국군 철수부대 안정, 시흥사 해체 / 제1군단 창설(수도, 제1, 2 사단)
(나) 7. 5. 방어선 : 죽미령(Smith TF)-죽산(제6사단 19연대)-무극리 (제6사단 7연대)-충주(제6사단)-제천(제8사단)-울진(제23연대)
* 오산(죽미령) 전투, 평택 / 안성 전투 (미 제24사단)
(다) 한국군 재배치 이동 (7. 6.)
수도사단(진천), 제1사단(음성), 제2사단(증평, 군단예비), 군단사령부(청주)

3. 경부 축선 / 차령산맥선 지연전 (7. 7.~7. 14.)

(가) 한국군 담당지역 축소로 효과적인 지연전 가능 (공세적 행동 병행)
(나) 7. 7. 방어선 : 천안-진천-음성-충주-단양-울진
* 경부축선 전투 : 천안 전투, 전의 / 조치원 전투
* 차령산맥선 전투 : 진천 전투, 음성 / 괴산 전투, 충주 / 수안보 전투, 제천 / 단양 전투, 울진 / 평해 전투

4. 금강 / 소백산맥선 지연전 (7. 14.~7. 25.)

(가) 한국군 지휘권 이양 / 한국군 제2군단(제6, 8사단) 창설 (7. 14.)

(나) 7. 14. 방어선 : 금강선-문산리-미원-문경-죽령-평해

(다) 미 제1기병사단(영동), 미 제25사단(상주), 미 제24사단(김천, 군위, 의성 일대) 재편성(7. 20)

(라) 한국군 전선 조정 (7. 24)

① 제1군단(안동) : 수도, 8사단, 2군단(함창) : 제1, 6사단

② 제3사단 재창설 영덕 투입, 제2사단 해체→ 제1, 8사단 편입

* 금강선 전투 : 공주 / 대평리 전투, 대전지구 전투, 영동/김천 전투
* 소백산맥선 전투 : 미원 / 상주 전투(화령장지구 전투), 이화령/함창 전투, 죽령/안동 전투, 영해/영덕 지연전

(마) 7. 25. 방어선 : 영동-상주-함창-예천-안동-영덕

제1절 지연작전 개관

1. 한강 방어선

북한군의 기습공격을 받게 된 한국군은 우선 전방 방어병력만으로 북한군의 공격을 저지하는 한편, 후방 주둔 사단을 긴급히 전방으로 이동시키면서 북한군의 공격에 대응하였으나, 중과부적으로 38°선이 돌파당하고 6월 28일에는 서울과 춘천 그리고 강릉이 피탈되었다.

그 후, 한국군은 한강 이북 지역에서 철수한 병력과 그 이남 지역에 위치하고 있던 병력을 통합하여 임시로 편성된 시흥지구전투 사령부의 지휘하에서 한강방어작전을 수행하여 6일간을 그 곳에서 지탱한 후, 7월 3일 한강선을 돌파당하게 되어 평택으로 철수하게 되었다.

2. 경부축선 및 중부전선 지연전

중부전선에서는 7월 2일에 원주가 피탈되었으며, 동부전선에서는 7월 4일 삼척이 피탈된 후 지연전을 계속하고 있었다. 이러한 가운데, UN군의 파병이 결정되고 UN군의 일원으로서 미 제24보병사단의 선두부대가 평택에 도착하게 되었으며, 한국군은 7월 4일에 평택－제천－울진을 연하는 선에서 UN군과 연합전선을 형성할 수 있게 되었다.

이때, 미 지상군은 경부선을 중심으로 한 서부 지역의 전선을, 한국군은 그 이동 지역인 중부와 동부 지역의 전선을 담당하였다. 그러나 한국군 및 UN군은 여전히 상대적인 전투력의 열세를 만회하지 못한 채, 북한군이 계속적인 압력에 밀려 차령산맥－금강－소백산맥 선에서도 이들의 공격을 저지하지 못하고 부득이 지연전을 실시하면서, 8월 1일에는 낙동강 선인 마산－왜관－영덕을 연하는 선까지 물러나게 되었다.

3. 낙동강까지 지연전

한국군 및 UN군은 이러한 지연작전을 거듭하는 동안 남한 국토의 거의 90%를 상실하였으나, 그 동안 UN군사령부가 창설되었으며, 미 제8군사령부도 대구에서 임무를 수행하게 되었고, 한국군의 작전지휘권이 UN사령부로 이양되었으며, UN군이 해상과 공중우세권도 확보하는 등, 한국전을 수행하기 위한 UN군의 작전지휘체제와 작전기반이 갖추어졌다. 그 동안 한국군도 2개 군단 5개 사단으로 재편성되어 전쟁 직전의 병력수준으로 전력을 회복할 수 있게 되었으며, 최소한의 전투경험도 축적하게 되었다. 이 무렵에는 미국, 영국, 오스트레일리아, 캐나다의 해·공군과 프랑스, 네덜란드, 뉴질랜드의 해군이 한국 작전지역에 도착하였고, 미 지상군은 3개 사단 2개 연대 규모로 증강되었다.

4. 북한 의도

이와 반면에, 북한군은 그간의 계속된 공세행동으로 많은 병력의 손실을 입게 되어 사단의 전투력은 50~60% 수준으로 감소되었을 뿐 아니라 이에 따른 보충이 뒤따르지 못하였으며, 병참선은 300여 km로 신장되고 UN 공군에 의해 보급로가 차단되는 등 전력이 급격히 저하되는 현상을 나타내고 있었다. 북한군은 최초 공격시 한국군 주력을 한강이북에서 포위격멸하기 위하여 북한군 제1군단을 주공으로 서부지역에 투입하여 분진합격의 모습으로 서부전선을 돌파하면서, 조공인 북한군 제2군단으로 하여금 춘천지역을 조기 돌파후 그 일부를 수원방향으로 우회시켜 퇴로차단을 시도하려 하였다.

그러나 한국군 제6사단의 효과적인 방어로 춘천지역을 3일간이나 확보함으로써 이 기도가 좌절이 되었다. 그러나 한강교를 조기 폭파하는 아군의 과오로 인해 그들의 의도대로 3개 사단의 병력과 장비가 한강이북에서 포위되는 결과를 초래하게 되었다.[1] 북한군은 서울 점령이후 미군이 참전하기 전에 남한 전지역을 석권하기 위해, 한강 도하에 주력하면서 도하후에는 3개 축선(경부축선, 중앙축선, 동해안축선)을 이용하여 남진하였다. 북한군은 한·미연합전선이 강화되기 이전에 남한을 석권하기 위해 가용한 전부대를 투입하여 전 전선에 압박을 가하고 있었다. 북한군은 경부축선에는 적

---

1) 오상봉, "작전적 수준에서의 한국전쟁 개괄적 분석", 군사평론 제352호 부록(2000. 8월)

3, 4사단과 105전차사단을 투입하고, 중부축선에는 제2, 1, 12사단을, 그리고 동해안축선은 제5사단을 투입하여 남진을 시도했다. 특히 아군 제6, 8사단이 담당했던 중부전선에서 진격속도가 둔화되자, 북한군은 제8, 15, 13사단 3개 사단을 추가로 투입했다.

5. 한국군 및 UN군 대응

한국군은 서부지역이 조기에 붕괴되고, 6월 28일 서울이 탈취되자 시흥지구전투사령부를 창설하여 한강방어선을 형성하고, 중동부지역의 제6사단, 제8사단은 충주-제천선으로, 부산의 제3사단 23연대를 울진으로 이동하여 한강선-충주-제천-울진을 연하는 선에서 적의 진출을 6월 28일~7월 3일까지 저지했다.

한편, 6월 27일부터 미 해 · 공군이 참전하여 38°선 이남지역의 북한군을 공격하기 시작했고, 이날 UN에서는 "UN이 북한군을 격퇴하고, 38°선 이남을 회복하고, UN회원국에게 남한에 군사원조를 제공할 것을 권고"하는 결의 통과시켰다. 이에 따라, UN회원국들의 군사적 개입 명분을 보장받게 된다. 6월 30일 미지상군 투입이 결정되어, 7월 1일 미지상군 최초 투입부대인 Smith TF(미 제24사단 21연대 1대대)가 부산 공항에 도착, 대전으로 이동하여 미군사 고문단장(처치준장)으로부터 "가능한 북쪽으로 올라가서, 남진을 저지하라."는 임무를 받는다. 7월 5일 Smith TF가 오산 북쪽 4km지점인 죽미령에 배치되고, 이어서 미 제24사단 본대가 도착하여 경부도로상에 배치된다. 이때부터 미군이 경부도로상, 한국군이 중동부지역을 담당하여 평택-안성-충주-울진선(차령산맥선)에서 한미연합으로 지연전을 수행하기 시작했다.

맥아더가 한강방어선 시찰(6월 29일)시 내린 결론은 북한군 남진을 어딘가에서 저지하고, 적 배후로 상륙하여 일거에 적 주력을 격멸한다는 것이었다. 이때까지만 해도 미군은 북한군에 대해 아는 것이 없었고, 단지 보잘것없는 장비로 무장된 미개한 군대로서, 미군이 참전하면 전쟁을 포기할 것으로 낙관하고 있었다. 그래서 1개 사단이면 충분히 저지 가능할 것으로 판단하였다.

미 제24사단은 7월 5일부터 오산 죽미령, 평택, 안성, 전의, 조치원에서 계속 패배하면서 철수하여 7월 14일경에는 금강선까지 밀리게 된다. 맥아더는 미 1개 사단으로 남진저지가 불가능함을 인식하고, 추가로 미 제25사단, 미 제1기병사단까지 투입한다. 7월15~22일경 이 2개 사단이 도착할 때, 적은 이미 대전-소백산맥을 연하는 선까지 진출하고 있었다. 그래서 미 제8군사령관 워커 장군은 미 제25사단은 상주축선에서 중동부의 한국군을 지원토록 상주일대에 배치하고, 미 제1기병사단은 영동에 배치하여 대전전투에서 패한 미 제24사단으로부터 경부도로상의 지연임무를 인수토록했다.

중동부지역에서 지연전을 수행한 한국군은 미군과는 달리 동락리, 화령장전투 등에서 호기를 포착하여 공세 행동을 함으로써 북한군에게 많은 피해를 주었다. 미 3개 사단을 투입하였으나, 영동 이남은 무방비상태였으며, 적 제6사단, 제4사단의 호남 우회 기동으로 상주에 배치된 미 제25사단을 전환하여, 마산으로 투입하고, 그 공백을 해소하기 위해 낙동강 방어선으로 철수하게 된다. 이제 전쟁은 북한군 남진속도와 미 증원속도와의 경쟁이 되었다.

제2절 극동사령부 작전계획

1. 극동사 작전계획

미 극동사령부는 최초 북한군의 규모를 4개 사단과 3개 경비여단으로, 병력은 7만명이고 70여대의 전차로 무장되어 있다고 판단했으나, 6월 29일 맥아더 장군이 한강선 시찰후에는 6개 보병사단, 3개 경비여단과 전차 200여대로 재 판단했다. 그러나 북한군의 실 전투력, 특히 공산군의 특성에 관해서는 아는 바가 없었고, 다만 미군이 참전만 하면 한국군의 사기를 높일 수 있고, 북한군은 전쟁을 포기할 것이라는 막연한 생각만 하고 있었다.

맥아더의 구상에 따라 미 극동사령부에서 세운 작전계획은 미 제24사단과 25사단 예하 1개 연대전투단(27연대 기간)으로 적당한 선(차령산맥과 금강, 소백산맥을 연하는 선 이북이 바람직)에서 적의 남진을 저지하고, 해병대와 미 제1기병사단을 7월 22일경 인천에 상륙시켜 북한군을 협격한다는 것이었다. 6월 30일 미 지상군 투입이 결정되자 정일권 참모총장과 ADCOM[2] 단장인 처지장군과 협의하에 최초의 지연선을 평택-안성-충주-울진 선으로 선정하고(37°선) 경부 국도를 포함한 서쪽은 미군이 담당하고, 동부지역은 한국군이 담당하도록 협의하였다.

2) ADCOM: Advance Command and Liaison Group In Korea

2. 미 극동사령부 작전계획 세부내용[3)]

북한군이 남침을 개시한 직후 맥아더 사령부의 정보판단은 1950년 6월 25일 맥아더 사령부 발표에 의하면 “북한군의 남침 병력은 4개 사단과 3개 경비여단, 도합 7만 명, 전차 70대”였다. 그러나 맥아더 원수가 한강변을 시찰한 직후의 판단은 “남침 병력은 6개 사단과 경비군 3개 여단, 그리고 200여 대에 가까운 소련제 전차이다. 그 주공축선은 중앙접근로(춘천－원주－대구)이며, 조공은 동서 해안의 도로를 따라 지향되어 있고 또한 각처에 수륙양용부대가 상륙하고 있다. 한국군은 한강선을 돌파당해 급속히 붕괴되기 시작했다.”로 보고 있었다.

그러나 북한군의 실제병력, 특히 공산군의 특성에 대해서는 아직 인식이 부족했던 것 같다. 이때의 일반적인 생각은 뉴욕 해럴드 튜리분지에 게제된 내용에 의하면 “미 지상군이 나타나기만 하면 한국군은 사기가 오르고, 북한군은 철수할 것”으로 믿고 있었다. 맥아더 원수는 그의 회고록에서 “미 지상군 부대가 전장에 나타났다는 사실만으로 적 사령관의 간담을 서늘하게 하여 적으로 하여금 신중하고 완만한 행동을 취하게 한다는 책략 외에는 다른 방법이 없었다.”고 기술하고 있다.

맥아더 원수의 구상은 우선 북한군의 남침을 어딘가에서 저지시킨 후 인천에 상륙하여 일거에 이것을 격멸시키는데 있었다. 이 착상은 한강변에서 생각했던 것이고, 이것을 결심한 것은 동경으로 돌아와서 읽은 영·불간의 캐나다 전쟁 때 로렌스강을 거슬러 올라간 작전에서 힌트를 얻은 것이라고 한다. 이 ‘퀘벡전투’는 영국군이 프랑스군의 배후로 기습 상륙하여 일거에 프랑스군을 격멸시킨 전투인데 태평양에서 무수한 상륙작전을 지휘해 온 맥아더 원수가 자기의 경험만으로 결심한 것이 아니고 약 191년의 전사를 이 시기에 읽었다는 것과 그 전사의 교훈을 받아들여서 자기의 결심을 부동의 신념으로 삼았다는 것은 대단히 의미 있는 일이라고 생각된다.

맥아더 원수의 지침에 따라 작전부장인 라이트 준장은 다음과 같은 작전계획을 세웠다.

① 미 제24사단과 제25사단의 1개 연대전투단으로 적의 남침을 저지한다. 저지선은 차령산맥, 소백산맥 선이 바람직하다.

② 미 해병대와 제1기병사단을 7월 22일경 인천에 상륙시켜 북한군을 협공한다(이를

3) 육군대학 “한국전쟁사”, 1999년, p.111

Blue Heart작전이라 칭함).

③ 미 제7사단으로 북부 일본의 방위를 강화하고, 미 제25사단으로 구주방어까지 담당시킨다.

④ 일본으로 하여금 자위 능력을 갖추게 한다.

6월 30일, 맥아더 원수는 지상군 투입의 승인을 얻자 곧 제8군 사령관 워커 중장을 통해서 미 제24사단에 출동명령을 하달함과 동시에 미 제25사단에 대해서는 제27연대전투단을 한국에 출동시킬 것을 명령하고 제24연대전투단으로 제24사단의 경비임무를 인수하도록 했다.

그리고 7월 6일에는 미 제1기병사단장 게이 소장을 사령부로 불러 인천상륙작전 준비를 지시했다. 이때 게이 소장이 정보부에 들러 한국의 전황을 물어보니 "귀사단은 신속히 상륙을 준비하시오. 만일 상륙이 늦어지면 귀부대는 미 제24사단보다 늦게 서울에 입성할 수밖에 없을 것입니다."라고 말했다는 것이다. 이 일화는 당시 사령부의 분위기를 단적으로 표현한 것으로 생각된다.

제3절 미 지상군 투입

1. 미 지상군 투입과정

맥아더는 6월 30일 지상군 투입이 결정되자 미 8군 사령관인 Walker 장군을 통하여 미 제24사단에 출동명령을 하달하고, 미 제25사단에게는 1개 연대전투단(제27연대)을 출동준비 시키도록 했다. 미 제1기병사단은 맥아더가 직접 사단장을 호출하여 7월 22일에 인천에 상륙할 준비토록 지시했다. 여기서 맥아더가 상륙작전에 강한 신념을 가지고 있었음을 알 수 있다.

출동명령을 받은 제24사단장은 사단내에서 가장 정예부대인 제21연대 1대대를 선발대로 결정하고 여기에 105M 곡사포 1개 포대를 증강시켜 대대장의 이름을 따서 Smith TF로 편성하여, 7월 1일 항공편으로 부산에 도착, 7월 5일에는 오산북방 4km 지점의 죽미령에 도착하였다. 부산에 도착한 미24사단은 한국에 도착하여 배에서 내린 미군

지상군 병력이 수송 차량을 기다리고 있다. 7월 2일 개인장비와 카빈을 휴대한 미군 후속병력이 한국으로 가기 위해 일본에서 승선하고 있다. 한국 전선에서는 이미 수원이 함락될 무렵이었다. 6월30일 지상군 투입이 결정되어, Smith TF가 7월 1일 항공편으로 부산에 도착해 7월 5일에는 오산북방 4km지점의 죽미령에 도착하였고 24사단의 주력은 34R → 21R → 19R 순으로 7월 2일~7월 4일 부산에, 미 제25사단은 7월 10일~7월 15일 사이 부산에, 미 제1기병사단은 7월 18일~22일 포항으로 상륙하여 한국전쟁에 참전하였다.

이어서 제24사단의 주력은 제34연대, 21연대, 19연대 순으로 7월 2일~7월 4일 사이에 부산에 상륙하고, 바로 북상하여 제34연대는 평택—안성선에, 제21연대는 대전에, 제19연대는 대구에 각각 배치하여 경부도로축선에서 북한군의 남진을 저지하게 한다. 이 선발대에 후속하여 일본 사세보항을 출발한 미 제24사단 주력은 7월 2일부터 4일까지 부산에 도착하였다. 7월 4일 딘 사단장은 처치준장을 부사령관으로, 그리고 전방사령부 요원을 참모요원으로 하여 주한 미 육군사령부를 설치하였다. 같은 날 부산에는 가빈 준장을 사령관으로 하는 미 8군의 부산군수기지사령부가 창설되어 주한 미군의 군수지원체계를 갖추기 시작하였다. 이로써 국군이 한강방어선에서 전투를 벌이고 있는 동안 미군은 지상군 투입 결정이 내려진 4일만에 주일 미군 제24보병사단의 전개를 완료하였으며 다른 사단도 전개준비를 위해 재편성하고 있었다. 한국에 도착하여 배에서 내린 미군 지상군 병력이 수송 차량을 기다리고 있다. 7월 2일 개인장비와 카빈을 휴대한 미군 후속병력이 한국으로 가기 위해 일본에서 승선하고 있다. 한국 전선에서는 이미 수원이 함락될 무렵이었다. 6월30일 지상군 투입이 결정되어, Smith TF가 7월 1일 항공편으로 부산에 도착해 7월 5일에는 오산북방 4km지점의 죽미령에 도착하였고 24사단의 주력은 34R → 21R → 19R 순으로 7월 2일~7월 4일 부산에, 미 제25사단은 7월 10일~7월 15일 사이 부산에, 미 제1기병사단은 7월 18일~22일 포항으로 상륙하여 한국전쟁에 참전하였다..

미군은 이때까지만 해도 북한군에 대해 아는 것이 없었고, 단지 보잘것없는 장비로 무장된 미개한 군대로서, 미군이 참전하면 전쟁을 포기할 것으로 낙관하고 있어서 1개 사단이면 충분히 저지 가능할 것으로 판단했었다.

미 제24사단의 계속된 패배로 1개 사단으로 남진저지가 불가능함을 인식하고 추가로 미 제25사단, 미 제1기병사단까지 투입하게 된다. 미 제25사단은 7월 10일~7월 15일 사이 부산으로 상륙하고, 미 제1기병사단은 7월 18일~22일 포항으로 상륙하나, 이들 부대가 도착할 때쯤 적은 이미 대전-소백산맥을 연하는 선까지 진출하여 있었으므로, 미 제25사단은 상주일대에, 미 제1기병사단은 영동에 배치한다.

2. 미 제25사단 한국에 전개[4)]

하와이에서 구아들카낼-뉴조지아-북 루손지역의 전투에서 역전의 전통을 가지고 있는 미 제25사단은 제24, 27, 35연대로 편성되어 있었다. 사단장 윌리엄 B. 킨 소장은 53세로서 역전의 장군이었다.

킨 장군은 8일, 대전으로 와서 딘 장군의 지시를 받아 지휘소를 대구 동쪽 영천에 개소하였다.[5)] 사단은 제27연대가 10일에, 제24연대가 12일에, 제25연대가 13~15일에 각각 부산에 상륙하기로 되어 있었다. 킨 장군은 12일, 딘 장군으로부터 "사단은 주력으로서 한국군을 증원하여 북한군이 충주 이남으로 진출하지 못하도록 하는 동시에 1개 대대로써 연일비행장을 경계토록 하고, 1개 연대를 김천에 위치시켜 군의 예비로서 언제든지 대전 또는 청주방면으로 증원할 수 있도록 준비하라."는 명령을 받았다. 여기서 킨 장군은 제27연대를 의성에, 제24연대를 상주에 배치시켜 한국군을 지원하도록 하고, 제35연대를 김천에 집결시켜 군의 예비로 했다. 그리고 그 중 제35연대의 1개 대대로써 영일 비행장 경계를 담당케 했다.

딘 장군은 한국군의 전력, 특히 전의(戰意)에 대해 불신감을 갖고 있었던 것 같다. 따라서 중부지역의 한국군 전선이 언제 돌파되어 사단의 후방으로 밀어 닥칠지 모른다는 두려움을 항상 갖게 되었고, 특히 진천-청주축선에서 남진하는 북한군 제2사단이 대전 후방으로 진출하여 퇴로를 차단할 수도 있다는데 집착하고 있었던 같다. 다음과 같은 사례를 통해 추측할 수 있다.

미 제25사단은 7월 중순, 소백산맥에서 방어중인 한국군의 후방에서 지원하고 있었는데, 북한군 4개 사단이 문경에서 보은 사이의 산악지역에 전개하여 상주를 공격할 태세를 취하고 있었기 때문에, 금강방어선 붕괴이후인 7월 19일경 제8군은 미 제25사단에 상주를 방어하도록 명령을 하달했다.

---

4) 일본육전사연구보급회편, "한국전쟁(1권)", 1987년, pp.188~189

5) 딘 장군은 7월 4일 00:00시부로 주한 미군의 지휘권을 부여받았고, ADCOM단장인 처어치 장군은 부지휘관이 되었다.

3. 미 제1기병사단 투입

당시 사단장 호바트 R.게이 소장으로 유럽에서 패튼 제3군사령관 참모장 역임, 기갑작전, 공격작전의 권위자였지만 방어작전에는 익숙지 못하다고 스스로 말했다. 제5, 7, 8기병연대, 포병연대와 기타 직할대로 편성되어 있었다. 기병사단이라는 호칭은 미 육군과 함께 창설된 이래, 지금까지 전통적으로 이어져 내려온 호칭이었다.

태평양전쟁 당시에는 애드미랄지, 레이테, 북루손 등지로 출전했으며 종전후에는 동경에 주둔하였다. 당시의 기병사단은 일반 보병사단과 조금도 다를 바 없는 부대였다. 말이 그려진 부대표지(황색 스카프)를 단 장병들은 전통이 있는 기병사단에서 복무하는 것을 자랑으로 삼고 있었으며, 상급자들도 가장 믿을 수 있는 사단이라고 생각하고 있었다.

6 · 25전쟁이 발발하자 1,450명의 인원을 보충 받아 총원 10,027명(60%)으로 7월 12~14일에 요코하마에서 승선, 15일 출항, 18일 06:10에 제5, 8기병연대가 영일만으로 상륙을 개시했다. 제7기병연대는 태풍 헬렌으로 22일로 상륙 연기되었다. 제8군이 기병사단의 상륙지점을 영일만으로 한 이유는 부산항은 보급품의 양륙으로 복잡하였고, 영덕부근의 한국군이 언제 무너질지 모르기 때문에 이방면의 위기에 즉각 대응할 수 있기 위해서는 영일만이 적합했다. 미 제24사단을 증원하는 데는 영일만이 교통도 편리하고 근거리라고 판단했다.

평양탈환 이후 평양경비임무를 수행했다. 이때 "전쟁은 곧 끝날 것이다."라는 분위기로 여러 가지 일화가 있다. 제1기병사단은 1951년 12월 7일, 제24사단은 1952년 1월에 철수하였으며, 그 대신 제40사단(1952. 1. 11일)과 제45사단(1952. 12. 1일)이 파견되었다. 그 후 제24사단은 1953년 7월 3일 재차 파병되었다.

사단은 1921년 9월 13일 텍사스주 포트 블리스에서 3개 기병연대를 주축으로 창설되었고 주요전투 경력은 창설된 이후 미 서부평원에서 인디언과의 전쟁에서 많은 전과를 올렸으며 제2차 세계대전시에는 보병부대로 남부태평양 전선에서 전투. 특히 사단은 필리핀 마닐라와 일본에 최초로 입성한 부대로 유명하다.

편성은 6 · 25전쟁이 발발 당시 사단은 일본에 주둔. 제1기병사단은 제5기병연대(1855.5.28), 제7기병연대(1866.9.21), 제8기병연대(1866.9.21)로 편성되었으며 각 연대는 2개 대대로 감편부대 운용. 이들 연대는 1950년 8월 말에 제3대대를 각각 보충 받아 3

각 편제를 이루게 되었다. 제5기병연대 3대대는 콜로라도주 포트 카슨의 제14보병연대 3대대가 배속 전환되었고, 제7기병연대 3대대는 조지아주 포트 베닝의 제15연대 1대대가 배속 전환되었고, 제8기병연대 3대대는 매사추세츠 포트 데븐스의 제7보병연대 1개 대대가 배속 전환되었다. 이외 155밀리 포병인 제82포병대대, 105밀리 포병인 제61, 77, 99포병대대, 제71중전차대대 A중대, 제8공병대대, 제92대공포대대, 제16정찰중대를 보유하고 있었다.

6·25전쟁시에는 1950년 7월 18일부터 22일까지 일본에서 포항으로 상륙하여 7월 지연전부터 9월 낙동강방어전투를 거쳐 북진작전에 참가했다. 1950년 9월 26일 오산 근처에서 인천상륙작전부대인 미 제10군단과 연결한 이후에는 미 제8군 최선봉부대로서 1950년 10월 19일 미군부대로는 처음으로 평양에 입성하였다. 1950년 11월 1일 중공군과 최초로 교전한 미군부대로서 제8기병연대는 압록강 남쪽 50마일 지점의 운산지역에서 중공군 2개 사단의 공격을 받고 많은 피해를 입었다. 중공군 개입 이후 남쪽으로 후퇴한 사단은 제8군의 재정비 후에 시작된 재반격 작전중 지평리전투를 비롯하여 많은 전투에 참가하였다.

6·25전쟁 동안 사단은 제2차 세계대전시 입은 피해 4,055명의 사상자보다 약 4배가 많은 16,498명의 사상자를 내었다. 또한 사단은 1965년 9월 베트남 전쟁에 최초에 참가한 사단으로도 유명하다.

제4절 지연작전 경과

1. 개요

국군은 개전초기 서부지역이 조기에 붕괴되고, 수도서울을 개전 3일만에 탈취당하자, 육군본부는 시흥지구 전투사령부를 창설하여 한강방어선을 형성하고, 중동부전선의 제6사단과 제8사단을 원주, 제천지역으로 철수시켜 한강선, 원주, 제천을 연하는 선에서 북한군의 진출을 저지하였다. 한편 6월 27일부터 미 해·공군이 참전하여 38°선 이남의 북한군을 공격하기 시작했고, 6월 30일에 미 지상군투입이 결정되어, 미 제24사단을 투입하였으나, 북한군의 남진을 저지하기는 역 부족이었다. 미 지상군 투입이

후 미군은 경부도로축선, 한국군은 중동부지역에서 지연작전을 수행했다.

추가로 미 제25사단과 미 제1기병사단을 투입하여 영동－영덕을 연한 소백산맥 방어선에서 적을 저지하려했으나, 북한군 제4, 6사단의 호남우회기동으로 낙동강선으로 철수하게 된다. 이 시기에 국군과 미군은 서부전선과 중·동부전선에서 연합전선을 유지하여 동일한 방침에 따라 지연작전을 실시하였지만, 두나라 군대의 전투방식에는 약간의 차이점이 있었다. 즉, 미군은 몇 개의 진지선을 이용하여 시종일관 방어에만 치중함으로써 시간을 벌려고 하였다. 그러나 이렇게 해서 얻은 시간과 받은 손해와는 균형이 잡히지 않는 것 같았다. 그 동안 약 1 주일간의 전투에서 선두에 섰던 미 제24사단의 경우에는 사단 절반에 가까운 피해를 입었을 정도였으나, 미군이 북한군에게 준 손해는 항공공격에 의한 것 외에 특기할 만한 것이 눈에 띄지 않았다.

반면 한국군은 잠복하고 적을 기다리거나 기습 반격을 실시하여 적에게 타격을 주면서 시간을 벌고 있었다. 전투력이 붕괴된 직후였던 만큼, 국부적으로는 문제로 여겨지는 행위가 있었으나, 전면적으로 보면 조국을 지키려는 열성이 잘 나타나 있다. 미군이 진지하게 싸운 것은 사실이나 자기 나라를 지키려는 자와 남의 나라를 도우러 온 자의 정신적인 차이가 이렇게 드러났다고 할 수 있었다.

2. 일정별 주요전투

한국군은 서부지역이 조기에 붕괴되고, 6월 28일 서울이 탈취되자 시흥지구전투사령부를 창설하여 한강방어선을 형성하고, 중동부지역의 제6, 8사단은 충주－제천선으로, 부산의 제3사단 23연대를 울진으로 이동하여 한강선－충주－제천－울진을 연하는 선에서 적의 진출을 6월 28일~7월 3일까지 저지했다.

6월 27일부터 미 해·공군이 참전하여 38°선 이남지역의 북한군을 공격하기 시작했고, 이날 UN에서는 “UN이 북한군을 격퇴하고, 38°선이남을 회복하고, UN회원국에게 남한에 군사원조를 제공할 것을 권고”하는 결의 통과시켰다. 이에 따라, UN회원국들의 군사적 개입 명분을 보장받게 된다. 6월 30일 미지상군 투입이 결정되어, 7월 1일 미지상군 최초 투입부대인 Smith TF(미 제24사단 21연대 1대대)가 부산 공항에 도착, 대전으로 이동하여 미군사 고문단장(처치준장)으로부터 “가능한 북쪽으로 올라가서, 남진을 저지하라.”는 임무를 받는다. 7월 5일 Smith TF가 오산 북쪽 4km지점인 죽미령에 배치되고, 이어서 제24사단 본대가 도착하여 경부도로상에 배치된다. 이때부터 미군이 경부도로상, 한국군이 중동부지역을 담당하여 평택－안성－충주－울진선(차령산맥선)에서 한·미연합으로 지연전을 수행하기 시작했다. 이제 전쟁은 북한군 남진속도와 미 증원속도와의 경쟁이 되었다.

■ 초기 지연전

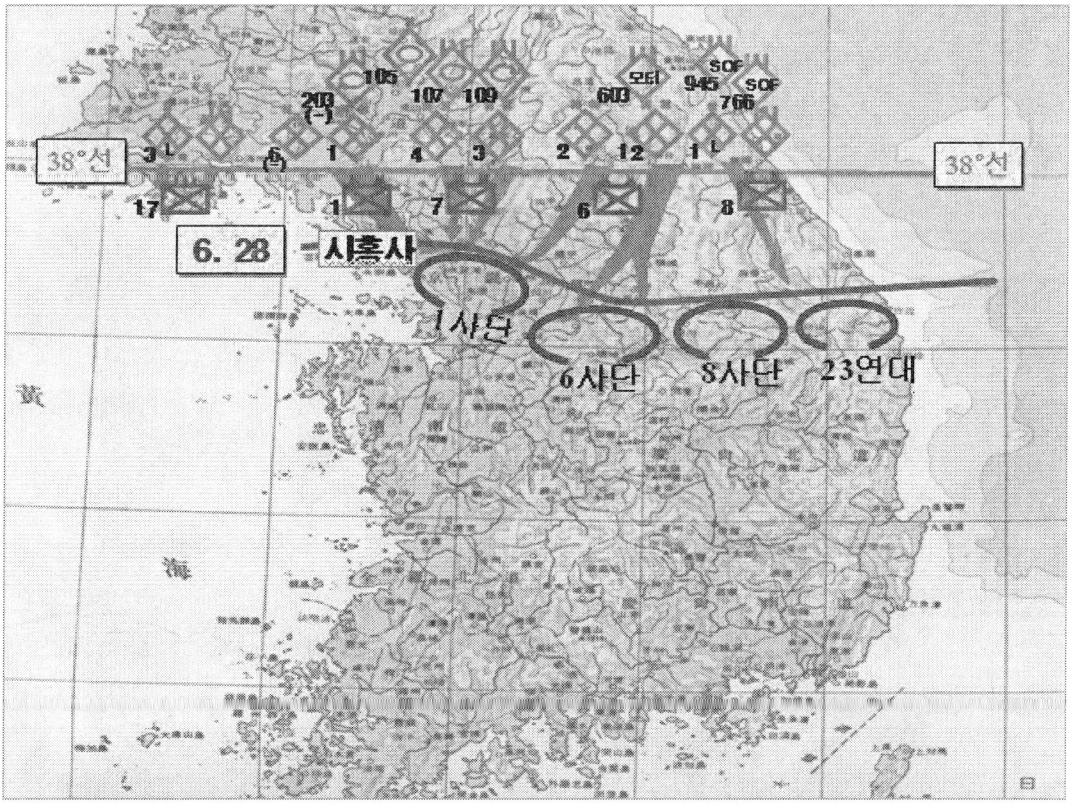

맥아더가 한강방어선 시찰(6월 29일)시 내린 결론은 북한군 남진을 어딘가에서 저지하고, 적 배후로 상륙하여 일거에 적 주력을 격멸한다는 것이었다. 이때까지만 해도 미군은 북한군에 대해 아는 것이 없었고, 단지 보잘 것 없는 장비로 무장된 미개한 군대로서, 미군이 참전하면 전쟁을 포기할 것으로 낙관하고 있었다. 그래서 1개 사단이면 충분히 저지 가능할 것으로 판단하였다. 그러나 미 제24사단은 7월 5일부터 오산 죽미령, 평택, 안성, 전의, 조치원에서 계속 패배하면서 철수하여 7월 14일경에는 금강선까지 후퇴한다. 맥아더는 미 1개 사단으로 남진저지가 불가능함을 인식하고, 추가로 미 제25사단, 상륙작전 준비중인 미 제1기병사단까지 투입한다. 7월 15일~22일경 이 2개 사단이 도착할 때, 적은 이미 대전-소백산맥을 연하는 선까지 진출하고 있었다. 그래서 미 8군사령관 워커는 미 제25사단은 상주축선에서 중동부의 한국군을 지원토록 상주일대에 배치하고 미 제1기병사단은 영동에 배치하여 미 제24사단으로부터 경부도로상의 지연임무를 인수토록 했다. 미 3개 사단을 투입하였으나, 영동 이남은 무방비 상태였으며, 적 제6사단, 제4사단의 호남 우회기동으로 상주에 배치된 미 제25사단을 전환하여, 마산으로 투입하고, 그 공백을 해소하기 위해(전선 축소 외에는 대안이 없었음), 낙동강 방어선으로 철수하게 된다.

3. 한강방어선

한국군은 서부지역이 조기에 붕괴되고, 6월 28일 서울이 탈취되자 시흥지구전투사령부를 창설하여 한강방어선을 형성하고, 중동부지역의 제6, 8사단은 충주-제천선으로, 부산의 제3사단 제23연대를 울진으로 이동하여 한강선-충주-제천-울진을 연하는 선에서 적의 진출을 6월 28일~7월 3일까지 저지했다. 한편, 6월 27일부터 미 해·공군이 참전하여 38°선 이남지역의 북한군을 공격하기 시작했고, 이날 UN에서는 "UN이 북한군을 격퇴하여, 38°선 이남을 회복하고, UN회원국에게 남한에 군사원조를 제공할 것을 권고"하는 결의문을 통과시켰다. 이에 따라, UN회원국들의 군사적 개입 명분을 보장받게 된다.

6월 30일 미지상군 투입이 결정되어,7월 1일 미지상군 최초 투입부대인 스미스 특수임무부대(Smith TF: 미 제24사단 제21연대 제1대대)가 부산 공항에 도착후, 대전으로 이동하여 미 군사고문단장(처치준장)으로부터 "가능한 북쪽으로 올라가서, 남진을 저지하라"는 임무를 부여받는다.

4. 서울지역 적 격멸 및 한강-강릉 방어선 진출(6월28~7월2일)[6]

■ 주요작전 경과 요도

미군의 공습이 심했지만 북한군은 6월28일 공격을 계속했고, 이날 새벽에 6사단은 적을 김포지역까지 후퇴시키고, 10시간의 치열한 전투 끝에 도시를 점령했다. 이때에 적은 6사단의 공격을 저지하기 위해 김포지역에 수도사단의 18연대를 이동 배치하였으나, 6월 29일 6사단은 수차례의 적역습을 저지하면서 포병과 항공기의 지원 하에 김포공항에 대한 치열한 전투를 전개하였다.

6월 30일 아침부터 사단은 공격을 재개하여 적의 완강한 저항을 극복하고, 서울과 인천을 잇는 도로를 따라 6~8km를 전진했으며, 7월 1~2일에는 사단은 적에 대한 역습을 지원하고, 근접전투를 계속했다. 한편, 1사단은 6월 28일 치열한 전투 끝에 공손리 지역의 적을 격멸하고, 공손리를 점령하였으며, 이후 사단은 제2제대로 전환되었다.

6) 러시아 국방부, 김종국 역, "러시아가 본 한국전쟁", pp.36~37.

서울 방향으로 공격하던 4, 3사단과 105전차여단은 6월 27일 준비된 방어진지상 적의 강력한 저항에 부딪혔고, 새벽에 보병은 도시 부근의 주요고지를 점령했다.

6월 28일 05시 30분경, 105전차여단의 전방부대가 서울을 돌파했으나, 6시가 돼서야 여단의 주력이 서울의 방송국, 발전소, 우체국, 전신전화국 그리고 여러 행정기관을 점령하였으며, 4사단은 105전차여단과 거의 동시에 서울의 북쪽과 중앙지역을, 3사단은 서울을 우회, 남쪽을 점령했다. 결국 적은 전투 장비와 탄약들을 버리고 황급히 한강 남쪽으로 퇴각했다. 서울지역에 진입한 북한군 지휘관들이 적을 적시에 추격하지 않고, 신속하게 한강을 도하하지 않음으로써 적은 한강 다리를 폭파하고, 2 및 5사단을 집결시켜 한강 남쪽에 방어선을 강화하였다. 이에 따라 북한군 사령부는 서울방향에 병력을 증강하기 위해 산연지역에 위치하고 있던 제13사단을 이동 배치했으며, 서포(평양북방 12km)일대에는 최고사령부가 창설되었다. 또한 전선으로부터 총참모부가 너무 이격(약 120~300km)되어 부대지휘가 곤란하자 연천과 양구에 2개 작전집단을 창설했다.

제1작전집단에는 1, 3, 4, 13, 15사단과 제2작전집단에는 2, 12사단 그리고 603모터사이클 연대가 예속되어 있었고, 5, 6, 10보병사단과 105전차여단은 총참모부가 직접 지휘하였으며, 철원에는 총참모부 보조지휘소가 설치되었다. 6월29일 새벽 포병 준비사격 15분후 기보연대 대대와 전차중대 그리고 자주포대로 구성된 105전차사단의 전방부대들이 한강을 도하하여 정면 2km, 종심 1km의 한강교두보를 확보하였으나 도하장비 부족과 미 공군기의 계속되는 폭격으로 교두보 확장은 쉽지 않았다. 3, 4사단 그리고 105전차사단의 주력은 3일 동안에 도하를 하지 못했고, 전방부대는 포병부대의 일부가 도하를 했을 뿐이었다. 교두보 전투가 치열한 장기전 성격을 띠게 됨으로써 3사단은 7월2일 아침까지, 4사단은 7월3일 아침까지 그리고 105전차사단은 7월4일에야 도하가 실시되었으며, 105전차사단은 북한군 공병이 현지주민들의 도움을 받아 7월3일 교량을 복구함으로써 이 교량을 통해 도하가 실시되었다.

지형적으로 아주 험하고 자신의 포병도 제대로 이용하지 못하는 상황하에서 2사단은 적의 완강한 저항을 극복하면서 서서히 전진하여, 6월30일에 한강에 도달, 도하를 했으며, 7월2일에는 광주를 점령했다. 한편 12사단은 오롱리, 홍천, 횡성방향으로 공격하여 원주를 점령하였다. 그러나 2사단과 12사단은 최초에 천천히 공격함으로써 이들 부대간 간격이 발생하여 북한군 사령부는 이를 극복하기 위해 15사단을 6월30일 홍천방향에 투입했고, 아울러 이포리 방면의 603모터사이클 연대 예하대대들이 이들과 협동작전을 실시했으며, 7월2일에야 12사단은 한강의 이포리, 신호리에 도착, 도하를 하였다. 한편, 동해안의 5사단 10연대와 같이 공격하는 제1국경여단은 6월 28일 강릉을 점령했고, 6월 25일 상륙한 상륙부대와 적후방에서 활동중인 유격대원들과 연결작전을 실시했다. 강릉을 점령한 후 제1국경여단은 강릉해안 지역과 남측을 방어하는 임무를 부여받았고, 강릉지역에는 6월29~30일 사이에 5사단이 집결하였으며, 차후 5사단은 7.2일에 삼척을 점령하였다.

따라서 1일 평균 10km 속도로, 75~80km를 진격한 북한군의 6월25일부터 7월2일까지 작전의 결과는 남한의 수도 서울을 포함한 많은 지역을 점령하였으며, 서울 방향에 집중되어 있던 한국군에게 많은 피해를 입힘으로써 한국군의 주력은 사실상 격멸되었다. 그러나 전체적으로 볼 때 초기의 북한군 공격작전은 성공하지를 못했다. 그 이유는 서울방향의 공격부대(춘천지역을 공격했던 제2군단 부대)가 계획보다 늦은 속도로 공격을 하였기 때문이다. 2, 12사단과 603모터사이클 연대는 남동쪽으로 서울을 우회, 적 주력이 남과 남동쪽으로 퇴각할 수 있는 길을 자단해야만 했다. 그러나 사단장으로부터 명확한 지침이 예하부대까지 전달이 잘 안되었고, 공격부대의 포병 부족과 지형의 악조건 때문에 결국은 자기들의 임무를 달성하지 못한 결과를 초래했다.

동시에 3, 4사단과 105전차사단의 부대들도 서울을 점령한 후 지체 없이 한강도하작전을 준비하지 않았다. 따라서 적은 강 남쪽 대안에 한강방어선을 구축하였고, 부대들을 남쪽으로 더 멀리 후퇴시킬 수 있었다. 그러면 이와 같이 북한군의 공격 속도가 둔화된 원인은 무엇이었을까? 가장 큰 원인은 계속되는 미 공군의 폭격 때문으로 미 공군에 의해 6월27일부터 실시된 폭격은 북한군 부대와 참모부, 통신선 및 주보급로 등에 집중되어 북한군 공격부대에게 많은 피해를 입혔다. 그 다음으로 공격작전에 부정적인 영향을 미친 것은 총참모부의 지휘통제 결함으로 총참모부가 직접 사단을 통제하려 했기 때문이다. 제1,2 작전집단 장교로 구성된 참모부는 단합이 되지 않았고, 적절한 통신수단도 없었다. 동시에 각 예하부대 지휘관들은 상급부대나 인접부대와 협조된 통신지원을 하려고 하지 않았을 뿐만 아니라 자기 예하부대도 적극적으로 지휘통제하지 않았으며, 정찰임무 또한 게을리 했다. 만일에 북한군이 서울방향의 적 주력을 포위 격멸하였다면 그로 인해 북한군에게는 아주 유리한 상황이 조성되고, 차후 작전이 순조롭게 진행되었을 것이라는 데는 의심의 여지가 없다.

5. 한 · 미연합전선 형성

춘천-홍천 등지에서 3일간 성공적으로 북한군을 저지한 제6사단은 원주로 철수한 다음 6월 30일 육군본부 지시에 의거 제8사단의 철수로를 엄호하면서 충주로 이동하였고, 동부지역을 담당한 제8사단은 6월 28일 대관령 쪽으로 철수 후 30일 다시 철수하여 7월 1일 평창을 거쳐 제천으로 이동하였다. 제8사단이 강릉에서 철수함으로써 동해안 7번 도로는 방어 병력이 없는 결과를 초래함으로써, 6월 27일 육군본부에서는 부산에 있는 제3사단 예하 제23연대(연대장 중령 김종원)을 출동시켜 28일 동해안 울진 방면에 투입하였다. 그리하여 7월 2일 방어선은 한강선(시흥지구전투사령부) – 충주(제6사단) – 제천(제8사단) – 울진(제23연대)선을 유지하게 되었다. 그러나 이러한 방어선은 한강선과 충주사이 90km이상의 간격은 완전무방비 상태로 노출되어 있으므로, 육군본부가 있는 동쪽은 완전 개방되어 있는 상태가 되었다.

이때 공중 정찰 결과 북한군 제2군단의 예비로 있던 북한군 제15사단이 여주방향으로, 북한군 제2사단이 가평에서 수원방향으로 남진하고 있는 사실이 밝혀졌다. 그리하여 7월 3일 육본에서는 수원 방향으로 남진하는 북한군에 대하여 문산지역에서 철수한 제1사단(–)을 수원 동북쪽에 배치하고, 충주에 있는 제6사단으로 하여금 한강선에서 철수하는 한국군의 철수를 엄호하고 안성 – 충주간의 광정면을 방어토록 조치하였다.

■ 한 · 미 연합작전

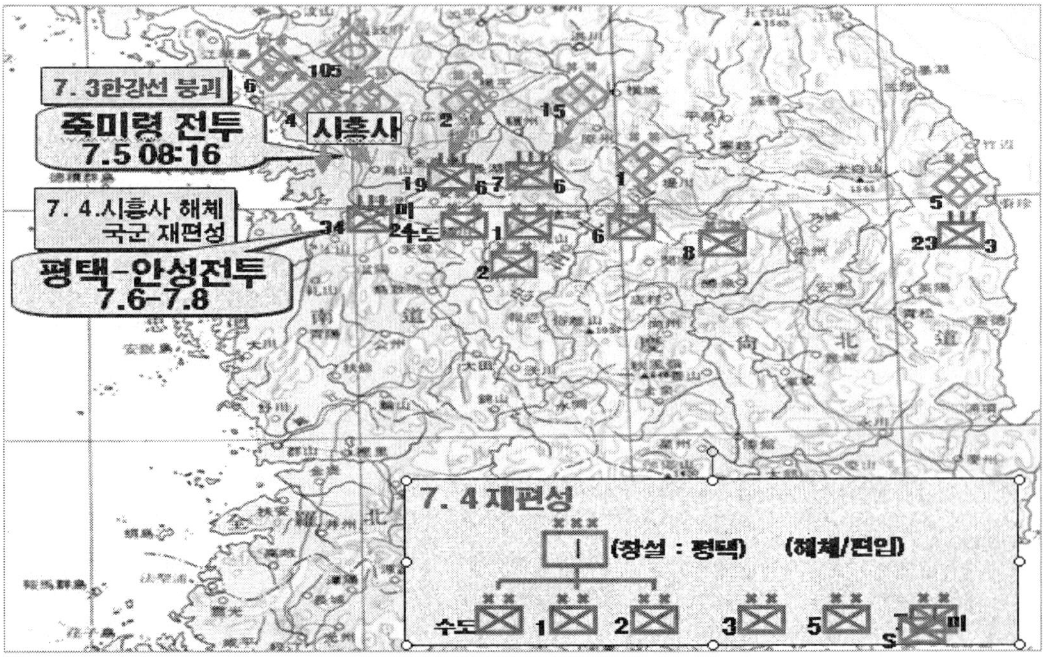

북한군은 7월 4일 저녁 때 수원을 점령함으로써 영등포－수원간(35km)을 하루만에 점령하였다. 이것은 한강선에서 철수한 한국군의 저항력이 얼마나 열세하였는가를 단적으로 증명하여 주는 것이며, 오합지졸로 변한 한국군의 주력은 평택 부근으로 철수하여 재편성을 실시하였다. 월 5일 01:00 시부로 급편된 한국군의 재편성을 살펴보면, 시흥지구전투사령부를 해체하고, 그 기간요원을 모체로 하여 한국군 최초의 제1군단을 창설하였다. 제1군단장에는 시흥지구전투사령관인 김홍일 소장을 재임명하고, 그 예하부대에 수도사단, 제1사단, 제2사단 3개 사단으로 개편하고, 제3사단, 제5사단, 제7사단의 3개 사단을 해체하여 1군단 예하 3개 사단에 편입시켰다.[7] 창군이래 처음으로 군단의 발족을 보게 되었으나, 전세가 급전중이었으므로 각 사단별로 먼저 개편 작업에 들어갔다. 당시 제1사단장인 백선엽 장군은 당시의 재편성 상황을 회고하기를 “한 곳에 머물러 재편성할 시간이 없었다. 집결을 명할 통신수단도 없고 구두로 전달하여 행군방향을 알려 부대나 장병들이 저절로 모여드는 것을 기다릴 수밖에 없었다. 즉 걸어가면서 재건하는 것이다. 그러나 이상하게도 병력이 모여주었다. 이 마음가짐이 사단의 전력이었다.” 이와 같이 재편성을 실시하여 제1군단의 편성이 이루어져 7월 7일 제1군단 사령부를 청주에 위치시키고, 제1군단은 진천－음성간을 확보하여 방어 편성에 들어가게 되었다. 예하 수도사단(사단장 김석원 준장)은 진천에, 제1사단(사단장 백선엽 준장)은 음성일대에 배치하고, 제2사단(사단장 이한림 대령)은 군단 예비로 배치하였다. 그러나 병력이 미약하여 수도사단의 경우는 약 8,000명, 제1사단의 경우는 약 3,500명에 불과 하였으며, 장비 또한 보잘 것 없었다.

한편, 7월 4일 시흥지구전투사령부가 수원에서 평택으로 철수하자 스미스 특수임무부대(Smith TF)는 서부전선의 최전선부대가 되어 수원을 점령한 북한군이 공격해 올 것에 대비하여 7월 5일 03:00시에 죽미령에 도착하여 1번 국도를 중심으로 진지를 편성하였다. 스미스부대는 여기서 북한군 제4사단과 제105전차사단의 공격으로 7시간만에 붕괴되어 14:30 분경에 안성으로 철수하였다. 오산전투가 진행되고 있는 동안에 미 제24사단 제34연대가 평택－안성선에 새로이 제2저지선을 형성함으로써 평택－충주－제천－울진을 연하는 선에서 한·미 연합전선을 형성할 수 있게 되었다. 이때부터 미군은 1번국도(경부선)을 중심으로 한 서부지역을, 한국군은 중·동부지역의 전선을 담당하면서 지연전을 실시하게 되었다. 그러나 미 제34연대도 이 선에서 방어다운 전투

7) 육군개편계획: 1950년 7월 5일, 구두명령 7월 4일.

도 해보지 못하고 7월 6일 전선이 붕괴되어 천안으로 철수하게 되었다.

해상으로 수송된 미 제34연대는 일본 사세보에 주둔하고 있을 때부터 훈련장의 불비와 지휘관들의 무능으로 부대의 사기는 저하되어 있었고, 전투부대로서 어딘가 허점을 내포하고 있었던 부대였다. 미 제34연대는 최초의 지연선인 평택-안성선에서 사단장의 승인도 없이 평택에서 1개 대대를 철수시킴으로써, 이 선이 조기에 붕괴가 되고, 사단장은 책임을 물어 연대장을 해임시켰다.

6. 차령산맥선에서의 지연전

■ 주요작전 경과 요도

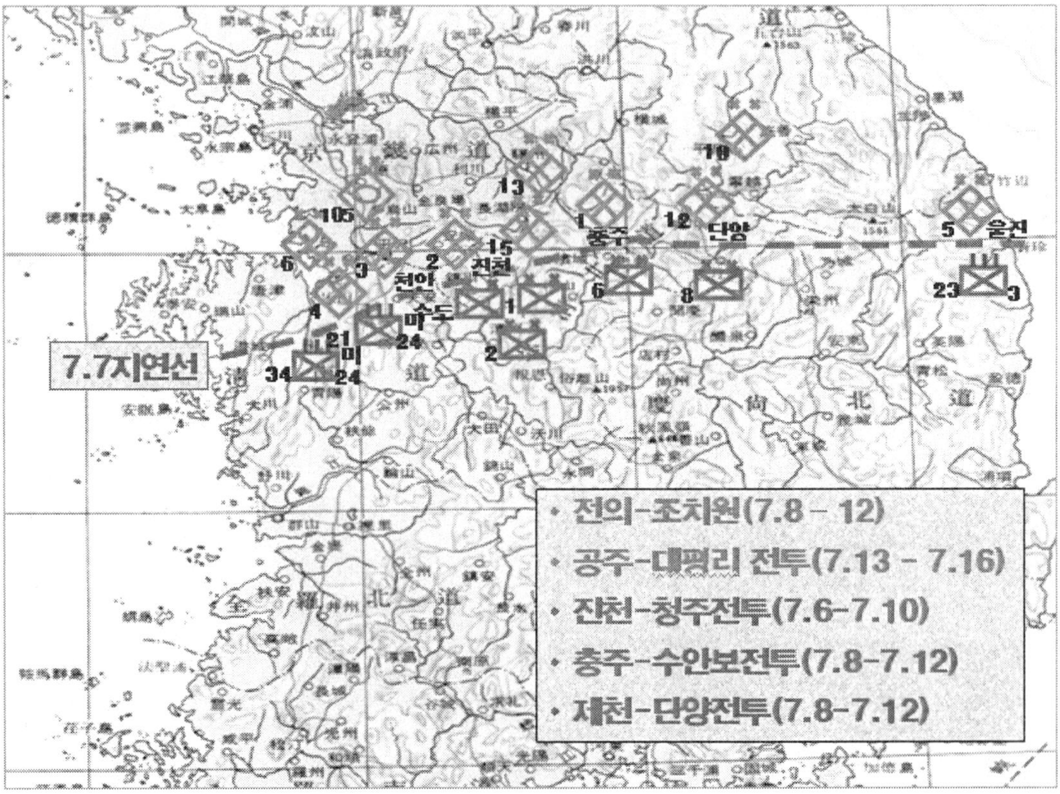

7월 5일 스미스특수임무부대(Smith TF: 미 제24사단 21연대 1대대)가 죽미령에서 북

한군 제4사단, 제105 전차사단의 공격으로 7시간만에 붕괴되어 안성으로 철수하고, 7월 6일 미 제34연대도 평택-안성선에서 전투다운 전투도 해보지 못하고, 천안으로 철수했다. 제1군단도 평택에서부터 재편성을 하면서 부대이동을 하여 수도사단은 진천에, 제1사단은 음성에 각각 배치하였다. 따라서 7월 7일 방어선은 천안(미 제24사단 제34연대)-진천(수도사단)-음성(제1사단)-충주(제6사단)-제천(제8사단)-울진(제23연대)을 연하는 차령산맥선이었다. 북한군은 1번 국도(경부축선)에 3개 사단, 1개 전차사단을, 중·동부축선에 7개 사단을 집중 투입하여 도로를 따라 남하했다.

■ 금강 방어선 전투

7월7일~7월14일 금강 및 소백산맥 방어선이 형성되기 전까지 주요 전투는 1번 국도축선에서는 미 제24 사단 예하 연대들이 참패를 당한 천안전투, 전의-조치원간 전투 등이 있었다. 7월 8일 미 제34연대는 천안전투에서 연대장까지 전사하고 적의 진출

을 저지하는데 실패하였다.[8] 딘 소장은 차령산맥선에서 적을 저지한다는 최초 계획을 변경하여 "미 제34연대는 공주로 가는 도로 따라 지연전을 실시하고, 미 제21연대는 전의－조치원간에서 적을 저지하여 시간을 획득하고, 대구에 위치한 미 제19연대를 금강선으로 이동시켜 미 제34연대, 19연대에 의해 금강방어선에서 적을 저지"하고자 했다

딘(Dean) 소장의 계획에 따라 미 제21연대는 전의－조치원 전투(7월 8일～10일)이후 대전으로 철수했다. 이 전투에서 북한군 제4사단과 전차는 미 공군에 의해 많은 피해를 받게 된다. 이후 북한군 제4사단은 공주로 가는 도로를 따라 남하하고, 북한군 제3사단이 1번 국도상에 선두로 나서게 된다.

한편 중·동부지역의 북한군은 북한군 제15사단이 여주에서 장호원 방향으로, 북한군 제12사단이 원주에서 충주방향으로, 그리고 북한군 제12사단의 일부가 단양으로 이동하고 있었다. 또한 북한군 제1사단을 문산→용인→충주방향으로, 북한군 제2사단을 안성→진천→청주방향으로 투입하여 대전을 북한군 제2사단, 제3사단, 제4사단으로 하여금 양익포위를 하도록 기도하고 있었다.

7월 4일 창설된 북한군 전선사령부에서 7월초에 수립한 작전계획은 상황을 매우 낙관적으로 판단하여 작성된 것이었다. 즉 「최대의 공격 속도를 갖고 적에게 맹렬한 타격을 가하여 금강과 소백산맥을 재빨리 돌파하여 대전지역과 소백산맥에서 적의 기본집단을 포위격멸하여 전주, 논산, 문경, 울진의 남방지역을 해방한다.」는 것이었다. 그리하여 북한군은 제15사단을 음성 일대로, 제2사단을 진천 일대로 투입하였다. 충북지역에서의 최후의 결전장이라고 볼 수 있는 청주와 보은 일대는 수도사단과 제1사단에 의해 확보되고 있었다. 그러나 수도사단의 병력은 8,000여 명이었고, 제1사단은 3,500여 명인데 반해 그 정면의 북한군은 거의 완전한 편성을 유지하고 있었다. 즉 북한군 제2사단과 제15사단의 일부병력 6,000여 명과 북한군 제12사단 병력 12,000여 명, 총 18,000여 명의 병력이 있었다. 성능이 우수한 122밀리 곡사포를 비롯하여 120밀리 박격포 및 수십 대의 전차 등 많은 화력과 장비를 보유하고 있었다.

중·동부지역의 한국군은 이런 적의 진출을 저지하는 가운데 진천전투, 동락리전투 등을 치르게 된다. 진천전투에서 수도사단과 배속된 제17연대가 대전방향으로 남하하는 북한군 제2사단 진출을 05일간 저지함으로써 대전 양익포위하려는 기도를 좌절시

8) 7월 7일 딘 소장은 미 제34연대장 리블리스대령을 평택·안성전투의 책임을 물어 보직 해임시키고, 후임에 유럽전선에서 자신과 같이 싸웠던 마틴대령을 임명했었다.

켰다. 동락리(무극리) 전투는 제6사단이 음성·충주지역에서 북한군 제15사단, 제1사단의 진출을 저지하던 중 제6사단 제7연대 제2대대장 김종수 소령이 주민신고를 받고 휴식중인 북한군 제15사단 제48연대를 기습적으로 공격하여 많은 전과를 올림으로써 전 대대원이 일계급 특진을 했던 전투이다. 이 전투를 통하여 기습효과와 독단활용, 그리고 공세행동의 중요성을 실감할 수가 있다.

제 5 장 낙동강 방어선 작전

문제중심 학습 요약

제1절 낙동강 방어선 형성 경위

1. 피 · 아 상황

(가) 북한군 진출기도 및 진출상황

① 공격기도 : 7월 중순 북한군은 한 · 미 연합군이 전선을 강화하기 이전에 조기 결전 감행 기도

② 진출상황 : 7. 25.경 순천-거창-영동-안동-영덕선 진출

(나) 한국군 및 미군의 전개상황

① 한국군은 중동부 지역을, 미군은 서부지역을 담당

② 서남부 지역으로부터 미 제1기병사단-미 제25사단-제1사단, 제6사단-제8사단-수도사단-제3사단 순으로 배치

* 미 제24사단은 김천, 군위, 의성지역에서 재편성 실시

2. 북한군 제6사단의 기동

(가) 진출 상황 : 천안-예산-군산-전주(7. 20.)-광주(7. 23.)-목포, 보성, 순천, 여수-순천(7. 25.)-하동(7. 27.)-진주(7. 31.)

(나) 호남지역으로 우회 기동한 이유

① 부족한 병력 / 식량 획득

② 한국군의 낙오병 소탕

③ 공산주의 해방을 위한 시위

④ 경부축선의 주공공격 지원

3. 미 제8군의 조치

(가) 미 제8군의 정보판단
① 미 항공정찰 결과 (7. 20.)
군산→전주 방향으로 이동하는 대규모 병력을 발견
② 판 단 (오판)
㉮ 북한군 제4사단의 일부일 것으로 판단
㉯ 7. 25.경에 안의-진주까지 진출할 것으로 판단
(나) 미 제24사단 위치 조정 (미 제29연대 2개 대대 배속)
하동 및 거창지역에 투입 (7. 24.)
* 진주피탈 (7. 31.), 북한군 제6사단 호남 우회기동 인지
(다) 북한군 제6사단 기동 인지후 미 제8군 조치
① 마산-부산 축선을 가장 위험한 접근로로 판단
㉮ 부산에 이르는 최단거리 접근로
㉯ 진주 지역에 배치된 미 제29연대 전투력 열세
㉰ 병참선 및 퇴로 차단될 가능성
㉱ 마산 피탈 시 방어에 용이한 지형 제한
② 미 제25사단 위치 조정 (상주→마산)
㉮ 북한군의 압력이 미약한 지역에서 절약
㉯ 한국군에 비하여 기동력 및 전투력 우세
㉰ 내부 순환 교통망 이용 가능
* 36시간만에 240km의 성공적인 이동으로 낙동강 방어선 형성
※ 전 부대 8. 1.~8. 4.에 낙동강 방어선으로 이동

제2절 미 제8군의 부대배치 및 방어개념

1. 부대배치

(가) 왜관남쪽 : 미 제1기병사단(왜관-현풍), 미 제24사단(현풍-남지), 미 제25사단(남지-진동리)
(나) 왜관북쪽 : 제1사단(왜관-낙동리), 제6사단(낙동리-의성), 제8사단(의성-안동), 수도사단(안동-청송), 제3사단(영덕)
(다) 군 예비 : 미 제2사단, 미 해병 임시 제1여단, 5개 전차대대

2. 방어개념 (기동을 통한 역습)

적의 압력이 약한 지점의 병력절약, 기동 예비대를 편성, 순환 교통망을 이용하여 신속히 기동, 돌파된 지역에 국부적인 전투력 우세달성으로 역습실시, 상실된 전단 회복

* 방어의 결정적인 요소 : 역습

제3절 북한군 8월 공세

1. 북한군 작전기도

최종 목표인 부산을 점령하기 위하여 4개 공격 축선을 동시 적용

(가) 축선 "1" : 마산을 탈취 후 부산 방향으로 공격

(나) 축선 "2" : 낙동강 돌출부(영산)를 통과, 밀양을 점령하여 미8군의 병참선 차단

(다) 축선 "3" : 대구를 탈취 후 경부국도를 따라 부산 공격

(라) 축선 "4" : 동해안 도로(7번 도로)를 따라 부산 공격

* 특 징

① 대구 집중 공격(5개 사단), 2개 군단이 대구로 중첩공격

② 전투력이 미약한 한국군 정면에 주공 지향

③ 분진합격(分進合擊) : 각 사단별 임무 부여

2. 작전경과

(가) 미군 정면 (북한군 제1군단)

① 북한군 제3, 10사단 : 현풍-대구 서남방으로 공격 대구지역 고립 기도 제17연대 및 미 제1기병사단에 의해 격퇴

② 북한군 제4사단 : 영산까지 진출
미 제9연대, 미 해병 임시 제1여단 등의 역습으로 격퇴

③ 북한군 제6사단 : 마산 서남으로 진출
킨(Kean) TF에 의해 마산정면에서 격퇴

(나) 한국군 정면 (북한군 제2군단)

① 북한군 제12사단의 우회 기동으로 Y선으로 철수

② 8. 20.경 왜관-다부동-신령-기계-포항선까지 진출 하였으나 당초 목표였던 대구 점령에 실패

㉮ 한 제1사단은 미 제27연대(미8군의 예비)의 지원을 받아 왜관-다부동 일대에서 적 3개 사단의 공격을 저지하고 대구를 확보

㉯ 포항일대에서는 8. 10. 급편된 포항지구전투사령부 브래들리TF를 투입하여 적을 격퇴

제4절 UN군 및 북한군의 전투준비

1. 한국군의 전투력 증강

(가) 부대 재편 및 창설

① 제7사단(8. 20.) : 민부대, 독립유격 제1, 2대대

② 제11사단 창설(8. 27.)

③ 제5사단(10. 8.), 제9사단(10. 24.), 제2사단(11. 11.) 재편/창설

2. 미군 사단 전투력 보충 및 전선 조정

(가) 카츄샤(KATUSA) 제도 실시

※ Korean Augmentation(증대) To the U.S. Army

① 미 제7사단 최초 편입(8. 16.~24.) : 8,637명

② 미 제24, 25, 1기병사단 편입

(나) 삼각 편제 완료

① 제24사단 34연대 해체→제19, 21연대 보강

② 제5연대 전투단→제24사단 배속

③ 제29연대→미 제25사단 보충

④ 미1기병 사단은 본국에서 대대 증원

(다) 전선 조정

① 미 제24사단과 미 제2사단 방어진지 교대(8. 20.)

② 미 제1기병사단 : 다부동 지역 인수(한국군 1사단)

3. 북한군 증강

(가) 제16, 17기갑여단
① T-34형 전차 40대로 구성
② 연대 규모, 2개 대대, 대대당 4개 중대(중대당 5대)
③ 8. 23. 열차로 평양 도착
(나) 제9사단
① 제38경비 3여단 모체로 창설
② 7. 26. 서울 진출, 제87연대 인천 방어
③ 8. 20. 천안→대전→금산 경유, 합천 진출(8. 23.)
(다) 제7사단
① 제38경비 7여단 모체로 창설(7. 3. 숙천)
② 8. 1. 서울 경유, 여수-진주 도착(8. 15.)
③ 8. 17. 통영 점령, 한국 해병대에 의해 격퇴
④ 의령 진출

제5절 북한군 9월 공세

1. 북한군 작전개

돌파를 1개 정면에 국한시키지 않고 가용한 접근로별로 임시 공격집단을 편성하여 공격을 실시하다가 돌파가 성공된 정면에 전과확대 실시

* 계획수립시 많은 문제점 내포로 궁여지책으로 선택

2. 공격 개시 시기

(가) 제1군단 : '50 8. 31. 23:30 (나) 제2군단 : '50 9. 2. 18:00

3. 기동계획

(가) 제1공격집단(제6, 7, 105전차사단 일부) : 마산→김해→부산 공격
(나) 제2공격집단(제2, 4, 9, 10사단, 16기갑여단) : 창녕, 영산을 경유하여 대구~부산간 도로 차단

(다) 제3공격집단(제1, 3, 13, 105전차사단 주력) : 미 제1기병 사단 / 제 1사단을 격파하여 대구를 점령

(라) 제4공격집단(제8, 15사단, 제17기갑여단) : 하양, 영천을 점령 후 경주를 경유하여 부산으로 공격할 준비

(마) 제5공격집단(제12, 5사단) : 안강 정면 돌파, 부산으로 진출

4. 작전경과

(가) 북한군 제1, 2공격집단 (마산, 영산 정면)

① 8. 31. : 미 제25사단(함안), 미 제2사단(영산)정면 일부 돌파

② 9. 1. : 미 제27연대 함안지역으로 투입

③ 9. 2. : 미 제8군사령관 미 해병대 사용 건의
미 제24사단(-) 삼랑진으로 이동
미 제27연대1대대 역습, 함안 정면 적 격멸

④ 9. 3.~9. 5. : 미 해병대 영산 정면 역습 개시 / 성공

(나) 북한군 제3공격집단 (대구정면)

① 9. 2. : 북한군 공격개시, 다부동 / 가산 피탈

② 9. 4. : 미 제8군은 데이비드(Davidson)선으로 철수 고려

③ 9. 5. : 육군본부 및 미 제8군사령부 부산으로 이동

④ 9. 9. : 미 제1기병사단 대구 북방 12㎞까지 철수

⑤ 9. 12. : 미 제7기병연대 3대대 역습 성공

⑥ 9. 13. : 한 제1사단 가산을 공격 탈환

(다) 북한군 제 4공격집단 (영천정면)

① 9. 5. : 한 제8사단 돌파, 제7사단 8연대 투입
영천지역 제2군단으로 조정

② 9. 6. : 영천 상실, 적 경주방향으로 진출 시도
제1사단 11연대, 제6사단 19연대 영천 투입

③ 9. 9. : 제8사단 10연대 원복, 아군 반격 개시

(라) 북한군 제 5공격집단 (동해안)

① 9. 4. : 안강 피탈, 수도 / 제3사단 형산강 방어선 편성

② 9. 6. : 미 제24사단 경주 투입

③ 9. 13. : 아군 반격 개시

제1절 북한군 8월공세

1. 개황

■ 낙동강 방어선 형성

북한군의 공세작전이 거의 한계점에 이를 무렵, 한국군과 UN군은 한국군 5개 사단과 미군 3개 사단을 마산-남지-왜관-낙정리-영덕에 이르는 240km에 달하는 낙동강방어선에 배치하고 비교적 조밀하게 압축된 방어지역에서 전세 만회를 위한 방어태세에 임하고 있었다. 한국군은 이 중 왜관 북측으로부터 영덕까지에 이르는 128km를 담당하였으며, 미군은 왜관으로부터 마산까지에 이르는 112km를 담당하여 사수개념의 방어선을 형성하였다. 낙동강 방어선은 한국군과 UN군으로서는 더 이상 물러설 공간이 없는 최후의 방어선이었으며, 반격작전을 위한 교두보이기도 하였다. 이 선은 일명, 부산 교두보 또는 워커 라인이라고도 불리었다

낙동강 선까지 진출한 북한군은 마지막 남은 총력을 기울여 8월 5일부터 낙동강 도하공격을 개시하여 8월과 9월 두 차례에 걸쳐 이른바 8월공세(1950. 8. 5～20)과 9월공세(1950. 8. 31～9. 15)를 감행하여 낙동강 방어선을 돌파하려 하였으나 함안－창녕－왜관－영천－포항 선까지밖에 진출하지 못하였다. 이 공격은 한반도의 최남단에서 포위망을 압축하여 일격에 부산까지를 점령하기 위한 북한군의 마지막 공격이었다. 그러나 이와 같은 무리한 작전으로 말미암아 북한군은 많은 손실을 입게 된 반면, 이에 대한 후속지원이 뒤따르지 못함으로써, 9월 중순경 그들의 전력은 더 이상 공격을 지속할 수 없는 공격 작전한계점을 이미 초과하고 있었다. 이와 반면에, 한국군과 UN군은 계속된 전력의 보충과 증원부대의 도착으로 상대적인 전투력의 우세를 확보하게 되었으며, 이때부터 작전의 주도권은 한국군 및 UN군이 장악하게 되었다.

이리하여, 기습공격으로 개시된 북한군의 남침공격은 일일 평균 7km의 속도로 낙동강 선까지 진출하는 데는 성공하였으나, 그곳에서부터는 한국군과 UN군의 강력한 저항에 부딪쳐 대구마저도 점령하지 못한 채 공세가 꺾이고 말았으며, 공격개시 82일 만인 9월 15일 이후에는 한국군 및 UN군의 총반격으로 그들의 기도가 좌절되고 말았다.

2. 북한군 8월공세 공격계획

■ 피 · 아 부대배치

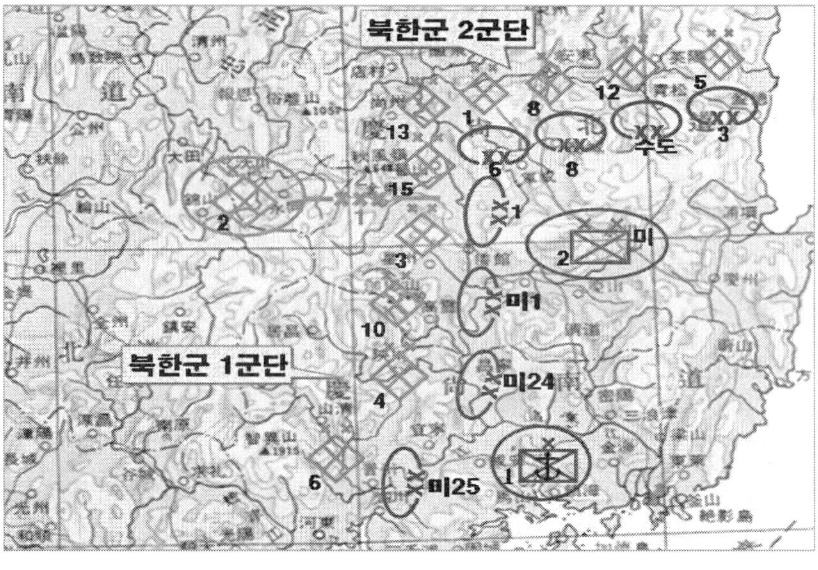

김일성이 1950년 7월 20일 수안보에 있는 전선사령부에 내려와 8월 15일까지는 필히 부산을 점령하라고 불같이 독촉하자, 전선 사령부는 8월 5일을 기해 총공격을 개시하였다. 그들의 공격계획은 최종 목표인 부산을 점령하기 위해 4개의 공격축선을 동시에 공격하여 UN군의 전투력을 분산시키고, 어디든지 돌파되면 이를 확대, 종심 깊게 진출하여 부산을 점령한다는 기도하에 첫째 방안은 마산－부산 방향으로 공격하고(6사단), 둘째 방안은 낙동강 돌출부－대구와 부산간 병참선 차단(4사단), 셋째 방안은 경부 도로를 따라 대구 공격, 넷째 방안은 동해안 도로를 따라 남하한다는 것이었다.

3. 피 · 아 작전목표와 결전준비

가. 적의 작전목표와 공격준비

■ 북한군 8월 공세시 및 UN군 대응

세부 기동계획은 총 6개사단으로 공격하는 제2군단은 상주의 15사단은 선산을 도하 다부동－대구 방향으로, 함창의 13사단은 낙동리를 도하 다부동－대구 방향으로, 함창

의 1사단은 군위를 점령후 대구-경주 방향으로, 예천의 8사단은 영천을 점령후 경주 방향으로, 안동의 12사단은 포항을 점령후 경주-부산 방향으로, 영덕의 5사단은 포항을 점령 후 부산을 각각 공격하는 것이었다. 제1군단은 총 4개 사단으로서 김천의 3사단은 왜관 남쪽을 도하 대구를 공격하고, 고령의 10사단은 현풍을 도하 대구를 공략하고, 합천의 4사단은 영산-밀양을 탈취 대구-부산선을 탈취하고, 진주를 탈취한 6사단은 마산에서 부산으로 공격하는 것이었다. 북한군은 대구를 조기에 점령할 목적으로 총 5개사단(15, 1, 13, 3, 10사단)을 분진 합격으로 대구에 집중했으며, 특히 한국군 정면에 7개 사단 규모를 집중하였다. 이때 다부동-대구 축선에 투입된 2개사단(15, 13사단)을 제외한 나머지 3개사단(10, 3, 1사단)은 각각 다른 방향에서 대구를 공격하게 되었는데 이것이 바로 외선작전의 이점을 활용한 분진합격이다. 그러나 북한군은 제1군단의 2개사단(10, 3사단)을 동일한 작전 목표인 대구를 공격하면서도 제2군단이 배속하거나 작전통제하도록 하는 지휘조치를 취하지 않은 관계로 2개 군단이 서로 협조도 하지 않고 제멋대로 목표를 공격함으로써 전투력을 집중시키지 못한 우를 범하고 말았다.

낙동강 전선에 전개한 북한군의 각 사단 전투력은 개전초기에 비하여 50~60%로 격감되었고 더구나 제공권이 없어 모든 부대의 주간행동이 제한되고 병력과 장비의 보충이 여의치 못하여 더욱 약화되어 가는 실정이었다. 그러나 적은 전선돌파를 위해 각 전투부대의 독전대를 증가시키고 있었으며 아직은 전장의 주도권을 장악한 상태하에서 작전을 펼치고 있었다. 8월 초 북한군의 병참기지는 만주와 블라디보스토크로 전선의 남하와 더불어 병참선은 크게 신장되었다. 교통망은 북한-남한간 수송이 주로 서울을 경유하고 있었으므로 적의 보급 수송은 만주-평양-서울, 블라디보스토크-청진항-원산항-서울을 경유하여 보급되었다. 따라서 서울은 병참상 근거지가 되었으며 왜관에 이르는 전선까지 약 300km에 달하였다.

당초 적은 육상수송을 위해 수만명의 서울시민을 강제 동원하여 한강교를 보수하고 서울에서 각 지역으로 이어지는 보급로를 통해 전선의 11개 전투사단을 지원하였다. 그나마 UN 해·공군의 쉴 새 없는 폭격으로 보급집적소가 파괴되고 야간에만 수송해야 하는 상황이었다. 인민군은 차량과 열차를 이용한 야간수송으로서 야포, 박격포, 기관총 등 최소한의 장비를 각 전투부대에 보충하고 있었으며, 전차부대도 큰 타격을 받아 초기작전에서와 같은 위용은 더 이상 발휘할 수 없게 되었다.

나. 아군의 작전전략과 결전준비

8월중순 제8군사령관 워커 장군의 임무는 부산교두보를 확보하며 현재 극비리에 추진 중인 인천상륙작전에 호응하여 즉시 공세작전으로 전환할 수 있도록 준비하는 것으로서 그와 같은 작전방침은 아래의 훈시내용에 잘 나타나 있다. "우리는 항상 공세이전에 필요한 여건을 적극적으로 만들어야 한다는 것을 염두에 두어야 한다. 내가 원하는 것은 공세에 필요한 능력과 전기의 파악이다. 그러므로 공세를 취할 수 있을 때까지 적에게 계속적인 압력을 가하는 것이다. 이것이 성공한다면 적에게 결정적인 공격을 가할 수 있는 호기가 도래할 것이며, 총공격으로 전환할 아군의 준비 또한 빨리 완료할 수 있을 것이다." 워커 장군은 낙동강선에서 국군과 UN군이 반격준비를 완수하기 위해서는 끊임없는 공세행동으로써 적을 교란하고 공세로 전환하기 이전에 필요한 모든 조건을 만들어야 하며 방어기간에도 공세기회를 놓쳐서는 안 된다는 점을 강조하였다.

이를 위해 교두보내의 국군과 UN군은 증원부대와 보급수송을 위한 병참선을 확보하고 우세한 포병과 항공기로써 적의 사기를 저하시키며 적극적인 역습으로써 전세를 전환하여 장차 반격을 위한 준비를 갖추는 데 주력하였다. 이 무렵 피아의 총병력은 8월 4일 국군이 45,000명, 미군이 47,000명인 것에 비하여 인민군이 70,00~92,000명으로 판단되어 병력면에서 여전히 적보다 열세에 있었다.[9] 따라서 낙동강선 방어작전에서 예비대 운용이 무엇보다 중요시되었으며, 예비대 투입의 시기와 장소 그리고 새로운 예비대의 편성 문제를 결정하는 것이 워커 장군의 중요한 일과가 되었다. 당시 제8군은 항공정찰, 포로와 투항자의 진술, 노획문서, 주민의 협조 등을 종합하여 정보판단한 결과 적이 낙동강선 각 지역으로 정면공격을 시도하되 대구정면과 마산정면에 주공을 둘 것이며 어느 지역에서든 교두보가 돌파되면 즉각적인 전과확대를 노릴 것이라고 분석하였으며, 이러한 작전분석은 비교적 적중되고 있었다.

공세이전의 계기를 마련하기 위해서는 반드시 병력증강이 선행되어야 했고 그 노력의 일환으로 취해진 미 본토로부터의 지상군부대가 증원되기 시작하였으며, 한편 현지에서 국군 신병을 차출하여 미군부대에 보충하는 등의 방법을 강구하고 있었으며, 이 무렵 영국 지상군을 비롯한 UN 참전국의 일부도 내한 중이었다. 미 본토에서는 군비증강을 서두르는 한편, 증원부대와 군수물자를 신속히 한국전선에 투입하기 위한 노력

9) 일부 자료에는 이미 UN군의 전력이 우세한 것으로 기록되어 있다.

을 갖추고 있었다. 8월 초까지 미 대통령은 주방위군 4개사단을 현역에 편입하고 250만 명까지 동원할 준비를 갖추었으며, 군사비도 연간 130억 달러까지 삭감된 것을 350억 달러 선까지 증액하였다. 한편, 산업동원계획도 수립하여 3개 고무공장을 군수공장으로 전환하고 민간선박회사와 항공사에 수송을 계약하였다.

그 결과 7월 말부터 미 본토와 하와이에서 증원부대가 도착하기 시작하였다. 제5연대전투단이 7월 31일에, 제2사단 제9연대와 제23연대가 7월31일에서 8월 5일 사이에, 임시 제1해병여단이 8월 2일에 각각 도착함으로써 UN군은 방어력을 크게 보강할 수 있게 되었다. 아울러 7월 말 미 항공모함 복서(Boxer)호가 145대의 F-51 무스탕기를 탑재하고 태평양을 횡단하여 일본에 도착하였으며, 8월 초 미 극동공군은 F-80 전투기 625대와 F-51 전투기 264대를 보유하게 되어 일일 출격능력 525기로 증강되었고, 이들은 주야로 지상근접지원과 근접차단, 전략폭격, 정찰 및 수송 등의 지상작전을 지원할 수 있게 되었다.

미군의 증원 가운데 특히 주목되는 것은 전차부대의 증원이었다. 최초로 제89전차대대(M4A3 50대)가 8월 3일 한국에 도착하여 제25사단에 배속됨으로써 점차 쌍방의 장비 면에서 불균형이 해소되기 시작하였다. 한편, 병력증강과 표리의 관계라 할 수 있는 군수지원도 큰 성과를 달성하고 있었다. 이 무렵 UN군사령부는 병사 1인당 1톤 기준으로 보급품이 일본에서 부산으로 수송되었으며, 제8군은 예비보급품을 최소한 45일분을 유지하고 점차 120일분으로 증가시키도록 계획하였다. 7월 한 달 동안 부산항에는 230척이 입항하고 214척이 출항하여 총 309,314톤의 보급장비가 양륙되었다.

4. 북한군의 작전한계점 도달

가. 낙동강 방어선 작전시 북한군 상황

7월 한 달에 걸쳐 치열하게 전개된 경쟁 곧, 부산교두보를 보전하여 반격의 발판으로 삼으려는 아군의 증원속도와 북한군의 진격속도 사이에 벌어진 시간과 공간 확보를 위한 싸움은 8월로 접어들자 아군에게 유리하게 진전됨으로써 승리를 확신할 수 있는 서광이 비치게 되었다. 그것은 다름 아닌 한국군이 극한상황을 이겨내며 혈전에 혈전을 거듭한 분투와 미국과 UN군 사령부의 전력증강을 위한 헌신적인 노력의 결정이었다.

북한군은 제공·제해권을 상실하고 병참선이 300여km로 신장된 탓으로 보급이 부진한데다가 병력 또한 손실과 보충의 균형이 무너져, 전투력의 50~60%로 감소된 까닭에 작전한계점에 이르고 있었다. 이와 같이 모든 상황이 그들에게 불리하게 기울어지고, 승리의 기회를 놓쳤음에도 불구하고 신기루처럼 아롱거리는 최종목표 점령에 대한 집념을 버리지 못하고 무모한 공세를 계속하려고 마지막 안간힘을 다하고 있었다.

이를 위하여 북한군은 모든 것을 전선으로 보내고, 또 모든 것을 전선의 승리를 위하여 동원하는 한편 전투부대는 독전대를 대폭 증강하여 혹독하고 무자비한 독전을 자행하였다. 그러나 공격을 계속하는 능동적인 입장에 있었으므로 공격정신은 그런대로 왕성한 편이었다. 전투력의 손실에 있어서는 초기작전에서 지연작전 기간에 한국군은 약 70,000여 명의 병력 손실이 있었고, 미군은 6,000여명을 잃었다. 북한군의 손실은 58,000여명이었는데, 그 대부분은 한국군에 의하여 당한 피해였다. 당시 UN군 사령부는 한국군이 중동부 전선에서 피투성이가 되어 싸우면서 북한군을 무찌르고, 그들에게 막심한 출혈을 강요한 사실을 미쳐 전과누계에 반영시키지 못하고, 북한군의 손실을 약 31,000정도로 판단하고 있었다. 북한군은 점령지의 주민을 강제로 징집하여 소위 "의용군"이라고 이름 붙여 전선 제일선에 투입했다. 본격적인 징집은 1950년 7월 1일부터 실시했는데, 3개월 동안 약 30만명의 인적자원이 북한군 전투원으로 동원됐다. 이 숫자는 북한군 남침 총병력과 거의 맞먹는다.

이 기간중에 발생한 비전투 상황중 특이할 점은 노획된 북한군의 수기에 수없는 반공인사와 양민이 처참하게 학살된 장면이 생생하게 기록되어 있었다. 점령지역에서 자행된 북한의 비인간적인 살육행위는 대내적으로는 국민의 반공의식을 더욱 공고하게 굳혀 주었고, 대외적으로는 북한과는 협상의 여지조차도 없다는 이 승만 대통령의 주장이 옳았다는 것을 입증하였다. 7월말을 전후한 시점에서 실제 정세가 UN군 측에 유리하게 호전되어 가고 있었으나, UN군사령부는 지연작전중에 받은 충격의 여파인지 그때까지도 북한군이 아군보다도 우세한 것으로 과대평가하고 있었다. 이러한 여러가지 상황을 요약할 때에, 전쟁에서 한번 주도권을 빼앗기면, 이를 만회하기는 아주 어려울 뿐더러, 초전의 기습달성은 그 이후에 전개되는 전투의 성패를 결정지을 정도로 큰 영향을 미치게 되는 것이다.

나. 7월말 북한군의 군수지원실태[10)]

북한군의 병참선은 전선이 남하함에 따라 신장되어, 이제는 300km에 이르렀다. 더욱이 최초에 계획했던 해상수송이 불가능하게 되어 수송은 모두 빈약한 육로에 의존할 수밖에 없었다. 그런데 한국의 도로망이 서울로 집중되어 있었기 때문에 평양에서 적재한 보급품이나 청진, 원산 등에서 양륙한 군수품도 반드시 서울을 통하지 않으면 안 되었다. 그래서 북한군은 수만명의 서울시민을 동원하여 한강교를 보수하고 여기서 부채살처럼 뻗어 있는 보급로를 따라 제1선의 11개 사단을 지원하고 있었다. 미 제5공군은 이 좋은 목표에 대해 막강한 항공화력으로 저지했기 때문에 북한군의 보급차량들은 야간운행도 어려운 형편이었다.

다. 별오리 회의시 보급 및 후방방호 문제점 토의

(1) 토의내용

아군(북한군) 후방에서의 보급활동이 잘 조직되어 있지 않고, 후방기관에 많은 유해분자가 잠입하여 전선의 보급활동에 방해를 초래했다. 따라서 아군부대는 후방으로부터 대부분의 물자를 적시에 수급할 수가 없었다. 김 열(후방부장, 나중에 총살됨)동지가 지휘하는 후방기관에서는 이와 같은 사실이 있었음에도 불구하고 아무런 대책을 세울 수가 없었다.

(2) 곤궁한 실태

이 교훈은 부산 교두보 공격정면까지 연장된 보급선(300km)을 떠맡아 절대적으로 열세한 제공권하에서 보급활동의 어려움에 직면했을 때, 특히 강하게 인식되었으리라고 생각된다. 특히 보급품 가운데 식량부족은 혹서와 과로가 겹쳐 전의를 저하시키는 최대 원인이 되었다. 북한군의 식량보급은 기본적으로 현지조달이었지만, 작전지역이 산지인 관계로 쌀을 손에 넣기가 어려워 정량의 2분의 1 내지 3분의 1로 저하되었다.

이 시기 「8 · 15해방 5주년에 즈음한 기념축하식 보고」에서 "후방에 있는 인민은 모든 것을 전선으로!, 모든 것을 전선의 승리를 위하여!"라는 슬로건하에 후방의 모든 역량을 전선의 승리를 위하여 경주해야만 한다고 강조했다. 또한 최고사령관 명령 제82

10) 일본육전사연구보급회편, "한국전쟁(2권)", 1987년, p.76

호로 장병들에게 「백발백중의 사격, 탄약과 폭탄의 낭비 방지, 노획전리품 이용, 전선과 후방에서 적 기자재 파괴 등 보급품의 절용」을 명했다.

특히 제공권을 장악당한 상태에서의 보급품 수송문제가 심각하게 인식되어 「전쟁의 운명을 결정짓는 여러 요인 가운데 가장 중요한 것은 국가 무장력의 전투기능 발휘를 보장하는 확고한 후방의 존재에 달려있다」고 평가하기에 이르렀다.

(3) 차후의 대책과 지도

1951년 1월에 작성한 「연도 국민경제계획」에서는 군수품생산과 식량생산 목표를 농촌지역에 부여하여 봄에 파종을 완수할 수 있도록 농촌활동을 활성화시키는 한편, 철도·도로·보급조직을 강화하고 보급·수송기능을 보강하였다. 중공개입이후, 병참선은 심양(봉천)에서 약 500km를 주로 철도에 의지하고, 그 유지를 위하여 중공군은 최종적으로 4개 철도병 사단 및 6개의 철도공병 사단 합계 10개 사단 병력을 투입했다.

인천상륙이후 큰 피해를 입은 북한군은 1951년 봄부터 UN군이 상륙할 가능성이 있는 해안에 진지를 구축하기 시작하여 연인원 1,700만명으로 길이 2,700km, 진지수 30만개소에 달하는 진지공사를 실시하였다. 이들 공사는 생산활동과 병행하여 실시되었는데 만약 이 공사가 실시되지 않았더라면 이들 인원은 생산이나 수송에 투입하였을 것이라고 판단된다.

5. 주요작전 경과

가. 미군정면

(1) 마산정면

적 제6사단 위협을 제거하고, 대구정면에 집중된 적의 압력을 완화할 목적으로 킨특수부대(Kean TF)에 의한 역공격을 실시했다. 이 작전은 개전 이래 최초로 UN군이 실시한 공격작전이며, 낙동강돌출부의 위기로 예비대를 전용해야 했기 때문에 중단되었다.

(2) 영산정면(낙동강돌출부)

적 제4사단이 오항나루로 1개 대대가 도하하여 후방지역에 출현하자, 박진 나루일대의 전방 중대가 철수함에 따라, 적은 수중보를 이 지역에 설치하여 사단(-)가 도하, 영산까지 진출, 병참선을 위협했다. 워커는 이 일대에 미 제34연대, 미 제19연대, 미 제2사단 9연대, 미 제5해병연대를 투입하여 역습을 했다.

(3) 현풍정면

미 제24사단 하이저 TF 배치, 8월 11일 밤, 적 제10사단이 현풍일대 도하공격, 미 제1기병사단 7기병연대가 항공, 제77포병대대의 지원하에 역습으로 격퇴하였다.

(4) 왜관정면

적 제3사단이 최초에 대구 서남방에서 미 제1기병사단을 공격하다가 8월 12일 이후 다부동 제1사단쪽으로 공격을 전환한다.

나. 한국군 정면

적 전차로 증강된 6개 사단이 집중했고, 또한 한국군은 당시 전투력에 비해 광정면을 담당(25~30km)하고 있었기 때문에 적이 집중된 지역은 돌파가 불가피했다. 8월 5일 수도사단 정면의 적 제12사단과 제766유격연대가 수도사단을 우회하여 태백산맥 준령인 향로봉, 비학산을 거쳐 기계북쪽에 출현하여 수도사단과 제3사단의 측·후방을 위협했다. 제3사단은 장사동일대에서 고립되자, 해상 철수를 했다. 이때 적 제2군단장의 기도는 당시 영일 비행장에서 출격한 미 공군에 의해 북한군 제5사단 진출이 둔화되고, 피해가 증가되자 포항, 경주일대를 탈취하여 부산방향으로 진출을 시도하고, 영일 비행장을 탈취하려 했다. 적 제12 사단의 우회기동은 미 제8군의 허를 찌른 충격적인 기동이었으며, 아르덴느에 버금가는 기습이었다. 수도사단이 기계, 안강으로 철수하게 되자, 좌측의 국군 사단들은 우측방 방호를 위해 전선을 조정하여 준비된 Y선으로 이동된다. Y선은 낙동강방어선 남쪽 60km인 다부동(1사단) - 의흥(6사단) - 보현산(8사단) - 기계(수도사단) - 포항(3사단)을 연하는 선이다.

포항지구전투는 제3사단의 해상 철수로 동해안지역에 공백이 발생하였고, 적이 포항시내까지 진입하게 되었다. 육본은 현풍일대의 한국군 제17연대를 이 지역에 급파하여 신편 제25연대를 포함해서 포항지구전투사령부를 창설하여 정면의 적진출을 첨단에서 저지하고 수도사단(제18연대, 기갑연대)이 역공격을 실시하여 적을 격퇴하였다. 포항시내의 적은 함포, 공군의 공격으로 많은 피해를 입고 격퇴되었다. 또한, 영일 비행장 방호를 위해 브레들리 TF를 투입하였다.

다부동 지구전투는 제1사단이 Y선으로 철수시 도로를 따라 이동하는 동안, 적 제15사단이 산악으로 먼저 이동하여 Y선을 선점(유학산, 수암산)함으로써, Y선을 탈취하고, 다부동지역에 투입된 적 제13, 15, 1사단을 미 제27연대, 23연대, 제8사단 10연대 증원을 받아 적을 격퇴하고 8월 24일 Y선을 다시 확보하였다.

다. 부산 방향으로의 북한군 공격(7월26~8월20일)[11]

7월 초순에 한국에는 미 제24 및 25사단의 미군 지휘부가 도착했다. 그러나 이러한 병력으로는 북한군의 공격을 막기에는 역부족이었고, 따라서 패배를 거듭하던 미군 사단들은 후퇴를 해야만 했다. 7월 중순에 미군은 일본으로부터 한국으로 미 제1기병사단과 2개의 독립 보병연대를 이동시키기 시작했고, 그와 동시에 미국으로부터 급히 미 제1해병사단과 2사단 또한 이동시키기 시작했다. 미군은 한국군 부대를 고려하여 예비대를 구성하려 하였고, 이러한 목적 하에 2개 사단을 재편성하였으나 이러한 사단들이 새로운 전투에서 섬멸됨으로써 소기의 목적을 달성하지 못했다.

라. Kean TF작전(1950. 8. 7~13)

Kean TF작전은 미 제25사단이 미 제1해병 임시여단을 배속하여 남강 남안지구에서 진주를 향하여 공격해서 사천-진주고개선을 확보하라는 워커장군의 명령에 의하여 미 제25사단장 Kean 소장이 TF를 구성, 마산과 진주일대에 8. 7일부터 13일까지 실시한 작전을 말하며, 사단장의 이름을 따서 "킨특수임무부대작전"이라 명했다.

제2절 북한군 9월공세

1. 마산, 영산 정면(제1공격집단과 2공격집단이 공격)

8월 31일 미 제25사단 지역에서는 함안이 피탈되고, 미 제2사단 영산 정면에서는 크

11) 러시아 국방부, 김종국 역, "러시아가 본 한국전쟁", pp.45~48

로바 고지를 순식간에 돌파당하자 Walker 장군은 "함안 정면"이 가장 위험하다고 판단 9월 1일 군 예비대인 미 27연대를 함안 지역으로 투입시키고 9월 2일 영산 정면이 계속 돌파되자 인천상륙 작전에 사용할 예정인 미 해병여단을 이 지역에 투입할 수 있도록 맥아더에게 건의하는 한편 미 해병여단을 사용할 수 없는 경우에 대비해서 미 제24사단을 삼랑진으로 이동 시켜 만일의 사태에 대비하면서 이 지역의 적 위협을 전환시키기 위해 Kean작전과 동일한 개념으로 미 제1기병사단으로 하여금 대구정면에서 공격을 실시토록 하였다. 그 후 함안 정면의 적은 미 27연대 1대대의 역습으로 격퇴시켰다.

9월 3일 인천상륙작전부대로 계획된 미 제1해병임시여단(제5해병연대)을 이틀간의 시한부 사용조건으로 영산에 투입하여 9월 5일 역습에 성공함으로써 영산 정면 위협을 제거하였다.

■ 북한군 9월 공세 및 UN군 대응

2. 제3공격집단이 공격한 대구 정면

9월 2일 저녁에 북한군 제13사단 19연대 작전주임 "김성준 소좌"가 귀순해 옴으로써 북한군 제2군단의 총공격이 곧 시작된다는 첩보가 입수되어, 제8군에 긴급 경보가 하달되었다. 이날 밤 북한군 제3공격집단은 일제히 공격을 해왔다. 미 제1기병사단은 다부동 마저 피탈되고 주저항선조차 지탱하기 어렵게 되었다. 이무렵 영천지역 및 안강-기계-포항지역에서도 위기가 극도에 달해 Walker장군은 낙동강 방어선이 무너질 경우에 대비해서 "Davidson 선"으로 철수할 계획을 세웠으나 5일 아침 이를 보류하고 대구를 사수하기로 결심했다. 하지만 최악의 경우에 대비해서 육군본부와 제8군 사령부를 부산으로 옮기고 대구에는 제8군사령부 전방지휘소가 설치되었다.

결국 미 제1기병사단은 5일 다부동-왜관 일대의 주 저항선에서 철수하여 지연전으로 적을 지연하다가 9일에는 대구 북방 12km까지 철수하였다. 이렇게 되자 국군 제1사단도 방어선 연결을 위해 팔공산으로 철수하였고 11일에는 대구마저도 고수하기 힘든 상황에 도달하였다. 그러나 12일 미 제7기병연대 3대대의 역습이 성공하고 다음날엔 국군 제1사단도 가산산성을 탈환함으로써 대구 전선은 일단 안정되었다.

3. 제4공격집단이 공격한 영천방면

9월 5일 북한군 제12사단이 안강에서 경주 방향으로 진격하여 경주-영천간 도로 봉쇄를 기도하고 있는 가운데 북한군 제15사단은 아 제8사단을 공격하여 깊숙이(단포동 선까지) 돌파구를 형성하였다. 이에 안강정면이 돌파된 데다가 영천지역까지 돌파되자 정일권 참모총장은 안강정면은 제1군단장이 영천 방면은 제2군단장이 각각 담당하도록 전투지경선 및 작전지휘 관계를 신속히 조정하였다.

이후 북한군이 9월 6일 03:00에 영천을 점령하고 경주 방향으로 진출을 시도하자 제2군단장(유재흥 장군)은 여기에 제1사단 11연대와 제6사단 19연대를 투입시키고, 9일에는 제8사단 10연대가 동해안으로부터 원복되어 전부대가 총반격을 실시함으로써 9월 12일에는 최초 방어선까지 회복하였다.

4. 제5공격집단이 공격한 동해안 지역

북한군 제12사단이 기계, 안강으로 공격하자 이 지역을 방어하고 있던 수도사단이 9월 4일 안강이남으로 철수하게 되고 이어 적 제12사단 일부 병력이 경주 동북까지 진출하게 되자 국군 제3사단도 철수하여 "형산강 방어선"을 형성하게 된다. 따라서 Walker 장군은 9월 6일 경주 방면의 적 위협을 제거하기 위해 미 제24사단을 경주로 투입시켰다. 이때 국군 제8사단 10연대가 제8사단으로 복귀하자 이 기회를 이용해서 북한군 제12사단 1개 연대가 영일 비행장이 있는 운제산에 침투함으로써 동해안의 위기는 한층 가중되었다. 그러나 수도사단이 형산강 일대에서 적의 진출을 더 이상 허용하지 않는 가운데 미 제24사단의 Church TF가 운제산의 적을 소탕하고 9월 13일 수도사단과 제3사단이 반격함으로써 방어선은 다시 회복되었다.

이와 같이, 적의 대규모 공세에 대해 Walker 장군의 방어기조에 따라 신속히 기동예비대를 기동시켜 적의 위협을 효과적으로 저지함으로써 9월 13일의 낙동강 방어선에서는 서서히 공세이전 단계로 접어들게 된다.

5. 6 · 25전쟁 최대위기 발생(9월 5일 전후)

대구 정면 주저항선 피탈, 대구북방 12km진출, 영천 피탈, 기계 · 안강 · 포항 돌파, 경주 위협, 함창, 영천지역 돌파구 형성 역습중이었으나 성공가능성 불투명하였다. 이런 상황에서 최초는 낙동강 방어선 포기, 데이비드선으로 철수하는 문제를 고민하게 되었고 준비지시까지 내렸다. 이날 하루 동안 미군은 전사 및 행방불명 724명, 전상 521명 등 1,245명의 인명피해가 발생했다. 이는 1950년 8월 한국군과 미군 손실 비교해 보면 한국군의 손실은 불명확하나 8월 6일 미군 손실은 74명인데 한국군 손실은 1,328명이며, 8월 21일은 미군 손실은 49명인데 한국군의 손실은 2,229명으로 미군보다 수배의 손실이 발생했다.[12)] 8군, 육본은 부산으로 이동하였다. 이 당시 미합참은 맥아더의 상륙작전준비부대 투입의사를 타진하고 군산으로 상륙할 것을 권고한 시기였다. 워커는 전방지휘소에 남아서 방어선 위협이 큰 지역부터 예비대를 투입하여 역습으로 적을 격퇴하려는 의지를 가지고 있었다.

---

12) 일본육전사연구보급회편, "한국전쟁(2권)", 1987년, p.234

북한군은 독전대를 동원한 무모한 공격으로 스스로 작전한계점을 초과하여 5~6일 차이후 공격력이 둔화되어 UN군에 의한 군·사단역습으로 쉽게 격퇴당함으로써 이후 수세로 전환할 수밖에 없었다. 북한군의 2차례 공세를 워커는 "기동과 역습"으로 격퇴(역습 반복)하였으나 특히, 9월공세는 한때 낙동강방어선의 포기까지를 고려할 정도로 대단히 위협적이었다. 그러나 북한군이 무모한 공격으로 작전한계점 초과함으로써, 군 역습으로도 힘겹게 격퇴되었던 적이 사단규모 역습으로 퇴각하는 현상이 전선 에서 발생하게 되었다. 낙동강 방어선에서 안정적 저지는 북한군 남진속도와 미 증원 속도와의 경쟁에서 UN군이 승리함으로써 반격여건을 조성하게 되었다. 맥아더는 제10군단을 9월 12일부터 인천지역으로 이동시키고, 8군은 반격준비를 하도록 했다.

6. 부산 교두보 전투(1950년 8월21일~9월14일)[13)]

8월하순에 북한군 전선에 긴장된 상황이 조성되었다. 보유하고 있는 14개 사단중 10개 사단(6, 4, 10, 3, 15, 13, 1, 8, 12, 5)과 105전차사단이 제1선에서 전투 중이었고, 3개 사단이 예비대로 남아있었다. 예비인 7사단은 진주에, 9사단은 서울로부터 합천 동쪽지역으로 이동하였고, 2사단은 영동 북동지역에서 성주지역으로 이동하였다. 새로 창설된 17기계화사단은 평양에 있었으며, 합천 동쪽 지역에 새로 창설된 16전차여단이 위치하고 있었고, 춘천과 철원지역에는 18, 19 보병여단이 창설되었으며, 남포와 원산지역에는 2개 해병여단이 새로이 창설되었다. 계속되는 공격작전간 부대들은 병력과 장비에 많은 손실을 입었다. 포병의 손실은 약 40%였고, 탱크와 자주포는 50%를 넘었다. 이 시기에 보통 사단은 편제 인원 및 장비의 30~50%수준이었으며, 특히 1, 3, 4, 6, 15사단은 인원면에서 많은 손실을 입었고, 3사단과 1사단의 연대들은 전투인원 중 100~200명만 남아있었다.

8월말 적은 부산 교두보에 10개 사단(미 제2, 24, 25보병사단, 1기병사단,1해병사단, 한국군 1, 3, 6, 7 및 수도사단)을 집결시켰고, 27영국보병 여단과 5개 독립연대도 집결시켰다. 미 제2사단과 제1해병사단 그리고 영국 27보병여단은 완전하게 병력과 장비를 보충받았다. 이승만 정부와 미군의 통제하에 있던 지역에서 1950년9월 이승만 정부는 그 연령이 18~30세인 모든 젊은이들을 동원토록 했고, 이러한 동원으로 전선에서 싸

13) 러시아 국방부, 김종국 역, "러시아가 본 한국전쟁", pp.49~53

우고 있는 한국군부대를 보충하는 것이 가능했는데 그 결과 9월초에 3사단은 1,600명, 수도사단은 1,500명, 6사단은 1,000명의 인원을 보충받았으며, 또한 다른 사단들도 이와 비슷한 수준의 인원을 보충받았다. 따라서 한·미군은 적시에 충분한 양의 전투물자와 양식 그리고 유류를 보급받았다고 볼 수 있다.

해상에서의 상황도 북한군에게 아주 불리하였다. 적의 연합해군은 9월1일까지 엄청나게 전력이 증강이 되었는데 연합해군은 미국, 영국, 한국, 네덜란드, 프랑스 등 6개국 약 190척(중항공모함 2척, 경항공모함 2척, 호위항공모함 2척, 중순양함 4척, 경순양함 6척, 구축함 47척, 호위함 13척, 순찰함 42척, 60척 이상의 수송함, 보조함, 상륙함, 기타함)의 전투함과 449대의 해군 항공기로 구성되었다. 이러한 함정들은 북한군의 해상수송 가능성을 박탈하였고, 한국 해안을 완전히 봉쇄함으로써 북한 해군은 이 시기에 엄청난 손실을 입었을 뿐만 아니라, 적 함대에 대해 대항할 수도 없었다. 따라서 제공권과 제해권은 전적으로 적에게 있었으며, 전력면에서도 적이 보병과 포병은 2배, 전차는 10배 이상 북한군에 비해 우세하였다.

그러나 미군과 한국군은 기술적인 면뿐만 아니라, 제공권 및 제해권을 가지고 있음에도 불구하고 북한군과 같은 높은 사기를 유지하지 못하였다. 이러한 것은 부산 교두보에서 적에게 영향을 주었고, 북한군이 작전의 주도권을 갖도록 했다. 이러한 상황판단과 남한을 신속히 점령해야 한다는 목적 하에 병력면에서 열세함에도 불구하고, 북한군 지휘부는 8월20일 부산 교두보에 대한 공격을 준비하고 실시하기로 결정하였다. 이러한 결정을 완수하기 위하여 부대들에게 다음과 같은 임무가 부여되었다. 즉 제1집단군 예하 5개 사단은 대구와 부산의 적 주요 통신망을 파괴하는 임무를 수행하되 삼랑진 방향의 오른쪽 측면을 타격하고, 대구지역의 적을 포위 격멸하는 제2 집단군과 협동작전을 실시하며, 일부부대는 해안의 좌측방을 확보하고 또한 1개 보병사단은 부곡리에서 욱방지역에 적을 고착시키는 것이었다.

제2집단군은 4개사단으로 대구, 울산, 부산의 주요 통신망을 파괴하는 임무를 수행하되 영천, 양산 방향으로 공격하고, 대구지역의 적을 포위 격멸하는 제1집단군과 협동작전을 실시하며, 일부부대는 해안방향의 좌측방을 확보하는 것이었다. 이를 위해 제1집단군은 8월30일까지, 제2집단군은 9월1일까지 이러한 결전을 수행하기 위한 공격준비를 하되, 북한군 지휘부는 처음에는 낙동강을 도하하고, 이후 제1집단군 지역의 적 방어선을 돌파하며, 돌파가 성공시에는 제2집단군이 공격을 시작토록 했다.

8월20~31까지 부대를 재편성한 결과, 제1집단군은 5개 사단(6, 7, 9, 4, 2)과 16전차여단이 함안, 부곡리 지역의 40km정면에 전개하였고, 10사단은 부곡리로부터 욱방지역까지 60km정면의 공격부대 좌측방을 방호하였다. 제1집단군 앞에는 적 5개사단이 방어를 하고 있었다. 반면에 제2집단군은 대규모 재편성을 하지 않았고, 예하 7개 사단(3, 15, 13, 1, 8, 12, 5)이 100km정면에 전개하였으며, 집단군 정면에는 한국군 5개 사단과 2개 독립연대가 방어를 하고 있었다. 따라서 이를 종합해 볼 때, 북한군은 약 210km정면에 총 13개 사단, 1개 전차 여단 그리고 1개 모터사이클연대가 전개하였고, 작전밀도는 15 km당 1개 사단이었으며, 적은 이러한 정면에 10개 사단, 1개 여단 그리고 5개 독립연대가 방어를 하여 작전밀도는 17km당 1개 사단이었다. 그러나 여기서 고려해야 할 것은 북한군의 인원, 장비 보충과 물질적인 지원정도는 적에 비해 매우 열세하였다는 것이다.

제3절 주요전투

1. 킨 특수임무부대 작전

가. 작전 실시 목적

대구 방향에 집중된 적의 압력을 마산 방향으로 분산, 완화하고 마산 정면의 북한군 제6사단을 격파하여 부산 방향의 적위협을 제거하여 서남부의 방어선을 진주-사천선으로 추진하는 것이었다. 또한 차후 반격작전을 위해 공격작전의 경험 습득에도 목적이 있었다.

나. 작전 참가 부대

(1) 아군

- 미 제25사단 2개 연대(제24, 제35연대)
- 배속: 미 제5연대 전투단(독립연대), 미 제5해병연대(미 제1해병임시여단), 한국군 민기식부대 500명, 국군 해병 김성은 부대 1개 대대, 한국 전투정찰대

- 전차: 미 제25사단 전차대대, 해병 전차대대, 제5연대 전투단 전차중대
- 포병: 155mm 1개 대대, 105mm 4개 대대

(2) 적군

- 북한 제6사단: 제13, 제14, 제15 및 포병연대
- 배속: 제105전차사단 예하 제83기계화연대

※ 병력 3:1, 전차 4:1, 포병 3:1우세 및 제공 및 제해권 장악

다. 작전 경과

Kean TF는 예정대로 8월 7일 09:30 공격 개시, 그러나 공격을 개시하자마자 8월공세를 실시한 북한군 6사단과 조우하였다. 먼저 북쪽에서 공격하던 미 제35연대는 우세한 항공지원을 받으면서 적을 격퇴시켜 목표지역인 무촌리까지 순조롭게 진출하였다. 중앙에서 공격하던 미 제5독립연대는 진동리 일대의 짙은 안개로 항공지원을 받지 못함으로써 진동리에서 고전하였다. 이날따라 기온이 무려 40도까지 올라가 일사병 환자(전투손실의 6배)가 속출하였고 설상가상으로 진동리 마산간의 전화선이 지나가는 전차에 의해 절단으로 지휘마저 곤란했다. 그 후 미 제5독립연대는 곡안리 북쪽고지(109고지)에 대해 야간공격을 실시 성공했는데 이것이 6 · 25전중 미군이 실시한 최초의 야간전투다. 그 후 봉암리까지 진출한 미 제5독립연대는 3대대가 인접 미 제35연대와 병행해서 진주 고개를 공격하고 미 제5해병연대는 고성 서쪽 7km까지 진출하였다. 이렇게 되자 사단장은 내일쯤이면 사천을 점령하고 작전을 성공적으로 끝낼수 있으리라 생각했으나 봉암리에 도착한 미 제5독립연대는 기대와는 전혀 다른 상황임, 즉 미 제5독립연대가 봉암리에 진격하자 이 일대의 적 제6사단이 강력하게 저항했다

이에 연대장은 현상황을 사단장에게 보고했으나 사단장은 미 제35연대가 무촌리까지 진출한 상황에서 대규모 북한군이 봉암리 주변에 있을리 없다고 판단, "2대대와 1개 포병대대만 전진시키고 나머지 연대 주력은 현진지에서 명일 아침까지 대기" 명령을 하달했다. 그러나 연대장은 봉암리 계곡에 대기하는 것은 위험할 것으로 판단 건의하려 했으나 무전이 두절되는 바람에 연대장은 혼자 고심하다가 사단장 지시대로 조치하였다. 다음날 새벽 사방에서 적이 사격을 해오자 포위된 것으로 판단 04:00 전부대를 전진시키기 위해 행군 종대를 이루었을 때 적의 집중사격으로 2개 야포대대가

궤멸되고 1개 야포대대는 대손실을 입게되어 후일 이곳은(봉암리 계곡) "포병의 묘; Artillery Grave Yard" 또는 "피의 협곡; Bloody Gulch"이라 불리게 되었다.

한편 미 제5해병연대는 예하 3대대가 봉암리를 구출하기 위해 투입되고 주력은 사천 직전방 6km까지 진출하나, 이무렵 낙동강돌출부, 즉 영산 정면의 전세가 위급해지자 8월13일 작전을 종료하였다. 7일간의 작전으로 당면 목표였던 진주고개는 8월11일 탈취했지만 작전의 주 목적인 대구 정면의 적을 전환시키지 못했다. 그 후 KeanTF는 8월13일 진동리－함안－남지에 이르는 선으로 철수해서 전투편성 해체, 이후 미 제25사단은 총 반격작전 실시하기까지 방어에만 전념하였다.

2. 동해안지구 전투(안강 · 포항전투: 1950.8.9~9.22)[14)]

안강 · 포항전투는 국군과 UN군이 낙동강 전선을 방어하고 있을 때, 국군 제1군단(수도사단, 제3사단)이 기계, 안강, 영덕, 포항일대에서 북한군 제766유격대로 증강된 북한군 2개 사단(제5, 12사단)의 공격을 격퇴한 방어전투이다. 이 전투에서, 국군 제1군단은 북한군 제12사단이 청송－죽장－기계－안강 축선으로 공격하여 포항을 점령하자, 동해안의 기지와 월포부근에 위치한 국군 제3사단을 해상으로 철수시키는 한편, 국군 수도사단과 독립 제17연대 그리고 브레들리 특수임무부대를 투입하여 역포위작전을 전개한 끝에 이들을 비학산 방면으로 격퇴하였다. 그러나 다시 북한군 제5사단과 제12사단이 기습공격을 감행하여 포항과 경주지역으로 진출하게 되자 미 제8군에서 증원된 잭슨 특수임무부대와 함께 형산강 일대에서 이들의 침공을 저지한 후, 반격작전을 전개하여 기계와 흥해 지역으로 진출하였다

이 전투로, 북한군 2개 사단은 낙동강전선의 동부지역 돌파작전에 실패하게 되었고, 국군 제1군단은 기계와 포항지역 북방으로 후퇴한 북한군을 추격하여 다음 단계의 반격작전으로 이행하게 되었다.

3. 다부동전투(1950.8.3~9.22)

다부동 전투는 국군과 UN군이 낙동강 방어선을 형성한 직후부터 반격으로 전환할

14) 국방군사연구소, "한국전쟁(상)", 1995년

때까지, 국군 제1사단과 미 제1기병사단이 대구 북방의 왜관과 다부동 일대에서 제105 전차사단으로 증강된 북한군 4개 사단(제1, 3, 13, 15사단)의 8월공세와 9월공세를 저지한 방어전투이다. 이 전투에서, 국군 제1사단은 유학산과 다부동 일대에 주저항선을 형성하고 북한군 4개 사단(제1, 3, 13, 15사단)과 25일 동안의 교전을 전개하여 북한군의 8월공세를 저지한 후 미 제1기병사단에게 진지를 인계하고 신녕 지역으로 이동하였으며, 진지를 인수한 미 제1기병사단은 다부동과 지천, 도덕산 일대에서 북한군 2개 사단(제3, 제13사단)과 23일 동안의 공방전을 전개한 끝에 북한군의 9월공세를 저지하고 대구 북방의 방어선을 유지하는데 성공하였다. 이 전투로, 북한군은 낙동강 전선의 돌파가 불가능하다는 사실을 인식하게 되었고, 국군 제1사단과 미 제1기병사단은 공세 이전의 계기를 포착하여 다른 UN군 부대들과 함께 반격작전으로 이행하게 되었다.

적이 대구를 조기에 점령할 목적으로 총 4개 사단을 투입하여 실시된 전투이다. 낙동강 연안 방어중인 국군 1사단이 육본 작전 명령 94호에 의거 Y선(낙동강－왜관 동북쪽－328고지－수암산－유학산－신주막, 군위간 도로 북쪽에 위치한 고지군을 연하는 선)으로 철수했다. 철수중 적 15사단에게 선점당했던 유학산과 수암산일대를 탈환하여 대구에 지향되었던 적 4개사단의 공격을 저지, 낙동강 방어선에서의 위기 극복하였다.

4. 영천지구전투(1950.9.2~12)

영천은 대구, 경주, 포항으로 연결되는 철도 및 육로 교통의 요지이다. 영천이 적으로 부터 피탈시에는 국군 제1, 2군단이 분리되고 아군의 유일한 횡적 병참선이 차단될 뿐만 아니라 이후 대구방면 진출시 왜관, 다부동일대의 아군후방을 차단당하는 상황이었다. 경주방면 진출시 동해안 통로 개방, 부산이 위협받기 때문에 낙동강방어선 전체가 와해되는 전략적 요충지이다.

영천전투는 낙동강 전선에서 북한군의 9월공세가 개시되어 보현산 방어선까지 침공하였을 때, 국군 제2군단(제7, 제8사단)이 그 곳에서 북한군 제15사단의 공격을 격퇴하고 영천을 탈환한 공격전투이다. 이 전투에서, 국군 제2군단은 기룡산 저지선에서 철수한 국군 제8사단을 영천 동남쪽의 금호강변에 배치하여 영천 지역으로 침공한 북한군 제15사단의 돌파구 확대를 저지한 후, 국군 제7사단과 증원된 2개 연대(제6사단 19연대, 제1사단 11연대)를 투입하여 3일 동안의 교전을 전개한 끝에 영천을 탈환하였으며, 그 여세를 몰아 영천 동북방의 자천과 372고지까지 진출하였다. 이 전투로, 북한군 제15사단은 치명적인 타격을 입고 전선에서 물러서게 되었으며, 국군 제2군단은 반격 작전으로 이행할 수 있는 발판을 굳히게 되었다.

5. 낙동강돌출부작전

1950. 8. 6~19일까지 실시한 낙동강돌출부전투는 UN군이 낙동강방어선을 형성하고 있을 때, 미 제24사단과 그 증원부대가 영산지역에서 북한군 제4사단의 공격을 격퇴한 하천선 방어전투이다. 이 전투에서 미 제24사단은 북한군 제4사단이 현풍과 낙동강돌출부 지역으로 기습 도하를 강행, 낙동강 동안의 방어선을 돌파하여 영산지역으로 침입하자, 밀양지역(대구와 부산간의 병참선 차단 가능 지역) 진출을 저지하기 위하여 미 제8군의 증원부대(미 제2사단 9연대, 미 제25사단 27연대, 미 해병 제1임시여단)로 군역습을 실시, 북한군을 강 서쪽으로 격퇴하고 방어진지를 회복하였다. 이 전투로 북한군 제4사단은 치명적인 타격을 입고 전선에서 물러서게 되었으며, 그 후 아군의 공세이전시까지 낙동강 전선에 나타나지 못했다.

6. 낙동강 방어의 성공요인

가. 공중과 해상 우세권

낙동강 방어작전이 성공된 요인은 여러 가지가 있다. 그러나 무엇보다도 가장 큰 공로자는 역시 해군과 공군의 막강한 지원 때문임을 아무도 부인할 수 없다. 그래서 워커 미 제8군사령관도 "낙동강 방어 작전시 미 8군이 성공한 이유는 해, 공군의 지원 덕분이었다."고 술회하였다. 7월 중 근접지원 출격 대수는 4,349대였고, 8월중에는 7,028대로 증가하여 1개 사단당 일일 평균 40대의 지원을 받은 계산이 되며, 이 대수는 지상최대의 작전이라고 불리웠던 노르망디 상륙작전 시 브래들리 집단군의 각 사단이 받았던 대수를 능가하였다.

공군의 주표적은 적의 전차였고 기간 중 70%를 격파하였다. 북한군 포로의 심문결과 사기저하에 영향을 미쳤던 첫 번째가 보급선의 차단으로 인한 식량부족이며 두 번째가 UN군의 공군에 의한 폭격이었다는 것이다. 또한 해상의 완전한 장악은 낙동강 선 안에 모여 있었던 UN군을 살릴 수 있었다. 해군은 함포지원 외에도 증원병력 수송, 진지 측익의 방호, 북한군 해상보급로 차단 등의 중요한 임무를 수행하였다.

나. 워커의 지휘력

워커 장군은 별명이 '불독'이다. 그만큼 그는 용맹하였다. 그는 제1차 세계대전시 기관총 중대장으로 공을 세워 특진하였으며, 1930년에는 중국 주재 제15연대 대대장, 제2차 세계대전시에는 패튼 장군 예하 제20군단장, 제4기갑군단장으로 용맹을 떨쳤으며, 1948년에는 미 제8군사령관이 되었다. 그는 공세 작전의 권위자였고 적극적이고 책임감이 왕성한 장군이었다. 워커 장군은 돌파된 지역에는 반드시 나타나서 장병들을 독려하였다.

그는 "역습은 방어의 결정적 요소"라고 강조하면서 돌파지역에 대하여 화력을 집중한 역습을 수 차례 실시하여 방어선을 지켜 나갔다. 워커 장군은 역습을 위한 예비대의 중요성을 누구보다 잘 알아서 매일 아침 참모장인 랜드럼 대령을 만나면 그 인사가 "랜드럼, 오늘은 어느 정도 예비대를 나에게 줄 수 있는가?"였다. 이외에 낙동강 방어의 성공요인으로서, 방어선 내로 병력 및 물자의 신속한 증원과 이 안에 있는 70~80여 만 명이나 되는 피난민들을 효과적으로 통제하여 안정된 치안을 확보할 수 있었다는 것들을 들 수 있다.

제 6 장 인천상륙작전과 반격작전

문제중심 학습 요약

제1절 인천상륙작전 계획 수립 과정

1. 블루하트(Blue Heart) 계획 (7. 4.)

(가) 미 제24사단(+) : 북한의 남진을 저지
(나) 미 제1기병사단 : 인천에 상륙 (7. 22.)
  * MacArthur장군의 한강 방어선 시찰시 구상
  * 계획 취소(7. 10) : 미 제1기병사단 영동일대 투입

2. 크로마이트(Chromite) 계획 (7. 23.)

9월중에 미 해병 임시 제1여단, 미 제2사단으로 3개 시점 중에서 어느 한곳에 상륙
(가) 100–B : 인천에 상륙 후 서울 점령, 북한군의 병참선 차단
(나) 100–C : 군산에 상륙 후 대전 방향으로 공격
(다) 100–D : 주문진 상륙, 강릉 점령 후 원주로 공격
  * 맥아더 장군은 100-B계획 채택

3. 상륙군 부대 편성계획 변경 (7. 29.)

(가) 북한 제6사단 호남 축선 우회기동 (마산–부산 축선 위협)
 ① 인천 상륙 작전의 전제조건 : 부산 교두보 확보

② 최초 상륙 작전 부대인 미 해병 임시 제1 여단과 미 제2사단을 낙동강 방어선으로 전용

(나) 상륙군 부대 변경

① 미 제2사단 → 주일 미 제7사단

② 미 해병 임시 제1여단 → 미 해병 제1사단

4. 동경회의 (8. 23.)

(가) 인천상륙작전 반대 이유

① 적에 의한 각개격파 위험

② 낙동강 방어선 확보 곤란

③ 상륙용 선박 부족

④ 일본 방어의 공백 발생

⑤ 지형, 해양적 조건 부적합

* 육군 참모총장(Collins 대장)/해군 참모총장(Sherman 제독)은 인천 대신에 군산 상륙을 권고

※ 해군측 전문가가 제시한 문제점

- 조수간만의 차 극심
- 비어수로(飛魚水路)의 난점
- 월미도의 장애
- 주간상륙 후 적의 야간 반격에 취약
- 상륙시기의 기도비닉 제한
- 상륙 후 접안지역의 제한
- 상륙 후 건물지역 전투 실시

(나) 맥아더 장군이 인천상륙작전을 주장한 이유

① 기습달성 가능 ② 병참선 차단 가능

③ 서울탈환으로 유리한 전략적 위치

④ 인천 선택으로 희생 감소 ⑤ 군산상륙의 부적합

5. 미 10군단 창설 (8. 26) : 상륙군 부대 : 미 해병 1사단, 미 제7사단, 한국군 제17연대, 한국군 해병 제1연대

6. 인천상륙 작전 재검토 의사 타진 : 미 합참 2회 (9. 5.~ 9. 7.)

7. 미 합참 최종 승인 (9. 9.)

제2절 인천상륙작전 경과

1. 준비작전

(가) 8월초
① 순양함, 구축함, 항모 : 동해안에서 활동, 낙동강 방어선 항공 / 함포지원
② 소함정 : 서해안에서 활동, 해안봉쇄 / 보급 차단
(나) 8. 18.~9. 10. 서해안 도서 점령 (덕적도, 영흥도, 연평도 등)
(다) 9. 12. 서해안 폭격
(라) 9. 13.~15. 적 방어선, 교통시설 파괴 (함재기 200대)
* 다양한 기만작전 병행 실시

2. 상륙작전

(가) 9. 12. 261척의 대규모 수송선단, 인천으로 출발
(나) 9. 15. 작전 개시
① 제1단계 작전 (월미도 탈환)
㉮ 05:00 함재기 월미도 폭격 개시
㉯ 05:50 순양함 포격 실시
㉰ 06:25 미 해병 제5연대 상륙 개시 (녹색 해안)
㉱ 07:59 제1목표 탈환 (월미도)
② 제2단계 작전 (인천 해두보 확보)
㉮ 17:33 미 해병 제5연대(-) 상륙 개시 (적색 해안)
㉯ 17:32 미 해병 제1연대 상륙 개시 (청색 해안)
* 인천 해두보 완전 확보 (9. 16. 01:30)
* 미 해병 제5연대 : 인천 시가지 소탕작전을 한국군 해병대에 인계후 김포방향으로 진격, 9. 18. 김포 비행장 완전 점령

제3절 인천 상륙 작전 기만 활동

1. 미 · 영 소규모 특공대 군산 상륙 (9. 12.)
2. 진남포, 삼척, 원산일대 동일 규모의 함포 사격 (9. 13.)

3. 군산을 모형으로 한 공개적 예행 연습
4. 군산 해안의 주민 철수를 종용하는 전단 살포 (9. 14.)
5. 군산 주위 50km 지역 항공폭격 (9. 14.)
6. 동해안 장사동일대 한국군 특공대 상륙 (9. 14.)
7. 매스컴 보도 : 10월 이후 반격 / 인천으로 상륙 작전 실시

제4절 반격작전

1. 미 8군의 정보판단

(1) 북한군의 능력 : 아직까지 아군보다 전투력 우세
(2) 인천상륙에 관련된 판단
(가) 인천상륙 작전이 성공되더라도 적은 계속 공격, 부산 탈취 기도
(나) 적은 인천상륙작전의 성공을 낙동강 전선에 미전파
(3) 인천지역으로 전용 가능부대 : 북한군 제3사단, 13사단, 제105전차사단, 또는 북한군 제10사단

* 북한군의 능력 과대 평가
① 북한군은 1개 사단 평균 5천명 수준의 병력 유지
(전체 병력의 70 %가 강제로 동원된 의용군)
② 식량부족과 미 공군의 공중공격으로 전쟁 공포증 / 사기 저하 상태

2. 반격작전 계획 수립시 문제점

(1) 공세병력 부족
(가) 일부 부대를 인천상륙작전 부대로 전용 (한국군 제17연대, 미 해병 임시 제1여단)
(나) 미 8군의 예비는 돌파된 지역에 대한 위기 극복을 위해 투입
(2) 항공지원 능력 저하
(가) 미 해병 항공대를 인천상륙작전 지원으로 전용
(나) 오키나와의 제20공군(전략폭격기)을 큐우슈로 이동하여 지원
→ 이전에 비해 항공지원 부족 상태

(3) 군수지원 능력 부족
(가) 탄약 : 일일 탄약 사용량 통제
(나) 도하자재 : 미 제10군단에 우선 지원
(다) 수송력 : 차량부족, 도로 복구능력 부족
(4) 지휘체제 개선의 필요성
미 4개 사단과 한국군 사단들에 대한 지휘 역부족

3. 반격작전 계획 수립

(1) 공격개시시기 결정
(가) 미 제8군의 임무 : 낙동강 전선에 투입되어 있는 적을 고착 견제, 인천 전용 방지
* 맥아더 장군의 요구 : 늦어도 9. 15.경에는 미 제8군 공격 실시
(나) 미 제24사단의 현 임무 : 역습을 위해 경주지역 투입 (9. 6.)
* 상기 두 가지 임무를 고려해 9. 16. 09:00시로 결정

(2) 주공방향 결정
(가) 4개안 고려
① 1안 : 대구→대전→수원선
② 2안 : 마산→진주→전주→대전→수원선
③ 3안 : 대구→문경→충주→수원선
④ 4안 : 3개의 경로를 동시에 돌파
(나) 경부축선(1안)의 장 · 단점

장 점	단 점
가. 단거리 접근로 나. 기갑부대 / 군수지원 용이 다. 북한군 제1군단 퇴로차단 가능 라. 인천지역으로 부대전용 견제	가. 적 주공 정면 공격 나. 적전(敵前) 도하 다. 도로 / 철도 파손 심대

* 기동력의 집중과 병참 지원의 용이성 고려, 경부 축선으로 결정

※ 단점 보완을 위한 조치
① 적의 전투지경선과 약한 측익을 공격, 적의 강점 회피
② 현 보유 도하자재 집중 지원 : 미 제1기병 사단 교두보 확보 후 미 제24사단 초월 공격

③ 도로복구를 위해 공병 집중 지원, 도로피해 방지를 위해 신속한 공격, 적의 시간적 여유 박탈

(3) 부대운용

(가) 주공 : 미 1군단(미 24사단, 미 1기병사단, 한국군 1사단)

(나) 조공 : 한국군 1 · 2군단, 미 9군단

① 한국군 1군단 : 한국군 3사단, 수도사단

② 한국군 2군단 : 한국군 6사단, 7사단, 8사단

③ 미 9군단 : 미 2사단, 미 25사단

4. 반격작전 계획

(1) 작전개념

현 접촉선을 공격개시선으로 9. 16. 09:00시 공세로 전환, 공격축선상의 적 격멸 후 신속히 미 제10군단과 연결

(2) 기동계획

(가) 주공 : 미 제1군단

① 미 제24사단 : 미 제1기병사단의 엄호하 도하, 대전 방향 공격

② 미 제1기병사단 : 미 제24사단 초월 지원후 후방 / 병참선 방호

③ 한국군 제1사단 : 군단 예비

(나) 조 공 : 미 제9군단 / 한국군 제1, 2군단
각각 정면의 적 격파, 상황에 따라 북한군 추격

5. 미 제1기병사단의 작전계획

(1) 미 제5연대전투단 : 북한 제3사단의 우측방으로 판단되는 금무봉을 남으로부터 공격하여 왜관을 탈취, 왜관 도하지점을 확보케 하고 낙동강 도하를 준비

(2) 미 제5기병연대 : 정면의 적을 공격하여 미 제5연대전투단의 공격을 용이하게 하고, 동 전투단이 왜관공격간 우측방 엄호

(3) 미 제8기병연대 : 다부동을 향해 공격,

(4) 미 제7기병연대 : 왜관으로부터 다부동을 향해 공격하여, 미 제5기병연대와 북한군 제13사단을 다부동 부근에서 포위.

6. 반격작전 경과

(1) 9. 16. 미 제8군 및 한국군 총반격 개시, 한국군 유격대 장사동 상륙 실패 / 철수

(2) 9. 17. 미 제8군 공격 부진
* 맥아더 원수 군산 상륙작전 구상 제시
(가) 낙동강 전선→데이비드슨선으로 철수
(나) 미군 2개 사단 차출, 군산 상륙
(다) 미 제8군 참모장 "돌파 성공 가능" 보고 → 군산상륙계획 보류
(3) 9. 18. 미 제24사단 낙동강 도하
(4) 9. 19. 맥아더 원수 군산 상륙작전 재론
(가) 상륙예정일 : 10. 15.
(나) 상륙군 부대 : 미군2개, 한국군 2개 사단
(다) 워커 장군 : 군산 상륙작전 보류 건의
(5) 9. 21. 돌파 성공, 북한군 제13사단 참모장 귀순
(6) 9. 22. 미 제1군단 추격계획 수정 (2개 사단 전방)
* 미 제1기병 사단(주공) : 다부동-선산-상주-
보은-청주-수원 (777 T F 편성)
(7) 9. 26. 낙동강 부교 가설, 미 제7사단 31연대와 777 TF 연결 (22:26)
* 777 TF 기동경로 : 상주(9. 23)–보은(9. 26 12:00)–청주(15:00)–천안–오산(22:26)
(8) 9. 28. 서울 수복 / 대전 탈환
* 777 TF 편성 : 미 제1기병사단 7기병연대(-),
제77야전포병대대, 제70전차대대,
* 린치(Lynch)TF 편성 : 미 제7기병연대 3대대, 전차 2개 소대,
제77야전포병대대(-), 공병중대,
중박격포 중대, 수색 소대.

7. 초기 반격작전의 부진 원인

(1) 상대적인 전투력이 북한군 압도 불가
(2) 북한군 : 금강 - 소백산맥선에서 방어선 구축
(3) 인천상륙작전이 북한군의 사기 가변요소로 늦게 작용
(4) 근접 항공지원 불가 (악천후)

제1절 상륙작전 계획수립

1. 인천상륙작전 개요

일본을 굴복시키고 제2차 세계대전을 승리로 이끈 맥아더 사령관의 또하나의 빛나는 전승기록을 남긴 것이 바로 상륙작전이었다. 제해권을 완전히 장악하고 부대의 이동을 보장한 유동성 있는 기동작전은 항상 귀중한 결과와 신속한 결정을 가져 왔고, 또한 적의 후방에 우회하여 병참보급로를 공격하는 것이 승리의 첩경이라는 것을 다시한번 보여주었던 것이다.

그러나 태평양전쟁 종식 후에 미국 일부의 고위층에서는 상륙작전이란 낡은 전술이라고 주장하는 사람들이 나타나게 되었으니, 그 대표적인 상륙작전의 반대론자는 당시 합동참모본부의장이었던 브래드리 대장이었고, 이를 지지하는 사람은 트루맨 미국 대통령이었다. 그들이 내세우게 된 주요한 원인은 원자탄의 출현이었다. 따라서 반대론자들은 맥아더 사령관의 인천상륙작전을 무모한 짓이라고 하며 이를 중지시키려고 수차 설득하여 왔으나, 그의 초지일관된 신념은 누구도 저지시킬 수가 없었다.

■ 9월의 한반도 위기 상황

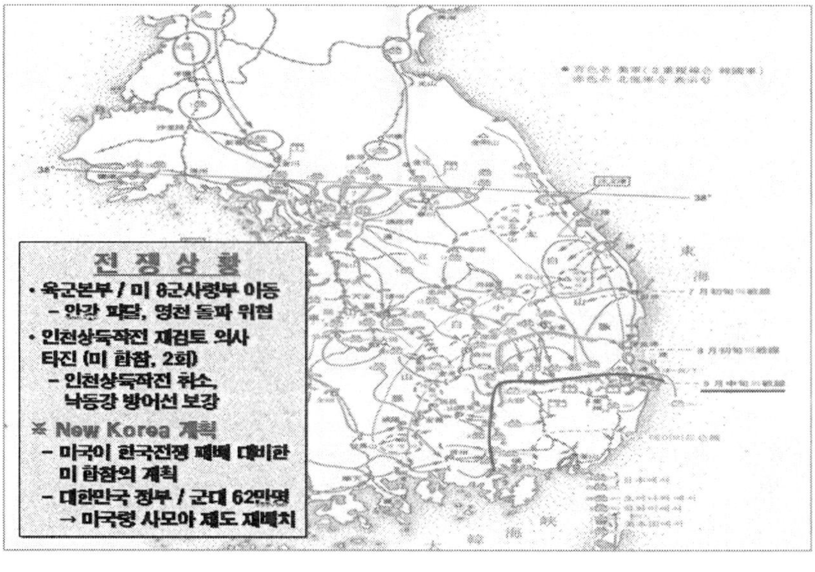

오히려 맥아더 사령관에 대하여 한 때는 반대자였던 해군의 셔맨대장을 설복하여 그의 동조자로 만들었다. 그들이 인천상륙작전을 반대하게 된 이유는 인천이 전선에서 너무나 멀고 상륙을 위한 충분한 예비조사를 행한 결과 예측할 수 있는 자연 및 지리적인 장애물이 많아서 도저히 불가능하다는 결론을 내리게 된 까닭이었다.

그러나 맥아더 사령관은 인천의 상륙은 군사적 가치면에서나 일반지리적면에서는 가장 유리하고, 또한 전방과는 달리 강력하게 방어되어 있지 않는 점을 이용해서 이를 공격하면 반드시 성공할 수 있으리라는 신념으로써 드디어 합동참모본부의 수뇌들을 납득시키는데 성공하고 말았던 것이다. 맥아더 사령관은 "Chromite" 작전계획에 의거하여 먼저 상륙군 편성에 착수하여 미 제10군단장에 알몬드 소장을 임명하고 지상군 편성에는 미 제1해병사단과 미 제7보병사단을 넣게 되었으며 이와 함께 한국 해병대와 한국 육군 제17연대를 참가시키기로 하였던 것이다. 공격군이 상륙하기에 앞서 무엇보다도 긴요한 것은 이 지역에 대한 수로와 해안 조건, 그리고 조수관계 및 적의 방어상태를 대한 정보수집이었다. 이를 위해 제1상륙단에서는 7월부터 상륙에 대한 모든 준비를 시작하였고 상륙부대는 일본과 부산에서 제반 준비를 갖춘 다음 일로 목적지인 인천을 향해 출항하게 되었다. 공격부대는 인천 상륙일을 9월 15일로 정하고 UN 해·공군의 집중적인 해·공 지원사격 아래 인천의 관문인 월미도를 먼저 제압한 다음, 곧 이어서 인천의 적색 해안과 청색 해안으로 상륙하게 되었으며, 여기에 성공하고 완전히 인천시가지를 탈환하게 되면 미 제5해병연대는 김포방면으로 진출하고, 미 제1해병연대는 경인가도를 따라 각각 서울탈환을 위해 진격한다는 매우 장대한 작전이었던 것이다.

당시 UN군의 지연작전은 8월에 들어가서 더욱 적의 대공세를 받아 치열한 싸움이 벌어졌다. 아군은 낙동강 방어선을 굳게 지키며 더 이상 후퇴를 하지 않고 싸움은 여기서 종지부를 찍고 반격에 나설 준비를 갖추고 있었다. 적은 점점 아군의 전력이 증가하여 가는 것을 보고 하루 속히 교두보를 점령하려고 인해전술까지 쓰며 최후의 발악적인 공격을 속행하게 되었던 것이다. 9월이 되자 적은 마지막으로 서부 마산으로부터 낙동강을 연하여 동남부 기계-안강선에서 부산교두보에 대한 협공작전을 시도하였으나, 서부의 미 해병대는 용감히 싸워 이를 격퇴시켰다. 또한 기계- 안강지구의 적에 대하여도 영천평야에서 한국군 제2군단이 섬멸적인 타격을 주고 나서부터는 적의 공격은 약화되고 전세는 차차 아군에게 유리하게 전개되었다.

이때 아군은 적의 방비가 소홀하고 적의 군사적 요지와 병참기지로 되어있는 서울을 공격한다면, 결정적인 타격을 주고 전세는 역전될 것이 명확하였으므로, 이 작전이야 말로 기사회생의 결정적인 일대 전환을 가져오는 그러한 전략적 의의를 지닌 것이었다. 당시에 적의 개항은, 9월 15일 아침에 있어서의 적의 배치상황을 보면 적 제18사단은 낙동강 전선 또는 군산방면에 증원차 천안을 통과하면서 남진중에 있었고, 인천에 주둔하였던 제9사단의 제87연대[15]와 독립 제849 대전차포연대는 김천으로 이동하고 있었던 것이니, 말하자면 낙동강 전선이 적을 흡착시키는 역할을 하면서 그 우측방인 인천을 강타하는 절호의 기회를 만들어 놓았던 것이다.

즉 8월말 현재 적은 낙동강 전선에 대부분의 주력을 배치하여 놓고 경인 지구에는 서울에 제18사단과 인천에는 경비여단과 제31여단의 1개 대대가 주둔하고 있었다. 적은 낙동강전선에 총력을 기울이는 한편 UN군의 상륙지점을 인천보다도 군산을 중요시하여 인천에는 다만 약간의 방어부대를 두고 해안경비에만 주력하고 있었다. 따라서 인천상륙이 실시된다고 하여도 적은 용이하게 증원할 능력이 없었으며, 오직 인천에는 지역방위부대와 병참 경비부대 그리고 훈련이 미숙한 소위 의용군의 신편성부대가 산재하며 겨우 인천 해안방어 정도밖에 능력이 없었다. 만일 남쪽 전선에서 전투부대가 증원된다면, 인민군 제3, 10, 13사단이 가장 신속하게 이동이 가능할 것으로 판단되었으나, 여기에는 또한 상당한 시일이 필요하게 될 것이었다.

당시 인천에는 약 1,000여명 정도의 병력이 월미도에 강한 방어진지를 구축하고 소월미도의 적포대와 함께 아군의 침입을 방어하며 각 해안에는 참호를 파고 고지에는 포대를 구축하고 있었다. 한편 인천항에는 기뢰가 부설되어 있을지도 모른다는 정보가 들어왔는데 그 이유는 진남포와 해주해상에서 UN군 해군과 한국해군에 의해서 기뢰부설의 사실이 발견되었던 까닭이다.

2. 계획수립 과정

인천상륙작전 계획은 이미 1950년 6월 29일 맥아더 장군이 한강 방어선을 시찰했을 때 구상이었는데, 그는 당시 한국군의 절망적인 상황을 타개할 수 있는 유일한 방법은 미 지상군을 투입하여 적의 남진을 저지하면서, 인천으로 상륙작전을 실시하여 북한군을 남북에서 협공함으로써 포위섬멸하는 방법밖에 없다고 생각했다.

---

15) 전사편찬위 공간사 "영산방면 전투"편에서는 '제3연대'로 기술하고 있다.

가. 블루하트(Blue Heart) 계획

1950년 6월 29일 맥아더 장군이 한강방어선을 시찰한 후 북한군의 남진을 저지하고 격멸하기 위하여 다음과 같은 구상을 하였는데 그 내용은 첫째로 적이 계속 남하하여 오면 이를 저지시킬 시간을 얻을 것. 둘째, 적의 보급선이 멀어지면 이를 파괴할 수 있다는 것. 셋째, 일본의 무장을 강화하고 일본 주둔 미군을 계속 참전시켜 교두보를 유지할 것. 그리고 적의 후방에 상륙작전을 감행한다는 것 등이었다.

이러한 구상에 따라 극동군사령부에서는 육·해·공군 대표자 회의에 의해 7월 22일경 미 제1기병사단이 상륙작전을 실시한다고 하는 블루하트(Blue Heart)계획이 수립되었으나 북한군의 남진을 저지하기 위하여 미 제1기병사단의 투입이 불가피하여 이 블루하트 계획은 7월 10일 취소되고 말았다.

나. 크로마이트(Chromite) 계획

상륙작전계획은 극동군사령부내 상륙작전 기획업무 전담 부서인 합동전략기획단(JSPOG: Joimt Strategic Plans and Operations Group)을 편성하여 계속 발전시켜 이 계획단에서 계획100 - B(인천), 계획100 - C(군산), 계획100 - D(주문진)의 3개안을 마련하였고, 이 세 개의 안중에서 인천상륙과 동시에 낙동강선에서도 반격을 취한다고 하는 100 - B가 채택되어 7월 23일 크로마이트(Chromite) 계획을 수립하였다. 이 계획의 주요골자는 9월 중순경 미 제2사단과 미 제1임시해병여단으로 인천상륙작전을 실시하는 것이었으나 이들 부대들이 낙동강교두보 확보에 투입되자 8월 12일 상륙군 부대로 미 제1해병사단과 미 제7사단이 선정되었다. 당시 맥아더 장군은 인천상륙작전에 대하여 워싱턴에 대해 다음과 같은 전문을 보내어 그의 의도를 밝힌바 있다.

9월 중순에 실행하려고 계획하고 있는 작전은 적 전선의 배후에서 미 제10군단에 의한 수륙양용 상륙작전이며, 그 목적은 남으로부터의 미 제8군 공격에 호응하여 적을 포위 섬멸시키는데 있다. 즉, 적 전선의 뒤에서 단시일내에 강력한 공격을 취하게 되면 적의 중요 보급로가 끊기게 되어 결정적인 타격을 줄 수 있게 될 것이다. 만일 이와 반대로 정면공격을 실시하게 되면 전투를 오래 계속하여야 되고 많은 희생을 초래하게 될 수밖에 없다. 대체로 이와 같은 내용이었는데 미 합동참모본부에서는 맥아더 사령관의 인천상륙작전에 대한 전문을 받고 동 상륙작전에 관해 맥아더 장군과 협의하기 위해 육군 참모총장 콜린스(Collins) 대장과 해군 참모총장 셔먼(Sherman) 대장 등을 동경으로 보내어 되도록이면 동 작전을 포기시키려고 하였다. 8월 23일 동경 제1생명 빌딩에서 열린 회의에서 맥아더 사령관에게 명확히 인천상륙작전이 불가능하다고 말한 사람은 없었으나, 다만 위험한 문제점들을 들어 어렵다는 것을 설명하였는데, 특히 해군 고위층 전문가들은 조수의 차와 지형의 두 가지 문제를 들어 인천 상륙은 매우 위험하다고 주장하였던 것이다.

그러나 맥아더 사령관은 인천상륙작전만이 기습달성이 가능하고 적의 병참선 차단이 용이하다는 것이었다. 그 후 수차에 걸쳐 미 합동참모본부와 UN군 사령부간에 상륙작전 문제가 제기 되었으나 9월 8일 미 합동참모본부는 맥아더 사령관에게 "귀하의 계획을 승인하며 대통령에게 이미 보고되었다."는 전문이 발송됨으로써 인천상륙작전 계획이 최종적으로 확정되었던 것이다.

제2절 상륙작전 경과

1. 상륙작전부대 이동

미 제7사단은 요코하마에서, 미 제1해병사단은 고베에서, 수송선단, 화력지원 함대, 지휘함 등은 사세보에서, 한국군 제17연대, 해병 제1연대, 미 제5해병연대 등은 부산에서 각각 승선하였으며, 지원 수송단은 9월 10일 이전에 상륙부대들은 9월 11일~13일 사이에 출항하여 9월 14일에는 집결지인 영종도 근해에 집결하였다.

70세의 노장 맥아더 원수 군의 진두에 서서 인천의 도박을 지휘하였다. 이때 맥아더 원수가 승선할 함정이 문제가 되었다. AGC(상륙부대 기함 마운트막킹레호를 말하며 여기에는 상륙작전단 사령관 도일 제독과 해병사단장 스미드 소장이 동승했다)는 함정이라고는 하지만 원래 수송선에 불과했다. 참모들 중에는 최고사령관은 위험을 피해서 기함 로체스터호(제7함대 기함으로 스트러블 제독이 탑승한 중순양함)에 모셔야 한다는 의견이 지배적이었다. 그러나 맥아더 원수는 마운트막킹레호를 택했다. 그는 사령관이란 항상 부하들과 같이 있어야 한다는 생각을 가진 사람이었다.

2. 지상군의 출항

8월말 일본의 고베, 사세보 및 요코하마와 부산항은 인천상륙작전의 최초단계에 있어서 상륙부대를 적재 장비하는 활동의 중심지가 되어 있었다. 미 제1해병사단은 고베에서 제5해병연대는 부산에서, 그리고 미 제7보병사단은 요코하마에서 각각 승선하였고 대부분의 호위함정과 함포사격지원대 및 기함은 사세보에 집결하고 있었다.

상륙부대를 수송할 함정과 장비 및 보급품은 8월말까지 지정된 적재항에 도착되었으며 LST함정들은 9월 10일 그리고 수송화물선은 이틀 뒤인 12일에 각각 고베를 떠나도록 되어 있었다. 이때 공격부대만이 전투용 적재를 하였고, 일본인 승조원들은 47척의 LST 중에서 37척에 배치되었다. 그런데 9월 3일 아침에는 50여척의 함정이 집결된 고베항에 태풍이 내습하리라는 기상경보가 발표되었으므로 모든 적재작업은 36시간동안 중단되었다. 이날 06:00에 태풍 제인호는 동쪽에서 휘몰아치고 정오에는 풍속 110마일에 달하였고, 파도는 40피트 높이까지 달하며 방파제를 뒤흔들어 놓는 것이었다. 이런 까닭으로 7척의 미국선박은 닻줄이 끊어졌고 200톤급의 기중기 1대가 파손되었다.

■ 상륙부대 이동

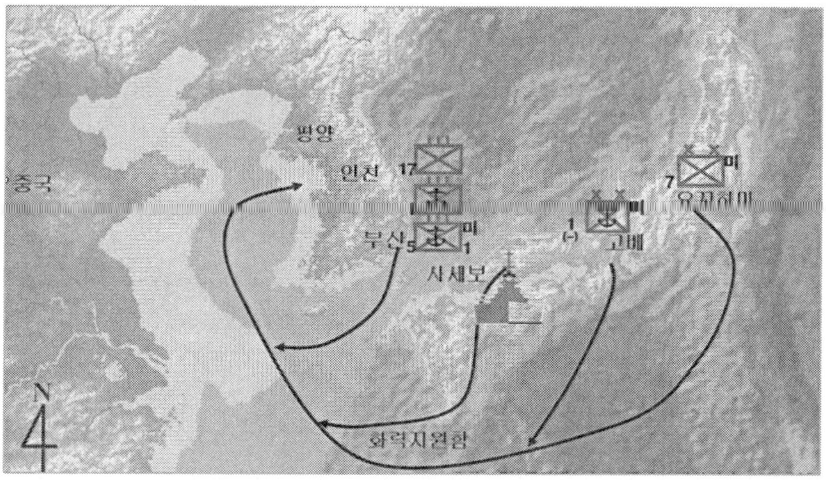

기상학적 견지에서나 혹은 한반도의 특수한 위치와 지형에서 본다면 6월에서 9월까지의 연 이은 태풍을 뚫으면서 상륙군과 장비를 적재한 큰 선단들이 작전목표로 향한

다는 데는 커다란 문제가 내포되어 있었다. 아무리 거대한 현대의 함대라도 태풍앞에서는 여전히 무력하였으니 제2차 세계대전당시 북아프리카 상륙작전에서도 큰 문제꺼리가 되었고, 시실리도 상륙전에서도 곤란을 면할 수 없었던 것은 널리 알려진 사실이다. 바로 이런 문제가 출항을 앞 둔 UN함대에서도 닥쳐왔는데 제2차 세계대전 당시의 아이젠하워는 오버로드작전을 연기할 수 있었지만, 인천의 경우에는 그것을 허용하지 않았다.

그러나 스트러블 중장은 다행히 태풍의 진로가 변경될지 모른다는 희망아래 고베항에서 예정보다 하루전에 상륙부대를 승선시켰는데 다행히도 17:30 태풍은 해상으로 이동하기 시작한 시간 뒤에 항구는 비교적 고요한 가운데 정리작업이 시작되었으나 약간의 선박은 수리를 위해 건선조에 들어가고 그 밖의 수척은 배수 작업을 하게 되었다. 이 태풍으로 인하여 지체와 피해에도 불구하고 고베 항구에 있는 미 제1해병사단은 9월 11일까지 모두 출항하여야만 되었으므로 10일과 11일에는 이미 66척의 화물선이 인천항으로 출항하였는데 그들에게는 또 다른 태풍을 앞에 두고 있었다.

케지아호라고 불리우는 이 태풍은 9월 7일부터 장기간 관측하여 오기는 하였으나 9월 12일과 13일에는 한국해협에 도달할 수 있는 속도로서 남방에서 이동하고 있었다. 9월 11일 미 제1해병사단은 고베에서, 미 제7보병사단은 요코하마에서 출항하였고, 그 다음날 미 제5해병연대는 해상의 지정 집결지를 향해 부산을 떠났다. 태풍으로 인해 예정보다 빨리 출항, 이는 항구보다는 바다가 더 안전하다는 판단 때문이었음. 13일 케지아 태풍은 남서로부터 동북을 향해 대한해협을 지나가므로, 공격군 수뇌부는 걱정을 했다. 풍속 26.6미터의 폭풍이 공격함대의 항진을 방해했고, 선창의 적화물은 뒤집혀졌으며 갑판상의 화물은 유실되고 사병들은 배 멀미로 고생했다. 태평양 전쟁시에 미국 함정이 받은 피해는 일본군에 의해 받은 것보다 태풍에 의해 받은 것이 더 많았기 때문에 수뇌부의 걱정은 태산 같았으나 다행스럽게도 상륙작전에 지장을 줄 정도의 피해는 없었다. 지원 항공기를 만재하고 급항중인 항모 복사호는 이 태풍으로 만 하루를 허비했으나 그래도 13일에는 사세보에서 보급을 마친 다음, 15일 아침에는 인천 앞바다에서 작전을 할 수가 있었다.

기함 로체스터함은 합동기동함대사령관 스트러블 중장과 함께 9월 22일 15:30 사세보에서 인천을 향하고 있었다. 그날 오후 맥아더사령관과 알몬드소장 그리고 라이트 준장과 혹스 소장 및 윗트니 소장을 비롯하여 해병대의 세퍼트 중장을 포함한 고급장교들은 도쿄에서 이다츠게 공군기지를 거쳐 21:20 사세보에 도착하였다. 원래 맥아더 사령관 일행은 13일 도쿄를 출발하여 그 전날 저녁 고구라에 도착하여 마운트 맥킨리호에 탑승하도록 되었는데 그때까지 맥킨리호는 도착하지 못하고 겨우 밤중에야 도착하였던 것이다. 그리하여 맥아더사령관 일행이 탑승한 지 반 시간 후에 상륙함대는 목표지역으로 향하게 되었는데 13일 이른 아침 일본 구주남단을 지나가면서 거친 항해를 면치 못하였던 것이다. 풍속은 60마일에 달했고 푸른 파도는 선수에 마구 부딪히고 갑판에 실은 장비가 파손되기 하였다. 날 낮 태풍 케지아호는 동북향쪽으로 지나갔고 오후가 되어 겨우 상륙함대는 고요히 해상을 향해할 수가 있었다.

한편 110대의 항공기를 싣고 캘리포니아 서해안을 출발한 항공모함 복사호(Boxar)는 태풍과 싸우면서 14일 일본에 도착한 다음 저녁에는 곧 사세보를 떠나 인천으로 향하게 되었다. 이렇게 하여 9월 14일까지는 집결지인 포인트·캘리포니아에 이 작전에 참가하게 될 모든 함선들이 총 집결할 수 있었으나, 다만 제1해병연대의 제2대대가 승함한 LST함만이 고장으로 약간 뒤에 떨어졌으나 예인선의 도움으로 겨우 정해진 시간 안에는 목적지에 도달할 수가 있었던 것이다.

3. 준비작전

먼저, 본 상륙작전 실시전에 실시한 준비작전에 대해서 알아보면, 개전 초부터 제해권을 완전 장악하고 있던 해군은 8월초 에는 제7기동함대 사령관 스트러블 중장 지휘아래 순양함, 구축함 등의 대형 함선은 동해안을 그리고 소형 함정들은 서해안을 봉쇄한 가운데 적의 보급로를 차단하고 있었다. 8월 18일에는 서해안에 있는 덕적도를 점령하고 20일에는 영흥도에 상륙했으며 9월 12일 부터는 제7기동함대의 함재기가 서해안 일대에 맹폭격을 가하면서 13일부터 이틀간은 적의 방어선과 교통시설을 함재기 200대로 많은 피해를 주었다.[16)]

이렇게 상륙을 위한 준비 작전이 차질 없이 진행중이던 8월 29일 인천상륙작전에 대한 모든 계획이 준비 완료되고 9월 9일 합참으로 부터 최종적으로 인천상륙작전이 승인 되자, 9월 12일 261척의 대 수송 선단은 맥아더장군이 기함 "마운틴 맥킨리함"에 직접 승선한 가운데 인천을 향해 출발했다.

16) 46개 표적 파괴를 위해 1주일간 3,257회 출격, 오늘날의 정밀폭격이 가능했다면 스텔스기 몇 대가 한번 출동으로 해결되었을 것이다.

4. 상륙작전

가. 작전 경과

■ 상륙작전 요도

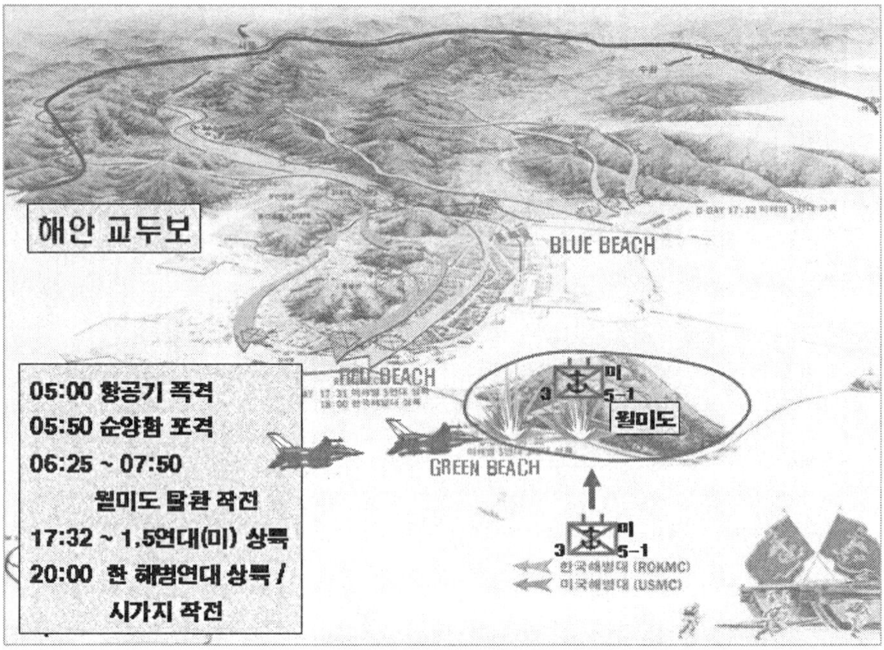

대함대는 인천 직전방에 위치한 영종도 부근에 집결 완료하고 9월 15일 맥아더 장군이 쌍안경으로 주시하는 가운데 역사적인 인천 상륙작전이 개시되었다. 이 작전은 2단계로 구분 실시되었는데, 제1단계는 월미도를 점령, 제2단계는 인천 해두보를 확보하는 것이다.

9월 12일 261척의 대 수송 선단으로 인천 앞 바다에 도착 한 상륙작전 부대인 미 제10군단은 9월 15일 2단계로 나누어 작전을 개시하는데, 먼저, 월미도 탈환을 위한 1단계 작전은 05:00 함재기들의 월미도 폭격을 개시하고, 05:50 순양함에서 포격을 실시한 후, 06:25 제5해병연대 3대대가 Green Beach로 상륙을 개시하여 07:50 제1목표인 월미도를 탈환하게 된다.

다음으로 해두보인 인천 점령을 위한 제2단계 작전은 오후 만조시간인 17:33 미 제5

해병연대(-)가 Red Beach(인천 반도 북쪽), 17:32 미 제1해병연대가 인천반도 남쪽 Blue Beach에 각각 상륙함으로써 9월 16일 01:30 해두보를 완전 확보하게 된다. 그 후 제5 해병연대는 인천 소탕작전을 한국군 해병대에 인계후 김포방향으로 진격 18일에는 김포비행장을 완전 점령하게 된다.

나. 준비공격

인천상륙작전의 감행 이전에 극동 공군은 8월말부터 9월초에 걸쳐 인천-서울간의 항공사진 정찰을 면밀히 실시하였다. 한편 경인지구를 고립시키기 위한 저지작전은 9월 4일부터 인천을 중심으로 반경 50km이내의 도로와 교량 그리고 터널과 조차장 등을 폭격하였으며 이러한 작전으로 원산-서울간의 경원선과 평양-서울간의 경의선의 정거장 등 선로를 폭격, 46개소를 파괴하여 그 기능을 마비시켰다.

미 극동공군은 인천상륙작전 준비기간중 곤란한 문제가 많이 발생하였다. 특히 9월 10일부터 16일까지 1주일간 태풍 케쟈가 일본남부를 강타하여 그 여파로 남한에는 많은 호우가 내리고 있었다. 이러한 악천후속에서 인천상륙작전을 성공시키기 위하여 미 제5공군은 작전을 수행해야했다. 제18폭격전대는 9월 7일 수영기지로 이동한 다음 태풍에 대비하였으며, 제8폭격전대는 대구기지로 이동하여 9월 12일부터 14일까지 작전을 수행하였다. 이 1주일간 미 극동공군은 총 3,257회를 출격하였는데 특히 9월 11일에 미극동공군은 개전 이래 1일 최대출격으로 미 공군이 634회, 호주공군이 38회, 미 해병항공대가 11회 총 683회를 출격하였다.[17)]

다. 월미도 폭격 및 확보

D-day인 9월 15일 아침 항공모함에서 출격한 해군기가 목표를 강타할 동안 제5해병연대 제3대대는 05:00에 상륙명령을 하달 받고, 이어서 순양함과 구축함들이 함포사격을 집중하는 동안 제3대대는 전차 9대와 같이 06:33부터 월미도에 상륙하기 시작하였다.

월미도 일대의 적은 대부분이 최근에 강제로 뽑혔던 소위 의용군들이며, 이 밖에도 약간의 훈련을 받은 신병들로 구성되었고, 소련제 76mm포로 장비된 제918해안포 연대의 2개 중대로 증강된 제226연대의 일부였다. 이들 적은 이미 아군의 항공·함포사격

---

17) 합동참모본부, "한국전사", 1984년, p.830

에 의하여 궤멸하여 상륙부대가 상륙시 극히 경미한 저항을 보았을 뿐 제3대대는 06:55 월미도 정상에 성조기를 꽂고 08:07에는 월미도를 완전히 장악하고 G중대가 소월미도까지 탈환하였다. 월미도 탈환작전에서의 전과는 적 사살 108명, 포로 136명이고, 그 밖에 150명은 함포 및 항공폭격으로 호안에서 살해된 것으로 추측되며, 아군의 피해는 불과 부상자 17명뿐이었다.

라. 인천 시가 공격

(1) 레드 비취 상륙

레드 비취의 북쪽은 제5해병 연대 제1대대가, 남쪽은 제2대대가 각각 월미도 제3대대의 기관총 사격의 엄호와 로케트포 및 공중공격을 지원받으면서 LCVP 및 LST로 17:33부터 공격을 개시하여 20:00까지 기상대 고지를 확보하였다.

(2) 블루우 비취 상륙

블루우 비취에 대한 상륙은 제1해병 연대에 의해 실시되었는데, 제1진은 제2대대가 17:30에 블루우 비취 "1"에 적의 별다른 저항 없이 상륙하여 진격하였고, 제3대대는 블루우 비취 "2"에 적의 사격을 받으면서 상륙을 강행한 후 G중대는 계속 시가지를 뚫고 진행하였으며, 제1대대는 연대의 예비대로써 H+45에 상륙하기로 되어 있었으나 해협과 항해 규정로의 상황 때문에 빚어진 혼란으로 상륙 통제함이 진로를 잘못 잡아 제1, 2진은 원도(猿島)를 블루우 비취 "2"로 잘못 알고 상륙하였으나, 이들 부대는 다음날 제방을 통해 아군과 합류하러가는 도중 뜻밖의 많은 포로를 노획하기도 했다.

5. 한강으로의 진출

인천해안두보를 확보한 미 해병 제1사단은 9월 16일부터 한강으로 진격을 개시하였다. 경인국도를 기준으로 하여 북쪽지역은 제5해병연대가, 남쪽지역은 제1해병연대가 각각 담당하였다. 제5연대의 공격목표는 김포비행장이었고 제1해병연대의 공격목표는 영등포였다. 이들 양개 연대는 이날 밤 부평 일대를 감제할 수 있는 고지까지 진출하여 전투배치를 완료하였다. 그중 제5연대의 선두부대인 제2대대는 부평역 서쪽 원통이

고개 일대에 배치되었다. 제2대대는 경인철도를 경계선으로 하여 그 좌측131고지에 F중대가, 그리고 그 우측에 D중대를 배치하였다. D중대는 원통이고개 일대가 도로와 철로가 거의 직각으로 회전해야 하는 굴곡지점으로 대전차방어에 유리한 점을 고려하여 그 전방 89고지에 중대 2.36인치 로켓포와 경기관총으로 증강된 제2소대를 전초소대로 배치하였다. 그리고 89고지 후방으로 도로를 따라 500m의 종심을 가지고 대대 3.5인치 로켓포, 연대 75밀리 무반동총, 그리고 M26퍼싱전차가 적절한 종심을 가지고 대전차 방어진지를 구축하고 있었다.

인천상륙 3일째인 9월 17일, 아침 해가 뜨기 직전인 05:45 D중대의 전초소대는 부평동쪽 경인국도 상에서 인천 쪽으로 적 전차 6대가 접근하고 그 뒤를 보병부대가 따르는 것을 희미하게 관측할 수가 있었다. 이 소대원들은 T-34 전차 6대와 보병들이 점점 가까이 접근하는 것을 지켜보면서 소대장의 사격명령만을 기다리고 있었다. 06:00 이들 보·전협동부대가 전초소대 앞을 지나 마지막 전차가 원통이고개의 직각으로 굽은 큰길을 막 꺾어 돌려고 할 때 도로와 약 70m의 거리에 자리잡고 있던 2.36인치 로켓포조가 적 전차를 공격하였다. 뒤이어 중대의 대전차화기와 해병부대의 전차가 적 전차를 향하여 맹렬한 기습사격을 가하였다. 앞과 뒤가 완전 차단된 상태에서 맹렬한 집중사격을 받은 적 전차는 전부 파괴되었고 전차와 같이 진출하던 적 보병들은 불의의 기습에 대응할 시간도 없이 얼떨결에 수없이 쓰러졌다. 약 250여명의 적 보병 중 200여명이 사살되었으며 원통이고개는 피로 물들었다. 그러나 미 해병의 피해는 단 1명이 부상하였을 뿐으로 완전한 승리를 거두었다.

해병 제5연대는 9월 17일 아침 부평지역에서 적의 역습을 격퇴하고, 09:00경 김포비행장을 목표로 작전행동을 개시하였다. 제2대대는 경인국도를 따라 1km쯤 더 전진하다가 북쪽(왼쪽)으로 방향을 전환, 부평 동쪽지역을 거쳐 김포비행장으로 빠질 수 있는 샛길로 접어들었다. 그러나 부평을 빠져나온 보병과 전차부대는 휴대한 지도가 실제 지형과 달라 광활한 김포평야에서 진출로를 찾는 데 많은 시간을 허비하였다. 대대가 I중대를 선두로 전차중대(-)와 같이 다시 김포비행장을 향하여 길을 찾아 진출하기 시작한 것은 오후 14:00이었다. 대대는 전진을 서둘러 2시간후인 16:00경 김포비행장 남쪽 5 지점의 중간목표 106고지를 적의 별다른 저항 없이 점령하였다. 대대가 17일의 작전목표인 김포비행장을 탈취하기 위하여서는 신속한 작전행동이 요구되었다. 왜냐 하면 목표의 성질상 신속을 요하는 것이기도 하였지만 어둠이 깔리기 전에 탈취해야 되기 때문이었다.

대대장은 비행장을 향해 급히 중대를 전개시켰다. E중대가 전차 1개소대와 함께 비행장 활주로의 동쪽지역을 공격하고, D중대가 그 서쪽지역을 공격하며, 대대예비로 중앙에서 후속하는 F중대가 활주로 남쪽지역을 담당하였다. 또한 뒤늦게 합류한 전차 A중대(-)는 대대 서측방으로 보병보다 훨씬 깊숙이 진출하도록 하였다. 대대는 진격간에 활주로 남쪽 외곽지대에서 최초로 적의 사격을 받았다. 대대는 즉각 보 · 전협동으로 적의 자동화기 2정을 제압하였다. 비행장에 대한 돌격은 18:00쯤 되어서야 시작되었다. 돌격부대들은 여기저기서 적의 소화기 사격을 받았으나 위협적인 것은 못 되었다. 김포비행장의 적은 400~500여 명에 이르렀으나 미 해병의 신속한 진격으로 기습을 받고 활주로에 지뢰매설도 하지 못한 채 저항을 포기하고 도주하였다. 대대는 어둠이 짙게 깔리어 비행장 주변의 감제고지 등을 확보하지는 못하였지만 사실상 비행장 청사와 격납고 등 주요지역은 이미 확보된 상태에서 중대별 방어진지를 편성하였다.

한편, 제2대대를 부천에서부터 후속하다가 비행장 못 가서 연대의 우전방으로 진출한 제1대대는 17일 19:00 소사 북쪽 5km, 비행장 동남쪽 3km지점에 있는 고지를 점령하고 여기에 야간방어진지를 편성하였다. 71고지를 비롯한 군소고지에 편성된 제1대대의 방어진지는 김포비행장과 김포-소사를 잇는 간선도로를 감제할 수 있는 비교적 높은 지대에 있을 뿐만 아니라 남쪽의제1해병연대와 연결하여 군단통제선의 방어를 보강하는 역할도 하였다. 제5연대의 예비대인 제3대대는 제1대대 서쪽 4km 거리에 있는 삼정리에 집결지를 잡았고 연대지휘소도 16:30에 부평역 북쪽으로 이동하였다. 미 해병들의 급속한 전진으로 김포비행장의 적은 황급히 별다른 저항도 못해 보고 철수하였으나 밤이 되면서 이들은 전열을 가다듬고 역습을 시도하였다. 적은 18일 02:00부터 새벽까지 몇 차례에 걸쳐 소규모 부대로 비행장 주변 진지로 역습을 해왔다 해병부대는 이들에게 많은 손실을 가하고 적을 격퇴하였다. 이 작전에서 전차의 역할이 컸었다.

9월 18일 오전 제5연대는 주변 수색작전을 펴 잔적을 소탕함으로써 비행장을 완전히 확보하고 연대지휘소도 비행장으로 옮기었다. 김포비행장 탈환작전간 주공을 맡았던 제2대대는 전사자 4명, 부상 19명의 손실을 입은 반면, 적 100여명을 사살하고 10명을 생포하였다. 그리고 소제 야크기 1대를 비롯하여 3대의적기를 노획하였다. 제5연대는 다음날까지 한강변의 개화산(131m), 118고지 등 감제고지를 모두 점령하고 한강 제방까지 진출하였다. 이 무렵, 국군해병은 인천지역 경계책임을 미 제3공병특수여단에 인계하고 부평을 거쳐 18일에는 김포비행장 서측 계양산을 점령하여 비행장 방호임무를 수행하는 한편, 미 해병과 더불어 한강을 도하할 준비를 하였다.

3일째인 9월 17일 미 해병 제1연대는 제5해병연대가 부평지역을 벗어나 김포비행장으로 통하는 샛길로 들어선 후 경인국도를 따라 영등포를 목표로 한강을 향하여 진출하기 시작하였다. 연대는 북쪽에 제2대대를, 남쪽에 제1대대를 전개하고 제3대대를 예비로 하여 제2대대는 최초 경인국도와 208고지를, 제1대대가 176고지에 대한 공격을 개시하였다.

제2대대는 공격간 D, F 2개 중대가 208고지 일대에서 약 1개중대 규모로 추산되는 적의 저항을 받았으며 경인국도를 따라 공격하던 I중대는 부평 동쪽의 개활지 가운데에 있는 부개동 부근에서 적에 의해 진출이 돈좌되었다. 그러나 제2대대는 강력한 포병화력의 지원을 받아 208고지를12:00경 탈취하였으며, 부개동 지역에는 연대에서 전차 B중대 1개소대로 증강한 제3대대의 G중대를 투입시켜 공격하도록 하였다. G중대를 제외한 제3대대(-)늘 수륙양용 장갑차(LVT)와 수륙양용 트럭(DUKW)을 지원 받아 전차 B중대(-)와 함께 기계화부대를 편성, 국도를 따라 G중대를 후속하였다. 미 해병들은 부개동 민가 사이에서 T-34전차를 먼저 발견하고 선제기습사격으로 이를 격파한 뒤 16:00경 부개동을 확보하였다 오후에도 제1연대의 공격은 계속되었다. 제3대대는 국도를 따라 전진하고 그 남측의 개활지로 진출한 제2대대는 철로를 중심으로 전진하였다 이들은 국도상의 송내촌이라는 작은 부락을 향하고 있었다. 이곳에서는 적 제18사단 예하부대가 국도 주변에 대전차화기 10여 문을 배치하고 곡사화기의 지원도 충분한 양을 받을 수 있도록 준비하고 있었다. 미 해병들이 송내촌 일대로 진격하자 적의 기습사격이 시작되었다. 이때 공교롭게도 미 해명 선두전차의 엔진 작동이 멎어 버렸다. 보병들을 산개하고 미해병 전차들이 어려운 상황에서 적과 치열한 교전을 계속하였다. 연대의 주력이 적과 교전을 하고 있을 때 항공지원을 요청 받은 미 해병 항공기 편대가 송내촌 전방의 적전지를 폭격하고 로켓포와 기총사격을 가하였다. 공중지원을 받아 마침내 맨 북측의 제2대대가 먼저 송내촌 능선 끝부분을 점령하였고 경인국도상의 미 해병 전차들이 90밀리 포와 기총사격을 가하면서 돌격해 들어가자 적은 소사로 도주하였다. 제1해병연대는 18:30경까지 송내촌 능선을 완전 탈환하고 그곳에 야간방어 준비를 시작하였다. 이 송내촌 전투에서 미 해병은 적의 대전차포 6문을 파괴하였고 많은 인원을 살상하였다. 한편, 미 해병도 3대의 전차가 손상을 입었다. 연대의 남쪽에서 소사방향으로 진출하던 제1대대는 208고지의 남쪽 176고지를 공격하여 이를 탈취하고 별다른 저항을 받음이 없이 성주산 남쪽 능선까지 진출, 그곳에서 다른 대대와 같이 협조된 방어진지를 준비하였다.

9월 18일 이른 아침 제2대대와 기계화부대로 편성된 제3대대가 소사로 돌진하였다. 소사시내로 들어가는 입구에서 적의 대전차 장애물에 봉착하여 한동안 지체하였으나 이를 신속히 제거한 뒤 적의 경미한 저항을 물리치고 오전 중에 소사를 완전히 탈취하였다. 12:00경 국도상에 전개한 전차중대의 엄호를 받으며 제2대대는 소사 동남쪽으로 진출하였으며, 제3대대는 소사 동북쪽으로 진출하여 원미산의 남쪽 123고지를 점령하였다. 소사를 점령한 후 19일에 미 해병 제1연대는 동쪽으로 진격을 계속하였다. 그러나 기동로상에 적이 매설한 지뢰로 인하여 진출이 늦어졌으나 해 질 무렵에는 영등포 바로 서측 갈천(지금의 안양천)까지 진출하는데 성공하였다.

9월 19일에는 돌격부대로 상륙한 미 해병 제1사단과 국군 해병 제1연대는 계양산, 개화산, 갈천까지 진출하여 한강 남쪽 제방을 확보하고서 서울탈환작전에 대비하였다. 후속상륙부대인 미 제7사단도 19일에는 전선에 전개하여 서울공격작전에 합류하였다. 9월 18일에 먼저 상륙한 제32연대가 19일 한강 쪽으로 진출하여 경인국도 남쪽지역의 책임을 제1해병사단으로부터 인수하였다. 당시 이 연대의 병력은 총 5,114명이었는데 이중 미군이 3,241명, 국군이 1,873명이었다. 이는 인천상륙작전에서 국군 해병 제1연대, 국군 제17연대 외에 카투사가 얼마나 큰 비중을 점하고 있는가를 증명해 주는 것이다. 제31연대는 이날(19일) 인천항에 도착하였다. 제7사단의 주임무는 남쪽으로부터 서울지역으로의 적의 증원을 저지하고 낙동강전선에서 반격해 오는 미 제8군과 연결작전을 수행하는 것이었다.

한편, 미 해군은 함포로써 지상작전을 효과적으로 지원하고 있었다. 로체스터(Rochester)호 및 토레도(Toledo)호는 27km 사거리(김포비행장 – 오류동을 연하는 선)까지 좌측방의 미 해병 제1사단과 국군 해병대에 지원화력을 제공하였으며, 19일에는 미조리호가 동해안에서 인천항에 도착하여 우측방 미 제7사단을 화력으로 지원하였다. 반면에 적은 북쪽에서 일부 부대가 서울로 기동 중이었고 낙동강전선으로 향하던 제18사단도 경인지역으로 재투입하는 등 서울지역 방어태세를 강화하였다.

제3절 반격작전 개황

1. 인천상륙작전 및 반격작전

한국군과 유엔군은 9월 중순 이후 작전의 주도권을 확보하게 되자, 1950년 9월 15일 시행된 인천상륙작전과 더불어 낙동강 전선에서의 총반격작전을 단행하였다. 당시, 북한군은 13개 보병사단과 1개 전차사단 그리고 2개 기갑여단을 낙동강 전선에 투입하고 있었으며, 8, 9월 사이에 신편된 5개 보병사단과 5개 보병여단을 후방지역에 예비로 보유하고 있었다.

이 중 경인지방은 인천경비여단과 제9사단의 일부 부대 그리고 제18사단이 경비임무를 수행하고 있었다. 이때, 북한군의 총병력은 낙동강 선에 투입된 70,000명을 포함하여 100,000명 수준에 불과한 것으로 판단되고 있었으며, 낙동강 전선에 투입된 사단은 그 전투력이 30%정도에 불과하였으며, 사기는 극도로 저하되어 있었다.

한국군과 유엔군의 전력은 낙동강 방어작전 중에도 계속 증강되어 한국군 2개 군단 6개 사단, 미군 2개 군단 4개 사단과 1개 연대전투단, 영국군 1개 보병여단이 낙동강 전선에서 반격태세를 갖추게 되었고, 미군 1개군단(미 해병 제1사단, 미 제7보병사단, 한국 육군 제17연대, 한국 해병 제1연대)이 인천 상륙작전에 투입되었다. 이들의 병력은 낙동강 전선에 157,000명, 인천 상륙작전에 75,000명 그리고 그 외 지원부대를 합하여 도합 320,000여 명에 달하였다. 인천상륙부대인 미 제10군단은 9월 15일 기습적인 인천상륙에 성공하여, 그 익일에는 교두보를 확보한 다음 경인가도로 진출하여 경미한 북한군의 저항을 물리치고, 9월 18일에는 김포를 점령하였으며, 9월 19일에는 한강 선에 이르게 되어 그 곳에서 도하작전을 전개하여 서울 탈환작전을 개시하였다.

인천상륙작전에 뒤이어 9월 16일 미 제8군도 총반격작전을 개시하였다. 총반격작전에 나선 한국군과 유엔군은 초기에 북한군의 완강한 저항에 부딪쳐 약 1주일간의 치열한 전투를 치른 끝에 9월 22일~23일에는 북한군의 낙동강방어선을 돌파하는 데 성공하였다. 이에, 북한군은 9월 23일 이후 전 전선에서 후퇴하기 시작하였으며, 이때부터 서부지역에서는 유엔군이 경부축선과 호남 우회로를 따라 진격하였으며, 한국군은 중부와 동부 지역에서 중앙선 축선과 동해안로를 따라 진격하였다. 이때의 진격로는 북한군이 남침한 경로와 유사한 반대방향이었다. 주공인 미 제1군단은 낙동리－상주－보은－청주－천안을 거쳐 진격을 개시한 지 3일 만인 9월 26일 22:00에 오산 북방에서 인천상륙부대인 미 제7사단 제31연대와 연결을 이루었다. 그리고 다음날인 9월 27일에는 인천상륙부대가 서울을 탈환하고 중앙청에 태극기를 게양하였다. 한편, 동해안으로 북상한 한국군 제1군단(제3사단과 수도사단)은 반격을 개시한 지 14일 만인 9월 30일에 강릉을 지나 38°선에 도달하였으며, 한국군 제2군단도 이날 원주를 점령하고 38°선으로 진출하였다.

이와 같이, 유엔군은 9월 15일 인천에 상륙하고 9월 16일 낙동강 선에서 반격작전을 개시한 지 12일 만에 서울을 탈환하였으며, 15일 만에 38°선을 회복하였다. 즉, 한국군과 유엔군은 서울이 실함된 지 90일 만에 이를 수복하고, 97일 만에 38°선을 회복하였다. 이 무렵의 북한군은 한국군과 유엔군의 신속한 기동작전으로 그들의 퇴로가 차단된 채 많은 병력의 손실을 입어, 23,600여명이 포로가 되는 등 전투조직은 거의 와해된 상태이었다.

그리고 미처 철수하지 못한 이들의 일부 부대와 패잔병들은 지리산, 오대산, 태백산 등 산악지역으로 도피하여 그 후 그 곳에서 게릴라작전을 수행하였다. 그 외에도 이들이 입은 손실은 한국군이 후퇴작전시에 입은 손실보다 더 큰 것이었다.

2. 미 8군과 북한군[18)]

9월 13일, 미 제8군은 반격을 위한 전투편성을 완료하고 반격준비 태세를 보완하는데 주력하고 있었다. 이 무렵, 낙동강전선에 배치된 북한군 전투부대는 1개 전차사단으로 증강된 13개 사단이었으나, 병력수는 7만여 명에 지나지 않았으며, 이들의 사기는 식량부족 때문에 극도로 저하되어 있었다. 이런 정황 속에서도, 북한군 병사들은 독전대의 가차 없는 즉결처분에 대한 공포심과 포로가 되면 한국군이나 유엔군에 의해 살해당한다는 생각 때문에 전장에서 이탈하는 자는 극소수에 지나지 않았다. 반면, 한국군과 유엔군의 전투부대는 3개 군단, 10개 사단과 1개 여단으로 증강되고, 그 병력은 14만 명에 달하여 북한군의 2배가 되었으며, 화력은 6 : 1로 우세하였다.

미 제8군은 이들 전투부대를 4개 공격집단으로 편성하여 주공인 미 제1군단(미군 2

18) 국방부 전사편찬위원회, 『한국전쟁』, 1987년, pp.87~91.

개 사단, 한국군 1개 사단)을 경부도로 축선으로 지향시키고, 남서부전선에 미군 2개 사단, 9월 23일부터 미 제9군단이 통합지휘토록 했다. 중 · 동부전선에 한국군 2개 군단을 전개하였다.

이렇듯, 모든 반격태세를 갖추게 된 한국군과 미 제8군은 9월 16일 09시에 전 전선에서 일제히 공격을 개시하였다. 그러나 때마침 내리기 시작한 비속에서 북한군의 완강한 저항에 부딪치게 되어, 이들의 방어선을 돌파하지 못한 채 일진일퇴의 공방전을 반복하게 되었다. 그중에서도 미 제1군단 전투지대인 왜관 · 다부동 일대에 배치된 북한군은 단 일보도 후퇴하지 않은 채 방어선을 지탱하고 있었다. 이러한 상황하에서도 미 제1군단에 배속된 한국군 제1사단은 9월 18일 다부동 동쪽에서 북한군 방어선 후방 깊숙이 진출하여 이들의 퇴로를 차단함으로써, 왜관 · 다부동 선에 배치된 북한군 2개 사단의 방어선이 무너졌다. 이에, 미 제1군단은 777특수임무부대를 편성하여 9월 22일 상주－청주－오산으로 진격시키는 한편, 군단 주력으로 하여금 왜관에서 경부도로를 따라 진출하게 하였으며, 기타 전선의 한국군과 미군부대들도 북한군의 방어선을 돌파하여 9월 23일부터는 추격전으로 돌입하였다.

이때, 낙동강전선에서 저항하던 북한군은 일단 방어선이 무너지자 순식간에 지휘체제가 와해되어 지리멸렬되고 말았다. 이들은 개전 초부터 오직 공격작전 일변도의 작전만 수행하였던 관계로 방어와 후퇴 이동작전에는 매우 미숙하여, 한국군과 유엔군의 반격과 추격작전에 효과적으로 대처할 방책을 강구할 수가 없었던 것이다. 한국군과 유엔군의 추격은 대단히 신속하여 북한군에게 저지선을 형성할 시간의 여유를 주지 않았다. 이리하여, 9월 26일에는 777특수임무부대가 오산까지 진격하여 인천상륙부대인 미 제31연대와 연결을 이룸으로써 북한군 제1군단의 퇴로를 차단하고 포위권을 형성하는 데 성공하였다. 그리고 9월 30일에는 서부전선의 미 제1군단과 제9군단이 군산 · 전주 · 대전을 탈환하였으며, 중 · 동부전선의 한국군 2개 군단은 원주 · 단양과 38°선 남쪽의 서림 · 인구리까지 진격하여 북진태세를 갖추었다.

그러나 한국군과 미 제8군은 진격속도에 주력한 나머지 퇴각중인 북한군을 앞지르게 되고, 이들이 한국군을 후속하는 기이한 현상이 여러 곳에서 일어났다. 이로 인해 괴멸직전에 있던 북한군의 일부 부대들은 패잔병이 모여 지휘체제를 회복하고 전투력을 재정비하면서 38°선 이남의 울진 · 삼척 · 묵호 · 강릉 · 원주를 습격하는 사태가 벌어지기도 하였다.

한국군과 미 제8군의 반격으로 낙동강전선에 투입되었던 북한군의 13개 사단은 불과 15일 만에 완전히 분산되었으며, 북한군 제13사단 참모장 이학구 총좌를 위시한 2만 3,500여 명의 북한군의 투항하거나 한국군과 유엔군의 포로가 되었다.

3. 북한군 철수부대의 동향

북한군은 유엔군의 인천상륙작전과 낙동강전선에서의 반격작전으로 더 이상 전쟁을 계속하기 어려울 정도의 막심한 피해를 입었다.

인천방어에 실패한 북한군은 동원가능한 모든 병력을 서울에 집중배치하였으나 유엔군의 공격을 저지할 수 없게 되어 의정부로 철수하였다. 한편, 북한군 전선사령부는 낙동강전선이 돌파될 무렵 금강-소백산맥 회랑을 잇는 선상에 저지선을 형성할 계획을 세우고 이 선으로의 축차적인 지연전을 시도하였으나, 다부동 정면의 돌파되고 거기에다 인천상륙작전에 대한 전황이 전부대에 전파된 것을 계기로, 낙동강방어선이 일시에 무너지게 되어 이 시도는 좌절되고 말았다.[19]

북한군이 낙동강전선에서 전면적인 퇴각을 개시하였을 때, 서부전선에 배치되었던 북한군 제6사단과 제7사단의 3,500여 명은 지리산 · 백운산으로 잠입하여 유격전을 펼 거점을 확보하였으며, 나머지 병력은 분산되었다. 그리고 북한군 제2군단은 김화로 철수한 후, 이곳에서 북한군 제9사단 · 제10사단 · 제15사단의 패잔병을 수습하여 비정규전을 전개할 태세를 갖추었다. 그리고 낙동강전선에서 퇴각하기 시작한 그 밖의 전투부대들은 병력이 흩어진 상황하에서 소백산맥-태백산맥을 통해 38˚선까지 철수하였다. 이때 이들 병력은 2만 5,000~3만명에 불과하였다. 이때, 북한군은 철수중인 병력을 3단계로 나누어 수습하였다. 즉, 가장 먼저 38˚선에 도착한 병력은 강계방면으로 철수시킨 뒤에 재편성하였으며, 그 다음에 도착한 패잔병은 제2군단 예하부대로 편입시키고, 끝으로 동해안을 따라 철수한 병력은 원산에서 재편성하도록 하였다.

10월 1일, 북한군은 백천 · 개성 · 고량포 일대의 방어를 서해안 방위사령부가 담당하도록 하고 이 사령부에 4개 사단을 배속하는 한편, 중 · 동부전선의 방어를 책임지게 된 동부방위사령부에는 제2군단과 2개 여단을 배속하여 38˚선을 방어할 태세를 갖추었다.

---

19) 유엔군이 인천에 상륙했다는 사실은 뒤늦게 알려졌음이 9월 21일 귀순한 북한군 제13사단 참모장 이학구의 진술을 통해 밝혀졌다.

4. 미 8군 정보판단

■ 주공축선 결정

군사전략가인 리델하트가 "자기가 합리적으로 판단했다고 해서 상대도 그렇게 생각하리라고 판단할 수는 없다. 왜냐하면 윤리관이나 가치관이 다르면, 합리성의 척도도 달라지기 때문이다. 상대에 대한 정보판단이 맞지 않는 것은 자기의 척도대로 판단할 수밖에 없기 때문이다."라고 설파한 적이 있으며, 전쟁발발 당시 제1사단장이었던 백선엽 장군은 "상대방을 판단할 경우에는 상대의 입장과 전통적인 사상을 근거로 하여 추측할 필요가 있다. 서구적인 사고로 동양을 생각하면 그것은 맞지 않을 경우가 많다."라고 했다. 미 제8군 참모들은 정보판단을 통해서 "반격이 쉽지는 않을 것이다."라고 평가했다. 정보판단 내용을 살펴보면 북한군 능력을 과대평가하고 있음을 알 수가 있다.

적능력면에서 "현재 적은 우세하다. 인천상륙작전이 성공한다 하더라도, 적은 계속 공격을 시도할 것이고, 부산탈취를 기도할 것이다."라는 결론을 내렸다. 제8군은 북한군에 대해 "현재 적이 아직 우세하며 더욱이 공격능력을 갖고 있다. 서부전선은 소강상태에 있으나 8월과 9월 초순의 경험으로 보아 언제 또 공격으로 전환할 지 모른다. 북한군의 주공은 분명히 대구로 지향되어 있고 미 제1기병사단은 계속해서 압력을 받을 것이다. 현풍 돌출부에서 움직이지 않고 있는 북한군 제10사단의 동향은 이해할 수가 없으며, 이 부대가 대구를 향해 공격을 한다면 그곳이 위험에 직면하게 될 것은 명백하다."라고 판단하고 있었다. 인천상륙작전과 관련된 판단으로는 미 제10군단이 인천상륙에 성공해도 제8군 정면의 적은 공격을 계속하여 부산탈취를 기도할 것이다. 그 이유는 유엔군이 제공권을 가지고 있는 상황하에서 북한군의 기동능력이나 현재의 배치, 제8군의 병력 등을 감안했을 때 그것이 가장 유리하고 실행 가능한 행동이기 때문이다. 맥아더 원수는 인천상륙이 성공하기만 하면 그 충격에 의해서 북한군의 사기는 갑자기 저하되어 혼란상태에 빠질 것으로 예측하고 있지만 그것은 지나친 희망같이 생각되었다. 인천상륙작전에 관한 소식은 유엔군 장병들에게는 그날 안으로 전달되어 사기진작의 특효약이 되겠지만, 북한군 당국은 그것을 숨기기 때문에 UN군이 인천으로 상륙했다는 소식은 늦게 소문을 통해 들을 것이 틀림없다. 실제로 전방의 북한군의 사기는 높아서 웬만큼의 충격으로는 무너질 것같이 생각되지 않는다. 즉 큰 영향이 없을 것이라고 판단했다. 적의 인천으로의 증원 가능성면에서는 UN군이 공중우세권을 가지고 있기 때문에 현재 그들의 위치, 기동력, 그리고 미 제8군의 상태와 능력을 고려시, 적은 계속 공격하는 것이 가장 유리하고 실행 가능한 방책이나, 인천으로 증원한다는 방침을 세웠을 경우 경부축선 부근의 부대(제3, 13사단, 105전차사단)들이 전용 가능하고 이들이 빠지고도 현 전선을 유지하는데 충분한 병력을 가지고 있다고 판단하였다.

제8군은 북한군이 우선 인천상륙작전부대를 각개격파한다는 방침을 세웠을 경우에는 낙동강전선에서 일시 수세를 취하고 남는 병력을 인천으로 전용할 수 있다. 그럴 경우 대구 정면에서 작전중인 제3, 13사단 및 105기갑사단 또는 현풍 돌출부의 제10사단을 전용하게 될 것이다. 이들 부대는 전투력으로 보나, 위치로 보나, 전용이 용이하다. 그리고 이들 사단을 빼내어도 북한군은 아직 현전선을 유지하는데 충분한 병력을 가지고 있다라고 판단하고 있었다. 그러나 실제 북한군 상태는 붕괴직전이었다. 즉, 북한군은 1개 사단당 평균 5,000명 수준의 병력만을 겨우 유지(전체병력의 70%가 강제동원된 의용군)하고 있었으며, 식량부족과 미 공군의 공중공격으로 전쟁공포증 및 사기가 극도로 저하된 상태였다. 미 제8군이 북한군을 과대평가하는 현상은 그동안 북한군의 계속된 공세로 인해 수동적으로 움직여온 과거 충격(심리적 영향) 때문이었다. "북한군은 강하다" 라는 심리는 실제 반격작전간에도 나타난다. 반격 5일차(9월 20일)에 전선 여러 곳에서 돌파에 성공하여 추격개시의 호기가 왔음에도, 미 제8군은 전황보고시 "아직도 추격할 단계는 아니다."라고 보고하는데, 이런 사례를 통해 「주도권 장악의 중요성」을 느낄 수가 있다.

제4절 반격작전 계획 및 작전실시

1. 계획수립

가. 공격개시 시기결정

공격개시 시기를 결정함에 있어 미 제8군은 다음과 같은 사항을 고려 해야 했다. 먼저 낙동강방어선에 투입되어 있는 적을 고착견제함으로써 인천으로 전용되는 것은 막아야 한다는 것이다. 즉 미 제8군의 반격시기는 인천 상륙작전과 밀접한 연관을 갖는 것으로서 북한군을 견제하면서 단 한명이라도 인천 방향으로 전용되지 못하게 하라는 임무를 고려시는 인천상륙작전이 실시되는 9월 15일 또는 그 직전에 반격을 해서 당시 인천으로 전용될 가능성이 있는 것으로 판단되는 북한군 제3사단, 제13사단, 제105전차사단을 견제해야 했고, 맥아더 장군도 늦어도 9월 15일 경에는 미 제8군이 공격해주기를 원하고 있었다.

다음은 반격작전의 주공부대로 운용될 미 24사단의 현 임무를 고려해야 했는데 9월 6일 현재, 공격부대의 주공이 될 미 제24사단은 경주지역의 위기로 인해 경주로 이동(9월 6일 07:00 투입 완료)해 있었는데 미 제24사단이 적 제12사단과 제5사단을 격퇴하고 공격대기지점인 왜관 정면으로 이동해서 공격을 개시하자면 적어도 10일이상이 소요되기 때문에 9월 15일 이전은 도저히 곤란했다. 따라서 적을 고착견제해서 적으로 하여금 인천으로 전용되지 못하도록 해야 한다는 임무와 현 24사단의 상황을 고려해서 Walker 장군은 인천상륙작전 다음날인 9월 16일 09:00를 공격개시 시간으로 결정하였다.

미 제8군이 공격을 개시하는 시기는 인천상륙작전의 시기(9월 15일)와 밀접하게 관련시켜야 한다. 당시 상황하에서는 과연 공격으로 전환할 수 있을는지 조차도 의심스러운데 공격시기를 결정한다는 것은 넌센스라고 하는 의견도 있었으나 어떻든 목표는 세워 놓고 노력하지 않으면 안 된다. "전면의 북한군을 견제하여 단 한명이라도 인천으로 전용하지 못하게 한다."라는 임무를 완수하기 위해서는 미 제8군의 공격시기는 이론상으로는 9월 15일 이전이어야 하고, 또 빠를수록 좋지만 현 상황에서는 매우 곤란했다.

공격부대로 예정되어 있는 미 제24사단 주력은 9월 4일 밤부터 경주방면으로 이동중에 있다. 이 사단이 경주 북쪽과 영일비행장 서측방 산중에 투입해 있는 북한 제5, 제12사단을 격퇴한 후에 공격 대기지점에 집결하여 공격을 준비하는 데는 앞으로 10일 정도가 필요하므로 15일 이전에 공격을 개시한다는 것은 우선 불가능하다고 생각되었다. 그래서 경주정면의 반격을 중지할 것도 고려해 보았으나 그러면 부산의 방어가 위태로워진다. 그렇다고 해서 15일이 지나 너무 늦어지면 북한군은 3개 사단 이상의 병력을 인천으로 전용할 가능성이 많아진다. 맥아더 원수는 미 제8군이 늦어도 15일에 공격을 개시하기를 희망하고 있었다. 그래서 미 제8군 사령관은 공격개시 시기를 인천상륙의 다음날, 즉 9월16일 09:00로 예정했고 공격 개시선은 그 당시 피·아의 접촉선으로 했다. 이 선이 그때 어디가 될지는 알 수가 없으나 어쨌든 부여된 임무에 따라서 군의 공격개시를 일단 9월 16일 아침으로 잡아 놓고 최선을 다하기로 했던 것이다.

나. 주공방향 결정

미 제8군은 최초 4개안을 고려했다.

1안은 대구－대전－수원에 이르는 경부축선

2안은 마산－진주－전주－대전－수원에 이르는 호남축선

3안은 대구－문경－충주－수원에 이르는 동부 중앙 축선

4안은 3개안중 몇개의 축선을 동시에 돌파하는 안

이들 각 축선은 북한군이 남하할 때의 진로와 일치하고 있고 현재 북한군의 후방연락선과도 일치하는 양호한 접근로이다. 한편 대구－원주－춘천(현 중앙고속도로)를 연하는 선도 고려되었으나 미 제10군단이 원주까지 진출할 수 없다는 것이 확실하고 보급추진에도 문제가 있는 안이었기 때문에 방안에서 제외되었다. 이중 Walker 장군은 첫 번째 안인 대구－대전－수원에 이르는 경부축선을 주공 공격 방향으로 채택하였다. 이 축선을 채택시 장점은 미 제10군단과 연결될 수 있는 최단거리 접근로이면서 보조도로를 이용할 수 있으며, 경부 국도 및 철도 외에도 몇 개의 2급 국도(대구－상주－보은－청주, 상주－괴산－안성－수원)가 병행하고 있으며 이 도로들은 지반도 좋았다. 복구만 제대로 하면 기갑부대 운용과 병참지원이 용이하다. 또한 대구 정면은 북한군 제1군단과 제2군단이 접촉된 지역이기 때문에 이곳을 돌파하면, 중서부 지역의 북한군 제1군단의 퇴로를 차단할 수 있다. 인천 방향으로 투입이 예상되는 3사단, 13사단, 105 전차사단을 직접 공격하는 결과가 되기 때문에 견제효과가 크다는 등의 장점이 있었다. 북한군도 주공을 이 축선으로 하여 남하했다.

반면 단점으로는 적의 강점, 즉 적 주공방향(정면)을 공격해야 하는 것이었다. 이 정면은 북한군 제3, 13, 1사단, 제105기갑사단이 대구를 향해 집중적으로 공격하고 있어서 미 제1기병사단의 전선은 날이 갈수록 축소되어갔다. 즉 적의 주공 정면에 아군의 주공을 지향한다는 불리점이 있다. 통상, 공격으로 이전할 경우에는 적이 퇴각한 정면, 공격이 실패한 정면, 또는 적의 측방으로 주공을 지향하는 것이 원칙이며 전사는 이를 증명하고 있다.

■ 주요부대 운용

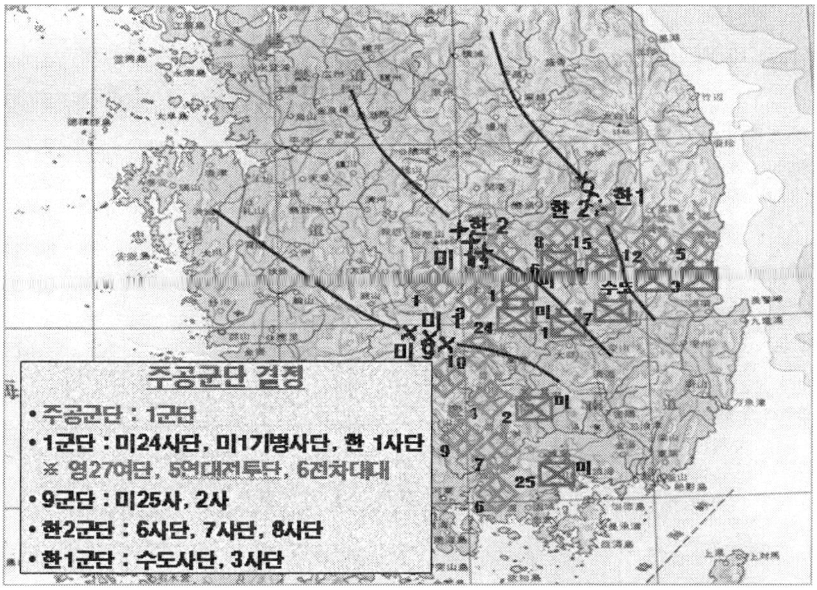

적전도하 즉, 낙동강을 적 코앞에서 도하해야 할 뿐만 아니라 도하장비 자체가 부족했

다. 낙동강 동안으로 진출해 있는 북한군을 격퇴하려면 바로 낙동강이라는 가장 큰 장애물을 극복하지 않으면 안 된다. 더욱이 이 도하는 적전도하가 될 공산이 큰데 도하자재는 충분치 않았다. 현재 경부국도 축선은 철도 및 도로가 심하게 파괴되어 있었다. 여러 개의 좋은 도로를 진로로서 사용할 수 있으나, 이 도로들은 미 공군의 저지목표가 되어 있었기 때문에 교량이나 터널의 파괴도는 다른 도로보다 크며, 우리 공병의 능력은 불충분하였다.

또한 대구의 확보가 의심스러운 상황하에서는 공격준비가 어렵다. 만일 현풍의 제10사단이 공격을 개시하여 대구가 적의 수중에 들어간다면 전선을 정비하기도 어려울 뿐만 아니라, 철도의 종착역인 대구를 잃게 되어 보급도 큰 문제가 된다. 단적으로 말해서, 이 안은 그 전제가 매우 염려스럽다. 특히 대구의 확보가 보장되지 않는 한, 고려하기 어려운 치명적인 불리점이 있었다. 이 축선을 채택한 Walker 장군은 단점 보강을 위해 적의 전투지경선과 약한 측익을 공격함으로써 적의 강점에 대한 공격을 회피하고 현재 보유하고 있는 도하자재를 집중 지원해서 미 제1기병사단이 교두보를 확보 후 미 제24사단이 초월공격하도록 했으며 도로망 문제는 도로복구를 위해서 공병을 집중 지원하고 더 이상의 도로 피해를 방지하기 위해 신속하게 공격함으로써 적으로 하여금 파괴할 시간적 여유를 박탈하도록 조치하였다.

2. 반격작전계획

■ 반격작전시 부대운용 개념

제8군은 북한군의 9월공세가 한창인 가운데 9월 16일부터 실시될 공격계획을 작성하여 9월 7일 동경에 보고하여 승인을 얻었다. 그 후 전황의 추이에 따라 일부 수정을 가하고 각 사단으로부터의 의견도 수렴하여 9월 15일 밤 명령으로 하달했다.

가. 작전개념

제8군은 현 접촉선을 공격개시선으로 하여 9월 16일 09:00 주공을 대구－김천－대전－수원 축선으로 공격방향을 지향하여 공세로 이전, 이 방면의 적을 격멸함과 동시에 신속하게 미 제10군단과 연결한다.

나. 각 부대의 임무

(1) 미 제1군단은 제8군의 주공이 되어 다음 사항을 고려하여 돌파를 실시한다. 미 제1기병사단과 미 제5연대전투단으로 정면의 적을 돌파하고 왜관 대안에 교두보를 설치한다. 이 공격을 용이하게 하기 위하여 미 제24사단을 왜관 하류에서, 한국군 제1사단을 그 상류에서 조공으로서 도하를 실시케 한다. 교두보가 설치되면 미 제24사단은 김천을 거쳐 대전을 향해 공격한다. 이 공격 중 미 제1기병 사단으로써 미 제24사단의 후방을 방호하고 도로를 확보한다.

(2) 미 제2, 제25사단 및 한국군 제1, 제2군단은 각각 정면의 적을 공격하여 이를 고착 견제한다. 상황에 따라서 국부적인 돌파가 성공했을 경우에는 전과를 확대함으로써 주공부대를 지원한다. 특히 미 제2사단은 미 제1군단의 도하를 용이하게 하기 위하여 조공으로서 도하한다.

(3) 돌파에 성공하면 제8군은 신속하게 제10군단과 연결을 시도함과 동시에 38선을 향해 추격전을 실시하여 남한 침입한 북한군을 격멸한다.

다. 미 제1군단의 기동계획

미 제1군단은 9월 13일 지휘권을 행사한 이래 제8군과 협조하면서 반격계획을 발전시켰다. 그 주안점은 미 제1기병사단과 미 제5연대전투단으로 낙동강 서안에 교두보를 설치하고 그 엄호하에 미 제24사단을 도하시켜 공격케 하는 것이다. 이 병력운용은 미 제24사단의 공격준비 완료시기와 미 제1기병사단의 전력의 한계를 감안하여 결정된 것이다.

라. 미 제1기병사단의 계획

당시 미 제1기병사단은 29km에 이르는 정면에서 더욱이 북한군 주공의 첨단에서 9월 1일 이래 쉴 사이도 없이 전투를 계속 하고 있었다. 전투가 가장 치열한 지점은 미 제5기병연대가 담당한 대구－왜관가도의 203고지 일대와 미 제8기병연대가 담당한 대구－다부동 가도의 570고지 일대로써 피·아 공히 역습을 반복하여 하나의 돌출부나 하나의 언덕을 서로 뺏고 빼앗기는 상황이었다.

사단장은 9월 16일 미명, 미 제7기병연대 2대대를 대구지역 예비진지로부터 미 제5기병연대 좌측방 정면의 188고지로 이동시키고 미 제5연대전투단을 금호강 하류지역에 집결시켜 사단의 공격을 준비했다.

3. 반격작전 경과

가. UN군

9월 16일 미 제8군 및 한국군은 총반격을 개시하고, 장사동 일대에 밀양 유격대를 상륙시키지만 별다른 성과를 거두지 못하고 만다. 반격 이틀째인 9월 17일에도 8군의 공격이 부진하자 맥아더 장군은 현 낙동강전선에서 Davidson 선으로 철수하여 미 2개 사단을 차출, 군산 상륙작전을 구상하도록 지시하자, 미 제8군 참모장이 돌파 성공 가능성을 보고하자 일단 군산상륙계획은 백지화된다. 9월 18일에는 주공 방향인 왜관 서측에 B-29 폭격기 42대로 융단폭격을 하고, 미 제24사단은 금호강을 도하하는 등 전 전선에서 낙동강을 도하, 적의 전선 일각에 쐐기를 박아 선제권을 확보하게 되는 계기가 되었다.

■ 반격작전 경과

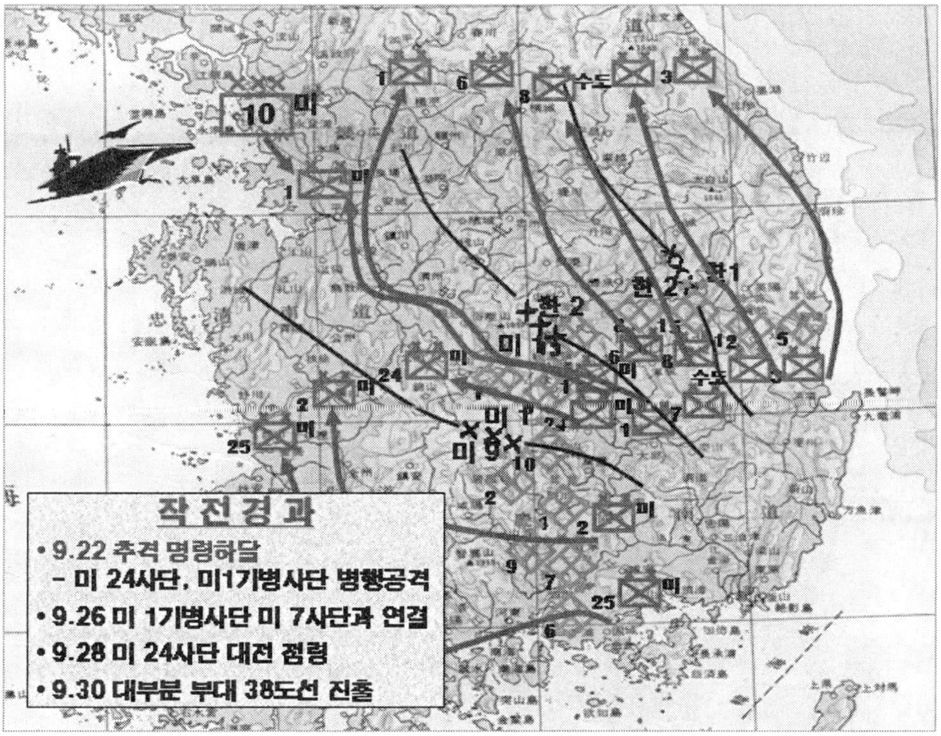

9월 19일에 맥아더 장군은 동경에 있는 그의 참모장을 통해 미 제8군 사령관에게 "미군 2개 사단, 한국군 2개 사단으로 10월 15일에 군산에 상륙할 수 있도록 준비하라."는 명령을 하달하는데, 이때 Walker 장군은 "멀지 않아 돌파는 이루어 질 것이다. 지금 상황으로는 제8군에서 1명도 차출할 수 없다. 조금만 더 전황을 관망해주기 바람. 제8군이 큰 쇠망치가 되어 돌진할 날은 눈앞에 닥치고 있다."고 보고하는 일이 있었다.

반격 닷새째인 9월 20일에 미 제1기병사단이 금무봉 및 왜관을 탈환하였으며, 9월 21일에는 50일간에 걸친 적의 포위망에 큰 구멍이 뚫어지게 되어 전 전선에 걸쳐 일대 반격이 개시되었다. 9월 22일에는 주공인 미 제24사단의 진출이 지연되자 추격계획을 수정하여 미 제24사단, 미 제1기병사단 2개 사단을 전방으로 하여 미 제24사단은 대구－김천－대전 방향으로, 미 제1기병사단은 다부동－낙동리－상주－보은－청주－수원으로 진격하였다. 미 제1기병사단은 777TF를 편성하고 777TF는 다시 Lynch가 선도하였다. 9월26일 낙동강에 부교가 가설되어 본격 도하가 시작되고 미 제1기병사단의 선두 부대인 Lynch TF는 22:26분에 인천으로 상륙한 미 제7사단 31연대와 오산 북방에서 연결하는데 성공하였다.

9월 28일에는 미 제24사단이 대전을 탈환하고, 한국군 해병 제1연대가 가장 먼저 서울에 입성, 서울을 수복하였다. 각 사단별 반격작전 경과를 보면 미 제9군단 예하부대로 마산 정면을 담당하고 있던 미 제25사단은 진주를 탈환한 후 하동－남원－정읍을 거쳐 9월 30일에 군산을 탈환했으며, 창녕·영산지구의 미 제2사단은 거창－전주를 거쳐 9월 30일에 논산을 탈환했다.

미 제1군단 예하 왜관 지구의 미 제24사단은 김천－영동을 거쳐 9월 28일 대전을 탈환하고, 다부동 지역의 미 제1기병사단은 낙동리－보은－ 청주－천안을 거쳐 9월 26일 오산 북방 6km지점에서 인천에 상륙했던 7사단과 연결했는데 이때 미 제1기병사단 선봉부대는 777TF가 맡았다. 미 제1기병사단 7연대(해리스 중령)가 주축이 되어 편성되었으며 이 777TF의 최선두부대는 7연대 3대대가 주축이 된 Lynch TF가 담당했다. Lynch TF는 9월 23일 상주에 도착하고 26일 12:00에 보은, 15:00 청주, 그리고 천안을 거쳐 동일 22:26분에 오산 북방 6km 지점에 도착하여 미 제10군단 제7사단 31연대와 연결함으로써 Lynch는 하루 동안에 약 160km이상을 진격한 셈이었다. 한편, 팔공산에서 진격한 한국군 제1사단은 최초 북한군 제1사단을 돌파하고 그 후 군단 예비로서 후방의 잔적을 소탕하면서 미 제1기병사단을 후속 10월 11일에 고랑포에 도달했다.

한국군 제2군단 예하 신령지구를 담당하고 있던 제6사단은 함창－문경－충주를 거쳐 9월 30일에 원주를 탈환하였다. 영천지구의 제8사단은 안동－단양을 거쳐 9월 30일에 제천을 탈환하였다. 한국군 제1군단 예하 기계, 안강지구의 수도사단은 청송－영월－평창을 거쳐 9월 30일에 38°선 일대에 도달하고, 포항지구의 제3사단은 북한군 제5사단을 추격하여 동해안 도로를 따라 최선두로 38°선에 도달하였다. 이와 같이 빠른 추격이 가능했던 것은 동해에서의 적절한 함포지원과 과감한 공격 정신 때문이라고 할 수 있다.[20]

20) 38선 최초 돌파 및 원산 최초 입성부대로 3사단으로 많이 알려져 있는데 이런 영광은 수도사단에게도 돌아가야 한다. 수도사단의 이런 활약이 잘 알려지지 않은 것은 당시 종군기자들이 교통이 편하고 미 해공군의 엄호를 받으며 작전을 할 수 있었던 3사단에 많았던 탓으로 3사단의 활약만 주로 보도되었기 때문이다.

나. 북한군

북한군은 지리멸렬한 가운데 대부분 사살되거나 포로가 되었으며 겨우 그 일부가 북쪽으로 도주하거나 또는 지리산, 덕유산, 태백산, 오대산 등지의 산악지대로 잠입하였다. 9월 15일에서 9월 30일까지 UN군에 생포되거나 투항해온 북한군의 수가 무려 23,000명에 달했다는 사실은 당시 상황을 잘 말해주고 있다. 9월 공세 초기에 98,000명의 북한군 병력중 38선 이북으로 돌아간 자는 25,000내지 30,000명에 지나지 않았던 것으로 추정되고 있다. 일본에서도 "북한군은 구름같이 흩어지고 안개같이 사라져서 한 사람도 잡히지 않았다."는 소문이 떠돌아 북한군을 신비스럽게 보는 경향마저 있었다.

■ 북한군 작전의도

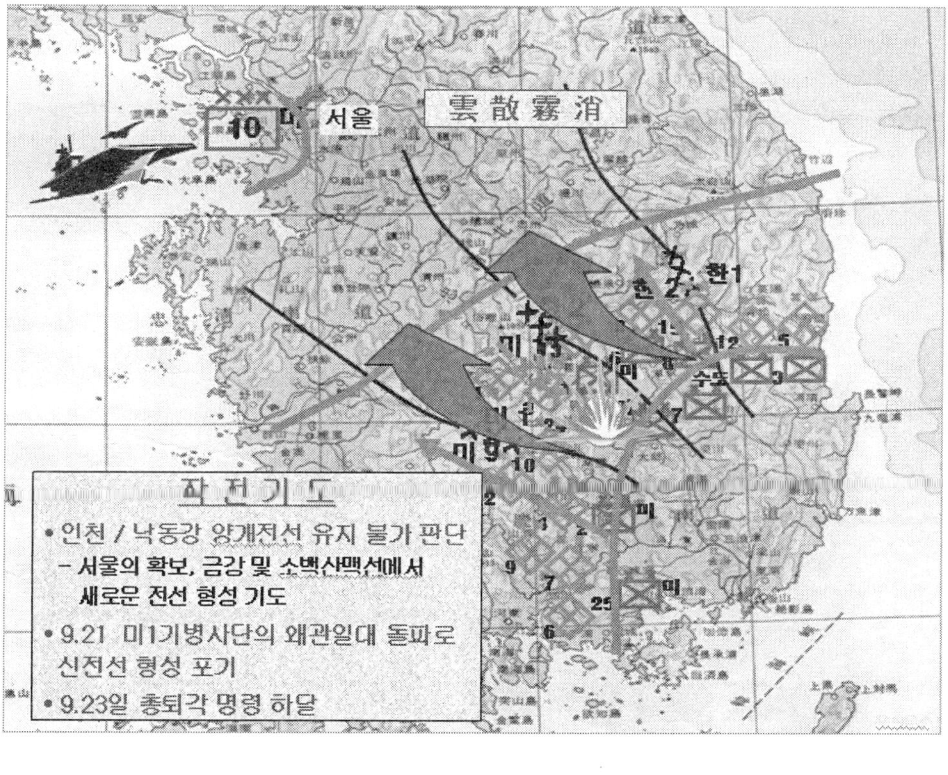

제 7 장
북진작전

문제중심 학습 요약

제1절 38도선 돌파논쟁

1. 북진을 찬성하는 주장 : 국방성 / 국무성 극동 담당자

(가) 38도선 돌파를 정지시킬 법적, 기술적 근거가 없다
(나) 추격을 중지하면 적은 군사력을 재정비하여 남침할 우려
(다) 유엔군의 최초부터의 목적은 통일된 한국을 건설하는데 있었으며, 38도선을 영구적으로 인정하는 것은 아니다.
(라) 유엔군의 해·공군은 최초부터 북한지역에 공격을 실시했는데, 지상군만이 북진할 수 없다는 것은 이유가 되지 않는다.
(마) 북한의 전범자를 재판하기 위해 38도선을 돌파해야 한다.
(바) '50. 6. 27. 유엔 안보리의 결의는 북진할 수 있는 법적 근거가 된다.

2. 북진을 반대하는 주장 : 국무성 정책 기획실 / 소련 전문가

(가) 38도선을 넘는 경우에는 소련 및 중공군의 개입을 초래하여 필연적으로 제3차 세계대전을 유발할 위험이 많다.

제2절 북진작전에 대한 미국의 정책

1. 미국의 정책 결정 과정

(가) 애치슨 : 국무성 정책기획실에 38도선 돌파문제 연구지시(7. 10.)
(나) 트루만 : 국가안보회의(NSC)에 38도선 돌파문제 연구지침 하달(7. 17.)
(다) 미 국방성 : 38도선 돌파에 대한 국제적 반응타진(8. 17.)
(라) 합동참모본부(JSC) : 맥아더 원수의 38도선 돌파주장 동의(8. 19.)
(마) 미 국가안보회의-38도선 돌파 정책 건의안 작성(9. 1.)
(38도선 이남에서 북한군 축출 후 주도권 확보시 38도선 돌파 /북진)
* 조 건 : 소련에 대하여 한반도에서 상대적 유리한 입장 확보,
미국 국가 이익의 신장기회가 도래할 경우
* 법적 명분 : 유엔 안전보장이사회의 "6. 27 결의, 7. 7 결의"
① 38도선 정지시 북한군이 재편성 후 재침 가능성 상존
② 한반도에서의 평화와 안전회복의 실현 불확실
* 북진 결정의 관건 : 중공 및 소련의 개입 가능성
(바) 트루만-미 국가안보회의 건의안 재가(9. 11.)
(사) 예비훈령(정책건의안) : 맥아더 원수에게 하달(9. 15.)
(아) 합동참모본부(JSC) : 정식훈령 하달(9. 27.)
(자) 유엔총회 : 통일 한국 결의안 가결(10. 7.)
(차) 9. 27. 훈령 무효화 및 38도선 돌파명령 하달(10. 9.)

2, 미국의 정책

(가) 예비훈령(9. 15.)
① 군사목표 : 북한군 격멸
② 38도선 이북에서 지상작전 시도 승인
③ 중 · 소 국경 월경금지, 접경지대는 한국군만 진격
④ 중 · 소 영토 부근지역에 해 · 공군 행동금지
⑤ 북한군 무장해제 및 항복집행은 한국군이 담당
⑥ 북한지역에 대한 행정은 정세에 따라 별도 결정
⑦ 북한 진격계획을 합참에 제출, 승인 요구
⑧ 중소 개입시 지상작전 실시 금지
* 38도선 돌파명령은 차후 하달

(나) 정식훈령(9. 27.)

① 유엔군 임무 : 북한 무장단체 격멸, 한국에 민주 통일국가 수립, 38도선 이북에서 지상군 작전실시 승인

② 상황에 따라 수정 가능

③ 훈령시행 : 중·소 개입 않을 경우, 개입할 의사 없다는 것이 확실할 경우

④ 중·소 개입에 관한 정보수집 노력

⑤ 기 타 : 예비훈령(9. 15.)과 동일

(다) 유엔 통일 한국 결의안(10. 7.)

① 유엔은 전 한반도의 안전상태 확립을 위해 모든 적절한 조치 강구

② 한국에 통일된 민주 독립정부를 수립하기 위해 유엔 감시하에 총선거를 실시할 수 있도록 모든 조치 강구

③ 유엔군은 상기 2개항의 목적 외에 한국에 주둔하지 않는다.

* 유엔의 전쟁목표 변경 : 38도선 회복 → 한반도 통일

제3절 북진계획

1. 맥아더(MacArthur)의 계획과 워커(Walker)의 구상

맥아더 계획	워커 구상
(가) 가 정 1) 동계이전 전쟁 조기 종결 가능 2) 소련, 중공의 불개입 (나) 기동계획 1) 미 제8군 : 38도선 돌파, 평양 진격 2) 미 제10군단 : 원산상륙후 미 해병 제1사단은 한중국경선 방향 진격, 미 제7사단은 평양 북방으로 공격/미 제8군과 연결 (다) 북진 한계선 1) 정주-군우리-영원-함흥-흥남 2) 이 선 이북은 한국군만이 진격하여 작전 실시	(가) 기동계획 1) 미 제10군단 : 미 제8군 지휘하 평양-청천강선으로 진격 2) 미 제1군단 : 미 제10군단을 후속하여 평양-원산으로 공격하여 한국군 제1군단과 연결 후 동북방향 계속 공격

※ 그 당시 맥아더(MacArthur)의 명성과 인천상륙 작전의 성공 등으로 맥아더의 북진계획을 채택

2. 기동계획

(가) 미 제8군

① 미 제1군단 : 현재의 경비임무는 미 제9군단에 인계

㉮ 미 제1기병사단(주공, 중앙) : 금천-신막-사리원-평양

㉯ 미 제24사단(조공, 좌) : 개성-연안-해주-사리원

㉰ 한 제1사단(조공, 우) : 고랑포-시변리-신계-율리-평양

② 한 제2군단 : 의정부-춘천 지역에서 진격

㉮ 한 제8사단 : 의정부-철원-평강-성천-순천-개천

㉯ 한 제7사단 : 금화-평강-곡산-평양

㉰ 한 제6사단 : 화천-금화-평강-신고산-양덕-성천-순천

③ 한 제1군단 : 동해안을 따라 진격

㉮ 수도사단 : 양양-인제-회양-신고산-원산

㉯ 한 제3사단 : 양양-고성-통천-원산

④ 미 제9군단

㉮ 미 제1군단 지역 경비 임무 인수

㉯ 미 제2, 25사단 : 경부도로 병참선 방호

㉰ 한국 경찰대와 잔적 소탕

* 10. 5.부 한 제11사단 배속

(나) 미 제10군단

① 인천(미 해병 제1사단)과 부산(미 제7사단)에서 승선하여 원산에 상륙

② 미 해병 제1사단 : 한 · 중 국경선 방향으로 진격

③ 미 제7사단 : 평양북쪽 방향으로 진출하여 미 제8군과 연결작전 실시

제4절 북진작전 경과

(1) 10. 1. 한 제1군단(제3사단) 38도선 돌파

(2) 10. 2. 북진계획 하달(유엔군 작명 제2호)

(3) 10. 9.~14. 금천지구전투(미 제1기병사단)

(4) 10. 10. 원산 점령(한 제1군단)

(5) 10. 19. 평양 탈환(한 제1사단)

* 북진한계선 수정 / 신 맥아더 라인 설정 : 선천-고인동-풍산-성진

(6) 10. 20. 숙천, 순천 공정작전(미 제187공수 연대)

(7) 10. 24. 맥아더의 총 추격 명령

① 미 제1군단 : 신의주-수풍 지역 확보

② 한 제2군단 : 벽동-만포진 지역 확보

③ 한 제1군단 : 백두산 이동 지역 확보

④ 미 제10군단 : 백두산 이서 지역 확보

* 10. 25. 중공군 제1차 공세 개시

(8) 10. 26. 미 해병 제1사단 원산 상륙, 한 제6사단 7연대 초산 진격

(9) 10. 29. 미 제7사단 이원 상륙

(10) 11. 4. 미 제3사단 원산 상륙

(11) 11. 5. 수도사단 길주 점령

* 24:00부로 서부지역에서 중공군 철수(중공군 1차 공세 종료)

(12) 11. 21. 미 제7사단 17연대 혜산진 도달

(13) 11. 24. 미 해병 제1사단 장진호 진출

* 크리스마스(X-mas) 공세 개시

(14) 11. 25. 수도사단 청진 점령

* 중공군 2차 공세 개시(유엔군 철수 시작)

(15) 11. 30. 한 제3사단 22연대 혜산진 진출, 수도사단 부령-부거선 진출

제1절 북진 작전계획

1. 북진작전 개관

38°선 이남 지역을 회복한 한국군과 UN군은 전쟁 재발을 근원적으로 봉쇄하고 한반도의 통일을 이룩하기 위하여 북한군을 완전히 격멸할 목적하에, 10월 1일~11일 어간에 군단별로 각각 38°선을 넘어 북한 지역으로 총진격작전을 개시하였다. 이때의 기동계획은 미 제1군단(미 제1기병사단, 미 제24사단, 한국군 제1사단, 영연방 제27여단)이 주공으로서 서부지역의 개성－사리원－황주를 경유하여 평양을 목표로 진격하고, 한국군 제1군단은 중동부전선 및 동해안 지역에서 원산 방향으로 공격하며, 한국군 제2군단은 중부에서 철원－평강－양덕을 경유하여 청천강 선으로 진격하고, 미 제10군단(미 제1해병사단, 미 제3사단, 미 제7사단, 한국 해병 제1연대)은 원산에 상륙한 다음 그 일부를 서진시켜 서부전선의 미 제8군과 연결하는 것이었다.

북한군은 서해안방어사령부와 전선사령부가 38°선 북방에 방어선을 설정하여 한국군과 UN군의 북진을 저지하면서 그들의 철수부대를 수습하고 있었고, 평양과 원산에는 평양방어사령부와 원산방어사령부를 두어 후방지역을 방어하고 있었다. 그러나 그들의 전력은 빈약하여 조직적인 방어대책도 수립되어 있지 않은 상태였으므로 한국군 및 UN군의 진격은 순조롭게 진전되어 동부의 한국군 제1군단은 10월 10일에 원산, 10월 17일에 함흥을 점령하였으며, 서부의 미 제1군단은 10월 19일에 평양을 탈환하였다. 그리고 중부의 한국군 제2군단은 10월 18일 양덕을 점령한 후 평양탈환작전에 기여하기 위하여 성천·강동으로 서진하였다가 다시 북상하여 10월 23일에는 청천강 선(희천)까지 도달하였다.

이때 미 제10군단의 원산상륙계획은 그 시행이 지연되어 원산 외항에서 상륙 준비를 하고 있었다. 청천강 선에 도달한 한국군 및 UN군은 10월 24일에는 그 곳에서 한·만 국경선을 향한 총공격작전을 개시하였다. 한국군과 UN군은, 당시의 북한군 전력으로는 UN군의 진격을 저지할 수가 없을 것이며, 북진을 단행하였을시 우려하였던 소련이나 중공의 개입 징후가 그때까지도 포착되지 않고 있었으므로, 북진시 설정한 군사적인 목표를 무난히 달성할 수 있을 것으로 판단하였던 것이다.

그러나 그 다음날인 10월 25일 한국군과 UN군이 박천·운산·온정리·희천을 연하는 선까지 진출하였을 때, 불의에 중공군의 공격을 받게 되었다. 그것은 완전한 기습이었다.

2. 맥아더 장군의 북진계획

가. 북진계획 가정

1950년 9월 27일 미 합참으로부터 북진을 승인받은 MacArthur은 작전계획을 합참에 제출해서 9월 29일 Truman 대통령의 승인을 받은 후에 「작전명령 제2호」로서 10월 2일 UN군 예하 전 부대에 하달했다. 이 때 2가지 가정을 세웠는데 첫째, 동계이전 전쟁종결 가능과 둘째, 소련, 중공 불개입이다. 현재 북한지역은 북한군의 괴멸로 사실상 힘의 공백지대이기 때문에 겨울이 오기 전에 속전속결이 가능할 것이다. 소련이나 중공은 결코 한국전에 개입하지 않을 것이라고 가정했다.

■ 맥아더 장군의 북진작전 구상

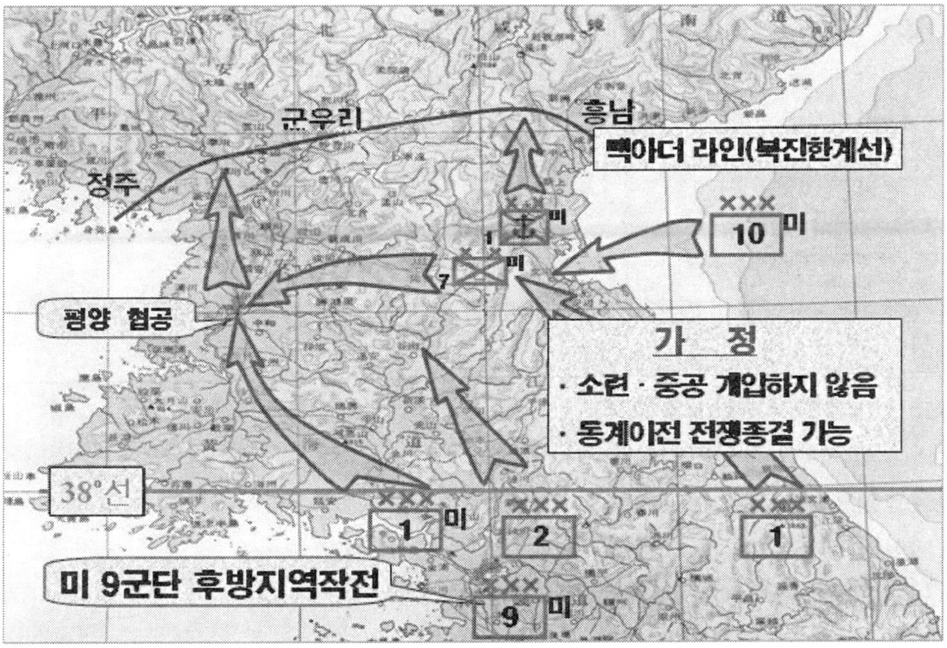

맥아더는 북한군의 현재의 상태 즉 괴멸직전으로 산악지에서 보병만 약간의 저항, 전쟁지도부 와해 등을 고려시 동계이전 전쟁종결이 가능할 것으로 판단하였다. 따라서 맥아더의 주관심은 조기에 전쟁을 종결하는 최대 관건은 북한지역으로 진격하는 UN군 부대들에 대한 군수물자 수송문제라고 보았고, 이러한 문제를 해결하기위해 다시 한번 상륙작전을 계획하게 된다. 즉 낙동강 이북의 전교량, 철교 파괴로 지상 수송만으로는 해결이 곤란함으로 원산항을 이용할 수 있다면 하는 생각이 지배적이었기 때문이었다.

□ 맥아더의 북진구상

제8군은 38선을 돌파하여 평양으로 진격하며, 미 제10군단은 인천과 부산에서 승선하여 원산에 상륙한 후, 미 제1해병사단은 한, 중 국경선으로 미 제7사단은 평양으로 공격하여 제8군과 연결, 적의 퇴로를 차단한 후에 계속 북진하여 정주－군우리－영원－함흥－흥남을 연하는 선까지 진출한다. 그리고 이선 이북에 대한 작전을 한국군에 한하여 실시토록 한다는 것이었다.

나. 원산 상륙작전

9월 26일 맥아더 장군은 라이트 장군이 이끄는 합동전략기획작전단(JSPOG)에게 38° 선 이북지역에 또 다른 상륙계획을 작성하라는 지침을 주었다. 맥아더 장군은 38°선 이북으로 진격하는데 2가지의 생각을 가지고 있었다. 하나는 동해안을 따라 제8군을 주공으로 하여 진남포나 다른 지역에 상륙한 병력과 연결시키는 것이고, 다른 하나는 역시 제8군이 서해안을 따라서 진격하고, 당시 동해안에 인구 150,000명을 가진 원산에 상륙한 병력과 연결시키는 것이었다.

결국 계획은 지상진격과 상륙작전을 연결시킨다는 두 가지 개념의 방식을 다 포함하고 있었다. 라이트 장군은 9월 27일 과거 인천상륙작전에서 보여준 개념의 현실적인 적용방안으로 상기 두 가지 방법을 혼용한 새로운 방안을 내 놓았다. 이 계획에 의하면, 제8군은 서해안을 따라서 적의 수도를 탈취하고자 진격하고, 미 제10군단은 원산에 상륙작전을 실시한다는 것이었다. 라이트장군은 상륙작전을 시행하기 위해서는 명령을 내린지 10일 이내에 승선을 비롯한 모든 준비를 완료해야 한다고 말하였다.

원산은 상륙하기에 매우 좋은 곳이었다. 북쪽에 깊숙이 위치한 점을 제외하고라도,

동해안에 있는 중요한 항구이며, 한반도의 허리를 가로지르는 가장 쉬운 통로의 동쪽 일단이라는 점에서였다. 그래서 반도를 횡단하고, 남북을 잇는 중요한 도로와 철도, 통신의 중심지였다. 실제로 원산은 소련이 북한을 지원하기 위하여 보내는 물자와 군 장비를 블라디보스톡 지역에서 해상으로 들여오는 주 항구일 뿐 아니라, 육로로 지원하는 데에도 중요한 지점이었다. 원산으로부터 평양에 병력이 이동할 수 있으며, 또 북으로는 한반도에서 가장 중요한 공업지구인 함흥이나 흥남지역으로 진출할 수가 있었다.

맥아더 장군이 원산상륙작전을 구상하게 된 주요 이유는 다음과 같다.

① 도주하고 있는 적의 퇴로를 차단하고

② 적을 지원하는 중요한 항구를 점령할 수 있는 효과적인 방법이 바로 상륙작전이라고 보았다.

특히 적의 주 보급항을 탈취한다는 것을 무엇보다도 중요시 하였다. 한편 9월 말에 한국에서 싸우고 있는 사단을 지원하기 위한 탄약, 식량, 유류, 기타 대부분의 보급품은 인천과 부산으로 들여왔다. 병력이 북상함에 따라, 부산항의 전략적 가치는 감소되었다. 부산에서 전선에 이르는 철도와 도로는 치열한 전투결과 제 기능을 발휘할 수가 없었고, 설사 기능을 잘 수행할 수 있다하여도 전선에서 너무 멀리 떨어져 있었다. 그러나 인천은 당시 한국전선에서 싸우고 있는 UN군의 소요를 충분히 충족시킬 만한 수송을 감당할 수 있는 수송능력을 갖추고 있지 못하였다.

맥아더 장군은 인천과 부산 항구만으로 도저히 제8군과 미 제10군단을 지원할 수 없다고 판단하였다. 황폐화된 도로와 철도를 가지고서는 신속히 전쟁을 수행할 수가 없고, 북한의 혹심한 겨울 추위 때문에 싸울 수가 없게 되는 사태를 우려하였다. 우선 당장 38°선 이북에서의 작전에 대해서는 주의를 기울이기 전에 38°선에 이르는 지역까지 주 보급선을 복구하는데 필요한 모든 공병을 동원한다 하더라도 수주일이 걸릴 것이 분명하였다.

그러나 원산을 개항한다면, 두 집단의 부대를 능력의 감소 없이 상호 협조하여 임무를 수행하게끔 일본으로부터 지원 할 수 있으리라고 판단하였다. 원산을 탈취하는 두 가지 방법 중에서, 맥아더 장군은 우회 상륙작전을 더 우선적으로 고려하고 있었다. 그 병력으로는 미 제10군단을 생각하고 있었으며, 북한에 상륙하는 작전이 인천상륙작전과 같이 성공적으로 이루어지기를 원하고 있었다. 이미 맥아더 장군이 북한지역을 공격하여 전투를 하도록 방침을 세운 바 있는 합참본부로서도 맥아더 장군이 수행하는 방법에 대해서 구태여 왈가왈부할 하등의 이유가 없었다. 그래서 그들은 맥아더 장군의 계획을 국방장관에게 보내었다.

트루만 대통령과 마샬 장군은 즉시 맥아더 장군의 계획을 승인하였고, 합참본부는 맥아더 장군에게 그가 세운 계획대로 실시하도록 통고하였다. 맥아더 장군은 9월 29일, 서울 탈환식에 참석했다가 동경에 돌아와 정식으로 이를 결정하고 준비명령을 하달하였는데, 맥아더 장군이 구상한 북진계획의 요지는 미 제8군은 38°선을 돌파하여 평양으로 진격하며 미 제10군단은 인천과 부산에서 승선하여 원산에 상륙한 후 미 제1해병 사단은 한중 국경선으로, 미 제7사단을 평양북쪽으로 진출하여 동서 연결작전을 실시한다는 것으로 이 계획은 청일전쟁 당시의 일본군의 기동계획과 유사하였다.

제2절 북진작전 경과

1. 북진 준비

미 제1군단 예하 미 제1기병사단은 10월 8일까지 임진강을 도하하여, 예성강－개성선까지 진출하여 주력의 진출을 엄호할 준비를 하였으며, 한국군 제1사단은 고랑포 부근에 집결을 완료하였고, 영연방 제27여단은 10월 5일 대구에서 김포로 공수되어 임진강 서측에 집결 완료하였다. 미 제24사단은 개성, 연안일대에서 해주, 사리원을 경유 평양방향으로 공격하도록 하였다.

한편 미 제9군단은 미 제25사단을 수원－대전축선에, 미 제2사단을 대전서부 및 서남부에, 한국군 제11사단을 전주, 광주지역에 배치하여 후방방호 임무를 수행토록 하였다. 한국군 제1군단(수도, 3사단)은 10월 1일 통천을 탈취하고, 한국군 제2군단(6, 7, 8사단)은 10월 5~6일 사이에 38선에 도착하였다.

2. 북진작전 개시

낙동강에서 반격을 하여 가장 먼저 38선일대에 진격한 한국군 제1군단의 3사단은(동해안 함포지원, 적 5사단에 대한 적개심) 군단의 선봉사단으로서 10월 1일 정면의 적 제5사단 패잔병을 물리치고 최초로 38선을 돌파했으며,10월 2일에는 제3사단 및 수도사단이 양양까지 진출했다. 이날『UN군 작전명령 제2호』북진계획이 전부대에 하달되었다. 제8군은 이를 근거로 하여 제8군의 공격명령을 10월 3일 하달했다.

이때 공격개시일에 대해서는 별도로 하달하기로 했다. 이는 38선에 대한 정치적 고려에서 신중을 기하기 위해서였다. 그래서 10월 7일, 미 제1군단이 38선－예성강선에 전개를 끝내자 제8군 참모장 알렌 장군은 동경의 힉키 참모장에게 38선 돌파시기 결정에 대해서 전화로 문의했는데 "공격개시일은 귀군의 공격준비가 완료 되는대로 언제든지 좋다."라는 답변이었다. 그러나 이것은 중대한 일이기 때문에 훗일을 위해서 전보를 발송해 줄 것을 건의하여 같은 내용의 확인 전문을 받아 놓았다. 이 무렵, UN이 8개국 공동결의안을 채택했다는 것을 알 게 된 워커 장군은 즉시 미 제1군단장 밀번 소장과 한국군 총참모장 정일권 장군에게 "공격개시일은 귀 부대가 공격준비를 완료한 다음 날로 한다."라고 지시했다. 그러나 한국군은 그 무렵 이미 북한 깊숙이 진격하여 원산과 평강에 접근하고 있었다. 10월 9일~14일까지는 10월 9일 38선을 돌파한 미 제1기병사단의 금천지구 전투가 실시되고, 10월 10일에는 한국군 제1군단이 놀라운 속도로 진격하여 미 10군단의 상륙예정지인 원산을 점령하였다.

10월 19일에는 한국군 제1사단이 가장 먼저 평양을 탈환하였다. 한편, 같은 날 MacArthur 장군은 MacArthur Line을 수정하여 선천－고인동－풍산－성진을 연하는 신 MacArthur Line으로 북진한계선을 추진하였다. 10월 20일 미 제187공수연대가 숙천, 순천 공정작전을 실시하고 10월 24일에 MacArthur 장군은 한국군만으로는 병력이 너무 적어 추격이 불가능하다고 판단하고 북진한계선을 아예 철폐시키고 총 추격명령을 하달하였다. MacArthur의 총 추격명령에 의하면, 한국군과 UN군은 신속히 한·만국경선으로 진출하여 미 제1군단은 신의주－수풍지역을 확보하고, 한국군 제2군단은 벽동, 만포진 지역을, 한국군 제1군단은 백두산 이동지역을 미 제10군단은 백두산 이서지역을 확보하고, 일부병력은 강계방면으로 진격토록 하는 것이었다. 10월 26일에는 미 제10군단이 원산에 상륙하고 한국군 6사단 7연대가 초산까지 진출하였다.

■ 낙동강에서 북진작전 경과

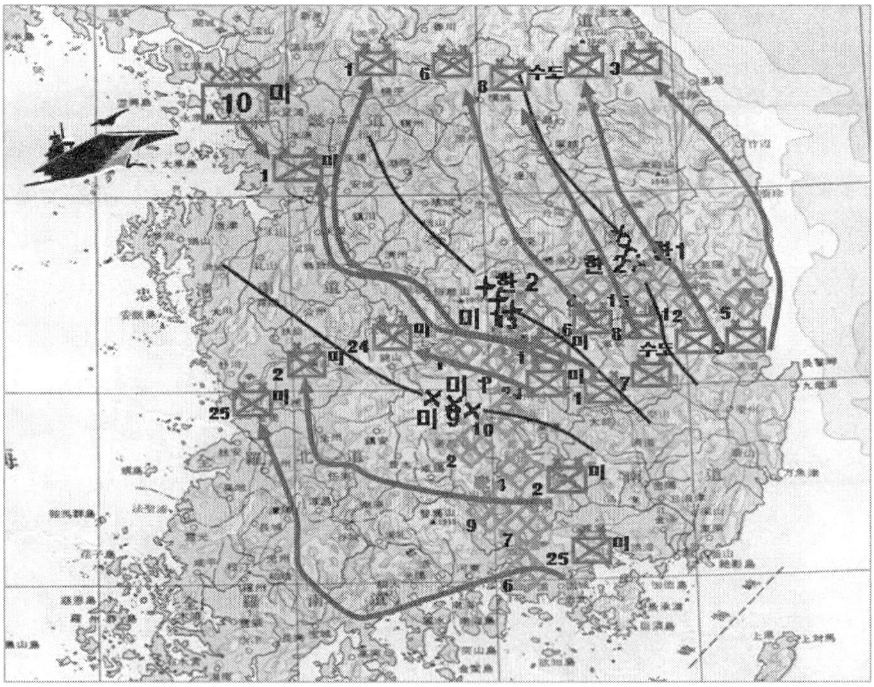

UN군이 계속해서 북한의 전 지역으로 북진하고 있는 상황에서 MacArthur 장군은 북진이 순조롭게 진행되자 9월 15일 훈령에 의해 지정한 UN군의 북진한계선을 10월 19일에 선천－고인동－풍산－성진을 연하는 선, 즉 신MacArthur Line으로 수정하였다. 10월 20일 숙천, 순천 공정작전을 실시하고(미 제187공수연대) 10월 24일에 MacArthur 장군은 한국군만으로는 병력이 너무 적어 추격이 불가능하다고 판단하고 북진한계선을 아예 철폐시키고 총 추격명령을 하달하였다. MacArthur의 총 추격명령에 의하면, 한국군과 UN군은 신속히 한 · 만국경선으로 진출하여 미 제1군단은 신의주~수풍지역을 확보하고, 한국군 제2군단은 벽동, 만포진 지역을, 한국군 제1군단은 백두산 이동지역을 미 제10군단은 백두산 이서지역을 확보하고, 일부병력은 강계방면으로 진격토록 하는 것이었다.

10월 26일 미 제10군단은 원산항의 기뢰를 제거한 후에야, 미 제1해병사단이 원산에 상륙하였고, 같은 날 서부전선의 제6사단 7연대는 초산까지 진격하였다. 그 후 10월 29일에는 이제 미 제10군단의 미 제7사단이 이원에 상륙하고, 11월 4일에는 미 제3사단이 원산에 상륙하여 한국군으로부터 원산방어를 인수하였다. 11월 5일에는 동북지방의 수도사단이 길주까지 점령하고, 11월 21일에는 미 제7사단 17연대가 혜산진에 도달하였다. 그후 11월 24일 미 제1해병사단이 장진호까지 진출하였고 11월 25일 수도사단이 청진까지 점령하였고, 11월 30일에 제3사단 22연대도 혜산진에 진출하고 수도사단은 부령－부거선까지 진출하였다.

3. 재 추격작전 개시

평양을 공약한 제8군은 22일부터 다시 추격을 개시했다. 미 제1 군단의 목표는 신의주－수풍댐지역이고 한국 제2군단의 목표는 수풍호－만포진지역이었다. 마지막추격전이라고 생각한 미 제1군단은 미 제1기병사단으로 평양지역 경계를 담당케 하고, 한국 제1사단은 수풍댐으로, 미 제24사단은 선천(맥아더 라인의 선단)을 향해서 추격시켰고, 새로 배속된 한국 제7사단을 예비로 하였다. 미 제24사단이 선천을 탈취하면 한국 제7사단을 신의주지역으로 전진시킬 예정이었다.

한국 제2군단은 순천을 점령하고 있던 한국 제6사단으로 하여금 조천을 거쳐 초산과 벽동으로 향하게 하고, 덕천에 진출하고 있던 한국 제8사단을 희천을 거쳐 강계－만포진지역을 향해 진격시켜서 북한정권의 숨통을 끊어 버릴 예정이었다. 10월 22일 각 추격대는 늦가을의 햇볕을 받으며 하루 종일 북진을 계속하여 청천강까지 접근해 갔다. 전쟁이 시작되었을 때는 찌는 듯한 더운 여름이었는데 날씨가 서늘해져 한숨 돌리는가 했더니 어느새 겨울이 다가왔음을 알리는 냉기가 병사들의 옷깃에 스며들고 있었다.

4. 청천강 도하

10월 23일, 한국 제1사단과 영국 제27여단은 동시에 청천강변에 도달하여 각기 안주와 신안주 도하지점에 도강하였으나 청천강의 교량은 모두 폭파되어 있었다. 한국 제1사단은 그날 밤 안주 상류 3킬로미터 지점에서 도섭장을 발견하고 일부 병력을 도하시켜 안주 목교의 보수작업을 엄호케 했다. 군단 공병은 밤을 새워 이를 완공했고 다음날 아침에는 대형트럭이 통과할 수 있게 되었다. 이날 청천강 상류 계곡을 따라서 북동진한 한국 제6사단은 압록강에 제1착으로 도달한다는 목표하에 맹렬하게 진격하고 있었는데 희천 남쪽에서 북한군 1개 연대 규모의 저지부대와 조우했다. 사단은 전 전투력을 발휘하여 완강히 저항하는 북한군과 격전 끝에 겨우 이를 격퇴하고 희천으로 돌입하였으며 전투중 사용 가능한 T-34전차 20여대를 노획했다. 불길한 감이 없지는 않았지만 사단은 일부를 희천에 잔류시켜 한국 제8사단의 진출을 엄호케 하고 주력은 쉴 사이도 없이 북진을 목표로 서쪽을 향해서 진격을 서둘렀다. 10월 24일. 서울을 탈환한 지 26일째, 38선을 넘어선 지는 14일째에 UN군의 제1선은 38선으로부터 200킬로미터 북방인 청천강변으로 진출했다. 북한군은 일부 병력이 신의주지역으로, 주력은 강계지역으로 철수를 계속하고 있는 것 같았다.

5. 제한 철폐

■ 북진작전: 총 추격

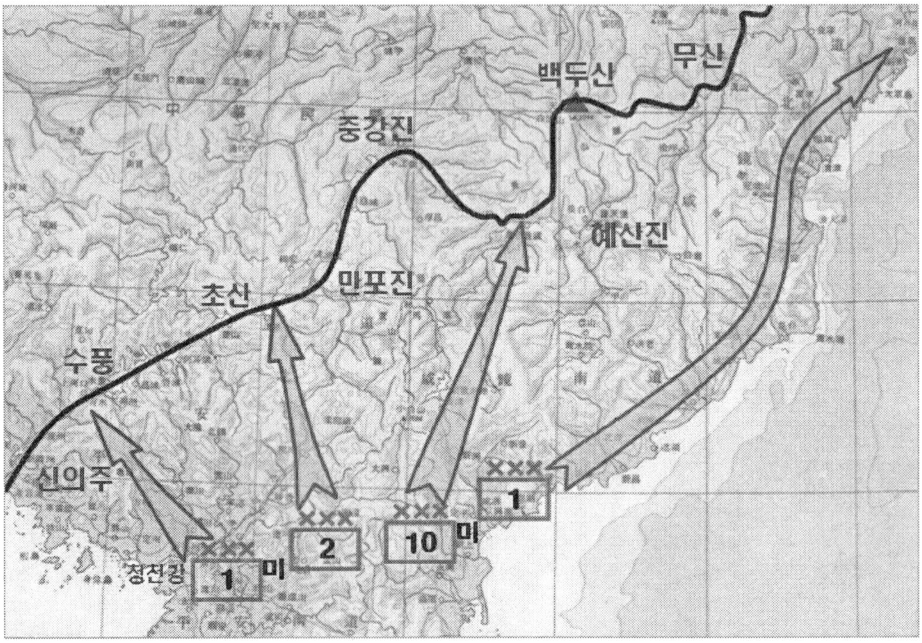

1950년 10월 23일 맥아더 원수는 스스로 최후의 작전명령이라고 생각한 총추격 명령을 내렸다. 10월 17일에 다시 정한 바 있었던 맥아더 라인을 철폐하고 "각급 지휘관은

전력을 다하여 압록강을 향해서 진격하도록 명령했던 것이다. 평양을 공약한 이내, 적 주력과의 접촉이 끊어졌다고는 하지만 희천 부근에서의 북한군의 저항은 심상치 않았고, 대영강 서안에는 강력한 북한군이 있는 것으로 확인되었기 때문에, 워싱턴의 명령대로 한국군만으로 작전하는 것은 무리라고 생각되었을 뿐만 아니라, 염려했던 중공과 소련이 개입할 징후도 없었기 때문에 맥아더 원수는 자신의 실임하에 워싱턴의 제한을 철폐했던 것이다. 이것은 명백히 훈영을 무시한 소행이며 워싱턴의 전쟁지도 범위를 넘어서는 것이었다. 보고를 받은 국방성은 즉각 설명을 요구했다. 맥아더 원수는 "한국군만으로는 압록강까지 진격할 수가 없다. 이 군사행동은 UN군에게 부여된 임무(북한군의 격멸)를 완송하기 위해서는 꼭 필요할 뿐만 아니라 시달된 훈령의 취지에도 부합되는 것이다. 또 이 간제에 대해서는 이미 웨이크도에서 트루먼 대통영의 양해를 얻었다는 것은 귀관들도 잘 알고 있을 터이다"라고 회답했는데 합동참모본부의장, 육군참모총장 이하 워싱턴의 수뇌 전원이 이것은 분명히 훈령 위반이라고 느꼈으나 군이 명령을 철회하도록 요구하지는 않았다. 이는 마침내 전쟁이 종결되려고 하는 현재에도 소련·중공이 개입할 징후는 없었기 때문에 미군과 영군을 국경으로 진격시켜도 이제 와서 개입하는 일은 없을 것이라는 생각과 맥아더 원수의 위신을 감안했던 것으로 추측되고 있다. 당시 맥아더 원수의 위세는 원산상륙작전의 판단착오와 공정작전의 성과가 별로 없었다는 것 등으로 점차 내리막길에 있었다고는 하지만 패했다든가 큰 피해가 있었다든가 해서 위신에 상처를 받은 바는 열로 없었기 때문에 아직 만만치는 않았다. 더욱이 다음날인 25일에는 중공군이 개입한 것 같다고 하는 긴급보고가 제8군으로부터 들어왔기 때문에 맥아더 원수의 훈령위반에 대해서 논의나 하고 있을 사태는 아니었다.

이와 같이 전쟁을 종결시킨다는 기대하에 내려진 총추격 명령을 받은 각 군단은 사기가 충천하여 북진경쟁을 재개했다. 이번 목표는 압록강인 것이다. 이제 전쟁은 2~3일내에 끝난다고 믿었던 장병들의 머릿속에는 행복한 미래를 꿈꾸고 있었다. 북쪽 암석투성이의 산맥에는 눈구름이 덮이고 날씨는 잔뜩 흐려서 무언가 이변이 일어 날 것 같은 기분이었으나 이것에 개의하는 사람은 아무도 없었다. 10월 24일, 청천강 북안에 집결한 한국 제1사단은 진노를 룡출동 – 운산 – 청산장 – 청수가도로 잡고 수풍댐으로 향했다. 사단장은 평양에서 거행되는 축하식에 초청되어 부재중이었으나 이것을 걱정하는 사람은 아무도 없었고 사기는 충천해 있었다. 좌측의 미 제24사단은 영국 여단을 전위로 해서 청천강을 도하하여 25일 아침에 개시될 추격작전을 준비했다.

또 희천에서 좌측으로 방향을 바꾼 한국 제6사단은 적유산맥의 험난한 산길을 헤치면서 서쪽으로 진격을 계속하여 24일 밤에는 온정을 통과했다. 또 한국 제8사단도 희천을 향해 길을 재촉하고 있었는데 북한군의 저항은 거의 없었다. 이렇게 해서 제8군은 최후의 장애물로 여겼던 청천강을 무난히 도하하여 그 북안에서 전열를 가다듬고 최후의 추격전에 들어갔다. 그 무렵 동해안에서는 한국 제1군단이 원산－함흥지역을 확보하고 미 제10군단의 원산상륙을 기다리고 있었고 미 제9군단(미 제2 · 제25사단, 한국 제11사단)은 서울－대전－김천가도의 경계임무를 맡고 있었다. 그리고 남한의 경계를 전담시킬 예정이었던 한국 제3군단(한국 제11 · 제5사단으로 편성할 예정)은 아직 편성중에 있었다.

6. 군사력 배분

10월 24일의 주한 UN군 총병력은 미군 6개 사단과 한국군 8개 사단이었는데, 총추격명령이 내려졌을 때는 미군 3개 사단과 한국군 3개 사단이 경계를 맡고 있었고, 미군 2개 사단이 원산항과 부산에서 함선에 승선하고 있었기 때문에, 실제로 작전에 임한 병력은 미군 1개 사국, 영군 1개 여위, 그리고 한국군 5개 사단밖에 없었던 셈이다. 그 병력의 배분율을 보면 작전이 35%, 경계가 45%, 예비가 20%의 비율로 되어 있었다.

제1선 병력의 부족을 염려하기 시작한 제8군 사령관은 10월 23일, 미 제9군단에게 "늦어도 11월 10일까지는 한국 제3군단에게 경계임무를 인계하고 북상할 수 있도록 하라."는 준비명령을 하달했으나 미 제9군단의 전차부대, 포병부대, 그리고 차량의 대부분이 이미 미 제1군단에 배속되어 있었고, 운전병마저 거의가 차출되었기 때문에, 군단은 반신불수와 같은 상태에 있었다. 그리고 귀환준비에 정신이 팔려서 전의마저도 없어져 버린 것 같이 보였다.

7. 워커 장군의 북진구상

■ 워커 장군의 북진구상 요도

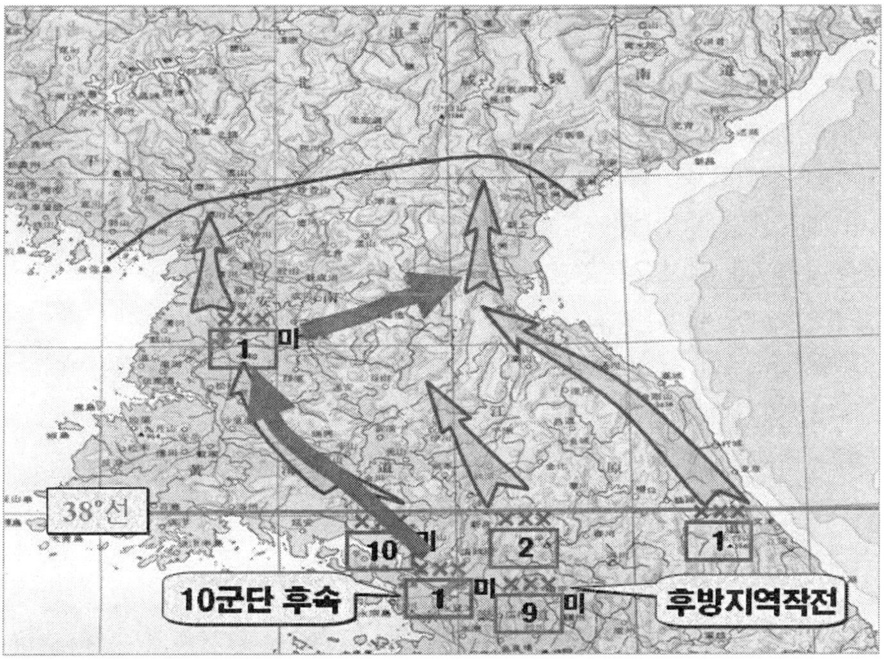

미 제8군 사령관으로서 워커 장군도 나름대로 현재 Mac 원수가 직접 지휘하는 미 제10군단을 자신의 휘하에 두고 북한으로 진격할 것을 희망, 또 그렇게 될 것으로 예상하고 북진작전에 대해 다음과 같은 복안을 가지고 있었다. 워커 복안은 경인지구의 미 제10군단을 미 제8군의 지휘하에 곧장 북상하여 평양-청천강선으로 진격하고 미 제1군단은 미 제10군단을 후속하다가 평양에서 원산으로 진격하여 한국군 제1군단과 연결작전을 한 후에 동북지방으로 계속 진격하는 것이었다. 그러나 이 계획은 UN군사령부 참모들까지는 알고 있었으나, 맥아더장군의 명성, 위신 등으로 감히 정식으로 건의하지는 못했다.

워커장군이 구상한 북진계획 요지는 미 제10군단이 경인지구에서 곧장 북상하여 평양을 지나 청천강선으로 진격하여 미 제1군단은 그 뒤를 따리 평양으로 진격한 후 한국군 제1군단과 연결작전 후 동북지방으로 진격한다는 것이었다. 제8군에서는 맥아더의 북진계획에 대해서는 비판적이었다.

첫째, 제8군이 추격의 주역을 담당하도록 되어 있는데 제8군 예하부대의 현 위치(미 제1군단은 수원-대전-김천가도 연변에, 제9군단은 군산 -전주-남원-진주가도 연변에 분산되어 있었다.)와 보급상황으로 보아 아무리 노력해도 38°선에서의 공격개시는 2주일 후가 될 것이다. 그렇게 되면 적에게 북한으로의 탈출과 재편성의 시간을 허용하는 결과가 된다. 그러나 미 제10군단은 현재 서울 주변에 있으며, 인천에서 용이하게 보급을 받을 수 있다. 따라서 미 제10군단을 추격의 주역으로 사용하는 편이 빠르고 무난하게 공격을 개시할 수 있다.

둘째, 미 제10군단이 인천에서 승선하는 데는 약 2주간이 걸릴 것으로 예상되는데 그 동안에는 인천에서 보급품을 양륙할 수가 없기 때문에 제8군은 부산에서 보급을 받지 않으면 안된다. 이것은 제8군의 공격을 더욱더 지연시키게 된다.

셋째, 동해안을 따라 북진중인 한국군 제1군단은 미 제10군단이 원산에 상륙하기에 앞서서 원산을 점령할 것이다. 위험한 상륙작전을 되풀이 할 필요는 없다.

넷째, 미 제10군단이 원산으로부터 서전하여 평양을 포위하려 해도 시간적으로 늦어진다. 북한군의 주력은 격멸했기 때문에 제8군은 단독으로도 쉽게 평양을 공격할 수 있을 것이라는 판단을 하고 있었다.

이러한 워커 장군의 구상에는 총사령부의 주요 참모들도 호감을 가지고 있었던 것으로 전해지고 있으며, 맥아더 장군의 구상에 대해서 실행 가능성 여부에 대해 내심 불안한 느낌을 가졌었다고 한다. 에바르 군수참모는 "부대를 분해해도 군수지원이 가능하나 통합하는 편이 전반적인 지원에 있어서 보다 용이하다."라고 생각하고 있었고 해군측도 "원산상륙은 불필요한 작전이다. 미 제10군단은 해상으로 진격하는 것보다 서울에서 바로 진격하는 편이 훨씬 빨리 원산을 점령할 수 있다."라는 견해였다. 그리고 스미스 미 해병사단장도 해병대를 한국 동북부의 산악지대에 투입하려고 하는 총사령부의 계획에 반대했다. 해병은 상륙작전을 전문으로 하는 부대이지 산악사단은 아니기 때문이다. 그러나 아무도 이러한 방책이나 판단을 맥아더 원수에게 건의하지 않았다고 한다. 그는 청문회에서 "그러한 의견이 있었다는 사실을 들은 바가 없다."라고 증언하고 있다. 9월 29일, 총사령부의 북진계획이 제8군에 시달되었을 때 제8군 작전참모 대브니 대령은 맥아더의 번의를 촉구하기 위해서 제8군의 판단과 방책을 전문으로 기안하여 워커 장군에게 결재를 요청했다. 워커 장군은 이것을 한번 읽고 나서 주저 없이 말했다. "계획에는 동의하지만 발신해서는 안된다. 자신의 의견은 말할 만큼 했다고 생각한다. 그리고 힉키도, 라이트도 동의해 주었다. 그러나 이미 맥아더가 결재한 명령을 받은 것이다. 판단이 내려진 이상 군소리하는 게 아니다." 그러나 워커는 총사령부의 주요 참모들이 자기의 안에 동의하고 있었기 때문에 언젠가는 그것이 맥아더에게 건의되어 생각을 바꾸게 될 것으로 기대하고 있었다고 한다. 그러나 워커의 구상은 끝내 맥아더의 귀에 들어가지는 않았다.

8. 워커 장군의 동상이몽[21)]

1950년 9월 23일, 제8군이 총반격으로 이전했을 무렵 워커 제8군 사령관은 경인지역의 미 제10군단과의 연결이 이루어진 후의 군 지휘관계에 신경을 쓰기 시작했다. 같은 지역에서 작전을 하고 있는 부대의 지휘는 단일화하는 것이 좋으며 합동참모본부의 9월 15일자 훈령에 의해서 만일 북진한다고 하면 우선 결정하지 않으면 안 되는 것이 지휘계통이라고 생각했기 때문이다. 제8군에서는 어차피 미 제10군단이 제8군이 지휘하에 들어와 함께 북한으로 진격할 것으로 예상했고 또 그렇게 희망하고 있었다.

그러나 동경사령부에서는 일체 그런 기미가 보이지 않았다. 그래서 워커 장군은 9월 26일, "인천상륙군과의 연결은 시간문제이다. 실제 이날 22:26에 오산북방에서 미 제1기병사단 7기병연대 린치TF와 미 제7사단 31연대가 연결작전에 성공하였다. 미 제10군단의 현 상황과 총사령부의 앞으로의 계획을 알려주기 바란다."라고 타전했다. 이 사실은 이 전보의 진위는 "미 제10군단은 언제 자신의 지휘하에 들어오는가?"라는 질문이었는데, 그렇게 말하기가 거북했기 때문에 이와 같은 내용의 전문이 되었다고 한다. 그런데 동경으로부터의 회신은 "전에 귀관에게 알려준 대로 미 제10군단은 총사령부의 직할부대로서 경인지역의 경계를 담당케 할 예정"이라는 뜻밖의 내용이었다. 그리고 이 회신은 장래에 있어서도 제8군과 미 제10군과는 별도로 작전한다는 것을 암시하고 있었다. 제8군의 북진계획 안을 보면 "지휘는 워커 제8군사령관이 주한 전 지상군을 통합지휘한다. 작전은 신속히 미 제10군단을 평양으로 진격시키는 동시에 미 제1군단과 미 제9군단의 일부와 한국군 제2군단을 가급적 신속히 북진시킨다."라고 명시했다.

---

21) 일본 육전사연구보급회편, 『한국전쟁(5권)』, 1987년, p.184.

제3절 주요전투

1. 38선 돌파와 평양 점령

인천상륙작전과 낙동강에서 반격작전으로 전환한 국군과 UN군이 서울을 수복하고 38°선으로 접근하자, 이선의 돌파 여부가 초미의 관심을 끈 정책적 문제로 대두되었다. 현안의 핵심은 「국군과 UN군에게 북진을 허용하여 패주하는 북한군을 격멸하게 할 것인가?」 그리고 「북한군을 격멸한 뒤 통일 문제를 어떻게 할 것인가?」에 귀결되었다. 이 현안은 38°선 돌파 · 북진이 중 · 소 개입의 빌미가 될 수도 있다는 가능성에서 더욱 어려운 선택의 문제로 되었다. 따라서 이 문제는 전쟁의 방향과 민족의 운명을 좌우하는 대단히 중요한 의사결정 사항이었다.

이 문제가 한 · 미 양국 정부에 의해 검토되기 시작한 것은 정치, 외교적 현안으로 부각되기 훨씬 이전인 7월 중순, 국군과 UN군이 대전으로 물러나며 지연전을 벌이고 있던 때부터였다. 우선 미국에서는 국가안전보장회의가 트루먼 대통령으로부터 「북한군이 38°선 북쪽으로 격퇴된 뒤에 채택할 정책을 제시하라.」는 임무를 받고 정책검토에 들어갔다. 이에 때를 맞춰 이승만 대통령은 이 정책의 목표가 전쟁전 현상의 회복에 두어질 지도 모른다는 우려에서 7월 19일 트루먼 대통령에게 「소련의 후원으로 수립된 북한 정권이 무력으로 38선을 파괴하면서 남침한 이상 이제는 38°선이 존속할 이유가 완전히 없어졌다. 전쟁 이전의 상태로 돌아간다는 것은 도저히 있을 수 없다.」는 요지의 서한을 보내 38°선을 돌파해야 한다는 강한 의지와 소신을 피력하였다.

그 뒤 미국과 UN 등에서 38선 돌파의 찬반 논쟁이 있었으나 결국 UN과 미국정부는 38선 돌파계획을 확정하고 다음과 같은 요지의 「9 · 27 훈령」을 맥아더 사령관에게 하달하였다.

귀관의 군사작전 목표는 북한군의 격멸에 있다. 이 목표를 달성함에 있어 귀관은 38°선 북쪽에서 상륙 및 공중작전을 포함한 군사작전을 실시하도록 인가되었다. 이는 그러한 작전시에 소련이나 중공의 주요 부대의 북한진입이 없거나 진입하겠다는 의도의 발표도 없고, 또 북한에서 우리의 작전에 군사적으로 대응하려는 어떠한 위협도 없는 조건이어야 한다. 그렇지만 어떠한 환경에서도, 귀관은 만주나 소련의 국경을 넘어서는 안 되며, 그리고 정치적 문제로서 한국군이 아닌 어떠한 지상군도 소련에 접한 북한지역이나 또는 만주경계선에 연한 지역에서 운용되어서는 안 된다. 나아가 38°선 남쪽에서나 북쪽에서 실시하는 귀관의 작전에 대한 지원이 만주나 소련영토에 대한 공중 및 해상작전을 포함해서도 안 된다.

소련군의 주요 부대가 38°선 이남지역에서 공개적 또는 비공개적으로 군사적 개입을 할 경우에 UN군은 수세로 전환하여 사태를 악화시킬 일체의 조치를 하지 말 것이며 이를 즉각 워싱턴으로 보고한다. 38°선 이북에서 소련군의 주요부대가 공개적으로 운용될 때에도 같은 조치를 취한다. 중공군의 주요부대가 38°선 이남지역에서 공개적 또는 비공개적으로 군사적 개입을 해 올 경우 UN군은 이에 대해 성공적으로 대항할 수 있다고 판단될 경우에만 전투를 계속한다. 북한군의 조직적인 저항이 사실상 끝나게 되면 잔존 북한군의 무장해제와 항복조치는 국군이 앞장서 시행하도록 한다.

한국정부는 한반도에서 유일한 합법정부로 인정받고 있지만 38°선 북쪽에 대한 통치권은 일반적으로 인정되고 있지 않다. 38°선 북쪽에서의 군사작전과 점령에는 한국 및 국군과 협력해야 하지만 북한으로의 통치권의 확대와 같은 정치적 문제는 통일을 위한 UN의 조치를 기다려야 한다. 「9·27 훈령」은 UN군의 38°선 돌파를 허용하되, 작전의 목표를 북한군의 격멸이라는 군사목표에 엄격히 한정하고, 특히 중·소와의 충돌을 피하기 위한 작전지침을 상술하고 있다. 특히 이 훈령의 확정과정은 미국의 군사전략 및 통일정책의 전환과정을 잘 반영하고 있으며, 이 변화는 전선의 군사상황과 직결되어 있음을 엿볼 수 있다. 맥아더 장군은 한편에서 「9·27 훈령」에 의거 북진작전계획을 준비하면서, 다른 한편으로 10월 1일 북한군총사령관에게 방송(AFKN설치 후 첫 방송)으로 항복 권유문을 보내어, "더 이상의 불필요한 유혈과 재산파괴를 방지하기 위해" 무기를 버리고 적대행위를 중지하도록 다음과 같이 요구하였다.

그대의 군대와 잠재적 전투능력이 불원간 전면적으로 패배되고 완전히 파괴되는 것은 불가피할 것이다. UN의 결의가 최소한의 인명손실과 파괴를 요구하고 있으므로 그대와 그대의 지휘하에 있는 군대가 한국의 어느 지점에서든지 본관이 지휘할 군사적 지휘하에 무장을 버리고 적대행위를 중지할 것을 요청하며, 또한 그대의 지휘하에 있는 UN군 포로 전부 및 비전투원 억류자를 즉시 석방하여 본관이 지시하는 곳으로 즉시 수송할 것을 요구한다. UN군사령부의 수중에 있는 포로를 포함한 북한군은 보호를 계속 받을 것이며 가능한 한 조속히 귀환하도록 허가할 것이다. 본관은 그대가 장래의 불필요한 유혈과 재산파괴를 방지할 결심을 조속히 행할 것을 기대한다. 이런 일련의 조치로 38선 돌파와 북진은 결정되었다. 그리하여 국군은 10월 1일에 먼저 38선을 돌파하였고 UN군은 10월 3일에 38선을 돌파해 북진에 들어갔다. 또한 UN에서는 한국 통일안을 상정하여 통과시킨 바 있다. 38선을 돌파한 아군은 물밀듯 북진하였고, 한국군은 동부에서 그리고 미군은 서부에서 진격하여 10월 19일에는 평양에 입성하였다.

평양탈환작전은 한국군 1사단과 미군 1기병사단이 담당하여 서로 먼저 입성하려고 각축전을 벌였다. 평양 우측 공격을 담당한 국군 1사단은 우회공격하여 평양에 입성하였고, 평양 좌측공격을 담당한 미 1기병사단은 평양 좌측을 정면 공격하여 입성하였다. 이 평양 탈환작전에서 이승만 대통령은 무슨 일이 있어도 평양입성만은 미군에 앞서 국군이 먼저 들어가야 한다고 정일권 총장에게 지시하였다.

공교롭게도 국군 1사단은 도보로 행군해야 하는 보병부대(차량 50여대 보유)에다 이전에 예비부대로 남아 있어서 출발자체가 늦게 출발했으며, 미1기병사단은 차량 1,000여대를 보유한 부대여서 차량행군이 가능한 데다 이전에 전방부대여서 출발 자체가 일찍 출발을 하였다. 그런데도 불구하고 평양에 먼저 발을 들여 놓은 부대는 간발의 차이로 국군 1사단 12연대였다.

2. 금천지구 전투

일익포위의 성공사례로서, 또한 포위시 목표선정의 성공사례로서 인용되는 전례이다. 1950년 10월 UN군이 38선을 돌파 북진시 미 제1군단이 개성 북방에 위치한 금천지역의 적을 돌파시 미 제1기병사단의 목표로서 한포리를 선정. 이때 미 제7기병연대가 한포리를 탈취함으로써 천마산지역에 위치한 북한군 제19, 27사단 주력이 완전히 퇴로가 차단되어 이중 포위된 상태 빠져 섬멸당한 전례이다. 반면, 정면압박부대와 포위부대간의 템포 적용에 실패하여 포위망을 형성하기 이전에 이미 주력의 일부가 조직적으로 이탈케 한 전례이기도 하다. 금천 전투는 국군과 UN군이 38°선을 돌파하여 평양을 향해 진격작전을 전개하고 있을 때, 미 제1군단 예하의 미 제1기병사단이 개성 북방의 금천 지역에서 북한군 3개 사단(제19, 제27, 제43사단)의 혼성병력을 맞아 이를 격퇴하고 북으로의 진로를 개척한 공격전투이다.

북진 당시, 미 제1기병사단은 금천－사리원－평양 축선으로 진격하던 중, 금천 지역에서 전차와 자주포를 동반한 북한군 3개 사단 혼성병력의 완강한 저항에 부딪혀 전진이 불가능하게 되자, 2개 연대 병력으로 금천을 포위하는 한편 1개 연대를 금천 북쪽의 한포리로 진출시켜 북한군의 퇴로를 차단하도록 한 후, 집중공격을 가하여 이들을 격멸하였다. 그리고 그 곳으로부터 빠져나간 북한군을 한포리의 매복부대가 재차 기습하여 많은 전과를 거두었다. 그러나 이 교전으로 말미암아 미 제1군단의 평양 탈환작전이 3일간이나 지연되어 평양 일대의 북한군 부대들이 청천강 북쪽으로 후퇴할 수 있는 시간을 허용하고 말았다.

3. 서울탈환전 "연희고지" 전투

미 『해병대 전사』는 이 돌격을 묘사하여 다음과 같이 격찬하고 있다. "대부대 전투에서도 뛰어난 행동은 눈에 띄게 마련이다. 격전의 승패가 결정되는 '때'라는 것은 정신적인 균형이 깨지는 바로 그 '때'이다. 불타는 의욕을 가진 용자에게 승리가 오고 우유부단한 쪽에 패배가 돌아간다. 주저함이 없이 적과 죽음에 직면하게 될 능선으로 뛰어오르는 소수의 젊은이들에(이것은 통상 10% 이내이다.) 의해서 이 중대한 승부의 저울은 기울어지게 된다."

D중대가 공격을 개시했을 때의 총인원은 206명이었다. 그런데 반나절의 전투로 중대가 입은 피해는 전사 36명, 부상으로 후송된 자 116명, 부상하고도 전열에 남은 자가 26명으로 총피해는 176명(85%)에 달했으며, 온전하게 살아남은 자는 30명에 불과했다. 66고지 주변에는 100구가 넘는 북한군의 유기시체가 도처에 산재되어 있었는데 개인호나 엄체호 안에는 수가 적고 대부분이 산 정상 부근의 경사면에 흩어져 있었다. 돌격의 충격으로 공포심을 일으켜 호로부터 달아나는 동안에 사격을 받아 이렇게 큰 피해가 생긴 것이다. 용자에게 생존과 성공이 있고 도망하는 자에게는 죽음과 실패가 있을 뿐이다.

□ 연희고지 전투

- 일시: 1950년 9월 22일~24일
- 지역: 서울 서대문구 연희고지(56고지)
- 적군: 북한군 제25여단 및 제78독립연대
- 아군: 미 제1해병사단 5연대 5중대

또 사리원북단에서 도로를 차단하고 있던 Australia대대의 임무는 I. B. Ferguson소령이 지휘하였는데, 밤중에 북상하는 일단의 적을 발견하였다. 부대는 전투태세를 갖춘 다음, 통역장교를 시켜 전차에 타고 적을 향하여 "그대들은 이미 사면으로 포위되었으니, 즉시 무기를 버리고 두 손 들고 항복하라."고 소리치게 하였다. 적은 잠시 머뭇거리더니 선두부터 줄지어 투항하였는데, Australia 대대는 여기서 1,982명을 대량 포로하고 그 호송과 급양에 오히려 골치를 앓게 되었을 것이다. 한편 멸악산 북록의 좁은 길을 따라 황주로 진격하던 미 제7기병연대는 황주 남동쪽에 접근한 16:00에 Gay사단장이 보낸 전문을 항공기로부터 전달받았다. 사단장은 북장 도로일대에 수 백명의 적이 운집해 있음을 알려주는 동시에 연대 주력은 황주를 탈환하고, 제1대대는 사리원으로 남진하여 영군을 지원토록 지시하였다. 그리하여 제2, 제3대대는 북쪽으로 진격하여 미군이 아직 진출치 못한 것으로 아는 적의 허를 뚫고 황주로 돌입하였으며, 제1대대는 사리원을 향하여 남진하기 시작하였다.

대대의 선두는 곧 적이 기병과 37필의 군마를 생포하였는데, 적은 대부대가 사리원-황주도로를 따라 고지대에서 남면을 방어하고 있는 것으로 보였으며, 잠시 후에 대대는 적의 사격을 받았다. 이 사격전이 시작되었을 때, 한국사람 통역관이 적이 진지에 접근하여 "전면에 있는 것은 급히 구원하러 온 소련군이다. 사격을 멈추라."고 외쳤다. 그러자 일단의 적이 대대장이 있는 곳으로 다가왔다. 대대장 Clainos중령은 1개 부대로 하여금 곧 적을 무장 해제시키도록 하였으며, 속은 것을 알게 된 적 가운데 수명이 항거하려 하였으나, 분대장이 그 가운데 1명을 사살하자 그 나머지 분자들은 곧 저항을 단념하게 되었다. 두 팔을 들고 항복한 이들은 언덕에 집결시키자 주위의 언덕호 가운데서 이를 바라보던 적들도 연쇄적으로 투항하기 시작하였다. 서쪽 적진에서는 어두워질 때까지 소총사격이 계속되었으나, 계속 많은 적병이 항복하여 그 수가 저녁까지는 1,700명에 달하였다. Clainos 제1대대장은 18:00에 무선으로 사리원 북방의 Australia대대장에게 『자동차에 불을 켜고 그곳으로 가겠다.』고 연락한 다음, 22:30에는 Australia 대대의 방어진지에 진출하였다.

이날 군단의 좌익으로 서측방을 진격하던 미 제24사단장(John H. Church 소장)은 제21연대장(Richard W. Stephens 대령)가 해주를 방어하던 약300명의 적을 격파하여 오후에 이를 탈환하였으며, 제19연대장은 청석두리-신원리-재령-사리원가도를 따라 진격하여 17:00에는 사리원 남쪽에 접근하고 있었는데 군단장으로부터 『영군이 사리원을 탈환하였으니 진격을 멈추라.』는 명령을 받았다. 사단은 진격로도 가장 길었으며, 육상수송에 의존하던 보급로도 좋지 못하였던 것이다. 이렇게 미 제1기병사단에 배속된 영 제27여단이 사리원을 선점함으로써 미군측의 평양선공은 기병사단이 한국군 제1사단의 후광을 이어 받게 되었다.

4. 원산 진격전[22)]

동해안에서 국군의 북진을 이끄는 제3사단은 10월 3일 간성을, 10월 6일 통천을, 10월 7일에는 송전을 차례로 점령했다. 10월 8일 아침 송전을 떠난 제3사단은 패천에 이르러 예하 26연대를 왼편으로 분진시켜 내륙의 안변을 공격케 하고 나머지 주력은 23연대를 선두, 32연대를 후속하여 해안을 따라 쌍음으로 진격하였다. 제3사단 장병들은 도보 혹은 차량으로, 주야로 일각을 늦추지 않고 북진하였다. 이때만 해도 군화가 제대로 보급되지 않아서 대부분의 병사들이 헝겊으로 만들어진 훈련화를 신고 있었는데, 그것이 닳아 헤어져 맨발에서는 피가 흘렀다.[23)]

이따금 적 패잔병들과 불꽃 튀는 사격전이 벌어지기도 했으나, 국군 용사들은 웬만한 잔적의 무리들은 거들떠보지도 않고 측방 산악으로부터의 위협을 무릅쓰면서, 심지어는 후방 사령부와의 통신연결이 끊어지거나 후방보급소가 적의 유격대에 의해 피습되는 것조차 아랑곳없이 통일의 벅찬 희망과 축제 분위기 속에서 다만 앞을 다투기에 여념이 없었다. 하루 평균 24km의 속도로 치닫는 국군에게 덜미를 잡힐세라, 허둥지둥 달아나는 북한 패잔병들은, 주로 제5사단, 12사단, 15사단의 남은 병력을 모두 합하여 2,400명이 조금 넘을 것으로 짐작되었다. 이들은 박격포와 76mm 대전차포로 국군의 추격을 견제하면서 곳에 따라서는 축성진지와 교통호, 또는 천연동굴에 의지하여 지연전을 꾀하고 나왔으며, 도로에 지뢰를 매설하여 국군 선도 차량에 큰 피해를 주기도 했다. 그들은 또한 주력의 후퇴를 엄호하기 위하여 기관총조를 뒤에 남겨두면서 사수가 달아나지 못하도록 쇠사슬로 발목을 묶어 놓는 비인도적인 수법을 자행하였다. 하지만 국군의 발걸음이 워낙 빨라서 자칫하면 그들 스스로가 뒤로 처질판, 적은 기가 꺾여 저항을 포기하고 마는 것이 보통이었다. 한편 수도사단은 제3사단보다 하루 늦게 10월 4일 간성으로 진격한 다음 그곳에서 예하 제18연대를 독립전투단으로 편성하여

22) 육군대학. 『한국전쟁사』, 1999년, pp.296~300.

23) 사단이 포항부근에서 원산까지 500km에 이르는 추격의 1일 평균속도는 약 24km였다.

대암산－가칠봉－금강산으로 이어지는 태백산맥의 왼쪽 내륙으로 분진시켰다. 이로부터 중동부 전선을 떠맡게 된 18연대는 진부령을 넘어 원통－인제－양구－말휘리－화천－회양으로 진격하면서 적을 추격하였다. 사기와 전의가 땅에 떨어진 적은 1개 대대의 병력이 국군 1개 소대의 요란사격에 혼비백산, 제18연대는 일사천리로 발걸음을 재촉하였다.

한편 18연대를 뺀 수도사단 주력은 기갑연대를 전방, 1연대를 예비로 하여 해안을 따라 북상하다가 10월 6일 통천에 이르렀으며, 그곳에서 전 사단이 왼쪽 길로 들어가 태백산맥의 허리를 타고 넘어 내륙으로 들어선 다음 10월 7일 화천을 점령했다. 수도사단은 이곳 화천에서 기갑연대 1대대를 떼어내어 화천－도내리－안변 축선을 따라 북상하도록 하고, 나머지 주력은 그곳에서 합류한 18연대의 뒤를 따라 회양으로 올라갔다. 기갑연대 1대대를 뺀 수도사단의 3개 연대는 10월 8일 밤 철령을 넘어 10월 9일 아침에는 마침내 신고산에 도달, 적의 퇴로인 경원선 철도를 차단하는 동시에 그곳에서 "개전이래 가장 큰 전과"를 거두어 개가를 올렸다.

우거진 사과밭에서 신품으로 포장된 채 버려져 있는 따발총 3,000정을 비롯, 철원쪽에서 화차에 실려 원산으로 가던 전차 6대, 야포 4문, 82밀리 박격포 10문, 120밀리 박격포 1문, 중기관총 30정, 경기관총 500정, 소제 소총 5,000정, 의약품 1개 화차분이 그 주요한 것이고 그 밖의 보급품들은 일일이 헤아릴 수 없을 정도였다. 신고산 일대의 민가에 흩어져 새벽잠에 취해있던 적병들은 국군이 날벼락처럼 불쑥 나타나자 1개 사단분에 가까운 보급품들을 버리고 황급히 달아나 버렸던 것이다.

한편 밤낮을 가리지 않고, 험산준령을 넘어 강행군을 거듭해온 국군은, 후송되는 전우의 훈련화를 바꿔 신지 않을 수 없을 정도로 병참보급상태가 말이 아니었으며, 심지어는 축적 1:50,000의 전술지도마저 제대로 없어서 인접부대와의 전투지경선이 애매할 뿐 아니라 작전구역에 관한 시비와 혼란이 일어나는 수도 적지 않았다. 10월 9일 아침, 국군 제3사단은 대체로 쌍음－안변－신고산을 잇는 선까지 진출하여 단숨에 원산을 들이칠 채비를 갖추었다. 동해안의 제3사단은 공격축선을 두갈래로 나누어, 주력인 23연대와 22연대가 쌍음－갈마－원산을 잇는 오른쪽의 해안선을 맡으며, 그 왼쪽에서 전진중이던 26연대가 내륙의 안변에서 원산으로 뛰어들 참이었다. 경원선에 걸터앉은 수도사단도 공격축선을 두 갈래로 나누어 3개연대가 신고산－방화리－원산을 잇는 경원선을 따라 밀고 들어가는 한편, 그 오른쪽에서 분진중인 기갑연대 1대대만이 안변에서 곧장 원산을 공격케 되었다.

국군 제3사단과 수도사단의 양면 협동공격이 벌어지려는 순간, 적은 낙동강 전선에서 쫓겨 올라온 제5사단, 12사단, 15사단의 패잔병들을 긁어모아 시가 둘레에 견고한 방어선을 구축하고, 이에 더하여 원산 경비여단 및 새로 편성한 북한 제42사단을 투입, 마지막 안간힘을 다하고 있었다. 적은 특히 동해안 쪽을 중요시하여 북한 제24기계화 포병여단, 945해군 육전연대, 그 밖에 북한 해군본부 소속부대들을 시가의 남쪽 둘레를 끼고 흐르는 남대천 제방일대에 투입하고, 포를 늘어놓음으로써 직접사격으로 아군의 도하를 방해할 준비를 갖추고 있었다. 10월 10일 새벽, 마침내 공격을 재개한 국군 2개사단은 적의 외곽 방어선을 돌파한 다음 중심부를 향하여 노도처럼 밀고 들어갔다. 동해안의 국군 제3사단은 적의 완강한 저항으로 처음에는 고전을 면치 못하였으나, 마침 원산상공에 나타난 미 제77기동함대의 함재기들을 불러 적의 참호, 포병진지, 전차들을 차례로 때려 부순 다음, 남대천을 건너 시내로 돌입했다. 때를 맞추어 경원선에서 공격하여 온 수도사단은 적이 동해안 쪽으로 주의를 쏟고 있는 틈을 타서 그 옆구리의 허를 찌르게 되었다. 30정의 기관총을 설치한 차량으로 급진출하고 있던 수도사단 선두부대는 원산을 12km 앞둔 배화리의 삼차로에서 적 포병 1개 대대가 그 포문을 동해안 쪽 아 제3사단의 진격로에 돌리고 있던 찰라, 그 후방으로 불시에 돌입했다. 아군의 차량종대가 5번차량까지는 적에게서 뺏은 트럭이어서 적은 그들의 우군이 온 것으로 잘못 알고 방심하다가 6번째로 미제차량이 따라오니 적은 황급히 수류탄을 던져 아군 몇 명이 부상을 입었다.

아군은 즉시 전개하여 적에게 집중사격을 가하고 차위에서도 기관총으로 속사를 퍼부었다. 적은 포열을 아군쪽으로 돌리지도 못한 채 대부분 포로가 되었고 일부는 능선으로 달아났다. 아군은 여기서 노획한 포를 거꾸로 돌려 원산을 향해 요란사격을 퍼 부었다. 이날 오전 10시 같은 시각에 시내로 들어선 제3사단과 수도사단은 서로 앞을 다투어 시내요소를 차례로 점령하면서 해질 무렵까지는 적의 주력을 대부분 구축하였다. 시가전에 이어 작전을 확대한 국군은 10월 15일까지 동북방의 송전반도로부터 영흥-고원-신창리-안변을 잇는 반경 30~50km의 말굽형 외선을 확보했다. 국군의 원산탈환은 전략적으로 매우 큰 의의를 지닌 북진이래의 첫 성과였다. 원산이 점령되자 국군 제1군단은 진격의 차례를 바꾸어, 제3사단으로 하여금 원산일대를 경비하면서 미 제10군단의 상륙을 엄호케 하는 한편, 수도사단을 동해안으로 계속 북상시켜 10월 17일에는 함흥과 그 외항인 흥남을 점령했다.

5. 숙천, 순천공수작전(1950.10.20~22)

숙천, 순천 공수작전은 미 제1군단이 평양을 탈환한 직후, UN군사령관의 명에 의하여, 평양에서 빠져나간 북한군의 퇴로를 차단하고, 북한군측에 억류되어 있던 UN군 포로를 구출하기 위하여 실시된 공수작전이다.

이 작전을 수행하기 위하여 미 제8군의 예비로 서울 근교에서 대기중이던 미 제187공수연대전투단 소속 장병 4,220명이 10월 20일 12:00에 C-119 수송기 편으로 김포 비행장을 이륙하여 평양 북방 56km 지점의 숙천과 순천 지역에 투하되었다. 당시 UN군사령관 맥아더 원수는 북한군의 주력이 아직 숙천과 순천 지역을 통과하지 못하였을 것으로 판단하고 공수작전을 실시하였으나, 기대한 정도의 성과를 거두지는 못하였으며 북한군의 철수를 엄호중이던 북한군 제239연대 소속 병력의 일부만을 격멸하였을 뿐이었다.

그러나 이 작전의 심리적 효과는 대단하여, 북한군 패잔병 부대들이 분산되었을 뿐 아니라 그들 수뇌부 요인들까지도 강계 지역 북방으로 도주하는 성과를 거두었다.

6. 초산전투(1950.10.23~26)

초산전투는 한 · 만 국경선으로 향한 진격작전이 개시된 후, 한국군 제6사단 제7연대가 희천으로부터 초산으로 전진하던 중, 초산천 연변에서 북한군 제8사단 소속의 혼성부대를 격퇴하고 압록강 연안의 초산을 탈환한 공격전투이다. 꿈에도 그리던 압록강 물을 수통에 물을 담아 대통령에게 보냈다. 삼팔선의 장벽은 국군 제3사단 23연대에 의해 무너지고 말았다. 삼팔선을 돌파한 국군과 UN군은 북진을 거듭, 숙원인 압록강에 도달했다. 압록강까지 도달한 국군의 북진 소식을 전 세계가 보도하였다.

이 전투에서 제7연대는 10월 26일 고장을 출발하여 초산으로 향하던 중 초산천 연변에서 저항하던 북한군 연대규모의 혼성병력을 2시간 동안의 교전 끝에 격퇴시킨 후, 초산으로 돌입하여 압록강변에 태극기를 게양함으로써 한 · 만 국경선에 도달한 최선봉부대가 되었다. 이 전투로 한국군과 UN군은 낙동강 전선에서 반격을 개시한지 41일 만에 국경선을 도달하게 되었으며, 국경선에 위치한 압록강변의 초산을 확보하여, 전 국민들에게 큰 감격을 안겨주었다. 국군의 선봉부대로 나선 제6사단 제7연대는 좌우인접 부대들이 중공군과 격전을 펼치고 있을 무렵 연대의 진출로가 중공군의 남침 경로와 엇갈려 경미한 적의 저항을 받았지만 이를 격퇴하고 고장을 경유 26일 압록강변의 초산에 도착하였다. 이때가 10월 26일 14:15, 첨병소대가 대망의 국경선에 도착하였음을 알리는 태극기를 강변에 꽂았다. 제7연대가 9월 16일 낙동강전선의 신령에서 반격을 개시한 지 41일 만이었다.

그러나 연대는 국경선에 도착한 지 만 하루도 안 된 27일 정오 무렵 회목동으로 철수하라는 명령을 받았다. 이때 연대는 신속한 전진에 반하여 보급이 뒤따르지 못하여 어려움을 겪고 있었다. 특히 장병들은 동계피복도 지급받지 못하여 영하로 떨어지는 야간에는 추위와 싸워야만 되었다. 그러나 그들은 강인한 정신력과 국토통일 완수라는 사명감으로 역경을 극복하고 있었다. 당시 연대는 좌인접으로 진출한 제2연대가 온정리 일대에서 중공군과 격전을 치르고 있어 연대의 퇴로 차단이 우려되어 더 이상 이곳에 지체할 수 없는 상황이었다. 그럼에도 연대는 유류와 탄약이 부족하여 철수를 섣불리 개시할 수 없는 설정이었다. 재보급을 기다린 연대는 28일 11:00경 공중투하로 휘발유 45드럼과 각종 탄약을 지원받았다. 그리고 초산으로 진출하였던 제1대대도 연대주력이 집결하고 있는 고장으로 철수하였다. 그리고 연대는 본대의 출발에 앞서 연대 수색중대로 하여금 산악 계곡통로인 고장-회목동 간 도로를 정찰하도록 하였다.

제7연대는 29일 07:00에 제2대대, 제3대대, 연대본부, 제1대대 순으로 차량행군 대형을 편성하고 이동을 개시하였다. 연대가 고장을 출발한 지 1시간이 경과할 무렵 사단으로부터 "귀 연대는 위험한 상황에 놓여 있음. 전술공군의 엄호사격이 실시될 예정임. 최선을 다하여 철수 작전에 성공하기 바람."이라는 전문이 접수되었다. 후방의 온정리 불리함을 직감한 연대장 임부택(林富澤) 대령은 측방경계를 강화하면서 신속히 철수, 기동하였다. 선두 제2대대는 풍장 일대에서 전날 출발한 연대수색대와 합류하였다. 제2대대가 고장-회목동의 중간에 위치한 주원(朱院) 계곡과 막 통과하려고 하였을 때 최초로 중공군의 기습사격을 받았다.

이들 중공군은 계곡 양편의 병풍처럼 깍아지른 듯한 가파르고 험준한 능선상에 연대규모의 병력을 매복시켜 놓고 대기하고 있었으며, 연대가 그 계곡으로 접어들자 일제히 집중사격을 가함으로써 선두의 제2대대가 중공군의 함정 속에 빠지게 되었다. 장병들은 이 함정에서 벗어나려고 차량도 버리고 북쪽을 향해 앞을 다투어 뛰었으나 중공군의 포위망을 벗어나지 못하고 사상자가 속출하였다. 이때 대대는 간간이 이어진 UN 공군의 근접항공지원에 힘입어 공격을 시도하여 중공군 포로 5명을 획득하였으나 일몰과 더불어 근접항공지원이 끊어지자 중공군의 저항이 가중되어 주원리 계곡 돌파는 불가능하게 되었다.

이와 같은 상황을 보고받은 사단장 김종오 준장은 중대한 단안을 내려, "귀 연대는 휴대할 수 있는 전투장비를 제외한 모든 장비를 파괴 또는 소각하고 최선의 수단을 다하여 회목동으로 집결하라."는 마치 최후 통첩과도 같은 철수명령을 하달하였다. 사단으로서도 연대의 퇴로 타개를 위한 어떠한 대책도 강구할 만한 여력이 없었다. 온정리의 제2연대가 무너지고 제19연대와 제8사단 제10연대도 위기에 놓여 있었으니, 제7연대의 철수문제는 자력으로 타개하기를 기대할 수밖에 없는 실정이었다.

이에 연대장은 전방의 제2대대는 적을 견제하도록 하고, 제3대대를 명장산으로 우회 침투시켜 적의 배후를 공격하여 진로를 타개하고자 하였으나, 제3대대도 먼저 명장산으로 진출한 중공군에 의해 저지되었다. 이렇듯 진퇴유곡에 빠진 연대는 일단 병력을 수습하여 야간방어태세로 들어갔다. 풍장을 중심으로 남쪽에는 제2대대가 상창동 일대의 진지를 점령하고, 북쪽에는 제3대대와 제1대대가 도로 양편에 병력을 배치하여 길게 장사진을 친 상태의 방어태세를 취하게 되었다. 연대가 방어진지를 편성하기는 하였으나 사방이 온통 험한 준령으로 뒤덮인 산악지형의 계곡 통로인 이곳은 적의 공격에 매우 취약하였다. 따라서 연대는 오직 빨리 날이 밝아 UN군 전폭기의 지원하에 진로를 타개하기 만을 바랄 뿐이었다.

연대의 상황을 간파한 중공군은 30일 자정이 되자 공격을 재개하였다. 그리고 계곡에는 지축을 뒤흔드는 듯한 포성과 기관총 소리, 피리와 나팔 소리, 그리고 괴성을 지르는 고함소리가 울려 퍼졌다. 연대는 중과부적인 상황에서 사력을 다해 심야의 대혈전을 벌였지만 2시간이 경과할 무렵부터 후방의 제3, 제1대대의 진지가 차례로 무너지기 시작하였다. 급기야는 전연대의 방어진지가 적의 인해공격에 무참히 유린되었다. 상황이 여기에 이르자, 연대장 임부택(林富澤) 대령은 비장한 결심을 한 듯 "연대 전 장병은 적진을 각개돌파하여 구장동으로 집결하라."는 최후의 명령을 하달하였다.

아군의 선봉부대로 압록강변으로 진출하여 사기가 충천하였던 연대는 중공군의 불의의 공격에 전의가 저하되었음은 물론 삼삼오오 소규모 인원으로 분산되어 적진을 돌파하게 되었다. 이 분산철수 과정에서 장병들은 험준한 지형과 혹독한 추위, 그리고 배고픔을 극복하고 무작정 남쪽으로 우회 퇴각하는 무거운 발걸음을 옮기지 않을 수 없었다. 장병들은 묘향산을 넘어 청천강 남쪽으로 형극의 행군을 계속하였다. 11월 6일 사선을 넘어서 개천으로 집결한 연대 병력은 총 3,552명 가운데 875명에 불과하였으며, 대대장 1명을 포함한 연대와 대대의 참모장교들과 연대 고문관 등 많은 장병들이 중공군에게 포로가 되거나 전사 또는 실종됨으로써 연대는 재편성이 불가피하였다. 그리고 연대는 개천에서 군단예비로 전환되어 부대를 재편성 중인 사단주력과 합류하였고, 인원과 장비를 보충하며 부대의 재편성에 주력하게 되었다. 이 무렵에도 일부 연대장병들은 복귀하고 있었다.

제 8 장

중공군 1, 2차 공세

문제중심 학습 요약

중공군	유엔군	비고
1차공세('50.10.25–11.5)		운산지구전투
	크리스마스공세 ('50.11.24–25)	
2차공세('50.11.25–12.15) 3차공세('50.12.31–'51.1.15)		장진호전투 1·4후퇴, 원주전투
	1차반격('51.1.15–2.10)	수원, 강릉회복
4차공세(('51.2.11–18)	2차반격('51.2.20–4.21)	서울, 38도선
5차공세(('51.4.22–30) 5차공세('51.5.16–22)	3차반격('51.5.21–7.10)	사창리전투 현리/용문산전투

제1절 중공군 개입 요인

1. 간접요인

(가) 중공의 대한반도 인식

① 한반도를 중국 문화권의 종속국으로 간주

② 순치보거(脣齒輔車)의 관계, 중국 안보의 완충지대

(나) 중공의 기본 정책과 참전으로 획득할 수 있는 이점 일치
 ① 중공의 기본정책
  ㉮ 정권 안정 ㉯ 경제 건설 ㉰ 국제사회에서 지위 향상
  ㉱ 아시아 지역에서의 역할 증대 ㉲ 대만 실지 회복
  * 한국전 승리로 기본 정책의 목표 달성 가능 판단
   (대만 실지 회복 제외)

2. 직접요인

(가) 미국에 대한 중공의 적개심
 ① 이데올로기의 차이 ② 미국의 국민당 정부에 대한 지원
(나) 미국의 중공 경고 무시
 ① 중공군 총참모장 대리 섭영진 경고 ('50. 9. 25.)
 ② 중공외상 주은래가 주중 인도대사(파니카)에게 중공의 개입 불가피성 전달 ('50. 9. 30.)
 ③ 중공외상 주은래가 북경방송을 통해 개입 성명 발표('50. 10. 1.)
 ④ 주중 인도대사에게 개입의사 재천명 ('50. 10. 2.)
 ⑤ 최후 개입 경고 ('50. 10. 10.)
(다) 조·중 상호 방위 협정 : '49. 3. 18.

제2절 중공군 작전목표 및 단계

1. 작전목표

한반도로부터 외국군을 철수시키되, 중공이 유엔에 가입하게 될 정치적 목표와 연계

2. 작전단계

(가) 제1단계 공세 : 유엔군의 국경진출을 저지
(나) 제2단계 공세 : 총 반격으로 38도선 이북 회복
(다) 제3단계 공세 : 38도선 이남으로 침공하여 서울을 재점령하고 유엔군을 한반도에서 축출한 다음 작전 준비

제3절 중공군 투입규모 / 침입경로

1. 투입규모

(가) 1차 공세 : 제13병단 예하 6개군 18만명 투입
6개군 : 제38, 39, 40, 42, 50, 66군
* 제13병단은 3각 편제로 구성 : 6개군×3개 사단→18개 사단 (18만명)

(나) 2차 공세 : 제9병단 예하 3개군 12만명 추가 투입
3개군 : 제20, 26, 27군
* 제9병단은 4각 편제로 구성 : 3개군×4개 사단→12개 사단 (12만명)

(다) 5차 공세 : 2개 병단 추가 입한
① 제3병단 예하 3개군 (제12, 15, 60군) 입한
② 제19병단 예하 3개군 (제63, 64, 65군) 입한

2. 중공군 침입경로

(가) 중공군 제13병단 : '50. 10. 19. 압록강 도하
① 제39, 40군 : 봉천→무순→청성진→운산/온정 방향
② 제38군 : 통화→집안→만포진→강계→희천 방향
③ 제42군 : 통화→집안→만포진→강계→장진호 방향
④ 제50, 66군 : 신양→안동→신의주→태천 방향
* 제50, 66군 : '50. 10. 26. 압록강 도하

(나) 중공군 제9병단 : '50. 11. 7. 압록강 도하
제20, 26, 27군 : 통화→중강진→장진호 방향

제4절 중공군 1차 공세

1. 작전방침

한·만 국경선으로 진출중인 유엔군의 진격을 저지하고, 후속 증원부대(제13병단의 6개 사단, 제9병단의 12개 사단)의 도착 및 전개시간을 획득하기 위하여 서부 청천강 북쪽의 적유령산맥 일대에서 공격준비를 완료한 후 기습적인 단기공격 실시

2. 작전계획

(가) 중공군

'50년 10월 25일 공격을 개시하여 1개군(제42군)은 장진호지역에 진출시켜 서부전선 안전을 보장하고, 주력 3개군(제38, 39, 40군)은 청천강 상류지역에 전개시켜 한국군 제6, 7, 8사단 섬멸 후 안주를 향해 계속 진출하여 신의주 방향으로 진격중인 미군과 영국군의 퇴로를 차단, 후속중인 2개군(제50, 66군)은 대령강을 따라 미군을 공격

(나) 북한군

① 전선부대 : 가능한 오랫동안 적 지연, 중공군의 집중을 엄호

② 제2전선부대

㉮ 후방 광범위한 지역에서 유격전 전개, 적 분산 강요

㉯ 일부병력으로 유엔군을 신의주 및 동부지역으로 유인

㉰ 주력은 강계 지역을 확보하여 중공군 공세 지원

3. 기동계획

(가) 제42군

① 1개 사단 : 장진 지역에 배치, 한국군 수도 / 제3사단 방어

② 주력 : 황초령 / 부전령지역에서 서부전선 안전 보장

(나) 제40군 : 온정 북방, 북진 동측에 집결하여 한국군 제6사단 섬멸

(다) 제39군 : 운산 서북지역에 집결하여 한국군 제1사단 섬멸

(라) 제38군 : 희천 북방에 집결하여 한국군 제8사단 섬멸

(마) 제66군 : 철산방향으로 전진하여 영 제27여단 저지 후 공격

4. 작전경과

(가) 10. 25. 중공군 공격 개시

① 제38군 : 강계-희천 축선을 따라 한국군 제8사단 압박

② 제39군 : 운산 정면에서 한국군 제1사단 공격

③ 제40군 : 온정리 정면 한국군 제6사단 공격(7연대 퇴로차단)

(나) 한국군 제7사단은 제2군단에 복귀, 제8사단과 함께 개천-군우리-구장동선에서 적 저지

(다) 미 제1기병사단 8연대로 운산 북쪽 한국군 제1사단 정면 보강

(라) 11. 1. 중공군 개입 시인
(마) 한국군 2군단 붕괴, 미 제1기병사단 신안주로 철수
(제 8기병연대 3대대 전원 포로 / 전사)
(바) 미 제24사단 : 청천강 북안의 교두보 진지 점령
(사) 11. 5. 한국군제 7사단의 비호산 전투 승리로 중공군 저지
중공군 제38 / 40군 : 원리 진출후 한국군 제7사단의 비호산 확보로 청천강 하류로의 진격 좌절
(아) 11. 5. 24:00 중공군 철수
※ 미 제8군의 정보판단 (11. 5.) : 중공 의용군 3개 사단 규모 투입(실제 18개 사단 18만명 투입)
※ 미군의 정보판단 착오 이유
① 중공군이 개입하지 않을 것이라는 선입관 (정보화 실패)
② 중공군의 위장술, 정보획득 기술의 부족

제5절 유엔군의 크리스마스(X-mas) 공세

1. 정보판단 (11. 22.)

(가) 중공군의 개입 목적 : 수풍발전소 방호
(나) 투입병력 : 6만명 이하
(다) 중공군 기도
① 북한군의 방어작전을 제한된 범위 내에서 지원
② 유엔군을 국경선에서 철수시키기 위한 무력시위
③ 대병력에 의한 공격작전을 엄호하기 위한 소규모 공세

2. 작전계획

(가) 미 제8군의 진격과 미 제10군단의 서진(西進)에 의해 중공군 섬멸 / 한만·한소 국경선을 확보
(나) 미 제8군
11. 24. 10:00시에 박천-용산동-입석-구장동-덕천-영원을 연하는 선을 공격개시선으로 하여 3개 군단 병진공격

① 미 제1군단 : 미 제8군의 좌측 담당, 압록강 하류방향 공격
② 미 제9군단 : 미 제8군의 중앙 담당, 벽동~만포진방향 공격
③ 한국군 제2군단 : 미 제8군의 우측 담당, 강계방향 공격

(다) 미 제10군단

미 제1해병사단 : 서진하여 미 제8군과 연결 후 만포진 방향으로 공격

(라) 미 제7사단 : 혜산진 방향으로 공격

(마) 한국군 제1군단 : 한만 · 한소 국경선방향으로 전진

제6절 중공군 2차 공세

1. 중공군 작전방침

광정면에서의 기동방어와 유격전의 결합으로, 소규모의 적은 바로 섬멸, 대규모의 적에 대해서는 타격과 철수를 거듭하면서 적을 아군 깊숙이 유인 후 일부부대가 적의 측후방으로 이동하여 주력부대와 협조하여 소멸

2. 작전계획

(가) 중공군

① 제13병단 (18개 사단) : 공세 개시일(11. 25.)

㉮ 유엔군을 대관동, 온정, 묘향산, 평남진 일선까지 유인후 섬멸
㉯ 적이 희천, 묘향산, 하행동 일대까지 진격하면 제38, 40, 42군
㉰ 일부로 유엔군의 동서 양익을 섬멸하여 덕천, 영원 점령
㉱ 계속 군우리, 삼소리 방향으로 전진하여 적 퇴로를 차단하고 돌파구 조성
㉲ 주력을 집중하여 청천강 서안의 유엔군 공격하여 미 제2사단을 구성, 태천지역에서 섬멸, 미 제1기병사단, 미 제2사단을 온정이남 이동, 용포동일대에서 섬멸

② 제 9병단 (12개 사단) : 공세 개시일(11. 26.)

㉮ 적을 구진리, 장진 일선까지 유인하여 섬멸
㉯ 제20, 27군으로 미 해병 제1사단을 섬멸후 미 제7사단 섬멸
㉰ 함흥지역으로 진출하여 미 제10군단 격멸
㉱ 제26군은 후창강 입구에서 전개하여 압록강을 따라서 서진하는 미 제7사단

저지
㉮ 일부병력은 원산지역으로 진출, 북한군의 제 2전선 부대와 협동으로 원산을 공격

* 제9병단과 제13병단 예하 제42군과의 책임지역 교대시기는 11월 13일이며, 기도비닉을 위하여 공격개시전까지 적과 접촉을 금지

(나) 북한군
① 전선부대
경계를 담당하며, 공격개시 전까지 유엔군의 중공군과의 접촉을 차단
② 제2전선부대
㉮ 공격개시 전 : 유엔군을 철의 삼각지대와 원산지역으로 유인 견제
㉯ 공격시 : 유엔군의 배후 교란
㉰ 공격개시 후 : 유엔군의 퇴로 차단 / 철수부대 공격

3. 작전경과

(가) 서부전선
① 11. 24. 유엔군 크리스마스공세 개시, 최초 8-15km 전진
② 11. 25. 중공군 2차 공세 개시로 유엔군 진출 저지
㉮ 제38군 : 덕천의 한국군 제7사단 공격
㉯ 제42군 : 영원의 한국군 제8사단 공격
㉰ 제40군 : 구장 이북의 미 제2사단 공격
③ 11. 26. 미 제8군 우익인 한국군 제2군단 덕천 피탈
④ 11. 28. 미 제8군 청천강으로 철수 개시
⑤ 11. 29. 평양방어선으로 철수 지시 (숙천-순천-성천-양덕)
⑥ 12. 3. 성천 피탈, 맥아더 38도선으로 철수 결심
⑦ 12. 5. 평양 철수, 중공군 선두부대 이천, 평강 도착
⑧ 12. 15. 미 제8군 38선으로 철수, 중공군 2차 공세 종료

(나) 동부전선
① 11. 27. 중공군, 미 해병 제1사단(장진호 지역) 기습 공격
② 11. 30. 맥아더 원수, 미 제10군단 철수 명령 하달
③ 12. 10. 한국군 제3사단 성진에서 해상 철수
④ 12. 11. 미 해병 제1사단 함흥 지역에 진입
⑤ 12. 14.~24. 흥남 철수 작전 실시
㉮ 미 해병 제1사단(12. 15.), 수도사단(12. 17.),

㉯ 미 제7사단(12. 21.), 미 제3사단(12. 24.)
⑥ 12. 27. 미 제10군단 부산, 묵호, 마산 상륙
* 미 제8군에 배속

제7절 미 제 8군의 작전방침

1. 축차진지상에서 방어작전의 반복

부산까지 300㎞의 지역에서 사전에 준비된 진지를 이용하여 아군의 피해를 줄이면서 화력으로 적에게 최대의 손실을 주고, 그 선이 돌파될 위험에 빠지면 제2선 진지로 후퇴하는 방법을 반복, 이로써 적의 전투력을 약화시킨 후 공세로 전환

2. 축차진지 (방어선)

(가) 제1방어선 : 임진강-38도선 남쪽(보조진지 : 수원-양평-홍천-주문진)
(나) 제2방어선 : 평택-안성-원주-삼척
(다) 제3방어선 : 금강-소백산맥선(보조진지 : 소백산맥선)
(라) 제4방어선 : 낙동강 방어선

제1절 "크리스마스 공세" 직전 중공군 개입

1. 총사령부 · 맥아더 원수의 판단[1)]

전쟁이 시작되자 총사령부의 관심은 중공에 쏠렸으며 사령부 정보기록에 중공군에 관한 내용이 처음으로 기술된 것은 1950년 6월 28일, 즉 전쟁 4일째가 되는 날로서 "북한군은 만주에 주둔하고 있는 중공군의 증원을 받아들일 가능성이 있다."고 기록되어 있었다. 그리고 7월로 들어서서 처음으로 워싱턴에 보낸 보고서에 "만일 중공군이 개입했을 경우에는 그 후방을 차단하기 위해서 전략 공군의 지원이 필요하게 될 것이다."라고 예고하였다.

1950년 8~9월 초순경, 총사령부는 "만주에는 정규군 약 11만 6천명이 주둔하고 있다."고 판단하고, 해남도 작전을 끝내고 북상 중에 있다고 전해지고 있는 제4야전군의 움직임을 주시하고 있었는데, 이러한 정보의 출처는 대부분이 대만정부나 홍콩의 소식통이었다. 이러한 정보를 살펴보면 정확한 정보가 그때그때 전해져 왔었지만, 그러나 이 정보에는 상식적으로는 이해할 수 없고, 분명히 오보로 판명되는 정보자료가 포함되어 있었다.

서울 수복을 끝낸 9월 말의 기록을 보면, "중공정부는 8월 14일의 최고수뇌회담에서 한국전쟁에 개입할 경우에 대비하여 2만 명의 야전사단을 준비하도록 결정했다."고 기술되어 있다. 이것은 뒤에 기술하겠지만 제38 · 제40군이 만주로 이동한 것과 서로 부합되는 정확한 정보였던 것이다. 이어 10월 3일에는 주은래가 인도의 파니카 대사를 초치하여 전하기를, "이 전쟁은 내전이기 때문에 한국군의 북진을 멈추게 할 수는 없지만, 그러나 유엔군이 38선을 넘을 경우에는 참전을 한다."고 한 언명을 워싱턴 당국과 인도의 네루 수상으로부터 전해 들었다. 또 이때 북한의 포로수용소에서 탈출해 온 미군 장교는 "3명의 소련 장교로부터 심문을 받았는데, 9월 22일에 심문을 한 중령은 만일 미군이 38선을 넘는다면 새로운 공산군이 개입하게 될 것이다."라는 말을 했다고 보고하였다.

---

1) 일본육전사연구보급회편 『한국전쟁(6권)』 "크리스마스공세", 1987년, pp.200~223

■ 중공군 전개과정

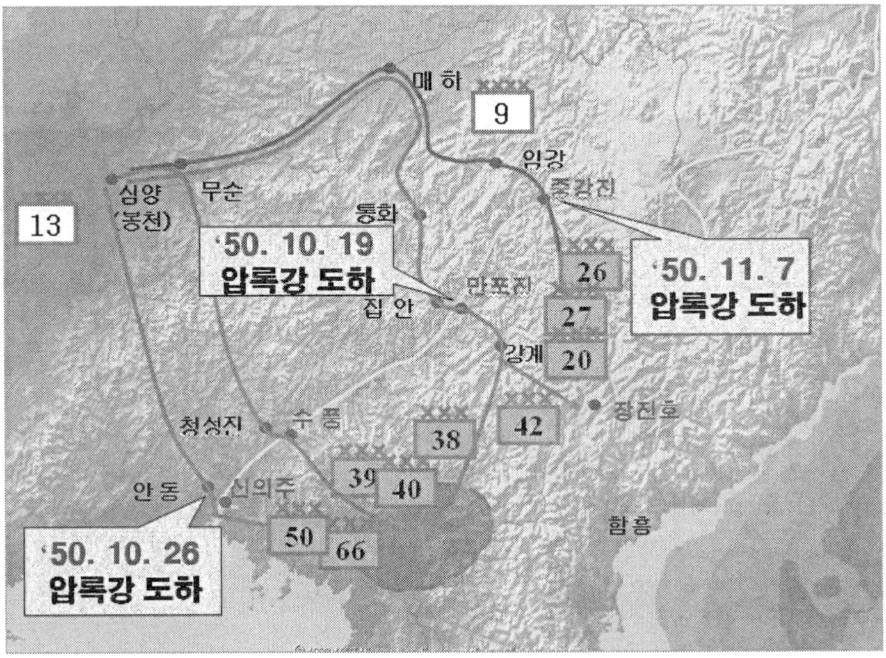

크리스마스 공세를 개시하기 직전 총사령부의 최종적인 판단은 "주한 중공군의 현재병력은 44,851명 내지 70,051명 사이이다."라고 결론을 내리면서 그 이유를 "투입병력은 50,400명 내지 76,600명이었지만 약 5,500명이 사상을 당했기 때문에"라고 기술하고 있다. 숫자 말미의 51명이라고 하는 정확한 수치는 단위부대의 편제인원을 기초로 하여 산출한 것으로 생각된다.

그러나 이상의 병력은 중공의 총 병력을 3백만 명으로 볼 때 극히 일부분에 불과하며 중공정부가 마음만 먹는다면 수십만 명의 병력도 투입이 가능한 것이다. 그러므로 근본적인 정보상의 문제는 주한병력이나 그 행동에 대한 판단을 주로 하는 전술적인 문제가 아니고 중공이 현재 정식으로 개입하고 있는지의 정 · 전략적인 견해가 있어야만 했었다. 그래서 문제는, 당국의 책임자이자 미국의 정보 책임자의 입장에도 있었던 극동군 정보참모인 윌로비 소장이 이러한 문제에 관해서 어떠한 생각을 갖고 있었는가. 또는 최고책임자인 맥아더 원수는 어떠한 판단을 하고 있었는가 하는 것이 문제해결의 관건이 된다.

2. 맥아더의 판단

정보참모 윌로비의 건의가 그의 견해에 영향을 미쳤던 것은 당연한 일이지만, 중공의 개입규모에 관해서는 다소의 견해 차이가 있었다. 이것은 역시 최고책임자로서의 넓은 안목 때문일 것이다. 즉 그 견해는, 11월 7일 펜타곤의 질문에 대한 다음과 같은 회답에서 잘 나타나고 있다.

『조직화된 중공군이 북한으로 투입되어 이미 유엔군과 전투를 하고 있다. 그 병력을 상세하게 산정한다는 것은 불가능한 일이지만 서부전선에서는 공세를 취할 수가 있고 동부전선의 병력은 유엔군을 지연시키기에 족한 병력임에 틀림이 없다. 그러나 이러한 중공의 행위는 장래에도, 어떠한 선전포고도 없이 병력을 자유롭게 운용할 수 있고 또한 증원도 할 수 있다는 선례가 될 것이다. 중공의 증원이 계속될 경우에는 우리의 공세를 용이하게 저지시킬 수 있을 뿐 아니라, 경우에 따라서는 철수를 해야 할 정도까지 증원될 가능성도 있다. 그러나 만일 적의 증원을 저지시킬 수만 있다면 10일 이내에 재개하게 될 서부전선의 공세에 의해 다시 주도권을 장악할 수가 있을 것이다. 이러한 공세만이 적의 병력을 정확하게 확인할 수 있는 수단이라고 생각한다.』

이 회답은 맥아더 원수의 강한 기질을 잘 알고 있는 사람들에게는 약간 소극적인 것으로 보였기 때문에, 측근들은 "소문처럼 맥아더도 종래의 판단과 전혀 다른 사태에 직면하여 자신을 상실하고 있는 것을 보니 70세라는 노구에는 어쩔 수가 없는 모양"이라고 생각했었다고 한다. 그러나 11월 6일 아침 이후 중공군이 전면적으로 철수하자, 맥아더 원수는 다시금 자신과 위엄을 되찾은 듯, 이틀 후인 11월 9일에는 앞으로의 작전방침에 대해 다음과 같이 보고했다. 이것은 전에 압록강 철교를 폭격하도록 승인해 준 것에 대한 감사의 뜻까지 함께 포함시키고 있다. "이제 우리 군은 수풍 발전시설을 제외한 북한 내의 모든 군사목표를 공격해도 좋다는 허락을 받았다. 나는 중공군이 현 전선의 붕괴를 막기 위하여 충분한 병력을 압록강 남안으로 증원할 경우 우리 공군은 이를 능히 저지시킬 것으로 확신한다."

제8군이 크리스마스 공세를 개시한 11월 24일, 공세개시 상황을 직접 시찰하고 동경으로 돌아온 맥아더 원수는 전부터 가지고 있던 근본적인 그의 견해를 다음과 같이 발표했다. 『북한에 출현한 새로운 공산군에 대처하기 위한 유엔군의 포위작전은 이제야 최후의 결정적인 일격을 가할 단계에 도달했다. 여러 기종으로 이루어진 우리 공군은 전면의 적을 고립시키기 위해 지난 3주간에 걸쳐서 효과적이면서도 모범적인 저지작전을 계속해 왔기 때문에 북쪽으로부터의 적의 보급과 증원은 제한을 받게 되었다.』

이와 동시에 유엔에 보고한 특별 코뮈니케에서는, "거인과 같은 유엔군의 공세작전은 오늘 계획대로 실행에 옮겨졌다. 공군은 전력을 다해 적의 후방을 완전히 차단하고 있다. 그리고 적의 후방과 압록강 연안에 대한 정찰을 실시한 결과, 적의 새로운 군사행동은 발견할 수 없다. 서부전선의 제8군은 적의 완강한 저항을 돌파하고 공격을 개시했으며, 동부전선의 미 제10군단은 해 · 공군의 지원하에 전투력의 우위를 확보하고 있다. 아군의 피해는 극히 적으며 보급은 군의 공격작전을 지원하는데 문제가 없도록 준비를 끝내고 있다."

맥아더 원수의 중공개입 문제에 관한 기본적인 결론은 이상과 같은 것이었다. 그는 압록강 남안에서의 결전을 기대하고 있었다. 이렇게 판단한 요인은 그의 공군에 대한 신뢰와 기대에 있었던 것 같다. 따라서 이것도 그의 오랜 경험에서 비롯된 것이었다고 하겠다. 그의 제2차 세계대전에서의 영광스런 승리는 효과적인 공군지원 덕분이었으며 이번에 부산을 확보할 수 있었던 것도, 그리고 인천상륙도 공군의 역할이 컸던 것이다. 그러므로 그의 영광은 공군에 의해서 지탱이 되고 있다 해도 과언이 아니었다. 그의 명예로운 전력은 모두가 공군이 최대한의 능력을 발휘할 수 있는 바다와 관련을 갖고 있었던 것이다. 그러나 이번 작전은 대륙으로부터 산과 산으로 이어진 300킬로미터의 정면으로 침투해 오는 적과의 싸움이었다. 그런데 이 적은 엄청난 보급이나 양호한 도로보다도 산악지대에서 강한 적이었던 것이다.

지금 생각해 보면 중공군의 전면개입을 시사하는 징후는 얼마든지 있었는데도 불구하고, 결국 그 판단은 전면개입의 공산은 없다. 10월 하순에 출현했던 중공군은 이념을 같이하는 인접국에 대한 의례적인 원조의 표현이다. 그러므로 그 병력은 많아야 7만명 정도의 의용군으로서 그 의도는 방어적이다. 이러한 판단을 기초로 크리스마스 공세를 단행하게 되었던 것이다.

3. 중공군 도강

중공군의 도강장면은 중국의 국방문학작가 유백우(劉白羽)의 『불빛은 앞에(火光在前)』에 보면 잘 묘사되어 있다. 『최후의 승리와 진군을 위해 아직까지도 무리지어 전진하고 있다. 과거 우리는 얼마나 많은 전쟁터를 전전했던가! 몇 번인가 비바람이 몰아치는 칠흑같이 어둔 밤과 새벽 속에서 우리는 전진의 앞에 놓은 불꽃을 보았다. 그것은 재앙의 불빛이다. 이제 우리는 마지막으로 앞에서 번쩍거리는 재앙의 불꽃을 꺼버릴 때다. 먼동이 밝아 온다. 우리 눈앞에 여명은 새로운 불빛이다. 찬란히 빛나는 승리의 불꽃이다.』

유백우는 제4야전군 정치부 선전요원으로 한국전에 참전하여 미군과 맞서 싸우는 중공군의 활약상을 시에 가까운 서정적 언어로 생생하게 묘사하여 중공 건국 당시 초베스트셀러가 된 사회주의 혁명작가였다. 당시 중국의 사회주의 혁명작가들은 문학을 통해 혁명과 민족의 문제를 표현하고, 혁명의 이념을 제공하는 사회주의 전사로서 역할을 하였다. 상기의 도강장면을 묘사한 짧은 글귀에서 미국과의 정의의 전쟁을 위해 야간행군을 하는 중공군의 모습을 영웅적으로 묘사하고 있다. 따라서 우리가 조국을 위해 용감하게 싸워야 한다는 조국애를 갖고 전투에 임하는 만큼, 적도 자신의 조국을 위해 동일한 생각으로 전투에 임하고 있음을 인식해야 한다.

현대전은 군사력 뿐 아니라 정치력, 경제력, 선전력 등 모든 수단을 동원하여 전쟁을 수행해야 한다. 선전전은 당연히 문인들의 몫이다. 전시하 문학은 애국심과 전위를 고취시키는 중요한 역할을 담당해야 한다.

제2절 중공군의 5대 공세

1. 제1차 공세[2)]

중공군은 한국전쟁에 개입한 이후 제1단계로 한국군 및 유엔군의 한·만 국경선까지의 진출을 저지하였으며, 제2단계로 총반격작전을 실시하여 북한 지역을 회복하였고, 제3단계로 38°선 이남으로 남침을 감행하여 서울을 점령하고 유엔군을 한반도에서 축출한다는 계획하에, 5차에 걸친 대공세를 취하였다. 그 결과, 그들은 그들의 계획을 완전히 달성하지는 못하였으나, 북한 지역을 거의 회복하고 한때 서울 이남 수원 선까지 진출하는데 성공하기도 하였다.

2) 국방부 전사편찬위원회, 『한국전쟁(요약)』, 1986년, pp.197~202

중공군의 제1차공세는 한국군 및 유엔군이 북진을 단행하여 서부전선에서는 청천강을 도하하고, 동부전선에서는 함흥·흥남을 점령한 다음 장진호와 청진 방향으로 총공세를 펴고 있던 1950년 10월 25일에 실시되었다. 중공군은 이때 제1차로 압록강을 도하한 제13병단 6개 군 중, 5개 군을 적유령산맥 남단에 전개시키고 1개 군을 장진호 북쪽에 전개시켜, 동부에서는 한국군 및 유엔군의 전진을 저지 및 견제하였으며, 서부에서는 운산-희천 방향으로 공격을 감행하여 한국군 및 유엔군을 청천강 이남으로 격퇴시켰다.

그 후 1950년 11월 7일경부터, 이들은 당시의 접촉선상에 경계부대만을 잔류시키고 다시 은밀히 적유령산맥 남단으로 이동하여 임시 방어선을 구축하고 있었다. 따라서, 전선에는 불확실한 상황하에서 일시적인 소강상태가 조성되었다. 이와 같은 중공군의 제1차공세는 완전히 기습적인 공세행동이었다. 당시 한국군 및 유엔군은 중공의 개입을 우려하기는 하였으나 그때까지 중공군의 참전에 대한 징후를 전혀 포착하지 못하고 있었으며, 또 시기적으로도 그때는 이미 중공군의 참전은 때가 늦은 것으로 판단하여 총공세를 폈던 것이다. 당시, 중공군은 야간만을 이용하여 은밀히 기동하고, 주간에는 철저히 기도를 비닉하여 유엔군의 항공정찰이나 정보망에 노출되지 않았다.

■ 중공군 공세 및 UN군 반격(총괄)

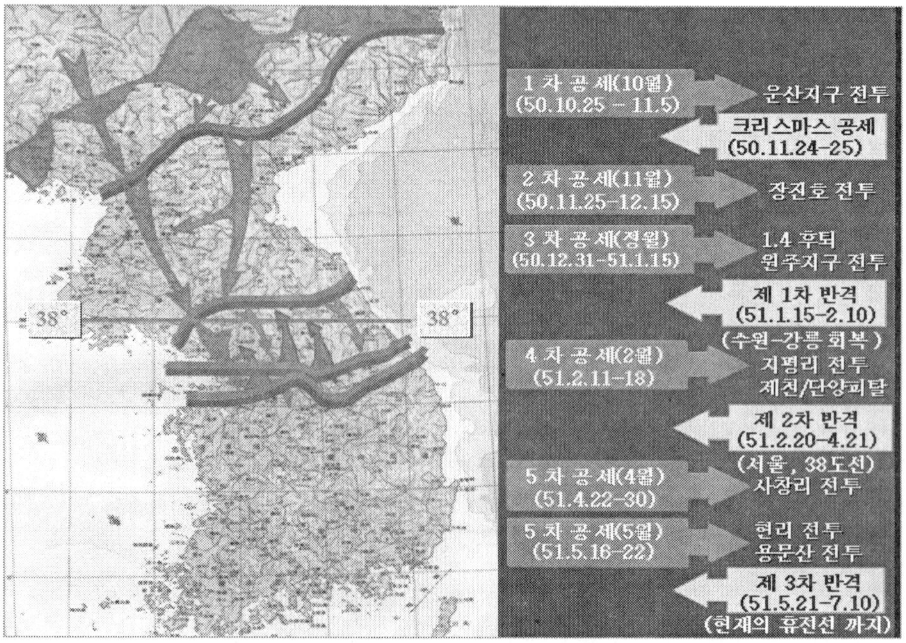

가. 작전목표

중공군의 궁극적인 목표는 UN군을 한국으로 부터 축출하는데 있었으나, 중공 지도자들은 그들이 처한 국제적 지위와 군사력을 감안하여 최초부터 작전목표를 상당히 제한하였다. 즉 UN군의 국경으로의 급속한 진격을 일단 저지한 다음, 상황의 진전에 따라 반격으로 전환하되 북한의 허리인 평양－원산선 까지만 진출함으로써 국경너머에 완충지대를 확보하려는 것이었으며 완충지대 확보후에는 UN군의 반응에 따라 대응조치를 취하는 것이다. 제1단계는 UN군의 국경 진출을 저지하고, 제2단계는 총 반격으로 38°선 이북을 회복하며, 제3단계는 38°선 이남으로 공격, 서울을 재점령하고 UN군을 축출한 후 다음단계 작전준비를 한다는 것이다.

나. 작전방침

(1) 최초 작전방침: 일정기간 방어후 공세로 전환

지원군사령관 팽덕회는 "진지전(지역방어)과 운동전(기동방어)의 배합작전을 통한 역습, 기습, 매복으로 적의 유생역량을 소멸시킨다."라는 작전방침을 채택하였다. 이 방침에 의거 최초에는 중공군은 방어에 유리하고 유엔군에게는 공격에 불리한 평양－원산과, 덕천－영원사이에 2～3개의 방어선을 구축하여 우선 유엔군의 진출을 저지하고 전장의 국면을 전환시킴으로써 시간을 획득하여 북한군의 철수와 재편성을 지원할 계획이었다.

(2) 당시 상황 및 작전방침 변경: 공세(기동하면서 각개격파)

중공군이 압록강을 도하할 때 유엔군의 진출속도가 예상했던 것보다 훨씬 빨라서 그들의 집결지(구장, 덕천, 영원, 오로리)에 전개하여 방어준비를 하기도 전에 유엔군이 먼저 도착할 것으로 판단되었다. 그러나 예상하지 못한 상황에 직면한 중공군은 유엔군이 아직 그들의 참전 사실을 모르고 분산된 채 전진함으로써 국군 3개 사단의 전선이 돌출되있고, 또 미 제8군과 미 제10군단 사이에 배치 공간이 생긴 취약점을 간파하였다. 모택동은 이러한 상황을 그들이 기습공격으로 승기를 잡을 수 있는 절호의 기회라고 판단하여 21일 예상방어지역을 확보하여 일정기간 방어 후 공세로 전환한다는 작전방침을 변경하여 진격해 오는 국군과 유엔군을 기동하면서 각개격파하도록 지시하였다. 그리고 참전 후 첫 작전인 이번 공세에서 국군 3~4개 사단을 섬멸함으로써 한반도의 전국을 전환시킬 수 있음을 강조하였다.

다. 작전방침 변경 이유

① 제50, 66군 미전개로 서부 평야지역 방어병력 부족하였다.
② UN군의 약점이용 가능성, 즉 자신들의 개입사실을 모른 채 협곡속으로 이동하는 적을 기습공격하면, 서부지역에 진출하고 있는 UN군을 포위섬멸할 수 있을 것으로 판단했다.
③ 청천강 유역의 작전지역은 서부지역 UN군의 약한 측익 돌파후 작전적 수준의 우회로 청천강 하류 지역에서 퇴로차단, 포위가 용이한 지형이라는 이점을 살린다.
④ 또한 공격이 그들의 장점인 치고 빠지는 운동전, 산악전 활용이 가능하다는 점이다. 즉 지형, 피·아 상황을 고려하여 기습, 공세를 택한 것이다.

라. 작전계획

중공군의 작전개념은 10월 25일 공격, 1개 군을 장진호지역에 진출시켜 북한군과 협동으로 UN군의 진격을 저지하며, 3개 군은 청천강 상류의 서쪽에 전개하여 강계로 향해 진격중인 UN군의 측면을 격파 후 신안주를 향해 진출하여 유엔군의 퇴로를 차단하는 한편, 후속중인 2개 군은 대룡강을 따라 공세를 실시하여 신안주 방향으로 진격중인 UN군을 정면에서 고착견제하여 청천강 하류로 진출한 3개군과 협격하여 포위섬멸하는 것이다.

이를 위해 제40군은 온정 북서쪽 집결, 국군 제6사단을 포위섬멸후 원리일대로 진출하여 미 제1군단의 퇴로를 차단하고, 제39군은 운산 서북쪽 집결, 국군 제1사단을 섬멸하고, 제38군(제42군 125사단 배속)은 희천으로 진출, 국군 제8사단을 섬멸후 청천강 하류로 진출, 유엔군의 퇴로를 차단하며, 제50,66군은 압록강 도하후 대룡강 서안으로 진출, 정면의 유엔군을 고착견제후 포위섬멸한다. 그리고 제42군은 장진호일대의 유엔군을 고착견제하는 것이다. 그리고 모택동은 국군과 유엔군을 격멸하기 용이한 박천, 군우리 및 그 이북지역에 도착하기 전에 그들이 지원군의 노출로 인하여 진격을 중지하거나 철수하지 않도록 지원군의 진출을 정주-박천-군우리 선 북쪽 20km 이내로 제한시켰다.

마. 작전경과

중공군은 10월 25일 UN군의 길목을 지키고 있다가 국경으로 북상하는 UN군을 기습 공격하여, 온정리일대에서 국군 제6사단 3개 연대의 퇴로를 차단하고, 증원된 국군 제8사단 16연대까지 포위했다. 국군 4개 연대는 4일간에 걸친 포위망을 탈출하면서 10월 29일 경에는 와해되어 버린다.

운산에서는 국군 제1사단이 진출이 안되자, 미 제1군단장 밀번 소장은 예비인 미 제1기병사단 8기병연대를 투입, 초월공격시켰다. 이때 국군 제1사단은 중공군 포로를 획득하여 포로의 진술 내용 "운산 북서 및 북쪽에는 물론, 그 북동쪽인 희천 방면에 다수의 중공군이 배치되어 있다."를 보고 했으나, 당시 미 제24사단은 진출이 원활했기 때문에 미 제1군단장은 이 보고를 무시했다. 투입된 제8기병연대도 운산일대에서 퇴로를 차단당하고 고립된다.

11월 1일 이미 중공군 제38, 40군이 청천강 계곡을 따라 원리를 돌파하고, 계속 하류 방향으로 진출하자 미 제8군은 퇴로차단의 위협이 예상되어 청천강 변으로 철수를 지시한다. 이 때 맥아더 장군은 중공 개입 사실을 시인하지만, 3만명 정도이며, 중공 정규군이 아니라 중공내의 조선의용군으로 판단했다.

■ 중공군 1차공세 경과

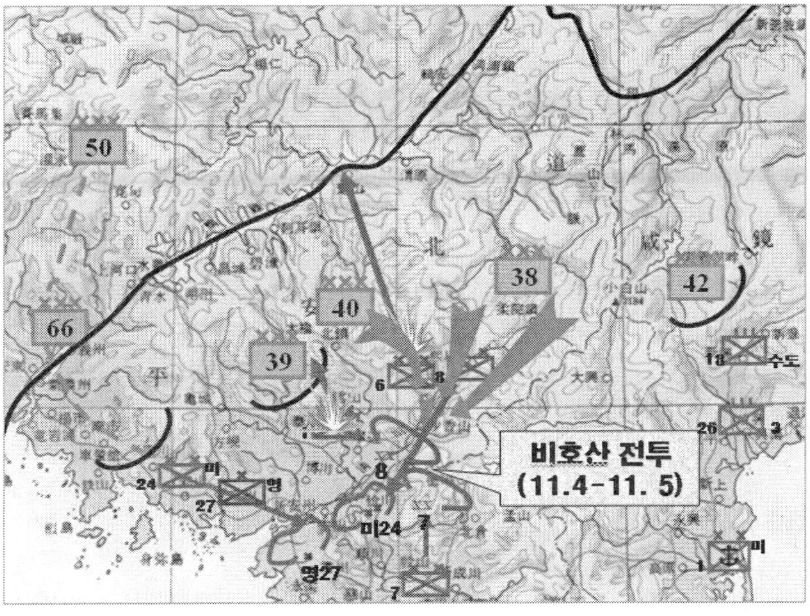

서부지역의 미 제24사단과 영연방 제27여단은 적 위협이 경미하여 청천강 변으로 무사히 철수하였으나, 운산지역의 제8기병연대는 포위된 상황에서 교전중이었기 때문에 제1, 2대대는 장비를 유기하고 몸만 빠져나오고, 제3대대는 전원 사망 또는 생포당하는 비극을 맞게 된다. 11월 4일 중공군은 개천 점령을 시도하였다. 개천을 탈취하여 순천, 신안주로 진출하게 되면 청천강변 방어선 우측방이 노출되고, 미 제1군단 퇴로가 차단되는 위험에 직면하게 된다. 이렇게 되자 미 제1군단 예비인 국군 제7사단을 비호산에 투입하여, 중공군 제40군을 저지하는데 성공함으로써 청천강방어선을 유지할 수 있게 되었다. 비호산은 개천－순천, 개천－덕천이 연결되는 간선도로를 통제할 수 있는 주요 고지로서 이 산의 확보 여부가 미 제8군의 우측방에 대한 사활을 좌우하는 것이었다. 11월 5일 24:00 경 중공군은 공격개시 10일만에 야간 잠적 이탈하였다.

바. 작전결과

유엔군은 서부전선의 미 제24사단과 영연방 제27여단을 신속히 철수시켜 청천강 북안에 교두보 진지를 확보하였고, 이후 제8군은 이를 발판으로 삼아 새로운 공격작전을 계획할 수 있게 되었다.

2. 제2차 공세

중공군의 제2차공세는 제1차공세를 취한 지 한 달이 지난 1950년 11월 25일에 실시되었다. 이날은 한국군 및 유엔군이 제1차공세 후 소강상태가 지속되는 시기를 이용하여, 서부전선에 1개 군단을 증강시키고 동부전선에 계획대로 1개 군단을 원산에 상륙시켜 전선의 전력을 증강하여, 중공군의 조직적인 공격이 실시되기 전에 전쟁을 종결지으려는 계획하에 한·만 국경선으로 진출하기 위하여, 이른바 크리스마스 총공세를 취한 바로 다음날이었다. 이에 따라 이날, 서부에서는 한국군 및 유엔군이 다시 청천강을 도하하여 북진을 계속하고 있었으며, 동부에서는 일부 선두부대가 이미 압록강선에 도달하였고, 다른 부대들도 국경선을 향하여 진격을 계속하고 있었다.

■ 중공군 2차공세 계획

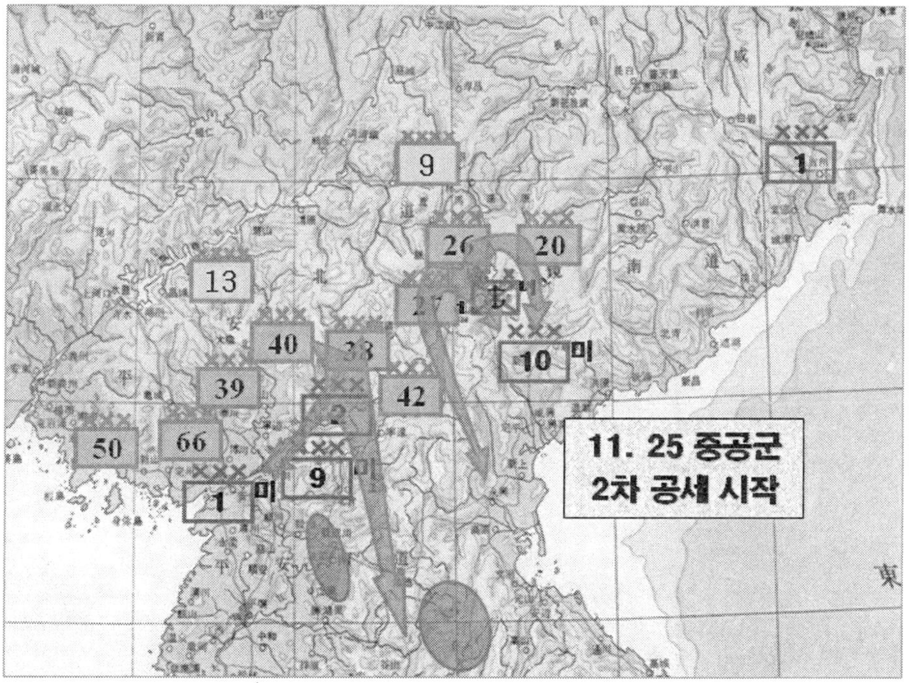

이때, 중공군은 제1차로 북한에 진입한 제13병단 18개 사단이 적유령산맥 남단지역 일대에서, 제2차로 입한한 제9병단 12개 사단이 장진호 및 개마고원 일원에서 전투대형을 갖추고 한국군 및 유엔군을 동서로 양분하여, 서부에서는 청천강 선에서, 동부에서는 장진호－함흥 선에서 포위하여 격멸한 다음 남진할 계획하에 대공세를 취하였던 것이다. 한국군 및 유엔군의 크리스마스공세에 맞서 취하여진 중공군의 제2차 대공세는 그들의 계획대로 진전되어 갔다. 그 후 한국군 및 유엔군은 후퇴작전으로 전환하여, 서부전선부대는 12월 중순에 38°선까지 후퇴하게 되었으며 동부전선부대는 흥남에 집결하여 12월 14일부터 12월 24일 간에 해상을 통하여 철수하게 되었다.

이러한 중공군의 제2차공세도 완전히 기습적인 것이었다. 유엔군측에서는 크리스마스공세를 취할 때까지도, 중공군의 제1차공세는 압록강상의 발전소를 보호하기 위한 것이며, 그 병력은 의용군으로 구성된 단지 몇 개 사단에 불과한 병력일 것이고, 중공이 주력을 투입하여 한국전쟁에 개입하지는 않을 것으로 판단하였던 데 반하여, 실제는 조직적 지휘체계를 갖춘 30개 사단, 30만 명이 북한 지역에 전개하고 있었던 것이다.

가. 작전 배경

국군 및 유엔군이 제1차공세 후 소강상태가 지속되는 시기를 이용하여, 서부전선에 1개 군단을 증강시키고 동부전선에 계획대로 1개 군단을 원산에 상륙시켜 전선의 전력을 증강하여, 중공군의 조직적인 공격이 실시되기 전에 전쟁을 종결지으려는 계획하에 한·만 국경선으로 진출하기 위하여 1950년 11월 24일 이른바 크리스마스 총공세를 취했다. 이날 서부에서는 국군 및 유엔군이 다시 청천강을 도하하여 북진을 계속하고 있었으며, 동부에서는 일부 선두부대가 이미 압록강 선에 도달하였고, 다른 부대들도 국경선을 향하여 진격을 계속하고 있었다.

이때, 중공군은 제1차로 북한에 진입한 제13병단 18개 사단이 적유령산맥 남단지역 일대에서, 제2차로 입항한 제9병단 12개 사단이 장진호 및 개마고원 일원에서 전투대형을 갖추고 국군 및 유엔군을 동서로 양분하여, 서부에서는 청천강선에서, 동부에서는 장진호－함흥선에서 포위하여 격멸한 다음 38°선까지 남진할 계획하에 대공세를 취하였던 것이다.

나. 피·아 상황 및 작전계획

(1) 국군 및 유엔군

중공군 1차공세로 청천강선까지 철수한 미 제8군은 재편성과 적정판단을 실시하면서 차후공격을 준비하고 있었다. 미 제8군 정보판단은 중공군의 개입목적은 수풍발전소를 방호하기 위한 것이며, 투입된 병력은 6만 명 이하이기 때문에 열세한 병력으로 전과확대는 실시하지 않을 것으로 과소평가하였다. 한편 동부지역은 미 제1해병사단이 장진호까지, 수도사단이 청진까지, 미 제7사단 17연대가 혜산진까지 진출하는 등 상황이 호전되고 있었다. 또한 미 제9군단이 북상하여, 미 제8군 전력이 보강되었다. 특히 북진시 한국군 제2군단이 붕괴되어 우익 노출 우려로 불가피하게 철수하게 됐다고 생각하고 있던 때에 미 제1군단 우측에 전개된 것이다. 따라서 맥아더는 미 제9군단이 투입되고, 미 제10군단과 동시 공격한다면 크리스마스 이전까지는 전쟁을 종결할 수 있을 것이라고 낙관적으로 판단하여 크리스마스 총공세를 개시하였다. 흥남철수(50. 12. 24)는 미 10군단과 한국군 1군단이 철수한 후 탄약과 얼어붙은 폭약 400톤, 500발의 포탄, 그리고 200드럼의 유류를 후송하지 못하고 항만과 같이 괴하였다.

크리스마스공세시 유엔군 사령부 의도는 미 제8군 진격과 미 제10군단의 서진에 의해 중공군을 포위하려는 작전개념으로서 11월 24일 10:00를 기해 박천－용산동－입석－구장동－덕천－영월을 연하는 선을 공격개시선으로 하여 공격을 개시하여 3개 군단 병진으로 미 1군단은 압록강 하류로 좌에서 공격하고, 우는 국군 제2군단이 만포진으로, 중앙 미 제9군단이 초산방면으로 공격한다는 것이었다. 미 제10군단은 미 제1해병사단이 서진하여 미 제8군과 연결한 후 만포진으로 공격하며, 미 제7사단은 혜산진, 압록강 방향으로 전진하고 한국군 제1군단은 한만 · 한소 국경으로 전진하는 것이었다.

(2) 중공군 제13병단 및 제9병단, 북한군

11월 24일, 유엔군 공세를 미리 예측하고 있던 중공군은 철저한 기도비닉과 야간행동으로, 유엔군의 통신감청과 항공정찰을 피할 수 있었으며, 서부지역에서 18개 사단, 동부지역에서 12개 사단이 각각의 지정된 위치까지 이동하여 매복하고 있었다. 최후공세를 감행하는 유엔군은 "중공군의 능력이 부족하여 철수했을 것이다."고 판단했지만, 중공군은 삼국지에서나 가능할 것 같은 대규모 유인작전을 20세기 전장에서 펼쳤다. 이때 중공군은 "유엔군이 유인작전을 눈치채고 추격을 중단하면 어떻게 하나?"하며, 노심초사하고 있었다. 중공군은 약한 측익(주로 한국군지역)을 돌파후 종심기동을 통한 퇴로차단을 반복하면서 매번 공세시 마다 전술적 승리를 달성하였다.

중공군은 그들의 제1차 공세에서 패배하고 철수한 유엔군이 조기에 반격해 올 것으로 판단하고, "공격하는 유엔군을 깊숙이 유인해 섬멸한다."는 이른 바 유인격멸작전을 계획했다. 지원군사령관 팽덕회는 "유엔군이 공격해오면, 계획적으로 철수하면서 예정된 공격지점까지 유인한 후, 기습적인 타격을 가해 격멸한다. 이어서 대규모 우회기동으로 유엔군의 후방을 기습하고, 전선을 평양－원산선까지 추진한다."는 대담한 계획을 수립했다. 중공군의 작전개념은 제13병단 예하 6개 군 18개 사단이 미 제8군을 격파하여 평양을 탈취한 후 38°선으로 추격하고, 공격개시일은 11월 25일로 하며 이때 주공은 중앙 산악지대를(희천－덕천－성천－강동－수안)지향하며 제8군의 우익을 격멸하고, 38°선까지 추격을 실시하는 단계에서 제2전선부대와 협조하는 것이었다.

제9병단 예하 3개 군 12개 사단은 주력이 미 제1해병사단을 섬멸한 후 함흥지역으로 진출하여 미 제10군단을 격멸하며 일부 병력은 원산 지역으로 진출하여 북한군 제2전선부대와 협동으로 원산을 공격하기 위해 공격개시일을 11월 26일로 한다는 것이었다. 한편 북한군은 전선부대가 경계를 담당하며 공격개시전까지는 중공군과 유엔군의 접촉을 차단하는 임무를 수행하고, 제2전선부대는 공격개시전까지 가능한 한 많은 유엔군을 철의 삼각지대와 원산방면으로 유인하고, 공격을 개시한 후에는 유엔군의 배후를 교란시킨 다음, 중공군이 38°선으로 추격을 실시할 때에는 유엔군의 주력을 공격하는 동시에 퇴로를 차단하는 것이었다.

다. 작전경과

유엔군은 중공군의 위치와 병력규모, 기도를 전혀 모르는 상태에서 크리스마스공세를 시작하여 제8군은 첫날 8~15km까지 진출했으나, 11월 25일부터 점차 적의 강력한 압력을 받게 되었다. 중공군은 유엔군이 공세를 감행해 오자, 전선의 정찰대들이 보급품을 유기하면서 철수하도록 하고, 그 동안 억류하고 있던 유엔군 포로 150명을 풀어주는 등 철저하게 유엔군을 기만했다. 11월 25일, 대공세를 개시한 중공 제13병단은 청천강변에서의 대조우전에서 또다시 제8군의 우측을 격파하고, 전선의 후방에 남아있던 게릴라 집단과 제휴하면서 파죽지세로 남하해 왔으며 제8군의 우측 배후를 포위하였다. 제8군은 평양의 확보를 원하였으나 이를 견디어 내기에는 전력이 부족했다.

또한 제8군 우측방에 임박하고 있는 위급한 상황을 구하기 위해 강계부근을 향해서 공격을 개시한 해병사단은 27일 부터 공세에 들어간 중공 제9병단에게 완전히 포위되어 스스로 혈로를 뚫고 탈출할 수밖에 없었다.[3] 장거리 철수를 할 수 밖에 없게 된 제8군은 12월 4일, 평양을 포기하고 중순에는 38선 이남으로 철수하여 본래의 한국군 38선진지를 점령했다. 또한 흥남지역에 고립되었던 미 제10군단은 12월 24일에 흥남으로부터의 해상철수를 끝냈다.

라. 작전결과

유엔결국 유엔군의 북진축전은 역사에 남을 대패배로 막을 내렸다. 불과 20여일 사이에 300km를 이상을 후퇴하였으니 실로 유래 없는 총퇴각이었다. 중공군의 공격방식은 어디에서나 비슷한 양상으로 나타났다. 그들은 처음부터 강력하게 편성된 방어진지를 공격하지 않았다. 반드시 야간공격을 실시하되, 소수의 병력으로 후방에 있는 지휘소를 기습하고, 주요 목을 차단했다. 그리고 상대가 혼란에 빠진 틈을 이용해 공격하고, 후방으로 철수할 때를 기다려 격멸하는 방식을 취했다.

---

3) 장진호전투(1950.11.27~12.11): 미 해병사단 전사 393명, 부상 2,152명, 실종 76명, 비전투부상자 1,534명으로 동계작전의 어려움을 이 전투에서 알 수 있다.

3. 제3차 공세

공군의 제3차공세는 한국군 및 유엔군이 38°선 부근으로 철수하여, 임진강 하구－연천－춘천 북방－양양을 연한 방어선을 형성하고 있을 때인 1950년 12월 31일에 실시되었다. 이 공세는 1951년 1월 1일을 전후하여 실시되었다는 뜻에서 일명 신정공세라고도 불리었다. 이때, 유엔군은 중공군의 공세를 수개의 방어선에서 축차적으로 약화시킨 다음 공세로 이전한다는 방어개념하에 제1방어선을 38°선을 연하는 선에, 제2방어선을 수원－양평－주문진을 연하는 선에, 그리고 제3방어선을 평택－ 삼척을 연하는 선에 설정하고 제1방어선과 제3방어선에 중점적으로 부대를 배치하였다. 중공군의 신정공세는 12월 하순 38°선 북방에 도착한 제13병단 6개 군과 그 동안 전투력이 회복된 북한군에 의하여 감행되었다. 제9병단은 제2차공세시 한국군 및 유엔군에게 입은 심한 손실로 인하여 함흥 부근에서 재편성중에 있었다.

■ 중공군 3차공세 경과

중공군은 최초 북한군의 남침 경로와 유사한 철원-의정부-서울 축선에 주공을 지향하고, 화천-춘천-홍천 축선에 조공을 지향하여 대공세를 취하였다. 이때, 중공군은 개성-화천 지역에서, 북한군은 화천 이동 지역에서 공격을 실시하였다. 이 공세로, 유엔군은 1951년 1월 4일 재차 서울에서 철수하여 평택-제천-삼척선으로 물러나게 되었으며, 이 선에서 중공군의 공세를 저지하는 데 성공하였다. 이때, 중공군은 1950년 10월 공세 이후 계속된 공격 과정에서 입은 손실과 신장된 병참선으로 보급이 뒤따르지 못하여 더 이상 공격을 지속할 수 없는 상태에 이르게 되었다.

반면에, 한국군 및 유엔군은 기습적인 중공군의 대공세를 맞게 된 충격으로부터 점차 벗어나게 되었고, 상대적으로 전력을 재정비하여 조직적인 지연전을 펴나감으로써 전세를 회복하고 반격의 여력을 축적하게 되었다. 이리하여, 한국군 및 유엔군은 1월 25일에는 다시 반격작전으로 전환하게 되었다.

4. 제4차공세

■ 중공군 4차공세 및 UN군 반격

중공군의 제4차공세는 한국군 및 유엔군이 1월 25일 재반격작전을 단행하여 김포－한강 남안－남한산－양평－지평리－횡성－하진부리 선까지 진출한 다음, 서울을 재탈환하기 위한 작전의 일환으로 우선 중부전선의 홍천 공격에 중점을 두고 작전을 진행중이던 2월 11일에 개시되었다. 이때, 중공군은 일부 군으로 하여금 한강을 이용하여 서울을 방어하게 하면서 주력을 중부전선 홍천 부근으로 이동시켜 북한군과 합세하여 지평리·원주 방향으로 집중적인 공격을 취하였다. 이러한 2월공세에 투입된 중공군의 전력을 신정공세시와 같은 규모로 강력한 것이었으며, 게다가 신정공세시에는 광정면에 걸쳐 공세를 취하였지만 2월공세시에는 한 지점으로 공세를 집중시켰던 것이다.

이 공세로, 중공군은 중부전선에서 양평－원주－제천－평창에 이르는 대규모 돌파구를 형성할 수 있었으나, 한국군 및 유엔군의 강력한 화력과 조직적인 저항으로 2월 18일 경에는 그 공세가 꺾이었으며, 한국군 및 유엔군은 다시 반격작전을 계속하게 되었다.

가. 배경 및 작전방침

팽덕회는 1월공세후 UN군의 반격이 빨라야 2월쯤으로 예측하고 있었다. 그러나 UN군이 1월 25일 반격(Thunder bolt작전)을 개시하자, 중공군 매우 당황했다. 왜냐하면, 1월공세시 많은 피해를 입어 재정비가 필요했고 보급이 제한을 받는 어려운 상황이었으며, 제9병단이 동부지역에서 재편성중으로 당시 증원병력이 없었기 때문이다. 따라서 팽덕회는 서부전선에서는 UN군 주공 진격을 저지하기 위해 2개 군만 남기고, 나머지는 한강 이북으로 철수시켰다. 철수후 제13병단 주력은 유엔군을 중동부 전선 깊숙이 유인한 후, 병력을 집중하여 한국군 1～2개 사단을 섬멸하고, 중동부 지역에서 UN군의 종심으로 진출하여 미 제1, 9군단 측방을 위협함으로써 서부지역의 UN군 진격을 저지하고자 했다.

그래서 중동부지역의 Round-Up 작전으로 북상중인 한국군 제8사단을 공격한 것이 2월공세이다. 1월 공세시 UN군의 준비된 진지에 대해 공격하는 것은 화력 열세로 공격이 제한됨을 인식하였다. 따라서 이번에는 한국군 지역의 적을 유인하여 부동상태하 적을 공격하기 위해, 1월공세이후 잠적이탈하고 소규모 부대로 유인하여 횡성북방으로 진출 중인 한국군 제8사단을 공격한 것이다.[4)]

---

4) 손자병법 제9행군편에 半進半退者(반진반퇴자)는 誘也(유야)오: 반쯤 전진하다가 반쯤 후퇴하는 것은 아군을 유인하려는 것이다.

나. 중공군의 작전계획

중공군 제38군은 남한강 교두보를 계속 확보하면서 수원방향으로 공격하고, 중공군 제39군은 지평리를 포위공격하며, 중공군 제40, 66군과 북한군 제5, 3군단의 총 13개 사단으로 원주~제천~평창축선으로 지향, 한국군 4개 사단을 공격하고 북한군 제1군단은 동부지역을 공격하는 것이었다.

이와 같이 2월공세에서 중공군이 주력 3개 군을 중동부에 집중 투입한 이유는 미 제8군 전선의 중앙을 양단함과 동시에 서부의 미 제1군단 및 제9군단에 대한 포위를 실시하고, 중앙 축선을 따라 정월공세시와 같은 방법으로 신속히 남하하여 안동 일대에서 활약하는 제2전선 부대와 합류하기 위한 것이었다. 이는 서부에서 기도하는 포위가 의도대로 성공하지 못한다 하더라도 3개 군단의 공세 그 자체만으로 서부 지역의 아군의 측방에 대하여 위협을 충분히 가할 수 있다는 점과, 신속히 제2전선 부대와 소백산맥 남쪽에서 합류할 수 있다면 미 제8군의 주보급선인 경부 축선을 위협함으로써 서부 UN군의 장거리 철수를 다시 강요할 수 있다는 판단에서 초래된 것으로 추정할 수 있다.

다. 작전경과

적은 2월 11일 횡성정면에 중공군 및 북한군 13개 사단을 투입하여 한국군 제8사단, 제3사단, 제5사단을 격파하고 횡성을 탈취한 후 원주방향으로 진출하고 있었고, 북한군 제3군단은 제2전선 부대의 후방교란으로 쉽게 한국군 제7사단, 제9사단을 격파한 후, 평창정면으로 공격하고, 남한산의 중공군 제38군은 수원을 공격하였다. 그리고 미 제2사단은 정월공세시처럼 원주에서 중공군 수개 사단의 공격을 받았고, 원주를 우회한 북한군은 제천에 압력을 가하기 시작했다. 만약 제천이 피탈되면 미 제10군단 전체가 붕괴될 위험에 직면하기 때문에 리지웨이장군은 재편성 중이던 미 제7사단과 원주로 철수한 한국군 제5사단, 제8사단을 제천지역에 투입하게 된다.

중공군 제39군은 지평리를 공격, 포위하였는데 이 지평리는 미 제9군단과 미 제10군단의 전투지경선상의 교통 요지로서 남한강 교두보 측방을 위협하는 위치에 있기 때문에, 리지웨이 장군은 지평리를 확보하여 중공군의 돌파를 저지한 후 그들이 작전한계점에 도달하면 반격으로 이전할 방침이었다. 지평리에서 미 제2사단 23연대가 중공군 6개 연대에게 포위당하여 위기에 직면하게 되자, 문막에 위치하고 있던 미 제2사단 38연대를 지평리로 증원함으로써 지평리~원주간 28km의 간격이 생겼다. 이때 이 간격으로 중공군이 투입됐더라면 미 제10군단은 조기에 붕괴되고 말았을 것이다. 미 제38연대의 연결작전이 구둔리 일대에서 중공군에 의해 차단되어 실패로 돌아갔다. 리지웨이 장군은 다시 미 제1기병사단 5기병연대를 지평리로 증원시켜 구출하게 하고, 미 제9군단에서 한국군 제6사단과 영연방 제27여단을 차출하여 지평리~원주간의 간격을 없앴다.

2월 16일 미 제23기병연대가 지평리를 확보하고, 미 제9군단에서 한국군 사단으로 제천 정면의 돌파구를 저지시킴으로써 적의 공격력이 서서히 약화되면서 2월 18일 적의 2월공세는 종료되었다.

라. 작전결과

2월 18일 남한산을 공격중인 미 제24사단이 중공군의 저항을 거의 받지 않고 남한산을 탈취하고, "적은 철수를 한 것 같다."는 보고를 하자, 리찌웨이 장군은 전군에 위력수색을 명령하여 각 군단은 1월 중순과 같은 정찰을 실시하였고, 미 제10군단은 19일 미 제7사단으로 원주 부근에서 동쪽으로, 미 제9군단은 남한산 교두보를 압축하였으나, 적을 발견할 수 없었다. 따라서 2월 20일 미 제8군사령관 리찌웨이 장군은 "적에게 휴식과 재편성을 할 여유를 주지 않기 위하여, 전 전선에서 즉시 공격을 재개한다."고 결정하여 유엔군 제2차 반격이 개시되었다. 그 1단계 작전으로 적에게 최대한의 피해를 강요한다는 의미의 킬러작전이 시작되었다.

한편, 횡성지역에서 국군 제8사단은 대량피해를 받았다. 이 전투로 국군 제8사단의 잔여병력은 장교 263명과 사병 3,000여명에 불과하였고 상당수의 장비를 유기하였다. 리지웨이는 조그만 보급품이라도 유기하고 도주시에는 군법회의에 회부하겠다고 엄명을 내렸다. 이러한 결과는 리지웨이가 한국군이 전의가 없으며 간부의 지휘통솔력이 결여되어있기 때문에 나타난 결과로 판단하고 한국군을 불신하는 한 요인이 되었다.

중공군 작전의 일반적인 특징은 작전적 절단(외곽포위)를 담당하는 부대가 상대방의 후방으로 종심깊게 기동하여 퇴로 및 병참선을 차단한다는 것이다. 횡성전투에서 가장 눈부신 성과를 나타낸 부대는 제42군이었다. 우측 외곽포위의 임무를 부여받은 중공군 제42군은 종심기동부대의 선두부대인 제124사단이 20:00에 창촌을 점령, 23:00에는 장동, 석자동까지 진출하였다. 이어서 종심기동부대인 제117사단은 제124사단이 창촌을 점령후 이를 초월하여 목표인 상·하가운 방향으로 공격해 들어가 11일 23:00에는 금대리를 점령하였다. 이 과정에서 제124사단은 17:00에 공격을 개시하여 1단계 목표지점(장동, 석자동)까지 16.8km를 6시간만에 기동하여 시간당 2.8km의 놀라운 도보기동 능력을 보여주었다. 또한 제1단계 작전기간 동안 단 2회의 교전만으로 목표지점까지 진출함으로써 차후 종심기동부대의 진출을 위한 유리한 여건을 조성해 주었다.

이러한 대성과는 횡성지역으로 북상중이던 한국군의 약점을 이용, 집중공격함으로써 달성할 수 있었던 것이다. 한국군 제8사단은 이동중이었고, 특히 양익이 완전히 노출되어 돌출되어 있었기 때문에 기습공격에 매우 취약한 상태였다.

5. 제5차공세

■ 중공군 5차공세 경과

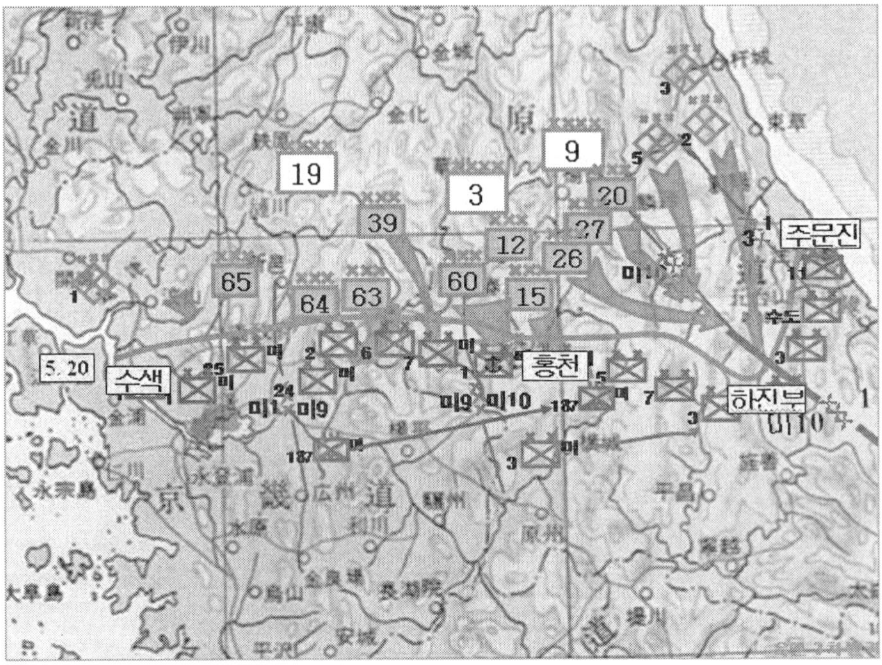

중공군의 제5차공세는 유엔군이 재반격작전을 계속하여 1951년 3월 15일 서울을 재

탈환하고, 3월 말에는 38°선을 재차 회복하여, 임진강 - 영평천 - 화천 저수지 - 남애리를 연하는 방어선을 구축하는 한편, 철원 - 김화 지역으로 공격을 계속중이던 1951년 4월 22일에 개시되었다. 이 공세는 봄에 실시되었다고 하여 춘계공세라고도 불리었다.

중공군의 제5차공세는 중공군이 취한 공세 중에서 가장 많은 부대가 동원된 공세이었다. 이때에 투입된 부대는 제4차공세까지 참여한 제13병단 6개 군, 제2차공세 후 장진호 부근에서 재편성을 실시한 제9병단 3개 군, 그리고 1951년 초 제3차로 진입한 제3병단 3개 군과 제19병단 3개 군 그리고 제13병단 1개 군 등 총 4개 병단 16개 군 약 57개 사단 규모이었다. 중공군은 이 부대들을 서부와 동부에 각각 1개 공격집단씩으로 편성하여, 4월(4.22~30)에는 서부전선에 주력을 집중시켜 대공세를 전개하여 서울 북방 구파발 - 홍천 선까지 진출하였으며, 5월(5.16~22)에는 동부전선에 주력을 집중시켜 또 한 차례의 대공세를 전개하여 홍천 - 하진부리 - 강릉에 이르는 대규모 돌파구를 형성하였다.

이와 같은 춘계공세는, 중공군이 다시 서울을 점령함으로써 공산군의 군사적 우위를 과시하며 유엔군의 전쟁의지를 포기하도록 한다는데 목적을 둔 것이며, 만약 이러한 1차적인 목표를 달성하지 못하더라도, 최소한 당시에 진행되고 있던 휴전협상에 유리한 입장을 확보할 수 있을 것이라는 계획하에 실시된 것이었다. 그러나 서울은 반드시 고수한다는 한국군 및 유엔군의 확고한 의지에 의해 그들은 수많은 희생을 치른 채 서울 북방에서 공격이 저지되고 말았다. 한국군 및 유엔군은 중공군의 공세를 서울 북방에서 저지하게 되자, 곧 이어 반격작전을 계속하여, 6월 중순에는 38°선을 세 번째로 확보하고 임진강구 - 연천 - 철원 - 김화 - 화천 - 간성을 연하는 선에 방어선을 구축하였다. 중공군도 그 북방에서 방어선을 구축하기 시작하였다. 이렇게 끝난 중공군의 춘계공세가 그들로서는 마지막 대공세가 되었다.

중공군의 제1차공세로부터 제5차공세까지의 총체적인 손실은 밝혀진 바가 없지만, 중공군은 춘계공세시의 손실이 16만 명에 달하였으며, 뒤따른 유엔군의 재반격작전시에도 43,000여 명이나 손실을 입음으로써, 이때의 손실만도 200,000여 만 명이나 되는 것으로 밝혀졌다. 이와 같은 심대한 손실로 인하여 중공군은 더 이상 공격을 지속할 수 없게 된 것이다. 중공군은 그 후 1951년 7월 10일부터 개시된 휴전회담을 계기로 형성된 교착진지상의 대기상태에서 유엔군과 제한된 범위내의 국지적인 전투를 지속하다가 1953년 7월 27일 휴전을 맞게 되었다.

휴전 당신 중공군의 북한 지역 주둔부대는 5개 야전군 예하의 5개 병단 19~20개

군 약 57~60개 사단 규모이었다. 이들 중, 대부분의 부대는 1956년 1월까지 축차적으로 철수하였으며, 나머지 5개 군은 1957년 11월에 철군하였고 중공군 총사령부는 1958년 10월에 철수하였다.

제3절 중공군 개입 요인

1. 중공군 개입 간접요인

중공군이 개입하게 된 간접적인 요인은 두 가지로 요약할 수 있다. 첫째, 중국인들의 인식으로서 한반도는 전통적으로 중국문화권에 속하며 그들의 안보에 이빨과 입술 즉 순치보거(脣齒輔車) 관계로 보아왔기 때문에 이 지역에 대한 외세의 진출은 그들의 안보에 밀접한 관계가 있다는 역사적 교훈에 따라 최소한 우호국 내지 완충지대로 있어야 한다는 자세를 견지해 왔던 것이다. 중국은 전통적으로 "적대국가와는 국경을 같이 하지 않는다. 또는 주변에 적성국이 존재하면 중화민국이 적절히 유지될 수 없다."는 脣亡齒寒(순망치한)[5] 정책을 견지하고 있었다. 따라서 만주의 안전을 위해서도 북한이 절대적으로 필요하다고 판단하고 있었다.

둘째, 참전시 당시 중공 정부가 추구하던 기본정책들을 달성하는데 도움이 된다고 판단했기 때문이다. 즉, 북경 정권의 기본정책으로 볼 때 국익추구가 시급했던 것으로 중공의 안보문제와 대만, 티베트 지방의 실지회복, 국제사회에서의 지위향상 과 아시아에서의 역할증대 등 차원에서 중공군을 파병하여 전투를 공산측의 승리로 매듭짓게 함으로써 정책 목표를 일거에 달성 가능하고 국내의 모든 반혁명, 반공세력을 진압하여 신생정권의 안전을 도모할 수 있으며 파병의 대가로 1차 경제개발에 소요되는 재원을 소련으로부터 획득가능 하다는 등의 이유이다.

파한 사령관직을 수락한 팽덕회는 모택동의 뜻을 받들어 파병을 전적으로 지원하는 발언을 하였다. 그는 6 · 25전쟁 참전으로 중공은 미국의 방지함과 국내 반동세력의 거센 바람, 이 양자를 한꺼번에 칠 수 있는 기회를 갖게 된다며 참전은 절대로 필요하다고 강조하였다.

---

5) 순치보거와 동일 의미로서 불가분의 관계를 나타낼 때 쓰는 용어이다.

2. 중공 개입 직접요인

첫째, 미국에 대한 적개심으로 미국과는 추구하는 이념도 다르고, 또한 미국이 장개석을 지원함으로써, 대륙을 제패하는데 많은 어려움을 겪은 것은 "미국 때문이다."라는 생각하고 있다는 사실이다.

둘째, 5차례나 대미 경고를 하였으나, 이를 무시하고 북진한데 대한 보복 행동으로 볼 수 있다.

셋째, 1949년 3월 18일 체결한 「조중 상호방위 협정」에 대한 약속 이행으로 북진을 침략행위로 간주하여 우방국과의 협정을 지키기 위해 개입했다. 김일성이 1950년 10월 1일 모택동에게 보낸 병력 지원 요청 편지. 중공군은 1948년 조중상호방위조약에 근거하여 이른 바 "항미원조지원군"이라는 명목하에 사실상 괘멸상태에 있었던 북한군을 지원하기위해 6·25전쟁에 개입하게 되었다. 편지에는 "북한에 사전 약속한 바와 같이 중국인민지원군의 직접 출동이 절대 필요하다."고 언급, 중공군 병력지원이 사전에 계획돼 있었음을 입증하고 있다.

3. 맥아더장군이 중공의 경고를 무시한 이유

중공이 유엔군 공격에 대하여 경고를 하였는데도 불구하고 극동사령부는 이를 무시하고 북진 공격을 하였다. 맥아더가 계속 공격한 이유는 다음과 같다.

첫째, 신생 중공의 정치적, 경제적 취약성 때문에 군사적 개입이 불가능 할 것으로 판단했다. 둘째, 만약 개입의사가 있었다면 낙동강 방어선 및 인천 상륙작전시 개입하였을 것이며, 셋째, 설사 일부 병력이 개입하더라도 미 공군으로 쉽게 섬멸할 수 있다고 생각했기 때문에 북진작전에 계속 박차를 가했던 것이다.

4. 중공군 개입에 대한 미국의 오판[6)]

1950년 10월 중순, 국군과 유엔군은 작전의 주도권을 완전히 장악하고 일사천리로

6) 국방군사연구소, 『한국전쟁(중)』, 1996년. pp.96~99

북진해 들어갔다. 여기서 유엔군은 "중공군은 이미 참전의 기회를 놓쳤기 때문에 한국전쟁에 개입하지 않을 것"으로 판단했다. 그러므로 한국군과 유엔군이 한만 국경선인 압록강, 두만강까지 진격하는데 장애물이 될 수 있는 것은 오직 북한군의 패잔병들뿐이었으며, 이자들은 곧 항복의 절차만 기다리고 있을 것이라고 낙관했다. 그리하여 유엔군은 추수감사절인 11월 23일까지는 전쟁을 마무리 짓고 고국으로 돌아갈 수 있을 것이라고 생각하고 총공격을 감행하기로 결정했다.

이러한 판단의 근거는 웨이크도 회담에서 찾아볼 수 있다. 1950년 10월 15일, 웨이크도에서 트루먼 미국 대통령이 맥아더 유엔군 사령관과 가진 회담의 주목적은 중공군의 한국전쟁 개입 가능성 여부와 관련된 내용이었다. 다음은 트루먼의 질문에 대한 맥아더의 답변 요지이다.

"북한군의 저항은 추수감사절까지는 종결될 것이다. 부연하여 설명하면 남한 지역에 잔류한 1만 5천여 명의 북한군 패잔병은 다가오는 겨울까지는 소탕되거나 격멸당할 것이다. 또한 북한은 그자들의 체면유지를 위해 훈련도 제대로 되지 않은 10만여 명의 보충자원으로 승산 없는 전쟁을 계속할 것이다. 때문에 평양이 곧 함락되면 나머지 적은 포위될 것이며 전쟁은 곧 끝날 것이다. 전쟁이 끝나면 크리스마스 전까지 미 8군을 일본으로 철수시키는 것이 나의 소망이다"라고 대답했다.

이어 트루먼 대통령이 중공군의 한국전쟁 개입 가능성에 대해 질문하자 맥아더는 다음과 같이 대답했다.

"중공군의 개입 가능성은 아주 희박하다. 그것은 결정적인 위협이 될 수 있었으나 지금 상황에서는 그들의 개입을 두려워하지 않는다. 중공은 만주에 30만 명의 병력을 주둔시키고 있다. 그 가운데 10만 내지 12만 5천명이 압록강변에 연하여 배치하고 있으며 이중 5~6만 명이 압록강을 건널 수 있을 것이다. 만약 그들이 한국전쟁에 참전하여 평양으로 진격하려고 시도한다면, 우리는 그들이 보유하고 있지 않는 막강한 공군력으로 최대의 살육전을 펼칠 것이다."라고 답변하였다.

당시 미국은 중공군 24개 사단이 압록강 근처에 집결해 대기하고 있었고 그밖에 14개 사단이 만주의 다른 지역에 위치하고 있던 것도 확인하고 있던 시기였다. 그런데도 왠지 맥아더 장군은 그들의 주력이 참전하리라고는 판단하지 않았던 것이다. 참으로 불가사의 한 일이 아닐 수 없다. 이어서 트루먼 대통령을 수행했던 브래들리(Oman N. Bradley) 합참의장이 유엔군 부대의 추가 파견 가치에 대하여 질문하였다. 즉 전쟁의 종말이 다가오는 데도 미국이 아직 한국에 도착하지도 않은 이들 부대의 비용을 계속 책임져야 하는가에 대해 알고 싶어 했다. 이에 맥아더 장군은 "그들은 군사적 견지에서 무용하며, 아마도 전투를 치러보지 못할 것이다." 라고 답변함으로써 추가적인 전투병력의 파한은 전쟁이 곧 끝날 것이므로 불필요하다고 말했던 것이다.

이 회담에서 트루먼 대통령은 맥아더 장군으로부터 한국전쟁은 곧 끝날 것이라는 것과 중공이 한국전쟁에 개입하지 않을 것이라는 확언을 들었다. 이러한 맥아더 장군의 판단과 발언은 결국 맥아더 장군 자신의 군사작전은 물론, 미국 대통령과 미국 전쟁지도부의 군사지원 그리고 대외정책면에서 커다란 오류를 범하게 만든 것이 되었다. 드디어 맥아더 장군은 10월 24일, 미군 부대의 북진을 통제하기 위해 설치하였던 제한선을 철회하였다. 그 북진한계선은 적이 항복할 것이라는 가정에 기초를 둔 것이라고 그는 말하였다. 서부전선의 미8군과 동부전선의 미10군단에게 북한 전체를 확보하는데 필요한 모든 지상군을 운용하도록 승인한 것이다. 그러면서도 한국군이 아닌 부대는 가능한 한 한만 국경선에서 약간 철수해야 하고 한국군으로 대치되어야 한다는 단서 조항이 추가되었다. 이로써 모든 지휘관들은 전 속력과 모든 부대를 이용하여 진격할 수 있게 되었다.

그러나 맥아더 장군의 정보 부재와 성급한 오판으로 하달된 이 조치는 유엔군과 국군부대가 마치 국경선까지 마라톤 경기 대회라도 하는 듯 분산 전진하는 취약점을 노출하게 되었다. 이러한 일련의 긴박한 상황이 진척되기에 앞서 이미 중공군 대부대는 개마고원 일대로 하얀 광목천을 뒤집어 쓴 위장으로 은밀히 숨어들어와 대기하고 있었다. 결국 맥아더 장군이 내린 최후의 북진명령은 하루만에 중대한 도전을 받게 돼 중공군의 대부대로부터 압박을 당하게 되었다.

한국전쟁 마당에서 유엔군과 한국군이 중공군으로부터 일대 반격을 당하고 있을 때 미국의 전쟁지도 본부에서는 과연 어떤 조치를 취하고 있었나? 웨이크도 회담에서 돌아온 브래들리 합참의장은 콜린스 육군참모총장의 건의에 따라 「유엔군의 증파규모 감축, 부대 소요판단 하향조정」이라는 안이한 조치를 취하고 만 것이다. 이러한 상황의 오판과 그 후속조치의 하향조정은 중공군의 대규모 기습공격을 자초하는 결과를 초래케 한 것이다. 이때부터 6·25전쟁은 새로운 전쟁양상을 맞게 되어 한 때나마 패배의 길로 급전직하하는 전환점이 되었던 것이다.

제 9 장 중공군 공세 및 반격작전

문제중심 학습 요약

제1절 중공군 3차 공세 (정월 공세)

1. 아군상황 ('50년 12월말)

(가) 12. 15.경 임진강-연천 남단-38도선에서 주진지 편성.
(나) 미 제10군단과 한국군 제1군단 해상철수 : 흥남, 성진, 원산
(다) 배치상황
① 미 제1군단(터어키 여단, 미 제25사단, 한국군 제1사단) : 고랑포, 문산
② 미 제9군단(한국군 제6사단, 미 제24사단) : 의정부, 포천
③ 한국군 제2군단(제2, 5, 8사단) : 가평, 춘천
④ 한국군 제3군단(제3, 9사단) : 현리
⑤ 한국군 제1군단(수도사단) : 동해안
⑥ 예 비 : 재편성 중
㉮ 미 제1기병사단, 제2사단, 제3사단, 제7사단
㉯ 한국군 제7사단
* 강력한 예비대를 보유하지 못한 종심없는 진지편성, 전쟁에 지친 제 1선 사단 정면 : 20~30㎞담당, 제 1선 사단 : 소대, 중대 단위 거점식 진지

2. 적의 작전방침

"작전을 2단계로 구분하여 유엔군 방어선 돌파, 주력섬멸"

(가) 제1단계('50. 12. 22.～31.) : 침투작전
강력한 침투부대(북한군 제2군단)를 전선 동부에서 아 방어선 후방 깊숙이 침투시켜, 그 배후부터 타격을 가하며, 이것에 호응하여 전선의 tj부와 중부에서 아 방어선을 돌파, 전투력을 일거에 섬멸함에 기여

(나) 제2단계('50. 12. 31.～51. 1. 15.) : 본격적인 공세
인민군 3개 군단 협동하에 중공군 6개 군을 집중하여 공격을 실시하며 유엔군의 38선 방어선을 돌파하고, 임진강 동안에서 북한강 서안간의 제1방어선에 포진한 한국군 제1, 6, 2사단 및 제5사단의 일부를 섬멸, 상황이 순조로우면 서울과 춘천, 홍천, 양양, 강릉지대를 점령, 그 후 재차 휴식과 정비를 실시하며 춘계 공세 준비

3. 작전계획

(가) 주공(5개 군단 : 중공군 제38, 39, 40, 50군, 북한군 제1군단) : 동두천 ～ 서울 방향
① 중공군 제39, 50군 : 한국군 제1사단 포위 격멸
② 중공군 제38, 40군 : 한국군 제6사단 포위 섬멸

(나) 조공(2개 군단 : 중공군 제42, 66군) : 가평 ～ 춘천 방향
중공군 제42, 66군 : 한국군 2사단 섬멸 후 서울과 춘천 연결 차단

(다) 조공(2개 군단 : 북한군 제2, 5군단) : 자은리～ 홍천 방향
공세 개시 전 침투부대(북한군 제2, 5군단 일부)를 홍천에 은밀침투 후 정면공격에 호응하여 한국군 제1, 2군단의 접합부를 공격하고 춘천을 점령, 퇴로차단으로 춘천 지역 포위 섬멸

4. 작전경과

(가) '50. 12. 22. 침투작전 개시 (북한군 제2, 5군단 5개 사단은 홍천, 횡성, 원주 방향 우회 전진 / 침투하여 홍천 남쪽까지 진출)

(나) '51. 1. 1. 본격적인 적 공격 개시
① 서부 중공군 4개 군 : 고랑포-서울 방향 공격
② 동부 북한군 제2, 5군단 : 중동부 한국군 공격

(다) 1. 3. 아군 후퇴 명령 하달

(라) 1. 4. 서울에서 철수, 수원-주문진선을 점령하려 했으나 홍천이 피탈되자 제2방어선으로 철수 명령

(마) 1. 6. 평택-삼척선 철수, 횡성 피탈
(바) 1. 8. 북한군 3개 사단에 의해 원주 피탈
(사) 1. 10. 제천-단양일대까지 적 진출
(아) 1. 12. 미 제2사단 원주 탈환, 적 압력 감소
(자) 1. 15. 적 3차 공세 종료

제2절 아군의 제1차 반격작전

1. 울프하운드(Wolf Hound) 작전 ('51. 1. 15.~1. 24.)

(가) 작선복적
중공군의 배치, 규모, 기도를 탐색하고, 중동부 전선에 대한 압력견제
(나) 작전경과
① 미 제1군단 : 미 제25사단 27연대 전투단 수원 남쪽까지 진출
② 미 제9군단 : 미 제1기병사단 예하 1개 대대 이천까지 진출
* "중공군의 경계선은 대략 수원-이천 선이고, 계속 남하할 태세는 아니다"

2. 썬더볼트(Thunder Bolt) 작전 ('51. 1. 25.~2. 10.)

(가) 작전목적
울프하운드(Wolf Hound) 작전을 토대로 하여 남한강 이서와 한강 이남지역의 적을 소탕하고, 북진하여 적의 주 저항선을 탐지
(나) 작전경과
① 1. 25. 미 제1군단과 미 제9군단은 안성천을 공격 개시선으로 하여 공격 개시
② 1. 26. 수원-이천 선을 통과
③ 2. 10. 인천-소사-남한산-양자산 선까지 진출
* 작전 방침 : "미트 그라인더(Meat Grinder)작전", "직선 전법"

3. 라운드업(Round Up) 작전 ('51. 2. 5.~11.)

동부전선에서는 1월 31일부터 서부전선의 썬더볼트(Thunder Bolt)작전을 지원하기 위한 위력수색 실시(미 제10군단), 미 제2사단 23연대 : 문막→지평리, 기갑 특수임무부대 : 원주 → 횡성 방향

(가) 작전목적
① 전선의 요철을 정리 : 한강 홍천-강릉선
② 홍천부근의 중공군 기도 파악
(나) 작전경과
① 2. 5. 미 제10군단과 한국군 제3군단은 공격 개시
② 2. 6. 강력한 적 저항
③ 2. 10. 남한강-지평리-횡성 북방선까지 진출
* 횡성북방에 대규모 중공군 병력 집결로 공격을 중지

제3절 중공군 4차 공세 (2월 공세)

1. 배 경

중공군은 주력부대의 휴식 및 재정비를 취하면서 제5차(춘계)공세를 준비 중 유엔군의 제1차 반격 작전에 의해 휴식 / 재정비에서 방어로 전환하고 유엔군에 대한 반격을 실시

2. 작전방침

일부병력은 서부전선에서 방어를 조직하여 유엔군 주공의 진격을 저지하고, 동부전선에서는 유엔군을 깊숙이 유인 후 주력을 집중해서 반격을 실시하여 유엔군의 1-2개의 사단을 섬멸한 후 적의 종심방향으로 진격하여 서부전선의 적 주공집단을 위협하며 적의 전역적 배치를 동요시킴으로써 유엔군의 공격을 저지

3. 작전계획

(가) 한 집단군 (중공군 제38, 50군, 북한군 제1군단, 한선초 지휘) : 김포, 인천에서 여주 동쪽까지 방어
(나) 등 집단군 (중공군 제39, 40군, 42군, 66군, 등화 지휘) : 양덕원리, 홍천, 횡성 이북에서 집결하여 원주 및 횡성 방향 반격
① 횡성 서북지역에 돌출한 한국군 제8사단을 섬멸하여 횡성 방향 돌파구 형성 후 원주-목계 방향 공격 확대

② 제42군 : 횡성 서북지역의 한국군 제8사단 퇴로 차단

③ 제40군 : 정면에서 한국군 제8사단 공격

④ 제66군 : 횡성 동남방 한국군 제3사단을 공격하여 횡성 퇴로 차단

⑤ 제39군 : 예비로 지평리일대 적 감시 및 공격

(다) 북한군 제3, 5군단 : 등집단군 좌측에서 횡성 동남 방향으로 반격을 실시하여 한국군 제7, 9사단의 서쪽으로의 지원을 저지후 계속해서 평창, 영월 방향 공격

4. 작전경과

(가) 2. 5.~6. 등집단군 전개(제39군: 고양, 제40군: 동두천, 제66군: 금화, 제42군: 남한강 동쪽)

(나) 2. 11. 13개 사단 규모 홍천-원주 축선 공격 개시

(다) 2. 12.

① 중공군 제42군 : 횡성 서북지역 한국군 제8사단 퇴로 차

② 중공군 제40군 120연대 : 한국군 제8사단 연대 전투지경선 돌파후 성지봉 점령

③ 중공군 제66군 : 오음산에서 한국군 제8사단 21연대 정면 공격, 주력은 국사봉으로 진출

④ 북한군 제3, 5군단 : 한국군 제5사단 공격

(라) 2. 13.

① 중공군 횡성 / 평창 탈취, 원주 / 제천에 압력, 지평리 포위

② 미 제7사단과 한국군 제3, 5사단 : 제천 정면 투입,

③ 미 제2사단, 제187공수 연대 : 지평리-원주간 배치

(마) 2. 14. 미 제5기병연대 : 지평리의 미 제2사단 23연대 구출

(바) 2. 17. 미 제7사단 31연대 : 한국군 제5사단과 제7사단 간격에 투입, 평창-영월로 남진하는 북한군 제2군단 저지

(사) 2. 18. 적 공격 감소, 중공군 제4차 공세 종료

* 지평리 전투 : '51. 2. 13.~2. 16.

제4절 아군의 2차 반격작전

1. 킬러(Killer) 작전 ('51. 2. 20.~28.)

(가) 작전목적

적에게 재편성할 시간적 여유를 주지 않기 위해 즉각 공격을 개시, 서부에서는 남한산을 공격 / 탈취한 후 한강선까지 진출하며, 중부에서는 지평리-횡성-방림선까지, 동부에서는 강릉선까지 각각 진출함으로써 전선의 요철을 정리하고 차후의 본격적인 북진을 준비

(나) 진출 목표선 "아리조나(Arizona)선"까지 진출

(한강 남안-양평-지평리-횡성-강릉)

2. 리퍼(Ripper) 작전 ('51. 3. 9.~30.)

(가) 작전목적

킬러작전의 목적을 계승하여 중부전선에 간단없는 압력을 가해서 적의 주력을 격파하여 반격할 여유를 주지 않으며, 적이 사수할 것으로판단되는 서울에 대한 포위망을 형성

(나) 진출 목표선 : 아이다호(Idaho)선 (서울동쪽-춘천-양양)

3. 러기드(Rugged) 작전 ('51. 4. 5.~4. 10.)

(가) 작전목적

적의 제5차 공세 징후가 현저하므로 방어에 적합하지 않은 아이다호 선에서 진격을 멈추는 것은 전술상 불리, 그러므로 전 전선에서 공격을 개시하여 적의 제5차 공세에 대처할 수 있는 양호한 지역인 캔사스(Kansas)선으로 진출

(나) 진출 목표선 : 캔사스선

(임진강 하구-판문점 동쪽-연천 북쪽-화천 저수지-간성 남쪽)

* 맥아더 해임 : '51. 4. 11.

4. 던트리스(Dauntless) 작전 ('51. 4. 11.~4. 21.)

(가) 작전목적

적의 병력 / 물자의 집결지인 철의 삼각지를 탈취

(나) 진출 목표선 : 우타(Utah)-와이오밍(Wyoming) 선

제5절 중공군 제5차 공세

1. 춘계 제1차 공세 (4월 공세)

(가) 배 경

제4차 공세 후 시간을 획득하고 병력을 집결시켜 새로운 반격작전을 준비하기 위해 방어국면에 처해 있던 중공군은 제5차 공세를 위한 유리한 조건이 조성됐다고 판단하고 주도권을 다시 쟁취하기 위해 춘계 공세를 계획

* 제3, 19병단 추가 투입 ('51년 2월 입한)

(나) 작전 방침

① 작전목적 : 유엔군의 몇 개 사단을 소멸시키고 유엔군의 계획을 분쇄하여 주도권 쟁취

② 주요 작전지역 : 문산-춘천사이

* 이 유 : 배치의 종심이 얕고, 횡적 지원만 가능

③ 전역지도 방침 : 전역분할과 전술분할을 결합시키며, 전역포위 우회와 전술포위 우회를 결합

(다) 작전계획

① 일부병력은 금화에서 가평 방향으로 전역 돌파구를 형성하여 유엔군을 동서로 분할

② 제3병단 : 3개 군으로 정면공격을 실시하여 연천지구의 미 제3사단과 터키 여단 섬멸 후 포천 지구의 미 제24, 25사단 섬멸

③ 제9병단 : 5개 군으로 좌익에서 공격, 미 제24, 한국군 제6사단 일부 섬멸후, 제19, 3병단과 협조하여 미 제24, 25사단 섬멸

④ 제19병단 : 3개 군으로 우익에서 공격, 한국군 제1사단, 영 제29여단 섬멸 후 포천 방향으로 돌격하여 미 제24, 25사단 섬멸, 1개 군은 신속히 의정부를 향해 전역 우회를 실시하여 적 퇴로 차단 및 증원 저지

⑤ 동부전선의 북한군 제3, 5군단은 미 제2, 7사단 견제 및 한국군 제3, 5사단의 전투지경선으로 돌격

(라) 작전경과

① 4. 22. 적 전면 공격 개시

② 4. 23. 적의 중부 전선 미 제24, 한국군 제6사단 정면 돌파로 아군은 한탄강 이남으로 철수 (중공군에 포위당한 유엔군은 항공, 포병, 전차의 엄호아래 후퇴)

③ 4. 24. 미 제1기병사단(서울), 한국군 제7사단(인제), 한국군 제9사단(현리)을 이동시켜 3개 방향에서 종심 배치 강화

④ 4. 28. 서울-북한강 남안선으로 철수
⑤ 4. 29. 무명(No Name)선으로 철수, 주력은 진격을 멈추고 일부 병력만 접촉 유지

* 무명(No Name)선
  ㉮ 수색-구파발-금곡-청평-홍천 북방-현리-양양 북방
  ㉯ 계획된 지연선이 아닌 일시적인 통제선
* 서울을 고수한 이유
  ㉮ 보급시설의 이동간 군수지원의 공백, 수송능력의 낭비 및 군수품의 망실 불가피
  ㉯ 한국 국민 및 군인의 사기 저하
  ㉰ 적이 공격할 때마다 철수하는 것은 적에게 사기를 앙양시켜주는 결과가 되므로, 적에게 휴전협상을 강요하기 곤란

2. 춘계 제2차 공세 (5월 공세)

(가) 배 경

서부전선에서의 춘계 제1차 공세가 실패하게 되고 동부전선에서 한국군의 진출이 돌출되자, 한국군 주력을 섬멸함으로써 미군을 고립시키고 다음에 미군을 섬멸시킬 유리한 전기를 마련하기 위해 동부전선 의 한국군을 주요 타격 목표로 공격계획 수립

(나) 아군의 방어준비

① 정보판단
  ㉮ 5. 2.~6. : 위력수색 실시 무명선 북방 (10-14㎞)
  ㉯ 5. 10. 부터 각 정찰대 강력한 저항 조우
  ㉰ 배치상황으로 보아 차기 적의 공세는 춘계 제1차 공세와 같이 서부 또는 중부지역의 의정부-서울, 북한강 통로, 춘천-홍천 축선이 주 공격축선으로 판단
  ㉱ 동부지역은 인민군의 전력이 미약하고 험준한 지형으로 한국군 6개 사단이 진지 고수 가능 판단
② 조 치
  ㉮ 무명선의 고수 결심
   * 축차진지상에서의 방어는 정치적으로 부적합
  ㉯ 서부 및 중부지역에 전투력이 강한 미군 사단을 포함, 대부분 부대를 이동시켜 전력 강화 및 진지 보강

㉰ 미 제9군단은 적 예상 집결지에 교란 사격 실시

(다) 중공군 작전방침

① 제9병단과 동부전선 인민군은 역량을 집중하여 현리지구의 한국군 제3, 5, 7, 9사단을 섬멸하고 차후 수도, 제11사단 섬멸

② 제3병단은 미군과 한국군의 연계를 차단하여 미 제10군단이 동부 전선의 한국군을 지원하지 못하도록 저지

③ 제19병단은 서부전선에서 적극적으로 적을 견제하여 동부전선 작전에 협조

(라) 작전계획

제3, 9병단의 전력을 정비후 비밀리에 동부로 이동, 양구, 인제 전선에서 새로이 공격을 개시하여 한국군 2~3개 사단 및 미 제7사단 일부 섬멸.

① 제9병단 12군 : 한국군 5사단 섬멸후 남쪽 및 동남으로 도주 저지

② 제9병단 27군 : 한국군 제7사단을 섬멸, 일부는 제5사단 공격

③ 제9병단 20군 : 한국군 제7, 9사단의 연결을 분리시키고 현리 방향으로 돌격, 북한군 제5군단과 연결하여 한국군 제3, 9사단 섬멸

④ 북한군 제5군단 : 한국군 제3사단 측익 돌파 후 제20군과 연결

⑤ 북한군 제2군단 : 한국군 수도사단과 제3사단 접합부 돌파 후 하진부리 포위

⑥ 북한군 제3군단 : 제2군단 후속

⑦ 제3병단 15군 : 제9병단과 병행하여 미 제2사단 일부 섬멸

⑧ 제3병단 60군 : 미 제10군단 견제

* 서부전선의 유엔군의 교란을 위해 북한군 제1군단은 한강하류에서, 제19병단은 서울 동쪽에서 도하하는 양동작전 실시

* 제39군은 소양강 남쪽으로 도하하여 춘천, 홍천 방향으로 공격함으로써 제3, 9병단의 동부전선 이동을 기만

(마) 작전경과

① 주공정면

㉮ 5. 16. 17:00 미 10군단 및 한국군 3군단 정면에 중공군 21개 사단 투입

㉠ 중공군 20군 : 한국군 7사단 돌파후 한국군 3, 9사단 철수로 차단

㉡ 중공군 27군 : 한국군 5, 7사단 돌파, 3군단의 철수로 차단

㉢ 중공군 12군 : 홍천 북방에서 미 2사단의 저지로 우회 실패

㉯ 5. 18. 중공군은 동부 산악지역에서 홍천 동북방 하진부리 남방 5km에 이르는 종심깊은 돌파구 형성

㉰ 5. 21. 미 2사단이 홍천 북방에서, 강릉 부근일대는 한국군 1군단이 견부를 고수함으로써 돌파구 확장을 저지하고, 미 3사단을 신속히 투입하여 그 첨단을 격파

② 조공정면

㉮ 미 9군단의 정면에 중공군 3개 사단이 투입되었으나, 한국군 제6사단은 용문산 전투(5. 17.~28.)를 통하여 공격을 저지하는데 성공

㉯ 서부전선의 중공군 제19병단은 미 제1군단의 공격으로 방어로 전환

* 5월 16일 미 제10군단 우측과 한국군 3군단을 돌파한 적은 5월 21일 하진부리 남방 5㎞까지 진출
* 적의 돌파속도 : 5일간 75㎞ (1일 15㎞)
* 현리철수작전 (5. 16.~22.), 용문산지구 전투 (5. 17.~5. 28.)

제6절 아군의 3차 반격작전

1. 캔사스(Kansas)선 재확보 ('51. 5. 21.~5. 31.)

동부전선의 돌파구를 저지하는데 성공한 미 제8군 사령관은 5. 20. 전군에 반격명령 하달

(가) 5. 25. 미 제7사단 춘천 탈환 (미 제9군단)

(나) 5. 25.~26. 미 제1군단 임진강 남안 소탕

(다) 5. 27. 미 제7사단 화천 점령 (미 제9군단)
미 제1해병사단 양구 점령 (미 제10군단)
미 제187공정연대 인제 점령 (미 제10군단)

(라) 5. 29. 수도사단 간성 점령 (한국군 제1군단)

2. 파일 드라이버(Pile Driver) 작전 (' 51년 6월초~15.)

(가) 작전목적

① 군사적 : 캔사스(Kansas)선 방어에 용이한 엄호선을 탈취

② 정치적 : 공세를 계속함으로써 적의 새로운 공격기도를 파쇄하고, 휴전을 강요

(나) 진출 목표선 : 와이오밍선

① 임진강-철금성남쪽-펀치볼북쪽을 연하는선

② 적이 캔사스선 공격을 준비하는데 이용할 수 있는 근거지(개성, 철의 삼각지대, 펀치볼)를 탈취

③ 중공군의 일야음 공격거리(10㎞), 차후 비무장지대 설치(10㎞)를 고려, 캔사스

선 북방 20㎞지점에 와이오밍선 선정

* 개성을 와이오밍선에서 제외한 이유

(다) 작전경과

① 6. 11. 미 제3사단 철원 점령

② 6. 12. 미 제25사단에 배속된 터어키 여단 강화 점령

③ 6. 13. 미 기갑 특수임무부대 평강에 위력수색 실시

* 해병대 도솔산 지구 전투: '51. 6. 4.~6. 19.

제1절 철수 경과

1. 평양 방어선1)

1950년 12월 1~2일경 중공군의 압력은 갑자기 감소되었다. 미 제25사단은 철수에 성공했으며 제2사단과 교대한 미 제24사단도 순천부근에 배치되었다. 중공군이 공격을 개시한 지 1주일밖에 되지 않았지만 북한군과 같은 보급조직의 결함과 미 공군의 저지작전으로 보급이 매우 어려워 분명히 숨이 끊어질 상태에 있었다. 당시 압연강변에서는 사람과 말로 보이는 대행렬이 보급을 위해 밤낮을 가리지 않고 남하하고 있었다. 등에 짐을 진 사람들을 비롯하여 말과 소의 행렬이 길이란 길을 모두 메우고 남진하고 있었지만 그 선두는 아직 청천강에 이르지 못하고 있었다.

제8군은 무의식중에 안도의 함성을 올렸다. 그것은 중공군이 11월처럼 철수할 가능성이 있다고 보았기 때문이었다. 만일 중공군의 개입목적이 전력지원의 확보나 완충지대의 설치에 있다면 그것은 당연한 전략이라고 볼 수 있다. 그래서 당초의 계획에 따라 숙천-순천-성천-탕덕선 즉, 평양방위선의 강화를 기도했는데, 이때까지 받은 타격은 의외로 컸다. 미 제2사단은 장기적으로 재편성을 해야 할 상황이었으며 미 제1기병사단도 진전이 없었다. 여하튼 이 군단은 25일 이후 정면의 중공군과 등뒤의 게릴라를 상대로 밤낮 끊임없이 싸워야만 했었기 때문에 편성이 지연되는 것도 무리는 아니었던 것이다. 12월 3일에는 평양 방위선의 구상을 근본에서부터 뒤엎는 비보가 들려왔다. 그것은 방위선의 핵심이라고도 할 수 있는 성천이 탈취되고 중공의 대군이 이 돌파구로부터 밀어닥치고 있다는 것이었다. 이를 확인하기 위해 정찰을 실시해 보니 끝없이 이어진 많은 종대가 평양 동남쪽을 향해 남진을 재촉하고 있었다. 덕천과 성천도로를 따라 연해 있는 소노에는 각종 전투부대가 길을 메우고 있는 듯한 인상을 받았다. 중공군은 기도비닉보다도 행군속도를 우선하고 있었으며 그들은 중점을 중부 산악지대에다 두고 평괴을 계속 확보하려는 UN군을 포위할 계획인 것 같았다. 성천은 평양 동북 50킬로미터지점에 있으며 강동을 거쳐 서남진하면 평양에 이르고, 남진을 하면 수안을 거쳐 경의본선을 확보할 수가 있었다.

---

1) 일본육전사보급회편, 『한국전쟁(6권)』, 1987, pp.274~287

한편 미 제1해병사단은 고토리 고원에서 포위를 당해 그야말로 생사의 갈림갈에 서 있었고, 원산과 함흥지역에 대한 게릴라 활동과 중공군의 공격은 절정에 달하고 있었다. 이제는 더 이상 어떻게 할 수가 없었다. 맥아더 원수는 38선으로의 총철수 결단을 내렸다. 그리고 제8군은 육로를 통해 38선으로 철수하며 미 제10군단은 먼저 한국 제1군단을 이원으로부터 해상철수를 시켜서 제8군을 증강시키는 동시에 주력은 흥남에서 축차적으로 철수시켜 부산부근으로 이동시킨 후 제8군 사령관 예하로 들어가도록 결정했던 것이다.

2. 한반도철수 논쟁 시작

가. 맥아더의 구상

맥아더 원수는 전황을 다음과 같이 워싱턴에 보고하였다. 미 제10군단은 신속하게 함흥지역에서 철수하고 있다. 제8군은 점점 위험한 상태에 놓여지고 있다. 워커도 나와 같은 생각을 가지고 있지만 평양 확보는 불가능하다고 보고 있다. 제8군과 미 제10군단을 합류시키는 일은 이익도 없으며 실행할 수도 없다. 전에 보고한 평양-원산간의 방어편성은 이미 불가능하게 되었다. 이 선은 중앙산맥으로 분할되어 있는데다가 정면이 240킬로미터나 되기 때문에 현재의 병력으로서는 강력한 진지를 구축할 수가 없다. 적은 밤을 이용하여 험준한 산악지대로 침투하는 특성이 있기 때문에 북한군에 대한 것이라면 유효하지만 중공의 대군에게는 불가능하다.

중공은 이미 26 개 사단을 전선에 투입하였으며 만주에는 아직도 20만 이상의 적 대군이 대기하고 있다. 재편된 북한군은 지형상 공군의 효과는 감퇴되고 있으며 적의 주공은 중앙부로 향하고 있기 때문에 해군의 능력도 발휘할 수가 없다. 대대적인 증원을 받지 못하는 한, 저항력이 감소되어 있는 아군은 축차적으로 철수를 하든지 아니면 해안교두보를 점령하든지 이외는 다른 방법이 없지만. 이 방법도 어느 정도의 저항이 가능한 방어 이외는 할 수가 없으며, 이것은 우리의 소수병력이 전중공인민과 대결하고 있는 것밖에는 되지 않는다. 적극적이고 또한 신속한 행동을 취하지 않는 한, 성공의 가능성은 없으며 조만간 최후의 파멸 속으로 빠질지도 모른다. 아군은 5개월 동안에 걸친 끊임없는 격전에서 정신적으로나 육체적으로나 지쳐 버리고 말았다. 한국군은 경찰력으로는 아직 사용할 수가 있으나 전투력으로는 기대할 수가 없다. 현

정세를 판단하려면 전혀 새로운 상황에서 전쟁을 한다고 하는 기초적인 백지상태의 입장으로 돌아가서 판단할 필요가 있다. 내가 받고 있는 현 훈령은 이러한 상황하에서는 적합하지 못하다. 그러므로 현 사태에 즉응할 수 있는 정치적 결단이 내려져서 새로운 작전계획이 수립되기를 요청한다. 시간이 무엇보아도 중요하다. 시간이 흘러감에 따라 적의 전력은 증대되고 아군의 힘은 쇠퇴일로로 치닫게 된다.

나. 미 합동참모본부 입장

그러나 당시의 미국 본토에는 증원할 수 있는 사단이 없었으며 소련의 개입을 자초할 위험성이 많은 만주폭격은 무슨 일이 있더라도 피해야만 했다. 사실은 11월 15일에 북경 주재 영국대사로부터 "북경 주재 소련대사가 '만일 만주가 폭격을 당하면 소련 공군은 대대적으로 반격할 것이다'라고 언명했다."는 최고의 비밀정보를 입수하고 있었던 것이다.

워싱턴에서는 먼저 "장병의 희생을 피한다."는 방침을 확립해 놓고 UN이 새로운 군사행동을 결의할 때까지 고수가 가능한 해안교두보, 즉 부산교두보를 향해서 철수한다는 구상을 결정하고 회답으로서 다음과 같은 지령을 내렸다. "UN군 사령관에게, 1950.12.3. 합동참모본부의장, 우리들은 현재 상황하에서 먼저 고려해야 할 것은 귀하의 예하부대 보전에 있다고 생각한다. 군대를 해안교두보로 집결하려는 귀하의 의견에 동의한다." 그리고 콜린스 육군참모총장이 동경으로 날아갔다. 이렇게 하여 미국은 한국에서의 전쟁 목적을 포기하고 어떻게 하면 장병들의 생명을 보전할 수 있는가 하는 문제에 전념하게 되었다.

참전 당초의 목적은 "한국으로 남침해 온 북한군을 격멸시키고 한국을 불법적인 침략으로부터 지킨다."고 하는 데 있었다. 이 목적이 달성되면 "북한군을 격멸하고 UN 감시하에서의 한반도 통일"로 발전시키려고 했던 것인데 이제는 그러한 정치적 목적을 포기한 것이었다. "전쟁 지도상 전쟁목적을 절대로 변경해서는 안 된다는 것"을 곧잘 말하고 있지만 정치란 살아 있는 것이며, 군사는 격변하는 힘의 변화인 것이다. 정치가 움직이면 군사는 변하며, 군사가 변하면 정치도 움직이지 않을 수 없는 것이다. 군사가 일정한 궤도를 움직이고 있을 때 정치를 바꾸는 것은 문제가 되지만 군사적 가능성이 없는 상황에서는 정치도 후퇴하지 않을 수 없다.

미국의 전통적인 이념과 정의감은 중공의 대군에 의하여 분쇄되고 말았다. 미국이 이처럼 상처를 받고 좌절감을 느낀 일은 일찍이 없었을 것이다. 이로부터 20년 동안 계속된 미·중공 대립의 원인도 바로 여기서 찾아볼 수 있을 것이다.

3. 평양 포기

세번째의 철수, 어떤 사람에게는 끝이 없는 후퇴처럼 보였던 철수는 마치 시베리아에서 불어오는 바람에 내쫓기듯이 시작되었다. 평양의 포기, 12월 4일에 평양 포기가 결정되고 군의 후방기관이 철수를 시작하자, 여러 가지 이야기가 입에서 입으로 전해져 라디오의 뉴스처럼 펴져 평양 시민을 포함한 약 3백만명의 북한 주민들은 앞을 다투어 남한으로 피난길을 떠났다. 물론 이 중에는 한국으로부터 방치되어 왔던 2~3만명의 기술자와 그리고 UN군에게 협력한 것으로 알려진 사람들이 북한군의 보복이 두려워서 탈출하는 것이었지만 여하간 예상조차 하지 못했던 민족의 대이동이었다. 후송열차에는 수많은 피난민들이 잔뜩 매달려 있었고 트럭, 우마차, 배, 자전거에는 실을 수 있는 데까지 가재도구를 실었고 또한 자기의 몸보다도 큰 짐을 등에 진 피난민들의 무리가 정든 고향을 등지고 남으로 피난길을 재촉했다. 3백만명이라고 하면 당시 북한 인구의 3분의 1에 해당하는 수자였다. 여기서 3백만명이라는 수를 어떻게 산출했는지는 알 수가 없다 하더라도 자유체제하에서 살아 온 사람들로서는 도저히 상상도 할 수 없는 현상이었다. 자기 나라의 군대가 실지 회복을 하면서 되돌아올 경우에는 이를 무상의 기쁨으로 알고 협력하는 것이 보통이건만, 이때 북한 주민들은 자기들의 고향을 등지고 떠났던 것이다. 이것은 공산체제의 일부 보습을 엿보게 해주는 한 예라고 하겠다.

UN군도 적극적으로 협력해 준 시민들의 피난에 도의적인 책임을 느끼고 적극 후송편의를 제공해 주었지만 충분할 리가 없었다. 여기서 새로운 결심을 한 UN군은 서해안을 경계하고 있던 영국함정 6척을 진남포항으로 입항시켜 환자를 포함한 8,700명의 피난민을 수송했다. 당시 대동강에는 아직 기뢰의 위험도 있었고 하구에는 북한군 게릴라가 출몰하고 있었다. 평상시에는 400명밖에 태울 수 없었던 구축함 갑판에 2,200명을 태웠으므로 발을 들여놓을 틈도 없었다. 자유로운 삶에 대한 집착으로 그 정도의 고통쯤은 얼마든지 참아나갈 수가 있었던 것이다.

12월 5일 제8군은 평양에 있는 주요 시설물들을 철저하게 파괴하였다. 당시 평양의 북쪽에는 서쪽으로부터 미 제25사단, 영 제29여단, 한국 제1사단 순으로 전개시켜 놓고 이 파괴행동을 엄호하고 있었는데, 그 전면에는 정찰부대로 생각되는 소부대가 이따금 출몰하고 있었을 뿐 중공군의 공격은 없었다. 이리하여 북한을 상징하는 평양은 12월 5일에 포기되었다.

4. 우측후방의 위협

대동강교를 파괴하고 부교를 철거한 제8군은 일단 중공군 주력으로부터의 이탈에 성공한 것으로 보고 멸악산맥선에서 전투태세를 정비하기로 했다. 이것은 여기서 방어를 하려는 것이 아니고 지리멸렬되어 있는 부대를 정돈하고 혼란된 지휘계통을 정리하면서 한국 제3군단이 38선에서 방어태세를 갖출 수 있는 시간을 조금이라도 더 얻게 하기 위한 것이었다.

실제로 청천강을 도하한 후부터의 중공군의 진격은 분명히 두 가지의 특징이 있었다. 첫째는 도로도 양호하고 지형도 평탄한 경의본도를 따라 추격하는 중공군은 비교적 속도가 느린 데 반해 도로도 지형도 험한 중부산악지대에서의 추격은 예상 외로 빨랐다는 것이 그 하나였다. 둘째는 게릴라가 이 추격에 밀접하게 협력하여 마치 공정부대와 같은 임무를 수행하고 있는 듯했다는 점이다.

서해안 방면에서 추격하고 있던 중공군의 피해는 예상외로 많은 것 같았는데, 어쨌든 UN 공군의 활발한 활약 속에서 흰 눈이 덮인 산과 얼어붙은 강을 도하하여 남하하지 않으면 안 되었기 때문에 제대로 속도를 내지 못한 것도 무리는 아니었다. 더구나 무선장비의 부족으로 지휘 연락이 충분하지 못했으며 보급도 제대로 이루어지지 못하고 있는 상태에서 25일 이후의 계속적인 격전, 주간 휴식지역에 대한 미 공군의 폭격과 원거리 포병 집중사격, 그리고 철저한 파괴에 의한 거부행동으로 차마 말로 표현할 수 없는 고통을 당하고 있었기 때문에 신속한 추격은 불가능했다. 그래서 경의본도를 따라서 철수하고 있던 부대들은 후미에서 적의 어떠한 압박을 받는 일도 없는데 왜 철수를 해야만 하는 것인지 이상하게 생각할 정도였다고 한다.

이와는 대조적으로 중부 산악지대에서의 추격은 신속했었다. 12월 5일의 상황이 말해주고 있듯이 UN군이 평양 남쪽 일대에서 태세를 정비하려고 하였는데, 이때 이미 중공군의 선두는 이천 · 평강으로 육박하고 있었을 뿐만 아니라, 적의 전반적인 태세는 제8군을 평양 서쪽 지역에서 포위할 형세를 보이고 있었다. 이 정면에는 새로운 정예 부대가 투입된 듯했으며 이따금 몽고 말을 탄 기병집단이 보였고, 그 병력은 2개 기병 사단으로 추산되었다. 또한 반듯한 배낭을 등에 메고 새로운 방한복을 갖춘 보병이 후방으로부터 보급도 받지 않은 채 밤과 낮은 구별도 없이 남진하고 있는 것 같았다. 또한 평양 북쪽에서는 중부정면으로 수개의 부대가 이동하고 있는 것이 발견되었고, 수안과 시변리정면에는 새로 편성된 듯한 북한군이 출현하고 있다고 보고가 되고 있었다. 또 보급은 일반적으로 중부 산악지대를 이용하고 있었는데 말과 당나귀는 물론 낙타까지 동원한, 그야말로 사람과 가축의 끊임없는 대열이 남으로 내려오고 있었다.

이대로라면 제8군이 예성강이나 임진강 이북에서 중공군에게 포착될 것이 분명했다. 또 서울에서 사리원에 이르는 병참선은 태국, 네덜란드, 필리핀부대가 경계를 하고 있었는데 병력이 부족하여 경계가 철저하지 못했기 때문에 언제 단절될지 모르는 불안한 상태에 있었다. 당시 제8군은 한국에 나와 있는 중공군 병력을 28개 사단으로 판단하는 한편, 만주에서 재편한 북한군의 총병력을 약 15만명으로 추산하고 있었다. 따라서 적의 총병력을 43만~50만명으로 추산하였다. 제8군이 겁내고 있었던 것은 그 병력이나 충격력이 아니고, 사실은 중부 산악지대를 남진하여 끊임없이 그 좌측 후방을 위협하고 있는 중공군의 전략에 있었던 것이다. 다시 말해서, 제공권하에 간선도로를 따라 차량으로 철수한 UN군보다도 피제공권하에 산길을 걸어서 추격하고 있는 중공군의 다리가 더 빨랐다는 것은 전사에서 드물게 볼 수 있는 기록이었다. 이 중공군의 추격속도는 당시 중공군의 7대 수수께끼 중의 하나로 꼽히고 있었을 뿐 아니라 공산군의 신비성으로까지 운운되었다. 그러나 그들의 실태를 규명해본 결과, 신비로운 것도 아니었고 마술적인 것도 아니었던 것이다.

5. 공정부대의 역할을 한 게릴라

추격속도를 발휘할 수 있었던 비밀은 중부 산악지대에서 제2전선을 형성하고 있던 게릴라의 활동이 큰 힘이 되었는데 이 부대는 최현이 지휘하는 북한 제2군단이었다. 게릴라 부대는 중공군의 제1차작전 때에 UN군의 3분의 1 병력을 후방에 고착시켜 그들의 작전을 지원했으며, 이번 공세에 있어서는 한국 제2군단의 배후를 습격하여 그 공세를 직접적으로 협조했을 뿐만 아니라 중공군이 추격으로 전환하자 그들은 다시 중공군의 선도 역할을 했던 것이다. 즉 게릴라들은 수로를 보수하고, 요충지를 선점해 가면서, 정보를 제공하고 식량과 탄약의 일부를 보급해 주고 숙영지의 설치 및 경계를 제공하는 등 중공군의 남하에 앞장을 섰던 것이다.

그러므로 중공군은 하늘의 미 공군을 조심하면서 그저 걷기만 하면 되었다고 전해지고 있으며, 중공군이 한국 제2군단의 필사적인 저항을 물리치면서 15일간에 무려 250킬로미터를 추격을 할 수 있었던 것은 바로 이 게릴라 활동의 덕택이었다. 그러니까 이 게릴라는 중공군이 종심 깊은 돌파를 감행할 때 미리 적진에 투하시킨 공정부대와 같은 역할을 훌륭히 수행했다고 말할 수 있다.

그러나 생각해 보면 이 게릴라는 6개월 전인 6월 25에 부산을 목표로 노도와 같이 남진한 북한군의 주력이 변신한 바로 그것이었다. 이들은 그동안 수많은 악전고투와 비참한 패주를 강요당해 왔는데 이제 그들은 UN군의 한복판에 남아 있으면서 온갖 고난 속에서 유격활동에 종사해야 했던 것이다. 그 강건한 체력, 강인한 투지, 치밀한 조직력, 현지 보급능력, 그리고 시의적절한 활동은 그야말로 구일본군에 필적할 만한 것이었다.

6. 38선으로 이동

미 제5공군은 남아프리카공화국, 뉴질랜드, 호주, 한국 공군을 총지휘하면서 전비행기를 출동시켜 모든 도하지점과 부락에 대해 폭격을 가했으며, 한 번 발견한 적 부대에 대해서는 끊임없는 공격을 계속했다. 이러한 공격의 효과가 있어서인지 아니면 중공군이 지쳐 버린 탓인지는 모르지만, 제8군은 겨우 위기를 벗어나서 12월 15일에는 38선 남쪽으로 철수하여 태세를 정비할 수가 있었다. 그러나 38선에 연하여 배치된 UN군을 보면, 제1선에 나와 있는 미군 사단은 제24, 제25의 2개 사단만이 기동예비의 형태로 배치가 되었을 뿐, 다른 부대들은 후방에서 재편성에 임하고 있었는데, 이것만 보아도 철수중에 피해가 대단했음을 알 수 있다.

한편, 덕천에서 막대한 피해를 당한 한국 제2군단은 해체되었지만 그 예하의 제6 · 제8사단은 제1선으로 기용되었고, 가장 중요한 접근로에는 역전의 한국 제1 · 제6사단과 새로 편성된 한국 제2 · 제5 · 제9사단이 배치되었다. 그러나 이러한 위기에서도 한국 제11사단은 남부지역의 경계임무를 수행하고 있었는데, 이것은 이 전쟁의 특징을 보여 주는 것이라고 하겠다.

원산지역의 미 제3사단의 일부와 한국 해병대는 해상철수를 끝냈고, 흥남지역에서는 사지를 겨우 빠져나온 미 제1해병사단이 승선을 끝내고 있었다. UN군의 철수는 2주일 밖에 안 되는 단기간에 250킬로미터를 한꺼번에 철수한 것으로 유명하다.

이상과 같이 제8군이 취한 일거의 철수에 관해서 비꼬는 사람이 적지 않았다. 중국 대륙의 전선에서는 일본군 1개 대대의 전력이 국부군 1개 사단의 전력과 맞먹었던 경험으로 볼 때 병력수에 있어서는 어찌되었건 전력면에서는 중공군 1개 군을 미군 1개 연대로 환산하더라도 UN군이 우위에 있었다고 보지 않을 수가 없다. 그러나 한국 지형에서는 차량에 의존하는 UN군의 전력이 한정된 도로를 따라서만 발휘될 수가 있었기 때문에 전장에서 발휘되는 실제적인 전력은 현실이 보여 주고 있듯이 중공군이 단연 우세했으며 산만한 공격에 손을 쓰지 못한 채 기습을 당한 UN군의 피해는 피아간의 전력 차이를 배가시키고 있었다. 더구나 UN군은 생명줄과 같은 보급선이 위협받고 있었기 때문에 그 빠른 기동력을 발휘하여 중공군의 손이 미치지 않는 거리로 벗어날 수밖에 다른 방법이 없었던 것으로 보는 것이 옳을 것 같다. 중국대륙의 전장에서는 시속 4킬로미터가 기초라고 생각하고 있던 거리개념은 속도가 변화한 이 전쟁에서는 통용될 수 없었다. 12월 중·하순 다시 38선으로 되돌아온 전선에서는 서로가 전술적인 요충지를 확보하기 위한 소규모적인 전투가 계속되고 있었지만 전체적으로는 소강상태를 유지하고 있었다.

이 시점에서 볼 때, 중공군의 개입목적은 전원 확보나 압록강 남단에 완충지대를 설치한다고 하는 국부적이고 한정된 목적이 아니라는 것이 분명해졌다. 따라서 그 목적이 북한의 회복을 위한 원조라고 하는 도의적이거나 이념적인 것이었다고 한다면 벌써 그 목적은 달성한 셈이었다. 그리고 만일 그것이 사실이라면 중공군은 38선을 고수하기만 하면 되는 것이었다.

그러나 정월이 가까워짐에 따라 중공군은 대공세를 취할 기미를 보이고 있었다. 또 다시 38선에 전운이 감돌기 시작했고, 한국에는 다시 남침의 재난과 위기가 서서히 찾아들고 있었다.

제2절 UN군의 전략

1. UN군의 축차방어전략[2)]

국군과 UN군이 평양에서 철수를 시작하자 UN군의 한반도 철수문제가 심각하게 거론되기 시작하였다. 극동군사령부와 미 합동참모본부, 미국과 UN 참전국, 그리고 UN에서도 이 문제를 적극적으로 검토하였다. 이로 인하여 정부와 국민, 그리고 국군도 혹시라도 있을지 모를 UN군의 철수결정을 우려하여 노심초사 하였으나 다행히 전쟁 전의 38°선 부근에서 휴전을 모색하는 안으로 압축되어 한숨 돌릴 수 있었다. 이러한 정책 결정에 따라 제8군의 군사작전도 축차방어전략으로 전환되었다.

특히 신임 제8군사령관으로 부임한 리지웨이 장군은 부산으로 철수를 주장하던 워커 장군과는 달리 이 대통령을 면담한 자리에서 "미 제8군은 한반도에서 물러나지 않고, 부대를 신속히 재정비하여 다시 공세를 취할 것"임을 다짐하였다. 당시 미 제8군의 작전방침은 38°선에서 부산까지의 공간지역을 최대한 활용해 방어에 유리한 지형을 이용하여 축차적인 지연전을 펼쳐 적의 출혈을 강요한 후 공세작전으로 이전하는 것이었다. 이를 위해 다음과 같이 6개의 방어선을 설정하였다.

□ UN군의 축차 방어선

- 제1통제선: 38°선 진지로, 임진강 하구에서 양양에 이르는 주저항선.
- 제2통제선: 수원－양평－홍천－주문진을 연하는 선으로, 평택－삼척선의 방어를 준비하는데 필요한 시간을 확보하기 위한 선.
- 제3통제선: 평택－안성－원주－삼척을 연하는 선으로, 한반도에서 가장 방어정면이 협소하여 방어에 유리한 지역.
- 제4통제선: 금강선으로 금강 남안과 소백산맥을 연하는 방어선.
- 제5통제선: 소백산맥 선으로 이 산맥의 험준한 지형을 이용하여 낙동강 방어선을 준비하는데 필요한 시간을 확보하기 위한 선.
- 제6통제선: 낙동강 방어선으로 UN군이 최대한의 저항을 시도할 진지이다. 이 방어선마저 무너지면 UN군은 일본으로, 국군은 연안 도서로 철수시킬 계획이었다.

---

2) 국방부 군사편찬연구소, 『한국전쟁(중)』

리지웨이 장군이 부임하고 축차방어 개념이 확정되자 이를 설명하기 위한 한미 양군의 합동작전회의가 개최되었다. 이 회의에서 상황판에 제시된 38°선에서 낙동강까지 약 300km 종심에 그어진 6개의 방어선에 대하여 리지웨이 장군은 6개의 방어선은 국군과 UN군이 낙동강까지 물러나기 위하여 설정된 단계별 저지선이 아니다. 아군이 각 단계마다 중공군에게 최대의 출혈을 강요하고, 기회를 보아 즉시 반격으로 전환하여 적을 섬멸하기 위한 선임을 주지시켰다. 그리고 최악의 위기상황을 맞더라도 국군과 UN군은 37°선 아래로는 절대 철수하지 않을 것임도 강조하였다.

1950년 10월 26일 부임 후 서부전선을 시찰한 리지웨이 장군은 다음날 미 제1, 제9군단장과 작전회의를 거쳐 장차 있을지도 모르는 전방부대들의 서울 남쪽으로의 철수시 이를 엄호하여 혼란을 방지할 목적으로 서울 북쪽에 중간통제선인 교두보선을 설정하였다. 교두보선을 한강에 설치된 부교들이 적의 포격권에 들지 않도록 종심을 유지하기 위하여 행주 부근의 한강제방－의정부 남쪽－서울 동쪽을 연하는 반원형으로 설정하였다. 양 군단이 이 선으로 철수시에는 공격해 오는 적을 역공하면서 철수할 것을 강조하였다. 그리고 적이 통과할 도로변의 감제고지에 보병과 기갑으로 편성된 강력한 부대를 배치하여 주력부대들이 교두보선으로 완전히 철수할 때까지 적의 진출을 저지할 것을 지시하였다.

한편 12월 말에 적의 공격을 우려한 미 합참본부가 "만일 중공군이 전력을 다해 공격한다면 UN군을 한국에서 축출할 만한 충분한 전력을 보유하고 있다."고 통보하였다. 이에 리지웨이 장군은 우발사태에 대비하기 위하여 지난 9월에 세웠던 낙동강 방어계획을 되살려 종전의 낙동강 방어선뿐만 아니라 이 선과 부산 사이에 마산－동해안, 진해－동해안, 낙동강하구－동해안을 연하는 3개의 방어선을 추가로 설정하였다. 각 방어선은 마산, 진해, 부산의 항만을 둘러싸며 남해안과 동해안을 반원형으로 연결하도록 되어 있었다. 그는 제2군수사령관 가빈(Crump Calvin) 장군에게 한국인 노무자와 가용한 전 물자를 동원하여 이 선에 강력한 요새화 진지를 구축하도록 명령하였다.

이러한 미 제8군의 축차적인 방어전략에 문제점이 없는 것은 아니었다. 평양에서 철수한 이후 장병들의 사기는 극도로 저하됨은 물론 전의마저 상실되었고, 지휘관들의 통솔력에도 결함이 있었다. 특히 아군의 후방지역을 교란하고, 중요 병참선을 차단하기 위하여 동부전선으로 침투 중인 인민군의 저지 여부가 핵심과제로 대두되었다.

2. 타협과 투쟁의 갈림길

가. 일정별 주요 경과

중공군 개입 이전까지 미국을 중심으로 단결이 잘 되던 UN회원국들은 중공군 개입으로 전세가 불리해지자, 단결에 금이 가기 시작한다. 한국전쟁이 확전되어, 제3차 세계대전을 우려한 서구제국은 중공과 타협하여 휴전할 것을 제의하기 시작했다. 트루먼이 원폭사용도 고려한다는 발언이 있는 다음날인 1950년 12월 3일 영국 애틀리 수상은 서구의 대변자로서 미국으로 날아왔다.

(1) 12월 5일 트루만-애틀리 회담

전쟁을 한반도로 제한하고, 중공과 계속 저항하되, 군사적 한계가 도달하지 않는 한 자진 철수하지 않는다. 상황이 유리하게 전개되면 가까운 시일내 중공과 휴전할 수도 있다는 원칙에 합의했다. 즉 『10. 7 통한결의(統韓決議)』가 백지화되고 『전전(戰前)상태 회복후 휴전』하는 것으로 합의를 했다.

(2) 맥아더 장군과 미 합참간의 한반도철수 논쟁

미국정부가 국제사회에서 "타협이냐 투쟁할 것이냐?"를 놓고 정책 결정이 진행되고 있을 때, 맥아더 장군과 워싱턴 수뇌부 사이에 소위 "한반도철수 논쟁"이라는 의견 대립이 진행되고 있었다. 그 주요내용은 맥아더 장군은 현재의 UN군 전력으로는 중공군의 남진저지가 불가능하고, 교두보 확보도 불가능하다. 증원되지 않으면 UN군이 전멸을 면치 못하게 된다. 따라서 대만 국부군을 증원하고 중국본토를 공격해야 한다는 확전론(전면 전쟁론)을 주장했고, 이러한 요구가 받아들여지지 않으면 전면 철수하겠다고 위협했다.

제한전쟁론 입장인 미 합참은 전면 철수는 미국 위신상 허용 불가하다는 것이다. 즉, 이는 제2차 세계대전 승전국의 지위를 한꺼번에 잃는 것 의미한다. 당시 미국은 비상사태를 선포하고, 동원기지를 확장하고, 중공의 자금동결, 미국 선박의 중공항구 입항 금지 등 조치를 취하지만, 어떤 조치도 한국에서 피를 흘리고 있는 UN군에게 즉각적인 도움을 주지 못하였다. 현재로선 필요한 것은 증원병력이나, 동원하고 부대를 증편하는 데는 수개월 소요된다. 미 합참의 입장은 현재로선 중공군의 능력, 의도를 정확히 파악할 수가 없기 때문에 한반도 철수보다는 현재 병력으로 어떻게든 최대한 저지하면서, 확전시키지 않는 범위내에서 중공군과 계속 저항하라는 것이었다.

어떤 방책도 택할 수 없는 가운데, 의견 대립이 계속되었고 트루먼 대통령은 맥아더를 설득시키기 위해 친서까지 보내면서 제한 전쟁을 할 수밖에 없는 미국의 입장을 이해할 것을 촉구하는 사태까지 벌어졌다.

(3) 리지웨이 등장

회담과 논쟁이 지속되던 12월 23일경 미 제8군사령관 워커 장군이 교통사고로 사망하자, 후임으로 리지웨이가 부임했다. 워커 장군은 미 제24사단과 영연방 제27여단에 감사장을 수여하러 가는 도중 의정부에서 타고 가던 지프차가 한국군 트럭과 충돌하여 순직했다.

리지웨이의 새로운 지휘와 전술로 중공군의 1월 공세를 37°선에서 저지하고, UN군의 제1차 반격으로 남한강선까지 확보했다. 이렇게 되자 현 UN군의 능력으로도 중공군의 남진을 저지할 수 있음이 입증되었고, 비로소 한반도 철수 논쟁도 끝이 나게 된다. 그러나 맥아더 장군은 이후에도 계속 확전론을 주장하다가 미 정책에 반박했다는 이유로 해임된다. 확전론을 주장한 맥아더는 소련이 개입하지 않을 것이란 확신을 가지고 있었던 것 같다. 그 이유는 제8군 사령관으로 부임하는 리지웨이가 "소련이 개입하면 제8군에 대해 어떤 조치를 취할 것인가?"라는 질문에 맥아더는 "그땐 일본으로 철수시킬 것이다."라고 대답을 했었다. 당시 미국의 전략은 한반도는 일본을 방위하기 위한 전초기지에 불과하다는 의견이 많았다.

나. 맥아더가 확전론을 강력히 요청한 배경

미 · 영 · 한국군 등 약 15만명으로 편성되어 있는 제8군이 유사 이래 대패전의 고배를 마시게 될 단계에 이르렀다고 생각되었을 때에 제한된 범위에서 이를 구해야 한다는 총사령관의 안타까운 심정만은 이해해 주어야만 한다. 예를 들어 그것이 확대전으로 이어지는 위험성을 다분히 내포하고 있다고 생각이 되더라도 그것은 어디까지나 억측의 테두리를 벗어나지 못한 소견이며, 그러한 억측 때문에 수십만명의 부하들을 죽게 내버려 둔다는 것은 군인으로서는 물론 일반인으로서도 잘한 일이라고는 생각지 않을 것으로 보이기 때문이다.

다. 미 합참 맥아더 확전 제안 거부 이유[3)]

트루만 행정부는 소련을 공산국가중 가장 위험한 나라로 간주했고, 유럽을 공산주의와 서방세계 사이에서 대결하고 있는 가장 위험하고 어려운 곳으로 생각하였음. 극동에서 전쟁을 확대하는 것은 소련과 대결함에 있어서 서방국가를 약하게 할 뿐이며, 더 많은 미군을 제2전선에 묶어두어 유럽을 위험에 처하게 한다고 믿었음. 미 합참의장 브래들리 장군의 말에 의하면 중국으로 전쟁을 확대하는 것은 "잘못된 장소와 잘못된 시기에, 잘못된 적과의 잘못된 전쟁을 일으키게 된다."는 것이었다.

막대한 인구를 가진 중공 대륙과 전쟁을 한다는 것은 가능한 전략으로 보지 않았음. 중공을 공격한다는 것은 적들이 감히 손댈 수 없는 거대한 UN군의 기지이며, 미국 자체의 성역인 일본을 혹시나 잃을지도 모른다는 것이었다. 미 행정부는 중공이나 북한 어느 쪽에 원자탄을 사용하면, 중공이나 북한이 도시화나 산업화가 되지 않아 적당한 표적을 제공하지 않는 상태에서 전쟁을 확전하거나 필적되는 보상을 받음이 없이 미국의 맹방들로부터 반감이나 적대감만 불러일으키는 위험을 무릅쓴 모험을 하게 된다고 믿고 있었다. 원자탄은 충분한 양을 보유치 못했으며, 그것을 우선순위가 낮은 제2전역에서 소비하면 큰 손해를 자초한다고 생각했다. 전쟁의 본질을 생각하는 철학과 섬멸전략을 수행하려는 맥아더의 철학을 받아들일 수 없어서 이기보다는 한반도와 아시아가 공산주의와 대결할 주전역이 아니라 견제를 위한 전역이라고 생각했기 때문이었다. 그들은 아직도 서유럽이나 미국에 대한 전면적인 소련의 공격을 염려했으며, 남한에 대한 북한군의 침공이 사실상 지극히 중요한 전역으로부터 미국의 주의를 환기시키려는 하나의 양공이 아닌가 하여 두려워했으며, 또한 그들은 그러한 양공에 휘말려 들어가기를 원치 않았다. 따라서 그들은 그들이 가능성이 있다고 생각하는 전면적인 소련의 침략에 대항할 준비를 더 잘 하기 위하여 더 큰 규모의 국방예산을 조기에 더 많이 집행할 것을 제안했다.

---

3) 육군 교육사령부 군사발전 제52호 부록, 미국의 전쟁방식(태평양 전쟁, 한국전쟁), 1989년 10월, p.113.

3. 전쟁의 전환점[4)]

중공군의 공세가 계속되던 1950년 11월부터 1951년 1월 중순에 이르는 사이의 전세는 UN군이 한반도의 일정선에서 중공군의 남침을 저지할 전망이 매우 희박하였다. 이 같은 전세의 급변에 따라 미국은 UN군의 작전을 위한 새로운 기본정책과 작전방침을 모색하지 않을 수 없게 되었다. 그러나 6·25전쟁의 새로운 국면에 대처하기 위한 새로운 전략개념을 모색하는 과정에서 미 정책당국은 그들의 정책이 맥아더 원수로부터 보고되고 있는 한반도의 군사적 상황과는 전혀 부합될 수 없다는 사실에 직면하였다. 이리하여 미 합참본부는 미 육군참모총장 콜린스(Collins)대장으로 하여금 한국전선을 직접 시찰하게 하였다.

콜린스 대장은 1950년 12월 4일 한국전선을 방문하여 워커 중장 및 알몬드 소장을 각각 면담하고 도쿄에서 맥아더 원수와 일련의 회의를 마친 후 워싱턴으로 귀임하였다. 한국전선을 시찰하고 돌아간 콜린스 대장은 미 합참본부에 제출한 그의 보고서에서 UN이 “한반도에서 전면전을 계속할 것을 결정하지 않는 한, 만일 중공군이 공격을 계속한다면 UN군은 전멸을 면할 수 없을 것이다. 따라서 맥아더 원수에게 한반도로부터 UN군의 전면철수를 지시하여 이러한 참화를 미연에 방지하도록 하여야 한다.”고 건의하였다. 그러나 이때까지만 하더라도 미국은 조급한 판단을 내릴 시기는 아니었다. 당시의 국제적 정세로 미루어 보아 자칫 잘못하면 한반도에서 불꽃을 세계적인 불꽃으로 번지게 할 수 있었기 때문이었다. 이렇듯 미국이 적절한 해결책을 얻지 못하고 있는 가운데 전국의 어두운 전망과 중공의 공연하고도 무제한적인 군사활동의 불결한 여파는 도쿄와 워싱턴간의 견해 대립을 더욱 첨예화하게 되었다.

맥아더 원수는 한결같이 한정된 규모의 UN군이 소련으로부터 대량지원을 받는 중공군의 위력에 직면하여 전황이 매우 긴박하게 되었음을 강조하고 이와 같은 위기를 타개하기 위한 획기적인 정책결정과 전략계획이 미 정책당국에 의해 조속히 제시되지 않는 한 UN군의 전력은 점차 소모되어 전멸이 불가피할 것이라고 경고하였다. 그러나 중공의 개입으로 미·소간의 전면전쟁의 가능성이 증대되었다고 가정할 때, 미 지상군의 추가병력은 미국의 주전략지군인 서구 또는 일본의 방위를 위해 투입되어야 했으며, UN내 여타 국가들의 한국에 대한 병력의 증파는 기대할 수 없었다. 이에 따라 미

4) 군대학 교육참고2-1, 『한국전쟁사』, 1999년, pp.378~381.

합참본부는 한반도로부터 UN군의 전면 철수가 일단 불가피할 것이라는 판단하에 이에 대한 대책을 준비하였다.

이에 반하여 미 국무성은 UN군의 전면철수에 관하여 미 합참본부와는 의견을 달리하였다. 즉, 미 합참본부는 UN군이 한반도에서 명예가 손상됨이 없이 전면 철수하여 일본의 방위를 강화할 수 있는 방책을 모색한데 반하여, 미 국무성은 UN군이 군사작전 결과에 따라 한반도로부터 축출이 강요되지 않는 한, 자진철수는 불가하다는 견해를 지지하였다. 이는 곧 미국이 6·25전쟁에 참전한 정치적 의의를 미국 스스로가 부정하는 결과가 되기 때문이었다.

□ **전쟁(戰爭)의 기로(岐路)**

중공군의 참전에 대해 정부는 총력전 태세로 대응할 결의를 다졌다. 하지만 전황은 공수가 역전되면서 새로운 전략의 수립과 '철군이냐, 확전이냐'의 선택을 강요하는가 하면 군사적으로 정부의 이전을 검토하는 등 중공군의 참전으로부터 '1·4후퇴' 기간은 전쟁의 대기로가 되었다.

제3절 중공군 3, 4, 5차 공세와 반격

1. 중공군 3차공세(정월공세)와 UN군 1차 반격

가. 중공군 3차공세(정월공세) 작전계획

중공군 4개군과 북한군 1군단을 서울로 지향하여 미 1군단 예하의 한국군 1사단 고량포 정면에 1개군, 미 9군단 예하 한국군 6사단 연천 정면에 2개군, 미24사단 포천 정면에 1개군을 투입하고, 2개군은 한국군 2사단 사창리 정면을 돌파하여 가평을 거쳐 서울을 배후에서 공격하는 것으로서 의정부 북방에서 UN군 주력을 격멸하고 서울을 양익포위를 시도하는 것이다. 조공은 북한군 5, 3군단으로 사전 침투한 북한군 2군단의 지원하에 춘천정면의 한국군 5,8,3사단을 공격하는 것이다. 미 제8군의 축자진지상에서의 방어개념에 의해 방어준비를 하는 사이에 적은 공세를 취하게 되는데 이때 적의 작전방침은 침투부대의 활용을 그 특징으로 하는 것이었다. 즉 작전을 2단계로 구분하였다.

제1단계(12. 22~12.31)는 침투작전 단계로, 강력한 침투부대(제2전선부대의 주력－북한군 10사단 및 길원팔 유격부대 병력)를 사전에 동부전선에서 아 방어선 후방 깊숙이 침투시켜 그 배후부터 타격을 가하며, 이것에 호응하여 주력이 전선의 서부와 중부에서 아 방어선을 돌파하여 전투력을 일거에 섬멸한다는 것이었다. 이 침투작전은 그 규모가 목적면에서 상당히 크고 전략적인 것으로서 북한군 제2군단의 2개 사단을 홍천－원주－대구에 이르는 도로연변의 중요지점을 사전에 점령함으로써 1951년 1월 1일부터 개시되는 주력의 공격을 용이하게 한다는 것이었다. 그들의 기록에 의하면 이 침투작전은 본격적인 공세 10일전인 1950년 12월 22일부터 개시되었으며 주 침투지역은 현리, 인제부근에 실시되었으며 공세개시 일인 1월 1일까지는 이미 홍천 남방의 양덕원리 일대까지 진출하였다고 기록되어 있다.

제2단계(1.1~1.15)작전은 본격적인 공세로서 주공을 미 제1군단 예하의 한국군 제1사단(고랑포) 정면과 미 제9군단의 한국군 제6사단(의정부) 정면에 중공군 7개 군 21개 사단을 지향하고, 조공을 중동부 춘천 방면에 북한군 제3, 5군단의 10개 사단을 지향하였다. 국군과 UN군이 접적을 단절하고 38°선 부근에서 주저항선 구축에 주력하는 동안 적은 그들의 3차 공세 결정에 따라 공세준비에 박차를 가하였다. 당시 제8군의 정보부서들은 적의 가용병력이 17만 4천여 명 정도라고만 판단하였을 뿐 그들의 위치나 기도를 모르고 있었다. 이에 제8군사령관은 전방사단에 정찰대를 적진 깊숙이 침투시켜 적의 위치와 규모를 탐지하도록 명령하였다.

미 제8군사령관은 4일간의 전선시찰을 통하여 적의 공세가 아군의 경계가 느슨해질 연초에 시작될 것임을 예상하고 서울로 복귀하였다. 이 무렵 제8군 정보참모도 적의 공격이 임박하였음을 보고하였다. 이 보고에 의하면 서부전선의 개성－문산 축선에 인민군 제1군단과 중공 제50군이, 임진강 상류지역에는 중공 제39군이, 연천－의정부 축선에는 중공 제38군과 제40군이 배치되었고, 중부전선의 철원－화천 일대에는 중공 제66군과 제42군이 배치되었다. 그리고 화천 동쪽에서 동해안까지 국군이 방어 중인 중동부전선에는 인민군 제5군단과 제2군단이 배치되었고, 또 함흥에 위치한 인민군 제3군단과 중공 제9병단도 중동부전선으로 투입이 가능한 것으로 판단하였다.

이때 중공군은 2차에 걸친 공세작전으로 입은 병력손실을 보충하기 위하여 중공에서 고참병 8만 4천 명을 차출하여 전선부대에 보충하였고, 보급수송을 개선하기 위하여 경의선(정주－맹중리), 만포선(회천－개천)의 일부 철도도 긴급 복구하였다. 공격준비가 완료되자 지원군사령관 팽덕회는 인민군 3개 군단과 중공군 6개 군(군단규모)의 협동작전으로 국군과 UN군이 방어 중인 38°선을 돌파하고, 임진강 동쪽과 북한강 서쪽에 배치된 국군 제1 제2, 제5, 제6사단의 일부를 섬멸하는 공세계획을 수립하였다. 그리고 상황이 순조롭게 전개된다면 계속 공격하여 신속하게 서울과 춘천, 홍천, 양양, 강릉 일대를 점령한 후 휴식과 재정비를 진행하면서 춘계공세를 준비하기로 작전방침을 정하고 구체적인 공격계획을 하달하였다.

□ 신정공세 계획(요지)

① 우전방 5개 군(중공 제38, 제39, 제40, 제50군, 인민군 제1군단)은 주공으로 동두천, 서울 방향으로 공격하며, 좌전방 2개 군(중공 제42, 제66군)은 가평, 춘천을 공격한다. 그리고 인민군 2개 군단(제2, 제5군단)은 자은리, 홍천 방향으로 공격한다.

② 인민군 제1군단은 문산 지역을 양공하여 중공군의 공격을 지원하고, 중공군의 우측방을 엄호한다. 그리고 일부 부대는 적의 상륙에 대비하여 해주 해상을 방어한다.

③ 중공 제50군은 고랑포리에서 중공 제39군과 협조하여 국군과 UN군의 증원을 차단하거나 국군 제1사단을 공격한다.

④ 중공 제39군은 임진강을 도하, 일부 부대는 신산리로 진출하여 국군 제1사단의 퇴로 및 증원을 차단하고, 주력은 제50군과 협동으로 국군 제1사단을 포위공격한다.

⑤ 중공 제38군은 한탄강을 도하, 일부 부대는 칠봉산으로 진출하여 국군 제6사단의 퇴로 및 증원을 차단하고, 주력은 중공 제40군과 협조하여 국군 제6사단을 포위공격한다.

⑥ 중공 제40군은 한탄강을 도하 동두천 방면으로 공격하여 중공 제38군 및 제39군과 협동으로 국군 제6사단을 포위공격한다.

⑦ 중공 제56군은 지암리로 진출하여 중공 제42군과 협조하여 국군 제2사단을 포위공격한다. 그리고 일부 부대는 춘천을 공격하여 국군 제5사단을 고착 견제하여 인민군 제2, 제5군단의 공격을 지원한다.

⑧ 중공 제42군은 중공 제56군과 협조하여 국군 제2사단을 포위공격 한다.

⑨ 인민군 제5군단은 양구, 인제로 진출한 후 국군 제1, 제2군단의 전투지경선을 따라 공격하여 홍천으로 진출한다. 퇴로가 차단된 국군을 전방부대와 협조하여 포위공격한다.

⑩ 인민군 제2군단은 공세가 개시되기 전에 은밀하게 38°선에 침투한 후 홍천 동남방으로 진출하여 전선부대와 연결작전을 준비한다.

⑪ 인민군 제3군단은 원산을, 제4군단은 서해안을 각각 방어한다. 그리고 중공 제9병단은 함흥지역에서 계속 정비와 휴식을 실시한다.

이 계획에 의거 공세준비를 완료한 공산군은 12월 27일 공격대기지역을 은밀하게 점령하였다. 이때 인민군 제1군단은 사리원 남쪽에, 중공군의 제50군은 개성 동쪽에, 제39군은 구화리 지역에, 제40군은 삭령 지역에, 제38군은 연천 지역에, 제42군은 철원 동쪽에, 제66군은 김화 남쪽으로 각각 진출하였다. 그리고 인민군 제2, 제5군단의 5개 사단은 홍천 지역으로 진출하고 있었고, 잔여부대는 인제에 집결하였다.

이 무렵 아군의 항공정찰대는 적의 대규모 포병진지가 주공을 지원하기 위하여 미 제1, 제9군단의 전투지경선인 연천-의정부 도로에 중점적으로 배치되었고, 또 임진강 변에서 다량의 교량용 물자들이 비축되어 있는 것도 관측하였다. 그리고 생포된 포로들도 적의 주공은 서울로 지향될 것이며, 공격은 12월 31일 밤에 시작될 것이라고 진술하였다. 정찰과 도하준비를 완료한 적은 기습을 달성하기 위하여 피로 얼룩진 1950년의 마지막 날을 공격개시일로 결정하고, 이날 17:00에 약간의 공격준비사격을 실시한 후 신정공세를 개시하였다. 12월 중순 이후 소강상태가 유지되었던 한반도의 38°선은 다시 전쟁의 소용돌이 속에 휘말리게 되었다.

나. 중공군 정월공세 작전경과

적은 제1단계로 북한군 제2군단의 지원 유격부대(길원팔 유격대)와 제10사단으로 1950년 12월 22일 인제-현리지역으로 침투를 개시하였다. 양덕원리까지 진출하여 한국군 제2군단의 후방을 교란하고 후퇴를 강요하자 미 제8군에서는 원주의 미 제2사단을 홍천으로 투입하였다. 12월 30일경에는 평창, 영월, 단양, 안동 일대까지 기도를 은폐하고 침투하는데 성공하였다. 북한군 제2군단의 침투에 대하여 미 공간사에서는 보급지원없이 군단급 부대가 침투한 것을 "군사적 묘기이며, 북한군 2군단은 걸어가는 공수군단"이라고 평가하고 있다.

이러한 상황하에서 1951년 1월 1일 적은 전 전선에 걸쳐 본격적인 공세를 개시하였다. 중공군 4개 군이 서울을 지향하여 공격하였다. 아군은 수도권 방어선을 급편하였고, 동부전선에서는 북한군 제3, 5군단이 사전 침투한 제2군단과 호응하여 아 제5, 8사단(제2군단), 제3사단(제3군단) 정면을 돌파한 다음 서부지역의 동측방을 위협하려 했다. 이를 방치하면 적은 청주, 대전, 대구로 진출하여 미 제8군을 분리할 우려가 있기 때문에 미 제8군 사령관 리지웨이는 미 제10군단을 북상 투입하여 37°선 방어진지를 사전 점령하여 방어 종심을 증가시키고, 돌파에 대비토록 하였다. 또한 한국군 제2, 5, 8사단을 통합 지휘하여 양평－홍천간을 방어토록하고, 한국군 제1, 3군단은 홍천－주문진간을 방어토록 하였다.

■ 중공군 3차공세 경과

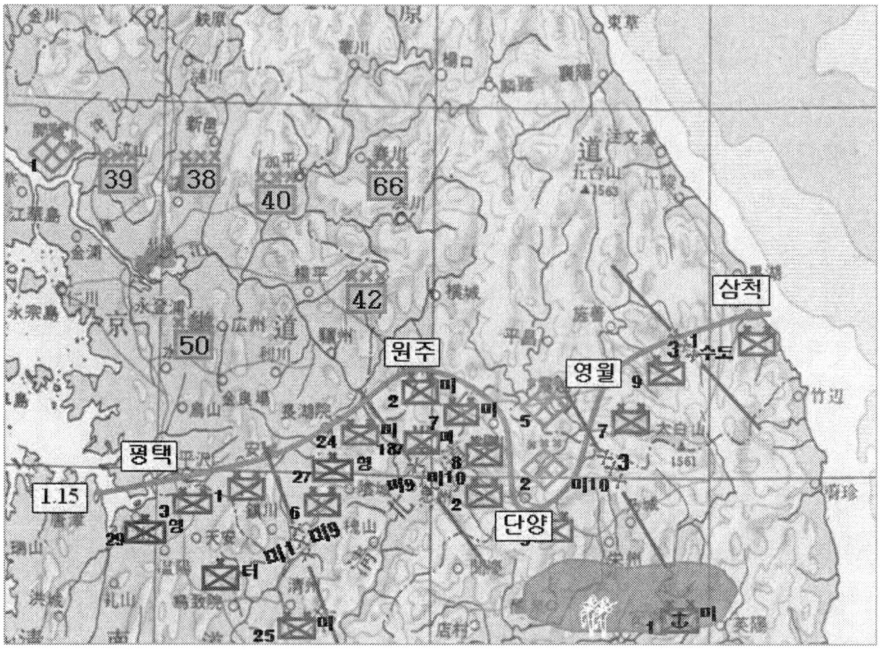

한편 서부전선에서는 적 주력이 집중적으로 압력을 가하자 1월 3일 미 제8군사령관은 계획된 보조방어선인 수원－양평－홍천－주문진선을 확보토록 하면서, 미 제1기병사단을 평택으로 배치하여 서부지역의 종심을 증가시키고, 미 제3사단은 수원으로 이동하여 보조진지를 점령토록 준비명령을 하달하였다. 따라서 1월 4일 한강부교를 폭파하고, 서울을 철수(1.4후퇴)한 UN군은 지시된 수원－양평－홍천－주문진선을 점령하려고 했으나, 이날 홍천이 피탈되자 1월 6일 평택－원주－삼척선으로 철수하고 말았다.

전선에서의 적은 홍천을 탈취하고 계속 남하하여 1월 7일 북한군 3개 사단이 원주의 미 제2사단을 공격하였다. 만약 원주가 피탈되면 적은 충주－대전 및 대구로 진출하여 서울지구의 아군을 고립시킬 수가 있고, 또한 제천－영주로 지향한다면 대구로 압박할 수 있기 때문에 원주는 중동부 전선의 제1의 요충지였다. 따라서 미 제2사단은 사력을 다하여 원주를 고수하다가 적의 압력으로 1월 8일 원주 남방 5km까지 후퇴하였다가 계속 원주시내로 공격하였다. 또한 미 제8군사령관의 명에 의거 제187 공수연대가 원주지역에 투입되자 적은 원주정면으로의 돌파가 어렵다고 판단하고 원주를 우회 제천－영월－단양으로 돌파구를 형성해 나갔다. 이에 미 제10군단장은 한국군 제8사단, 제3사단, 제5사단과 미 제7사단 및 제187 공수연대를 제천~단양 ~영주 등지에 종심 전개시켜 돌파구를 저지케 하고, 후방을 교란하고 있던 북한군 제10사단에 대해서는 미 제1해병사단을 북상시켜 소탕케 하였다. 또한 한국군 제3사단과 제7사단은 영월 동측방에서 적을 공격하도록 했다. 1월 12일 미 제2사단이 원주를 공격 탈환함으로써 1월 15일 적의 압력은 점차 약화되어 적의 정월공세는 종료되었다.

(1) 작전 개황5)

■ **UN군 1차 반격작전**

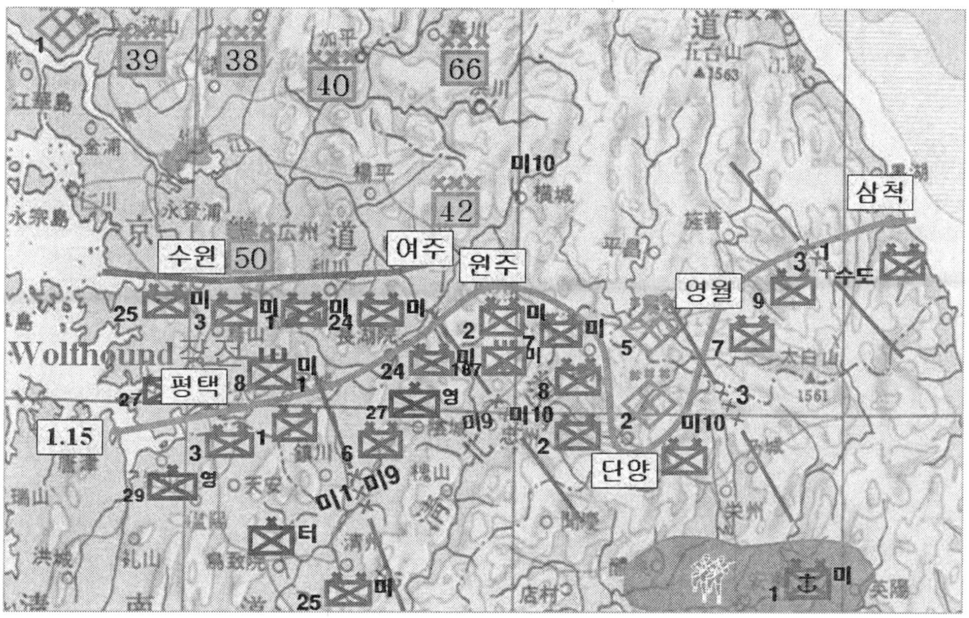

---

5) 중공군 정월공세 작전경과(육군대학,『한국전쟁사』, 1999년, pp.386~392

이러한 작전구상에 따라 중동부 전선의 북한군은 주력 집단의 작전개시에 선행하여 12월 하순부터 제2전선(12월말에 제2군단으로 개편)의 길원팔 유격부대와 제10사단을 투입하기 시작하였다. 곧 양구 서쪽의 한국군 제8사단 지역에는 적 제10사단의 일부 병력이 12월 22일부터 산악을 타고 잠입하기 시작하였으며, 동쪽 한국군 제9사단 우측의 태백산맥과 동 사단 좌일선의 산악지대에는 길원팔 유격부대가 침투하기 시작하였다. 이들 적 제2전선부대는 12월 30일 양덕원리(홍천 서남 10km)에 진출하였고 주력은 평창－영월 및 단양－안동 부근에까지 침투한 것으로 판단되었다.

이와 같이 적은 중동부 전선에서 제2전선부대를 아군의 후방으로 침투시킨 다음 12월 31일 주공은 UN군이 예상했던 대로 미 제1군단 소속 한국군 제1사단의 정면, 즉 고랑포리 정면과 미 제9군단의 의정부 정면이고, 조공은 춘천 정면이었다. 그리고 공격 병력은 중공군 7개 군 21개 사단과 북한군 제3, 제5군단의 2개 군단 약 10개 사단으로 판단되었고, 서부와 중부 정면은 중공군이, 중동부의 동부 정면은 북한군이 담당한 것 같았다.

서울로 지향한 중공군의 병력은 5개 군 15개 사단으로, 1개 군이 고랑포리 정면의 한국군 제1사단을 돌파하여 북한산을 따라 서울로 향하고, 각 2개 군이 한국군 제6사단과 미 제24사단의 정면을 각각 돌파하여 연천－동두천－의정부 도로와 철원－포천－의정부 도로에 따라 서울로 향했다. 그리고 다른 2개 군은 한국군 제2사단 정면을 돌파하여 남한강과 북한강의 합류점을 거쳐서 서울을 배후에서 공격할 기세였다. UN군 각 부대는 가용한 모든 화력을 운용하여 필사적으로 방어하였으나, 앞에서 말한 대로 거점 사이가 너무 떨어져서 사방에서 침투당하고 거점 단위로 포위되어 차례로 무너질 징조를 보이기 시작했다.

이 공세를 정면에서 받지 않았던 부대는 가장 왼쪽을 담당한 터어키 여단과 임진강 하류의 미 제25사단, 그리고 동해안의 수도사단 뿐이었고 그 밖의 제1선 사단은 예외 없이 이 노도와 같은 공격을 받았던 것이다. 한편, 북한군 제3군단, 제5군단의 공격을 받은 춘천－원주 국도를 중심으로 한 중부 전선은 놀라운 속도로 돌파되고 있었다. 특히 그 주력의 공격을 받은 한국군 제3사단은 전 진지가 동시에 앞뒤로 협격을 당했다. 현장에 투입된 한국군 제7사단이 그 돌파구를 막으려고 하였으나, 춘천 북방의 한국군 제5사단, 제8사단도 뒤로 밀리고 있었으므로 도저히 저지할 수가 없었다. 한국군 제2군단, 제3군단은 전선을 회복하려고 노력하였으나 퇴로는 이미 차단되었고 증원부대는 복병을 만나 저지당하고, 병참선이 끊기고 말았다. 북한군 제2군단이 주력의 공격에 호응하여 후방을 교란했던 것이다. 이리하여 중부전선이 크게 돌파되고 북한군 수개 사단이 밀고 들어왔다. 이대로 방치하면 북한군은 대전이나 대구 부근을 향해 돌진하여 미 제8군을 동서로 분리시킬 것이 분명했다.

리찌웨이 장군은 지프차와 경비행기로 전선 사단을 뛰어다니며 시시각각 변화하는 전선의 움직임을 지켜보고 있던 중, 중부전선의 위기를 막기 위하여, 1월 2일 미 제10군단(알몬드소장: 미 제2, 7사단)에게 전투참가를 명하고 원주 정면으로 북상시켰다. 북한군의 남하를 막지 못하면 그 전략구상이 와해되기 때문이었다. 그러나 서울의 위기는 시시각각 다가오고 있었다. 2일 오후, 리찌웨이 장군은 모든 군단장과 사단장을 방문하고 그들의 상황판단을 들었으나 제1선 사단은 모두 저지력이 한계점에 와 있는 것 같았다. 그때 서울을 활모양으로 둘러싸고 있던 중공군의 위력은 다시 증가되고 그 일부는 한강 남쪽 기슭으로 넘쳐 나올 것 같았다.

드디어 다음 진지로 철수할 시기가 온 것 같았다. 후퇴명령은 다음날 3일 아침에 내려졌다. 리찌웨이 사령관의 표현을 빌면 "오랜 역사를 간직한 수도 서울을 또 다시 적에게 넘기고 한강 이남으로 철수하는 본의 아닌 명령"이었으나 이 철수는 다음과 같이 계획되어 있었다.

① 미 제25사단(영 제29여단 배속)으로 서울 외부에 예비진지를 점령하고 제1선 군단의 철수와 한강 도하를 엄호하도록 한다.
② 미 제1, 제9군단은 동시에 철수하고 우선 수원－양평의 진지선을 점령한다(서부전선).
③ 미 제10군단은 한국군 제2, 제5, 제8사단을 통합 지휘하여 양평－홍천의 진지선을 점령한다. 한국 군 제2군단을 해체하고 그 소속 사단은 미 제10군단장의 지휘하에 들게 한다(중부전선).
④ 한국군 제1, 제3군단은 홍천－주문진의 진지선을 점령한다(동부전선).
⑤ 미 제3사단은 평택부근으로, 미 제1기병사단을 안성 부근으로 이동하여 다음 행동을 준비한다.

1월 4일 중공군의 수색병이 서울 근교에 출몰하기 시작하였으므로 한국 정부는 부산으로 수도를 옮기고 UN군 전방지휘소도 대구로 이동했다. 이렇게 하여 최대의 비극 가운데 하나인 한국민 고난사가 기록(1.4후퇴)되면서, UN군은 다음 방어선인 평택－원주－삼척을 연결하는 대략 37°선을 향하여 철수하였는데 서부전선의 상황과 중부전선의 상황은 전혀 달랐다.

(2) 서부전선의 상황

미 제1, 제9군단은 수원에 있던 보급품을 후송하고 비행장을 파괴한 다음, 단숨에 37°선까지 내려가서 방어에 들어갔다. 처음 계획한 수원－양평선에서 정지할 예정이었으나, 중부전선의 홍천이 1월 4일 탈취당하였으므로 이 방어선은 쓸모없게 되었기 때문이다. 오산의 고지, 즉 6개월 전 7월 5일에 스미스 특수임무부대가 첫 교전을 하였던 오산의 고지도 1월 5일에 포기하고, 1월 6일에는 미 제3, 제25사단, 한국군 제1사단, 영 제29여단으로 편성된 미 제1군단이 평택으로부터 안성에 이르는 안성천 남안의 선을 점령하였고, 미 제24사단, 한국 제6사단, 영 제27여단으로 편성된 미 제9군단이 죽산리로부터 장호원 북쪽에 이르는 새 진지를 점령하여 임박한 공산군의 공세에 대비하였다.

그러나 예상과는 달리 중공군의 공격은 시작되지 않았다. 차량으로 후퇴하는 미군과 걸어서 내려오는 중공군과의 속도 차이 때문이라고 생각되었으나, 한강을 건너기기 어려워서인지 보급 때문인지 혹은 다른 목적이 있어서인지 전혀 알 수가 없었다. 공세로 들어간지 아직 6일밖에 되지 않은 만큼 안심할 수 없는 상황이었다. 리찌웨이 장군은 다음날 후위 임무를 막 끝낸 영 제27여단을 오산쪽으로 접적전진을 시켜 보았으나 적의 그림자도 발견할 수 없었다. 서부 전선에서는 또 다시 UN군과 중공군과의 접촉에 끊어진 것이다. 제8군은 의아스럽고 이상한 느낌을 금할 수가 없었다. 즉 중공군은 한강 북쪽 기슭을 점령함으로써 작전목적을 달성한 것인가, 혹은 중부전선의 공격을 확대시키려는 것은 아닐까, 또는 서울의 공략을 하나의 고비로 하여 다음 공세를 준비하는 중일까, 전혀 판단을 할 수가 없었다.

(3) 중부전선의 상황

중부 정면을 담당한 미 제10군단(미 제2, 7사단, 한국군 제2, 5, 8사단)은 좌측의 미 제9군단과 협조하면서 37°선 진지를 점령하였으나 한국군 사단이 원주 북방에서 포위당하였으므로 미 제2사단은 이를 구출하기 위해 공격을 개시했다. 이것이 그로부터 1주일간에 걸친 북한군 4개 사단과의 혈전의 서막이 된 것이다(원주지구전투).

미 제2사단은 청천강변으로부터 후퇴할 때 약 4분의 1가량의 병력을 상실했다.[6] 서

6) 중공군 2차공세로 미 제8군이 평양방어선으로 철수시 미 제8군의 동측방 엄호후 철수하다가 군우리지역에서 중공군 사단급 매복작전에 걸려들어 대량 피해를 당했다. 이를 소위 '인디언 태형을 당했다'라고 한다.

울 부근에서 프랑스와 네덜란드 대대의 증원을 받아 바로 재편성된 부대이고, 사단장도 방금 부임한 로버트 B. 메크레어 소장이었다. 미 제2사단은 이곳 원주에서 그때 패전의 설욕을 씻을 수 있게 된다. 미 제2사단은 한국군의 퇴로를 차단하고 있던 북한군을 격파하고 구출에 성공하였으나 그날 밤 북한군 제2, 9, 31사단 3개 사단이 동과 서로부터 동시에 공격하기 시작했다.

원주는 중부전선 제1의 요충지로서 북한군이 원주를 탈취하면 충주를 거쳐, 대전이나 김천으로 또는 제천, 영주를 거쳐 안동·대구로 진출할 수 있는 교통의 요지를 점령하게 되는 것이다. 결국 1월 7일밤, 북한군은 원주시내에 돌입했다. 제2사단은 시가전을 벌이면서 후퇴하여 1월 8일에는 원주 남방의 고지대에 새 방어선을 구축할 수밖에 없었다. 원주에서 혈전이 벌어지고 있을 무렵, 그 동쪽의 한국군 제3군단(제7, 제9사단) 정면에서는 불리한 사태가 차례로 일어나고 있었다.

(4) 중공군에 대한 정보

정월공세에서 중공군이 5일분의 옥수수와 좁쌀만 가지고 공격을 개시했다는 정보는 중요한 것이었다. 그것은 중공군의 보급능력의 한계와 시작계획의 일단을 잘 나타내는 것이었기 때문이다. 그리고 이러한 빈약한 보급으로 공세를 개시할 수밖에 없었던 이유를 다음과 같이 추측하고 있다.

첫째, 이 정도밖에 보급할 힘이 없었다. 즉 계속된 전쟁과 내란으로 중공의 물적 동원 능력은 바닥이 나고, 이 정도의 물량밖에 집적할 수 없었던 것이다. 또 수송력이 부족하여, 최말단에 대한 보급지원이 힘들었다.

둘째, 그러나 언제까지 보급만 바라고 기다리면 전기를 놓치게 될 것이다. 함흥 지구로부터 철수한 미 제10군단이나 청천강변에서 타격을 받은 사단 등이 재편성 되기 전에 공세를 취하여 단숨에 부산을 공격하지 않으면 안된다. 시간은 UN군에게 유리하게 작용할 것이다.

셋째, 한국은 원래 농업국이기 때문에 서울 부근을 탈취하면 식량은 해결될 것이다. 만주를 기지로 한 중공군의 진격거리는 대략 서울부근이 한도였다고 판단되고 있다. 이것은 서방 여러 나라의 일치된 견해이다.

한편, 중공군이 수원 이남으로 진출하지 않는 점으로 보아 부산을 공략할 생각이 없었다는 의견과는 대립되는 것이다. 또 이번 작전은 중공군에게 기갑 및 포병에 대응할 장비가 빈약한 그들로서는 화력과 기갑전략의 발휘가 용이한 서부지역에서 싸우는 것은 불리하다는 것을 깨닫게 해준 것으로 보인다. 그러한 것들은 그 후의 작전이 여전히 증명해주고 있다.

다. UN군 반격

(1) 리지웨이의 반격작전 방침

작전 목적은 우세한 화력과 기동력을 이용하여 지역확보보다 적출혈을 강요하는 것이다. 공격시에는 소단위로 위력수색을 먼저 실시해서 적정을 확인 후 전면공격으로 점차 확대한다. 이는 매 공세시마다 UN군 길목에 매복을 서다가 갑자기 기습하던 적을 방지하기 위해서였다.

공격해서 올라갈 때도 인접부대와 횡적 협조를 철저히 하여 적을 우회함 없이 완전섬멸하는 것이다(Meat Grinder 전법). 이를 위해 통제선을 설정하여, 통과시마다 군단장 승인을 받도록 했다. 그러다가, 적의 대규모 공세를 받으면 전선연결을 유지하면서 철수하여 적의 배후침투 및 돌파를 거부하는 것이다. 이는 적 공격시는 우회대가 먼저 퇴로를 차단하는 것을 방지하기 위해서였다. 후퇴할 때에도 접적 유지하면서 지연전으로 출혈을 강요하고, 적 주력을 화망으로 유인하여 화력으로 타격한다.

적이 공격기세 한계점에 도달하면 지체 없이 반격하여 휴식 및 재편성을 방해하고, 적출혈을 강요하는 것이다. 반격작전간 리지웨이 작전방침은 중공군의 우회침투를 방지하면서, 아군에 대한 분할 포위를 막고, 적 소모와 동시에 아군 화력을 최대한 발휘한 상태로 공격하라는 작전의지라 할 수 있다. 즉 공격기세보다는 중공군 전술(우회, 침투, 포위)대비하면서 화력을 이용, 적 피해를 강요하는 전법이라 할 수 있다. 이러한 작전방침은 당시 미 합참의 전략지침을 충실히 수행하면서, 당시 중공군 상용 전술을 분석한 결과를 기초로 나온 것으로 당시 적절한 조치였다고 평가할 수 있다.

□ 반격작전간 리찌웨이 미 제8군사령관의 작전방침[7)]

① 병력의 우세에 바탕을 둔 중공군의 인해전술을 제압하기 위해 아군은 화력과 기동력의 우세를 최대한 활용한다. 보 · 전 · 포 등 제병과의 긴밀한 협동과 해 · 공군의 지상작전에 대한 지원이 원활이 이루어지도록 한다(화력과 기동력에 의한

7) 육군대학, 『한국전쟁사』, 1999년, p.401.

살상 전술).

② 작전의 주목표는 아군 손실을 최소화하고 적의 인원물자에 최대의 출혈을 강요하는 데에 둔다(나는 부동산에 관심이 없고. 오로지 죽이는 것이 목적이다).

③ 공격은 최초 소단위부대의 위력수색으로 개시, 적정이 확인됨에 따라 보다 강력한 전투정찰 또는 제한목표를 탈취하기 위한 전면 공격으로 확대한다(모험적인 작전을 회피하고 확인된 적정을 토대로 하여 단계적으로 확대되는 신중한 제한목표 공격).

④ 공격한 인접부대와의 횡적협조를 긴밀히 하기 위하여 축차적인 통제선을 설정, 모든 공격부대로 하여금 군단장급 지휘관의 사전 승인을 얻은 후 이를 통과하게 함으로써 적을 우회함이 없이 완전 섬멸하도록 한다(속도보다는 섬멸을 강조하는 meat grinder식 전술).

⑤ 적의 대규모 공세가 개시되면 아군은 인접부대와의 연락과 협조를 유지하면서 사전 계획된 축차방어선으로 질서 있게 후퇴하되, 어느 한 부대의 급속한 철수로 말미암아 전선의 불균형을 초래하거나 적에게 돌파구를 허용하지 않도록 한다(전선의 연결을 유지함으로써 중공군의 배후침투 및 돌파를 거부).

⑥ 후퇴한 모든 부대는 반드시 적과의 접촉을 유지하면서 지연전을 감행, 모든 가용한 기회를 포착하여 최대의 출혈을 강요하면서 적의 주력을 아군의 화망으로 유도한 다음, 지상 및 항공화력을 집중하여 강타한다(맹목적인 후퇴 아닌 유인섬멸전).

⑦ 적의 공격기세가 한계점에 도달하면 아군은 지체없이 공세로 전환하여 반격을 개시, 지속적인 기동전을 수행함으로써 적의 소모와 출혈을 강조한다(기동력의 우세를 활용하는 계속적인 foot work로써 적의 전투력을 소모).

(2) 북한군 제2전선 형성[8)]

1950년 9월 인천상륙작전 및 서울탈환작전으로 퇴로가 차단된 북한 인민군 주력은 38°선 북쪽으로 후퇴를 하지 못하고 남한지역에서 지휘체제가 마비된 채 산악지역에 잠적하거나 태백산맥을 따라 부분적으로 월북하고 있었다. 그런데 국군 및 UN군이 38°선을 돌파하여 북한으로의 진격이 최초 예상을 뒤엎고 급속도로 이루어지자 북진 중인 국군과 UN군의 후방지역에 퇴로를 잃은 패잔병들이 계속 집결하게 되었다. 그중 철의 삼각지로 일컬어지는 평강, 철원, 김화지역에 비교적 많은 병력이 집결하게 되었

8) 국방군사연구소, 『한국전쟁(중)』, 1996년, pp.142~144.

다. 따라서 북한 인민군사령부는 이들 패잔병 1만여 명을 수습하면서 우선 3개 사단을 재편성하여 인민군 제2군단에 배속하고 이 군단으로 하여금 비정규전을 전개하게 하였다.[9)]

이러한 북한인민군의 제2전선 형성 및 후방지역작전은 UN군의 후방지역을 교란하여 증원부대의 지원을 차단하고 반격으로 이전시 자신들의 전선타격부대와 배합전을 펼친다는 전략방침에 기초한 것으로써 그들의 「조선전사」에는 이를 김일성의 교시라고 아래와 같이 기술하고 있다. "반공격전에서 성과를 거두기 위하여서는 기본 전선에서의 타격과 함께 적후부대들의 배후타격을 강화하여야 합니다. 적 후방에서 활동하는 인민군부대들과 빨치산들은 적의 종심 깊이에서 적극적인 활동을 전개하여야 하겠습니다." 또한 김일성은 전선타격과 적 배후타격을 하나의 통일적인 전략방침 밑에 정규군에 의해 조직 전개시켰으며, 제2전선 부대들의 임무를 다음과 같이 부여하였다. "적후에서 활동하고 있는 인민군 연합부대들은 인민유격대와의 긴밀한 연계 밑에 도처에서 적의 수송로를 차단하고, 적의 지휘부를 습격하며, 적들에게 체포구금된 애국자들을 구출하고 해방지역을 계속 확대하여야 하겠습니다."

조선전사에는 이를 김일성의 독창적 전략이라고 미화하고 있으나 이 무렵 중공 주석 모택동도 UN군의 후방지역에 잔류하고 있는 인민군 패잔병들에게 후방지역 작전 전개를 종용하였으며, 그가 김일성에게 보낸 전문(1950년 10월 10)으로 보냈다.

□ 적 후방지역 작전전개에 관해 김일성·팽덕회에게 보낸 전문

현재 적군의 대부분이 북진으로 인하여 후방지역이 텅 비어 있기 때문에 인민군대로써 북쪽으로 철수할 수 없는 자는 모두 남한에 남아 적의 후방지역에서 작전을 전개할 것을 건의합니다. 이는 전략상 필요할 뿐만 아니라 앞으로 작전을 전개해 나가는 데 매우 유리할 것입니다. 만일 4~5만 명의 인민군이 남한에 남아 이 임무를 담당한다면 장차 북한지역에서의 작전에 크게 기여하게 될 것입니다.

이 전문에서 보듯이 모택동은 국군과 UN군의 급속한 진격으로 퇴로가 막혀 후방지역에 남아 있는 인민군 패잔병을 조직화하여 후방지역에서 교란작전을 실시함으로써

---

9) 모택동의 작전지도: 1950년 10월 10일, 모택동은 김일성에게 현재 대규모의 적들이 북쪽으로 밀어 올라오고 있으므로 적들의 후방은 매우 취약함을 지적하고, 적들의 후방에 있는 다른 지역을 골라서 새로운 전선을 형성하여 볼 것을 지도하였다. 전략적으로 볼 때 이는 매우 필요하며 또한 효과적이라는 말도 덧붙였다.

장차 북한지역에서 있을 정규작전에 기여하도록 한 것이다. 북한 인민군이 제2전선을 형성할 수 있었던 유리한 조건은 패잔병의 상당수가 38°선 이북에서 잔류하고 있었고, 또한 이들은 북한주민의 지원을 받을 수 있었으며 그곳 지형에 익숙하다는 유리한 점도 있었다. 제2전선 부대로 재편성된 인민군 제2군단은 주로 강원도, 황해도 일대에서 10월 14일부터 개시하였으며, 이들은 부대별로 근거지를 확보하고 지역주민과 유대를 강화함은 물론 종래의 당조직과 정권기관, 근로단체들을 복구, 정비함으로써 후방지역 작전을 위한 대중적 지지기반을 마련하고 주민들을 조직적으로 동원, 활용하였다. 또한 이들은 지방 당조직의 지도 아래 인민유격대를 조직하여 협조된 작전을 실시하도록 하였다.

인민군 제2군단은 이러한 방침에 따라 철의 삼각지대를 중심으로 한 중부산악지대에 주요 거점들을 확보한 후 원산-평양 및 원산-철원 간의 교통로를 완전 차단하여 국군과 UN군의 측후방을 위협하면서 보급시설, 야전병원, 보급열차, 통신부대 등을 습격하여 막대한 피해를 입혔다. 인민군의 제2전선 형성은 전선의 국군 및 UN군 작전에 불안을 조성하게 함은 물론 병력보충 및 병참선의 차단 등으로 후방지역작전의 추가적인 병력 소요를 발생하게 하였다.

(3) 북한군 제2전선부대

UN군의 인천상륙에 이은 급속한 북진작전으로 퇴로를 차단당한 북한군의 일부는 미처 38°선 이북으로 도망할 수 있는 기회마저 잃게 되자, 지리산 태백산맥 등 UN군 일선부대의 적후방 지역인 중부 산악지대에 집결, 유격활동을 전개하기 시작하였다. 이들 패잔병들 가운데서도 중부 산악지대에 집결한 북한군 제6, 제7, 제9 및 제10사단 소속 약 10,000~20,000 명은 북한군 전선 사령관인 김책에 의하여 강력한 유격대로 조직되고 지휘되었다. 장차 북한군이 다시 공세로 전환하게 될 때에 UN군의 배후에 제2전선을 형성, UN군의 후방을 교란시키려는데 그 목적을 둔 것이었다. 이리하여 행동을 개시한 이들 북한군 패잔병들의 게릴라 활동은 미 제8군으로 하여금 몹시 병력이 부족한 상태였음에도 불구하고 UN군의 병참선을 확보하기 위하여 부득이 미 제9군단(지휘소 대전)에서 후방경비 임무를 부여하지 않을 수 없을 정도로 극심하였다.

그러던 중 1950년 10월 25일 중공군의 개입과 때를 같이하여 그 동안 남한 각 지역에 산재해 있던 게릴라들과 중부 산악지대를 활동 영역으로 하고 있던 북한군 제2군단(제2, 제4, 제9, 제10, 제15, 제27, 제31의 7개 사단, 당시 군단장 최현)의 게릴라 활동이 활기를 띠기 시작하였다. 38°선 부근의 춘천-화천지구의 경비를 담당한 한국군 제1, 제3, 제5 및 제7경비대대와는 단 하루도 접전이 없는 날이 없었으며, 당시 이곳을 활동 영역으로 하고 있던 북한군 제10사단이 한때 춘천-서울간의 교통을 춘천 외곽에서 차단한 사태까지 벌어지기도 하였다. 이 무렵에 생포된 북한군의 한 연대장의 진술에 의하여 태백산맥에도 북한군 제3, 제4, 제5사단 소속 패잔병 약 4,000명이 활동하고 있음이 밝혀졌다. 바로 그들 중의 북한군 제5사단 소속 게릴라들이 1950년 10월 28일 동해안의 고저에 나타나 그곳에 있는 미 해병초소와 열차를 습격하여 들어가 잠들어 있는 미 해병 22명을 살해한 일이 있었다. 급보에 접한 미 해병대는 항공지원하에 전차로 증강된 1개 대대를 급파하여 그곳을 다시 장악하였다.

1950년 11월 6~7일에는 북한군 게릴라 약 500여 명이 원산-흥남 사이에 있는 고원을 습격, 화차를 비롯한 미 제96포병대대 소속 155mm 곡사포 6문을 파괴하고 미군 40명을 살해하고 도주하는 것을 미 공군기들이 포착 그중 300여 명을 살해한 일도 있었다. 그 밖에 북동부 전선의 미 제10군단의 후방지역에서만도 지난 1개월 동안에 무려 109회에 달하는 게릴라와의 접전이 있었던 것으로 집계되고 있다. 이들 게릴라들의 주 임무는 서부전선의 미 제8군과 북동부 전선의 미 제10군단과의 연계를 방해하는 것이었던 것으로 알려지고 있다. 이에 비하면 서부전선의 미 제8군 지역에서는 북한군의 게릴라 활동이 그다지 심한 편은 아니었으나, 그래도 평양-개성 사이에 미 제187공수연대를, 그리고 개성-철의 삼각지대에는 국군 제17연대와 미 제25사단을 투입했을 정도로 북한군의 게릴라 활동이 심하였다.

1950년 11월 9일 북한군 제4사단 예하 제18연대(약 1,400명)가 500명의 한국군 전투경찰이 경비하고 있는 철원을 습격, 점령하였는가 하면, 그 다음날에는 같은 사단 소속의 북한군 제5연대(약 500명)가 연천을 공격, 점령하였다. 이튿날 UN군의 반격으로 연천을 다시 탈환했을 때 그곳에는 미군 시체 38구와 불에 탄 수미상의 차량만이 남아 있었다. 그 후에는 이천, 철원, 시변리 등지에 대한 게릴라들의 습격은 쉴 사이 없이 발생하였다.

그중에서도 이천의 경우에는 약 1,000여명으로 추산되는 북한군 게릴라들이 한국군의 야전병원을 습격하여 한국군 의료진 및 환자 전원을 살해하고 도주한 잔인한 일이 벌어지기도 하였다. 그러던 중 1950년말 중공군의 제2차 공세로 UN군이 38°선으로 철수를 개시하자 북한군의 제2군단은 아군의 철수작전을 방해하는 한편 본격적인 후방침투작전을 시작하였다. 즉 이들은 예하사단중 가장 병력이 많은 북한군 제10사단(약

6,000명)을 UN군의 중·동부전선 후방 깊숙이 침투시켜, 그곳에서 또 다른 게릴라 부대(부대 길원팔)와 합세한 다음 춘천－원주－대구를 잇는 요충지를 선취, 확보하여 장차 이 축선을 따라 남진하게 될 북한군 제3 및 제5군단과 연계함으로써 "정규전과 비정규전의 배합"에 의한 협공을 기도하였던 것이다.

그 결과 중공군 제1차 공세시에는 UN군의 병력의 1/3을 견제하였으며(미 제9군단), 중공군 제2차 공세시에는 한국군 제2군단을 조직적으로 교란하여 미 제8군의 우익붕괴를 촉진하였으며 38°선까지 추격시는 중공군의 선도 역할을 수행하여 중공군으로 하여금 38°선으로 신속히 진출할 수 있도록 하여 평양 원산간의 신 방어선 형성을 저지하였으며 또 미 제10군단을 함흥 지역에 고립시키고 미 제8군의 38°선까지의 철수를 강요하였다.

2. 중공군 4차공세와 UN군 2차 반격

가. 중공군 작전의도

적은 2월 11일 횡성정면에 중공군 및 북한군 13개 사단을 투입하여 한국군 제8사단, 제3사단, 제5사단을 격파하고 횡성을 탈취한 후 원주방향으로 진출하고 있었고, 북한군 제3군단은 제2전선 부대의 후방교란으로 쉽게 한국군 제7사단, 제9사단을 격파한 후, 평창정면으로 공격하고, 남한산의 중공군 제38군은 수원을 공격하였다.

중공군 제39군은 지평리를 공격, 포위하였는데 지평리는 미 제9군단과 미 제10군단의 전투지경선상의 교통의 요지로서 남한강 교두보 측방을 위협하는 위치에 있기 때문에, Ridgeway 장군은 지평리를 확보하여 중공군의 돌파를 저지한 후 그들이 작전한 계점에 도달하면 반격으로 이전할 방침이었다.

나. UN군 대응

미 제2사단은 정월공세와 동일하게 원주에서 중공군 수개 사단의 공격을 받았고, 원주를 우회한 북한군은 제천에 압력을 가하기 시작했다. 만약 제천이 피탈되면 미 제10군단 전체가 붕괴될 위험에 직면하기 때문에 Ridgeway 장군은 재편성 중이던 미 제7사단과 원주로 철수한 한국군 제5사단, 제8사단을 제천지역에 투입하게 된다.

지평리에서 미 제2사단 23연대가 중공군 3개 사단에게 포위당하여 위기에 직면하게 되자, 문막에 위치하고 있던 미 제2사단 38연대를 지평리로 증원함으로써 지평리－원주간 28km의 간격이 생겼다. 만약, 이때 이 간격으로 중공군이 투입됐더라면 미 제10군단은 조기에 붕괴되고 말았을 것이다. 미 제38연대의 연결작전이 구둔리 일대에서 중공군에 의해 차단되어 실패로 돌아갔다. Ridgeway 장군은 다시 미 제1기병사단 5기병연대를 지평리로 증원시켜 구출하게 하고, 미 제9군단에서 한국군 제6사단과 영연방 제27여단을 차출하여 지평리－원주간의 간격을 없앴다. 2월 16일 미 제5기병연대가 지평리를 확보하자 적의 공격력이 서서히 약화되면서 2월 18일 적의 2월공세는 종료되었다.

다. 작전경과

■ 중공군 4차 공세와 UN군 2차 반격

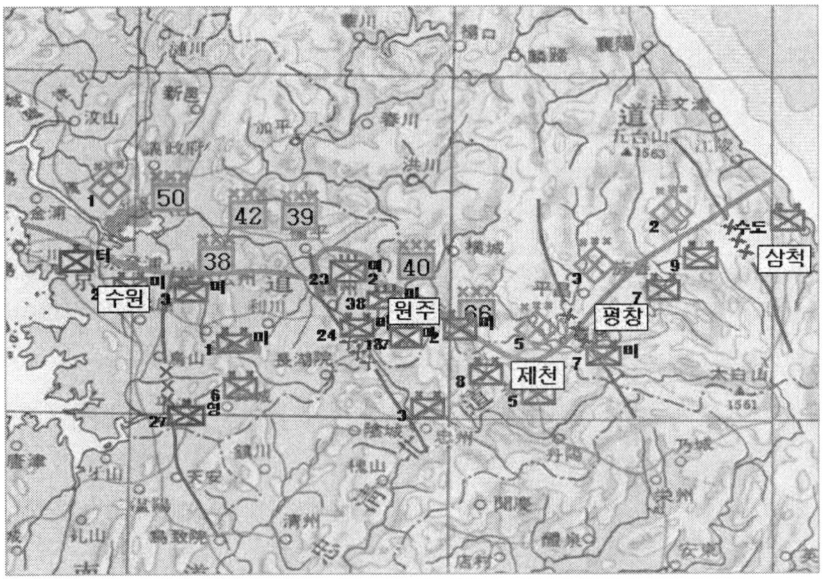

공산군은 미 제8군의 의표를 찌르고 횡성 정면에서 주공으로 공세를 개시하여 2월 11일 약 13개 사단으로 추정되는 중공군 및 북한군이 홍천－횡성－원주축선으로 공격을 실시하여 제1선에 배치된 한국군 제3, 5, 8사단 등을 격파하고, 13일에는 횡성과 한국군 제7, 9사단 정면의 평창을 각각 탈취하였고, 또한 이날 중공군 제39군은 지평리

를 공격하였다. 그런데 지평리는 미 제9군단과 제10군단의 전투지경선상에 있는 교통의 요지로써 남한산 동측방을 위협하는 위치에 있는데, 이러한 적의 공세에 대하여 리찌웨이 장군은 지평리를 확보하여 중공군의 돌파 정면을 제한시켜 그들의 공세가 쇠약해지기를 기다려 반격으로 이전할 방침으로 작전을 지도하였다.

한편 남한산 교두보의 중공군 제38군은 수원 방면으로 공격함으로써 좌측에 위협을 가하고, 원주 정면에서는 제3, 5, 8사단이 횡성부근에서 포위되어 미 제2사단의 주력으로 하여금 원주를 확보하게 하여 포위된 한국군을 원주 후방으로 철수하게 하였으나, 원주 이남으로 철수한 병력은 제5, 8사단의 일부에 지나지 않았으며, 평창 북방의 한국군 제3군단 예하 제7, 9사단도 정면에서도 북한군 제3군단과, 후방에서는 정월공세시 침투한 북한군 제2군단으로부터 전·후방에서 압박을 가함으로써 제7, 9사단도 평창 후방으로 철수하게 되었다. 전 전선이 붕괴되어 아군이 철수를 하게 되자 횡성을 탈취한 중공군은 계속 남진하여 원주를 공격하게 되고, 원주를 우회한 북한군 제5군단은 원주 동측과 제천에 압박을 가하기 시작했다.

이와 같은 상황은 적 정월공세시와 거의 비슷한 상황으로 만약 제천이 탈취당한다면 미 제10군단 전체가 붕괴될 위험에 직면하게 되었는데, 당시 미 제10군단은 미 제2사단 제23연대가 지평리에서 중공군 3개 사단에 포위되어 있고, 사단 주력은 원주 정면에서 중공군 수개 사단의 공격을 받고 있으며, 제천 북방의 한국군 사단은 모두 합하여 1개 사단보다 약한 전력을 보유하고 있었으므로 남은 병력은 아직 재편성이 완료되지 못한 미 제7사단 밖에 없었다. 그런데 지평리가 위기에 직면하자 미 제2사단은 문막정면의 제38연대를 지평리에 증원시킴으로써 지평리와 원주간에는 약 28km의 무방비 상태에 가까운 공간이 생기게 되었는데, 이때 만약 중공군이 이 지평리에 대한 공격에만 전념하지 않고 그 예비대를 이 간격으로 투입하였다면 미 제10군단은 조기에 붕괴되었을 것으로 판단되고, 이러한 위기에 직면한 리찌웨이 장군은 제5기병 연대로 하여금 지평리를 구출케 하였으며, 미 제9군단에서 한국군 사단으로 제천 정면의 돌파구를 저지시킴으로써 미제8군으로써 가용한 예비는 제8기병연대뿐이었기 때문에 전선의 어느 곳에도 돌파된다면 극히 위태로운 상황이었으나 전선 부대들의 선전 분투에 수일간의 혈전 끝에 적의 공격은 쇠퇴하는 기미를 보이다가 드디어 2월 18일 경에는 적의 전선의 병력수가 눈에 띄게 감소됨으로써 2월공세에도 끝나게 되었던 것이다.

그런데 중공군이 스스로 공세를 중지하게 된 원인을 분석해 본다면, 첫째로 아군의 공중 및 지상군에 의한 피해와 추위, 굶주림 및 질병 등으로, 막대한 사상자가 발생하였으며, 둘째 적의 제1, 2차 및 정월공세와 마찬가지로 재편성과 재보급을 위하여 정지하지 않을 수 없었던 것으로 판단된다. 한편 수원 방면에서는 2월 10일 미 제25사단이 영등포 서측의 한강선에 도달하여 있었고 이날 저녁 제1사단의 정찰대가 한강을 도하하여 정찰을 실시한 결과 서울시내에서는 중공군 제50사단 18,000명과 시 외곽에 북한군 약 20,000명이 배치되어 있는 것이 확인되었는데 이들 적은 2월 13일 포병과 박격포로 한강 남안을 목표로 공격하였고, 한편 남한강 교두보 남안의 아군도 서로부터 미 제3사단, 미 제1기병사단, 미 제24사단 순으로 역시 공격을 실시하였지만, 이날 밤 중공군 제38군의 주력이 미 제3사단과 미 제1기병사단의 전투지경선을 돌파하여 일부는 수원까지 진출하였지만, 다음날 공군 및 포병의 지원을 받는 미 제25사단 27연대의 반격으로 저지되고, 14일 중에 이들 적은 모두 격퇴되었다.

3. 중공군 5차공세 와 UN군 3차 반격

가. 적의 4월공세

■ 중공군 5차공세 및 UN군 3차 반격

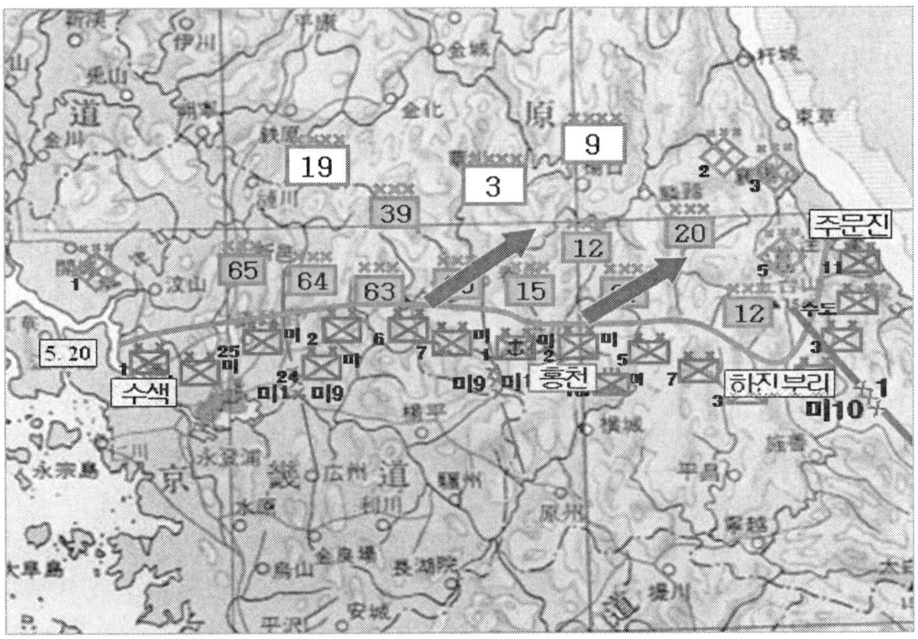

4월 들어서 중공군은 2개 병단을 새로이 보충받음로써 1951년 4월 현재 입한한 중공군의 병력은 4개 병단 57개 사단 및 약 70만명에 달하였고 북한군 18개 사단을 합하면 적의 총 병력은 75개 사단에 달하였다. 4월공세에서 적은 주력을 중부전선의 광덕산맥－양수리－수원축선과 서부전선의 개성－문산축선으로 지향하여 4월 22일 공격을 개시함으로써 중부전선의 가평이 적으로부터 피탈되었고, 이때 사창리 전투에서 한국군 6사단이 패전의 비극을 겪었다.

적의 4월 공세 결과로 아군은 노네임(NO name)선, 즉 수색－구파발－ 금곡－청평－홍천－현리－양양선으로 철수한 후 적정판단을 위한 위력수색을 각 군단별로 실시하였다.

나. 적의 5월공세

5월 15일 적은 서부지역의 중공군 2개 병단을 동부지역으로 전환시켜 주공을 동부지역 인제, 현리 정면으로, 조공을 서부지역 가평 정면으로 지향시키면서 5월공세를 개시한 결과 동부지역에서는 현리로부터 속사리－하진부리선까지 대규모 적의 돌파구가 형성되었다. 이때 현리 지역에서 한국군 3사단이 적으로부터 후방 철수로를 차단당함으로써 무질서한 철수를 실시한 결과 한국군 제3군단이 해체되는 비운을 겪게 되었으나 미 제8군의 적시적절한 조치와 미 제2사단의 벙커힐 견부 고수, 한국군 6사단의 용문산 전투 승리 등이 적의 공세를 성공적으로 저지하였다.

다. UN군의 3차 반격

적의 5월공세이후 아군은 3차 반격작전을 실시하여 캔사스선을 재확보한 후 캔사스선 방어에 용이한 엄호선을 확보하기 위하여 파일드라이브(Pile Driver)작전을 개시하고, 진출 목표선인 와이오밍(Wyoming)선, 즉 임진강－철원－금화－금성－펀치볼 북쪽을 연하는 선으로 진격하고 있는 가운데, 6월 23일 소련의 UN 대표인 말라크(Malik)가 휴전협상을 제의하면서부터 UN군과 공산군은 휴전협상의 길을 모색하기 시작하였고 전선은 교착상태로 들어갔다.

제10장 교착전기 및 휴전

문제중심 학습 요약

제1절 미국의 전쟁목적 변천 과정

1. 제1단계 : 북한군 남침 ('50. 6. 25.~9. 15.)
북한군 공격 격퇴, 한반도의 평화와 남한 영토 회복

2. 제2단계 : 반격 및 북진작전 ('50. 9. 15.~10. 25.)
한반도 통일

3. 제3단계 : 중공군 개입으로 38선으로 철수 ('50. 10. 25.~'51. 7.)
축차적인 방어작전으로 최대한 적 지연, 지연 불가시 일본으로 철수

4. 제4단계 : 휴전선 일대의 교착전 ('51. 7.~'53. 7. 27.)
전전(戰前)상태 회복, 현 전선에서 조기 휴전

제2절 휴전회담 경과

1. '51. 6. 23. 말리크 휴전 제의
   6. 30. 리지웨이 회담 제의
   7. 1. 중공, 회담 수락 발표
   7. 4. 공산측에서 예비회담 실시 제의
   7. 8. 개성에서 예비회담 실시

7. 10. 제1차 본회담 개최 (개성)
7. 10.~26. 회담의제 채택을 위한 협상 실시
7. 26.~11. 27. 군사분계선 설정 문제 토의
* 군사분계선 설정 문제

구 분	유엔군측 주장	공산군측 주장
개 념	보상 개념 (현 접촉선 북방 30~40㎞)	원상 복귀 개념 (38도선)
이 유	• 휴전선 : 일시적인 적대행위 중지선 • 38도선 : 방어에 불리 • 38도선으로 결정될 경우 전쟁 재발 가능 • 군사분계선 : 현 군사정세를 기초로 설정	• 38도선 : 전 세계가 인정하는 역사적인 선 • UN군측 전쟁도발, 현재도 38도선 점령 • 말리크 휴전회담 제의시 38도선 제시

※ '51. 12. 27. 현 접촉선을 군사분계선으로 설정에 합의

2. '51. 11.~'53. 7. 휴전 실시 보장 및 포로 교환 문제 토의

* 포로교환 문제

구 분	유엔군측 주장	공산군측 주장
원 칙	• 자유송환, 1 : 1 교환	• 강제송환, 전체송환
이 유	• 포로 심문결과 : 자유송환 거부 북한군 : 북한 송환 거부 중공군 : 대만행 희망	• 사상적 측면 자유송환 : 개인의사 존중 전체송환 : 전체의사 우선 • 체면 손상 •인적 자원부족, 북한에 타격
근 거	• 제네바 협약 제6조	• 제네바 협약 제118조

※ '53년 3월 스탈린(Stalin) 사망
4월 부상 포로 교환 협약 체결
7월 27일 휴전협정 체결 (자유송환 원칙)
8. 22.~10. 25. 회담 중단

3. '53. 7. 27. 휴전협정 조인

* 공산측이 회담장소로 개성을 선정한 이유
(가) 개성을 중립화하여 유엔군의 진격을 봉쇄
(나) 공산군이 38도선 이남을 장악하고 있다는 정치적 계산

제3절 '51년도 후반기 군사작전

1. 작전의 특징

(가) 교 착 전　　(나) 고지 쟁탈전
(다) 국 지 전　　(라) 장기 지구전
* 전선 교착으로 인한 적측에 상대적 유리
① 전선의 교착으로 적은 공중 및 지상 화력에도 지탱할 수 있는 진지구축
② 적 병참선 취약성 보완
③ 유엔군은 공중우세권 활용 및 효과 감소

2. 회담에 임하는 유엔군 작전방침

회담을 결렬시키지 않기 위해서 대규모 공세 억제, 교섭에 유리한 입장을 견지하기 위해서 군사적 우세 유지, 따라서 유엔군의 작전방침은 적을 넉아웃 시키면 안되고 득점을 얻어서 판정승을 하는 작전을 실시하기로 결정 (현지 사령관으로서는 매우 실행하기 어려운 작전)

3. 하계 공격 ('51. 8)

(가) 회담이 개시된 7월 초순의 전선은 지그재그를 이루고 있었다. 휴전 후 주저항

선으로 고려한 캔사스선의 방어에 필요한 전초진지도 부족하였고, 특히 동부전선은 불안정

(나) 유엔군은 휴전 후의 안전을 도모하기 위해서는 견고한 방어선이 필요하다고 판단하였고, 또한 적에게 압력을 계속 가함으로써 회담을 유리하게 이끌어 가는 것이 이 시점에서 가장 긴요한 수단이라고 판단

(다) 이 두 가지 요건을 충족시키기 위해서 7월 중순 유엔군은 동부전선에서 공세를 실시하였으나, 30년만의 집중 호우로 공 · 지 협동작전이 불가능하여 공격을 일시적으로 연기함

(라) 만약 기상이 양호했더라면 공산군의 진지는 견고하지 못했을 것이고, 따라서 휴전회담의 진행속도도 더욱 빨랐을 것임. 장마가 끝나자 유엔군은 동부전선에서 8월에 공세를 재개

(마) 6월 중순이래 방어준비에 전념한 적 진지는 견고하여 어느 지역이고 격전의 상황

(바) 동해안의 한국군 제1군단은 남강 남안지역을 탈취하였지만, 좌익인 미 제10군단은 유례없는 포병화력을 집중하였으나 조금도 전진하지 못하고 피의 능선에서 고전을 하였다. 이는 공격을 협소한 정면에 국한시켰고, 전술상의 착오와 북한군의 지형을 이용한 광신적 저항 때문

(사) 미 제10군단은 9월 초순 공격을 재개하여 피의 능선을 탈취하였으나 4㎢의 고지에 지불한 희생은 수 천명에 달하였고, 그 후 실시된 단장의 능선공격에도 많은 희생만 지불하고 실패

(아) 이처럼 제한된 공격의 결과, 많은 병력의 희생과 대량의 탄약소모(천문학적 수량)로 미 8군사령관으로 하여금 대규모 작전을 구상하게 하였으나 회담을 결렬시키지 않기 위해서 작전을 미승인

4. 추계 공격 ('51. 10.)

(가) 회담은 중단된 상태이고 우천으로 공군의 전략 폭격도 현저한 효과를 얻지 못하고 있는 가운데, 유엔군은 공산측을 회담에 끌어들이기 위해서 10월 초순 가을철의 양호한 기상을 이용하여 전선에서 공격 개시

(나) 공세의 군사적 목적은 철의 삼각지대의 돌출된 전선을 보강하고, 미 제10군단 정면의 만곡된 전선을 수정하여 전선을 단축시키고자 추계공세를 감행하여 치열한 격전 끝에 10월중에는 계획된 목표선에 도달하였으나 단장의 능선에서 예상하지 못한 희생 발생

(다) 중공군과 북한군은 최후까지 진지를 사수하였으므로 그들이 지불한 희생도 막대하였고 당초 미 제10군단이 공격한 목적은 금성과 동해안의 돌출된 전선과 미 제10군단의 전선을 일직선으로 수정하려는 것이었는데, 이 하계공세와 추계공세로 공산측은 막대한 병력 및 장비손실과 계속된 공중폭격으로 북한의 도시는 폐허화되고 철도망은 두절

(라) 이와 같은 유엔군의 압력이 계속되자 공산측은 10월 하순 회담 장소를 판문점으로 옮겨 회담을 재개하자는데 동의

* 유엔군 사령부 적극 방어 지시 ('51. 11. 12.)

① 현재의 전선을 대폭 변경시키지 않는 범위 내에서 가장 방어에 적절한 지형의 탈취에 작전을 국한

② 유엔군 사령관 승인 없이는 1개 대대규모 이상의 공세작전 불가

* 교착전의 양상으로 전투가 전개

☆ 이후 제1차세계대전 말기와 같은 진지전, 교착전, 소모전 형태로 계속되다가 1953년 7월 27일 휴전이 되어 현재와 같은 휴전선이 형성됨

제1절 휴전회담과 군사작전

1. 교착전기

일진일퇴를 거듭한 격동의 1년이 지나고 쌍방은 다시 형성된 38°선 부근의 새로운 전선(임진강구-연천-철원-김화-산양리-장평리-서화-간성)에서 상호대치하게 되었다. 전투는 소강상태를 이루고 있는 가운데, 그 동안 UN과 미국 측에서 수차에 걸친 휴전제의를 하였으나 이를 묵살하였다. 1951년 6월 23일 소련의 UN대표를 통하여 휴전을 제기한 것이 계기가 되어 1951년 7월 10일부터 휴전회담이 개시되었으며, 이로써, 6·25전쟁은 새로운 국면으로 접어들게 되었다. 이와 같이 공산군측이 휴전협상에 임하게 된 것은 그들의 전쟁지속능력이 이미 한계에 도달하였기 때문이었다.

이때, 한국군 및 UN군의 지상전력은 554,000여명이었으며, 이중 한국군이 10개 사단 273,000여명, 미군이 7개 사단(+) 253,000여명, 기타 14개국의 UN군이 28,000여명이었다. 이 중 한국군 8개 사단과 미군 4개 사단(UN군 배속)이 전방에 배치되어 있었고, 그 나머지는 후방에 예비로 있었다. 공산군의 지상전력은 459,200여명이었으며, 이중 확인된 중공군이 5개 병단 14개 군 40개 사단 248,100여명, 북한군이 7개 군단 23개 사단과 2개 여단 등 211,100여명이었으며, 그 외 제2전선부대로 7,500여명의 북한군 게릴라가 남한 지역에서 활동중이었다. 이 중 중공군 약 17개 사단이 중서부전선에서, 북한군 9개 사단이 동부전선에서 UN군과 대치중에 있었다. 당시 중공군은 6개 군과2개 사단 규모가 더 있었던 것으로 추정은 되었으나 미 제8군은 이를 확인하지 못하였다.

휴전회담이 개시될 때 UN군측과 공산군측 쌍방은 협상이 최종합의에 도달할 때까지 군사작전을 계속한다는 전제하에 회담을 시작하였다. 이에 휴전회담 기간 중의 군사작전은 휴전회담의 추이와 밀접한 관련하에 전개될 수 밖에 없었다. 즉, 회담이 순조롭게 진행될 때에는 전선이 소강상태를 유지하였으며, 회담이 결렬 또는 지연될 경우에는 전투가 치열하게 전개되었다. 따라서, 이시기에 있어서의 전투는 휴전회담의 주도권을 장악하기 위한 수단에 지나지 않았으며, 제한전 성격을 벗어나지 못하였다. 휴전회담이 개시되면서 소강상태를 유지하던 전선은 1951년 8월에 접어들면서 다시 결렬하여지기 시작하였다. 이 때 개성에서는 양측의 대표가 겨우 의사결정에 합의하고 의제 중 가장 중요한 군사분계선의 설정과 비무장지대의 설치에 관한 내용을 협의

중에 있었다. UN군측은 당시 쌍방의 접촉선을 군사분계선으로 할 것을 주장하고 공산군측은 38°선을 휴전선으로 하여야 한다고 주장함으로써 쌍방의 의견이 맞지 않아 이로 인하여 회담은 정체상태에 빠지게 되었다. 게다가 공산군측이 회담장소인 비무장지대에 무장병력을 투입하는가하면, UN군측이 비무장지대를 폭격하였다고 허위 사실을 날조 비방하면서 회담을 고의적으로 지연시켜 회담은 결렬되고 말았다. 공산군측은 이 회담을 이용하여 시간을 획득하고 그 사이에 전력을 정비할 속셈으로 회담에 임하고 있었던 것이다.

이와 같이 휴전회담이 결렬되자, UN군은 휴전 당시의 접촉선을 휴전선으로 하는 안을 관철시키기로 하고, 휴전회담 개시 당시의 방어선을 개선할 목적으로 제한된 범위의 공격작전을 단행하였다. 10월 말까지 계속된 이 공격에서, 한국군 및 UN군은 당시의 대치선에서 평균 10km를 전진하여, 서부전선에서는 판문점－역곡천까지, 중부전선에서는 금성 남방까지, 동부전선에서는 고성 남쪽에서 전선을 밀어 올렸다. 이 전투는 약 3개월간에 걸쳐 10km의 종심지대내에서 치러졌으며, 좁은 공간내에서 밀도 높은 전투를 전개함으로써 쌍방간에 많은 사상자를 내었다. 특히, 펀치볼 부근의 전투에서는 쌍방간의 피해가 극심하였다.[1)]

2. 휴전회담과 고지쟁탈전

■ 1951년도 후반기 전선상황

1) 기간중 8~9월 작전을 'UN군의 하계공세', 10월 작전을 'UN군의 추계공세'라 한다.

1952년 후반기에 접어들면서 전선은 다시 가열되기 시작하였다. 이때부터 휴전회담이 종료될 때까지 제한된 국지전 형태의 전초고지 쟁탈전이 치열하게 벌어지게 된 것이다. 당시 한국군 및 UN군은, 휴전회담이 포로교환협상의 부진으로 공전을 거듭하고 결국에는 결렬 상태에 이르자, 휴전회담을 유리하게 이끌기 위한 전선에서의 주도권 장악을 위하여, 전선을 악화시키지 않는 범위내에서 국지적인 고지쟁탈전을 대대적으로 전개하게 되었다. 공산군 역시 이러한 전술로 맞섰다.

이러한 국지전 형태의 치열한 고지쟁탈전은 휴전회담이 종결되기 직전까지 계속되었으며, 그 대표적인 것으로는 불모고지 전투, 포트찹 고지 전투, 백마고지 전투, 저격능선 전투, 수고고지 전투, 크리스마스 고지 전투, 단장의능선 전투, 피의 능선 전투, 펀치볼 전투, 351고지 전투 등을 들 수 있으며, 이 외에도 수많은 전투가 이 기간중에 일어났다. 이들 전투는 비록 제한된 지역에서 일어난 것이기는 하나 그 특유의 별칭들이 의미하듯이 지역을 수없이 빼앗고 빼앗기는 공방전이 계속되는 동안, 쌍방간에는 전쟁 초년도의 격동기에 못지않은 많은 인명의 피해가 발생하였다.

고지쟁탈전이 전개되고 있는 가운데, 1953년 3월 소련의 스탈린이 사망하자 4월부터 휴전회담이 재개되었으며 6월 8일에 이르러서는 그 동안 18개월이나 끌어오던 포로교환협정이 체결됨으로써 휴전협상의 모든 의제가 타결되었다. 이에 따라, 1953년 7월 27일 10:00에는 휴전협정이 조인되었으며, 이날 22:00를 기하여 모든 적대행위가 종식되고 휴전이 성립되었다.

3. 교착전기 및 휴전협정 분석

이와 같이 6 · 25전쟁 중에 진행되었던 휴전회담은 회담이 개시된 지 24개월 17일만에 타결되었다. 이 기간중에는 전쟁은 계속되었으나 쌍방이 국부적인 공방전을 되풀이하는데 불과하였으며, 전선의 변화는 종심 20km 정도에 불과하였다. 이 중 휴전회담이 개시된 초반에 실시되었던 약 3개월간에 걸친 UN군의 공세와 휴전작전 약 1개월간 중공군이 실시한 중동부전선의 금성 돌출부에 대한 공세를 제외하면, 휴전회담 기간 중의 전투는 전선의 변화가 거의 없었던 교착된 전선에서의 전투이었다. 이렇게 하여 휴전으로 끝난 6 · 25전쟁은 그 중 최초 1년간이 전선의 변화가 심한 격동기이었고, 나머지 기간은 전선의 변화가 거의 없었던 교착기이었다. 격동기 1년간에는 공산군이 3차례나 38°선을 넘나들었다. 그 첫번째는 북한군이 낙동강까지, 두번째는 중공군이 평택-삼척선까지, 세번째는 중공군이 서울 북방 구파발-강릉 선까지 진출하였으나 번번이 한국군 및 UN군에게 격퇴당하였다.

최초의 북한군의 남침은 한국군 및 UN군이 97일만에 이들을 38°선 이북으로 구축하여 청천강 이북까지 진출하였으며, 두번째의 북한군 및 중공군의 남침은 약 90일만에 이들을 격퇴시키고 38°선을 회복하였으며, 세번째의 북한군 및 중공군의 남침은 39일만에 다시 이들을 38°선 이북으로 축출하여 전쟁 이전의 상태를 회복하게 된 것이다. 6·25전쟁 기간 중 공산군이 38°선 이남에서 머문 기간은 226일 간이었고, UN군이 38°선 이북에서 머문 기간은 76일간이었다. 이외 격동기의 일부 기간과 교착기는 38°선 부근에서 상호 대치 상태에 있었다.

제2절 주요전투

1. 피의 능선 공격전[2)]

가. 전투개요

- 일시: 1951년 8월 18일~동년 8월 22일(05일간)
- 장소: 강원도 양구군 방산면 고방산리
- 아군: 제5사단 제36연대
- 적군: 북한군 제6, 제12, 제27사단 예하 각 대대

2차에 걸친 중공군의 춘계공세에 고전한 끝에 이를 성공적으로 봉쇄하고 반격으로 전환한 UN군은 작전의 주도권을 장악하였다. 그러나 북한측이 휴전회담을 제의해옴으로써 개성에서 휴전회담이 개최되었으나 별다른 진전은 없었다. 한편, 북한군은 휴전회담기를 이용하여 병력과 보급품 그리고 장비를 꾸준히 증강시키고 있었다. 따라서 적으로서는 언제든지 공세로 전환시킬 수 있었다.

---

2) 교육참고 90-30-5, 『전례집(5)』, 1997.8.30, pp.123~129.

미 제8군사령관 「밴프리트」 대장은 7월말 중동부의 미 제10군단과 동부의 한국군 제1군단에 대하여 전술적으로 유리한 고지를 확보하기 위하여 북방으로의 전진을 명령했다. 따라서 미 제10군단은 양구선 문등리와 「펀치볼」지역으로 공격을 재개하였다. 이 지역은 태백산맥의 등뼈에 해당되는 곳으로서 해발 800～1,000 미터 이상의 험준한 산악지대였다. 그런데 북한군은 이 지역에 2개월간에 걸쳐서 유개엄체호의 요새진지를 구축하고 아군의 북진을 결사적으로 저지하였다. 이 전투는 양구 북방 15km선에 있는 두비령 북방의 983고지, 940고지 773고지를, 한국군 제5사단 제36연대가 미 제2사단에 배속되어 실시한 산악요새지 작전이다.

나. 전투 경과[3)]

미 제10군단의 중앙사단으로서 해안분지 남쪽의 캔사스선을 방어중인 미 제2사단은 8월 14일 국군 제8사단이 1031고지 공격작전을 펼 때 해안분지 서측의 983고지(수리봉), 후에 피의능선(Bloody Ridge)으로 널리 알려진 고지를 점령하라는 명령을 수령하였다.

당시 미 제2사단은 제9연대를 두밀령 일대에, 제38연대를 비아리에, 제23연대를 해안분지 남쪽고지에 배치하여 장평리로 부터 평촌까지의 신 캔사스선을 방어중이었으며, 제38연대는 1개 대대로 대우산에 정찰기지를 운용하고 있었다. 1951년 9월 5일 아군이 완전 장악하기까지 10여일간에 걸쳐 39만발의 포탄이 퍼부어지는 최대의 포격전이 전개되었던 이곳은 그야말로 풀 한 포기, 나무 한 그루 살아남지 않은 완전 초토로 변하고 말았다. 피의 능선은 양구 북쪽 산맥을 따라 원산으로 이어지는 관문이며, 전략적 가치가 중요하기 때문에 피아가 필사적으로 확보하려 했다. 피의 능선이란 이름은 당시 성조지 종군 기자들이 붙인 것인데, 제2차 세계대전시 미 제2사단이 독일 전선에서 싸우던 격전고지 이름을 본뜬 것이었다. M-16은 경쾌한 기동력과 매분 600발의 발사속도가 특징으로 본래는 대공화기였지만 지상의 밀집부대나 요새공격에 매우 효과가 있었다.사단의 좌전방 3km 북쪽에 위치한 이 983고지는 문등리와 사태리계곡을 빗장처럼 가로지르는 731-983-940-773고지로 이어진 8km 횡격실 능선의 주봉이며 남쪽으로는 경사가 급하여 적의 방어에는 유리하나 아군의 공격에는 대단히 불리한 지

3) 1996년 12월 26일 국방군사연구소에서 발간한 『한국전쟁사(상·중·하)』에서 "피의 능선 전투"에 관한 부분을 전량 발췌

형이었다. 뿐만 아니라 이고지로부터 사단의 좌전방 방어지역이 후방까지 감제관측되어 이 지형은 사단으로서는 목에 비수를 들이대는 형국과 같았다. 이 고지 공격은 방어상의 이러한 취약점을 개선하고 장차 공격작전의 발판확보는 물론 해안분지 공격을 위한 서측방 위협을 제거하는 데 그 목적이 있었다. 적도 이 고지가 갖는 전술적 중요성을 감안하여 983고지에는 인민군 제5군단 제12사단 제1연대와 940-773고지에는 인민군 제2군단 제27사단 제14연대를 배치하여 2개 사단으로 고지를 방어중이다. 적은 이 고지에 아군의 포격에도 견딜 수 있는 수 백개의 엄체호를 구축하고 반사면에도 유개교통호로 연결된 축성을 하는가 하면 진전에는 4,000~5,000개의 상자형 지뢰를 매설해 놓고 난공불락의 요새라고 호언장담하고 있었다.

다. 작전결과 요약

적은 2개월간에 걸쳐 유개엄체호인 요새진지 구축과 병행하여 진전에는 4,000~5,000여개의 지뢰를 매설하는 등 강력한 방어준비를 실시하였다. 아군은 공격을 실시하기 전에 수색대로 하여금 적 지역에 대한 위력수색을 실시하여 구축된 진지와 화력을 탐색하는 등 적정을 파악하였다. 그러나 적 진지 전방에 지뢰지대를 설치해 놓은 것은 전혀 발견치 못한 채 통상적인 방법으로 목표지역에 공격준비사격을 실시하고 공격을 실시하는 교과서적인 공격만을 실시하였다.

그러나 공격부대는 적 진전에서 지뢰지대에 봉착하여 적의 화력 집중으로 막대한 피해를 입고 어렵게 지뢰지대를 이탈하는 공격을 몇 차례 거듭하다가 급기야는 미군 포병 7개 대대의 화력으로 지뢰지대를 소탕하고 공격을 실시함으로써 작전 기간중 36만여발의 막대한 포탄을 소모하는 물량 소모전의 양상을 보여주었다.

□ 피의 능선(Blood Ridge)

단장의 능선 남쪽 11km지점에 위치한 능선이 피의 능선이다. 이 곳에서는 1951년 8월 17일부터 9월 5일 까지 계속된 "피의 능선 전투"의 격전지다. 이 전투를 다루었던 미국의 역사학자인 티 알 페랜바크가 쓴 "이런 전쟁"에 따르면 한국군과 미군 제2사단은 전선을 따라서 자리잡고 있는 고지 몇 백 개 중에서 보잘 것 없는 이 둥근 언덕 세 개를 차지하기 위해서 사천명도 더 되는 아군 병사들이 목숨을 바쳤다."고 기술하고 있다.

그때 938고지 전투에서 국군 5사단 제36연대가 피를 흘린데 이어 미 2사단 제9연대도 역시 많은 전사상자가 발생해 피아 약1만5천의 전사상자가 발생하여 골짜기는 피바다를 이룰 정도로 처절한 전투가 계속되었으며 특히 피의 능선에서는 적의 지뢰로 발목이 잘린 전상자가 많이 났다. 이곳은 그렇게 많은 피를 흘린 곳이어서 미성조지(The Star and Stripes)종군기자들이 제1차 세계대전 때에 독일 서부전선의 싸움터에 붙은 이름을 본따서 피의 능선(Blood Ridge)이라고 보도하면서 붙여졌다.

2. 김일성(1211) 고지전투[4)]

가. 전투개요

- 일시: 1951년 9월 4일~동년 10월 14일
- 장소: 강원도 양구군 수입면
- 아군: 제5사단 제27, 제35, 제36연대
- 적군: 북한군 제2사단, 제27사단

피아 간에 전진과 후퇴를 되풀이하는 가운데 1951년 가을 아군이 다시 38°선을 돌파하여 북으로 진격을 하자 중공군과 북한군은 절대적으로 우세한 아군의 화력과 보급에 맞서 인해전술로서는 어렵다는 것을 인식하기에 이르렀다. 차제에 아군은 북진을 감행하여 이른바 추계공세가 시작되었다.

작전지대는 해발 1,000미터가 넘는 태백산맥의 중심부에 해당되는 곳으로 지세가 험난하여 적이 방어하기에는 유리한 반면 아군이 고지 하나를 점령하려면 수 백명의 손실이 뒤따르면서도 험준한 지형에서 적을 격멸시키기란 극히 어려운 실정이었다. 한국군 제5사단은 1211고지를 탈취하기 위해 무려 41일간에 걸쳐 3개 연대가 교대로 공격을 감행하였으나 험준한 산악과 유개엄체호로 된 요새진지여서 아군의 6~8차에 걸친 맹렬한 공격으로 일시적인 탈취는 하였으나 거듭되는 적의 반격으로 쌍방간에 공방이 치열했던 요새지 전투였다.

4) 교육참고 90-30-5, 『전례집(5)』, 1997.8.30, pp.201~211

나. 작전경과

이 작전을 위해 아군은 무려 41일간에 걸쳐 3개 연대를 교대시켜 가면서 공격을 실시하였다. 그러나 적은 1211고지를 고수하기 위해 험준한 산악의 이점을 이용, 요새진지를 구축하여 강력한 방어상태를 유지하였다. 그러나 아군은 사격과 기동에 제한을 받는 요새진지 공격을 일반 공격작전의 개념으로 정면공격을 감행하여 동일지역에서 동일방법으로 6~8차례 공격을 시도하며 혈전을 감행하여 아군 전 사상자가 무려 5천여명에 달하는 커다란 피해를 입었다.

3. 노리(NORY)고지 쟁탈전[5)]

가. 전투개요

- 일시: 1952년 2월 11일~13일
- 장소: 경기도 연천군 서남면 고장리
- 아군: 제1사단 제11연대
- 적군: 중공군 제140사단 제420연대

노리(NORY)고지는 100미터 정도의 능선위에 위치한 두 개의 봉우리인데 왼쪽에 있는 것은 큰 노리고지, 아래쪽에 있는 것은 작은 노리고지로 불려진다. 이는 미 제1기병사단이 이 지역에서 작전을 하면서 나름대로 붙인 고지명이다. 아군 제1사단은 1952년 4월에 미 제3사단으로부터 이 지역의 방어임무를 인수하였다. 또한 동년 7월 5일에는 미 제3사단에 인계했다가 동년 10월 1일에 다시 진지를 인수받았다.

10월 6일 중공군은 아군의 진지 인수를 확인했음인지 화력이 약한 틈을 타서 인해전술로 제파식 공격을 가해왔다. 중공군은 12월 11일 01:00를 기해 각종 포탄 5,300여발을 집중하면서 작은 노리고지와 「베티」고지에 공격을 가해왔다. 이에 아군은 3일간에 걸친 역습을 되풀이하여 혈전 끝에 원상회복하였던 작전으로 적의 진지는 지하 깊숙이 구축된 동굴진지로 아군은 항공, 포병, 전차 등으로 적 진지를 무력화시키고 공격했던 요새지 작전이었다.

---

5) 교육참고 90-30-5, 『전례집(5)』, 1997.8.30, pp.212~222

나. 작전경과

진전도 없는 휴전회담에 얽매여, 전선이 대진의 성격으로 고착됨으로써 피아간에 한정된 주요지형물에 대한 쟁탈전으로 유혈이 점철된 1952년도 저물어가는 12월 초순, 서부전선 미 제1군단의 중앙우익(임진강 동서 12km정면)을 방어중이던 제1사단장(박임항 준장)은 서로부터 동으로 제15, 12연대 순으로 주저항선에 배치하고 제11연대를 예비로 하여 중공군 제47군과 대치중에 있었다.

12월 12일 15:00 포병(약 100문)의 공격준비사격이 개시되고 제9중대 제2소대는 OP를 통과 30분만에 소 노리고지의 7부 능선에 진출하였으나 적의 집중포화와 수류탄세례에 직면하여 공격이 돈좌되고 말았다. 중대장이 예비소대의 투입을 고려했을 무렵, 제1소대(최종인 소위)는 소 노리를 우회하여 차폐지역을 이용, 쏜살같이 대 노리고지에 돌진하여 돌격선에 도달했다.

그러나 그곳의 적은 소노리에 정신을 집중하고 있는 듯 제1소대의 접근을 눈치 채지 못하고 있었다. 한편 전차소대는 목표상에 직사화력으로 효과적인 지원을 계속했다. 특히 △117과 닉키고지로 부터의 적 위협을 제거해 주고 있었다. 16:00 소대는 경미한 적의 저항밖에 받지 않고 돌진에 성공하여 대노리 고지에는 선명한 아군의 대공포판이 깔리게 되었다. 그 고지는 동굴화되어 있었다. 4개의 출입문이 밀폐되어 있는 것으로 보아 적은 엉겁결에 은신한 것으로 판단한 최소위는 연막 수류탄을 거두어 동굴 입구 틈을 통해 집어넣고 잠시 기다린 후 반응이 없자 휴대했던 폭약 전량을 장전하여 동굴 출입구를 폭파 폐쇄시켜 버리고 말았다. 이 공격을 시종 지켜본 연대 OP(△264)로 부터의 전언(사단정보참모)에 의하면 군단장 캔달 장군이 입을 벌리고 감탄사만 연발했다는 것이다. 18:30 적은 야음을 이용하여 대대규모의 병력으로 대 노리고지를 3방향에서 파상적인 공격을 해왔다. 그토록 대담하고 불퇴전의 투혼을 발휘하던 최소위의 소대도 탄약이 고갈되고 피해가 점증되자 비명을 울리게 되었다. 이 상황의 추이를 예의 주시하던 캔달 장군은 제9중대의 철수를 승인하였다. 대대장 최중령은 오늘의 체험을 살려 공격의 탄력과 지속력을 유지하기 위하여 좀더 규모가 큰 중대단위 투입을 고려한 명일의 공격 계획을 완성하여 상부의 승인을 받았다.

12월 13일 동이 트자 양 목표에 대하여 40분간에 걸쳐 전폭기의 폭격에 뒤이어 가용 전포병의 공격준비사격이 실시되어 지축이 흔들리는 것 같았다. 09:30 공격을 개시한 제11중대는 30분도 안되어 소 노리고지의 7부 능선에 진출하여 적의 맹렬한 집중

포화와 수류탄 세례를 받게 되자 중대장은 예비소대를 측후방으로 투입하면서 일제 돌격을 독려하였다. 10:35 목표에 돌진해 들어간 돌격소대는 백병전끝에 적병 36명을 사살하고 2명을 생포하면서 드디어 소 노리 탈취에 성공하였다. 대대장은 즉각 대대 예비의 일부를 제11중대에 증원하여 진지를 강화토록 조치하였다. 이때까지 수많은 역습에도 탈취확보가 난이했던 소 노리를 이토록 순식간에 점령이 가능했던 것은 제일선 소대가 돌격진지에서 적의 방어사격에 직면 잠시 주춤하다가 소대장의 "앞으로"하는 구호가 튀어나온 순간에 그 부근에 있던 7~8명의 병사들이 조건반사적으로 목표를 향해 야성적인 용기를 발휘, 돌진하여 고지정상을 넘어 후사면 깊숙이 관통한데 기인된 것으로 전투 후 판명되었다.

4. 351고지 전투(창의 원칙)[6]

351고지는 강원도 고성군 송자동에 위치한 동해안의 요충지로서 6·25전쟁 초기로부터 1951년 후반까지 북한 제6군단 예하의 제19사단 점령하에 있었다. 그러나 그해 10월 재반격에 나선 아군 수도사단 기갑연대가 △351를 탈취한 뒤부터 1953년 휴전협정 임박시까지 치열한 격전장으로 변하였으며 피·아주인이 몇 차례 뒤바뀌는 곤욕을 치르기도 하였다. 휴전을 앞두고 351고지가 쟁탈의 대상이 된 요인은 피·아가 절대 잃어서는 안될 요충지였기 때문이었다.

아군이 계속 이 고지를 장악할 경우, 적은「고성」일원에 산재되어 있는 그들의 후방시설과 그 지역 일대의 활동 상황을 아군에게 전면 탐지 당할 뿐 아니라, 만약 이 선에서 휴전이 성립된다면 그들은 고성 서북쪽의 금강산맥선으로 물러서야 하는 엄청난 손실이 따르게 되어 있었다. 반대로 적이 이 고지를 차지할 경우, 아군의 주진지를 포함한 주 보급로가 완전 노출된 상태에서 그들에게 감제 당하기 때문에 주진지를 △351 남쪽 11km지점인 554고지까지 후퇴가 불가피 할 뿐 아니라, 간성에 이르는 주 보급로와 동해안의 저지대에서의 활동에 많은 제한을 받게 되어 있었다.

따라서 아군 보병 제5사단으로부터 1953년 1월 26일 동해안 지구의 방어진지를 인수받은 보병 제15사단(사단장 이정석 준장)은 창설이래 처음으로 배치된 주진지 방어를 위하여 새로운 결의를 굳게 하고 진지보수, 장애물 시설의 보강, 유무선 통신망의 정

6) 교육참고 90-30-1, 『전례집(1)』, 1997.8.30, pp.550~555.

비, 주 보급로의 확장 등 각종 공사에 임하는 한편, 진지 전면에 대한 수색정찰의 강화로 적정을 탐지하면서 매복과 포로획득에 역점을 두고 있었다. 그러나 휴전협정의 체결이 막바지에 접어든 1953년 6월 2일 북한 제7군단 예하의 보병 제3사단과 보병 제7사단의 협공시 초급 간부들의 안일한 방어태세로 인하여 아군의 눈과 귀와 같은 역할을 다해온 △351의 전초진지를 상실하고, 그 후 이 고지를 탈환하기 위하여 동월 3일부터 15일까지 9차례에 걸친 역습을 감행했으나 끝내 그 뜻을 이루지 못한 채 휴전을 맞게 된, 실로 막대한 손실을 초래한 안타까운 전례이기도 하다.

5. 689고지전투[7)]

- 일시: 1953년 4월 28일~12월 3일
- 장소: 강원도 양구군 문등리 일대
- 아군: 제3사단 제18연대
- 적군: 제180사단(제538, 제540연대), 제181사단(제542, 제543연대)

휴전회담의 진전으로 전 전선이 소강상태에서 쌍방간은 소규모의 탐색전만 실시하였으나 적은 773고지와 689고지에 대해 집요한 공격을 시도하였다. 이에 아군은 진전에서 적을 물리치는 한편 작전 몇일 전에는 아군의 1개 소대로 하여금 적의 거점을 기습 공격하여 6명 사살, 포로 3명의 전과를 올렸다. 이와 같은 상황에서 적은 UN군의 대규모 춘계공세가 있을 것으로 판단하고 종전의 소규모 탐색전은 지양하고 아군의 전초진지를 사전에 유린시킨 다음 유리한 거점을 탈취하기 위하여 중대규모의 기습전을 시도하였다. 따라서 아군은 당면한 적과의 교전이 빈번하게 실시되므로 이들을 척결하고 주진지를 강화하면서 전초진지를 고수하기 위해 적의 동굴거점을 탐색하여 이를 파괴하기 위한 동굴전을 계획하였다.

7) 교육참고 90-30-5, 『전례집(5)』, 1997.8.30, pp.223~232.

6. 편치볼(해안분지)전투(1951.8.31~9.20)[8]

편치볼 전투는 6·25전쟁이 교착전 단계로 접어든 직후에 미 제1해병사단과 한국군 제1해병연대가 양구 북방의 편치볼(해안(亥安)분지)를 확보하기 위하여 가전리 일대에 배치되어 있던 북한군 제1사단을 격퇴하고 헤이스 선으로 진출한 공격전투이다. 이 전투에서, 한/미 해병들은 지형상으로 불리한 조건을 무릅쓰고 북한군의 견고한 진지를 공격하는 동안, 적의 탄막사격과 완강한 저항으로 많은 희생을 치르게 되었으나, 사단 포병과 미 제1해병비행단의 근접항공지원하에 3주 동안의 치열한 공방전을 치른 끝에 북한군 제1사단에게 치명적인 타격을 가하고 목표를 점령하였다. 이 전투로, 북한군은 동부전선의 요지인 해안분지에서 물러나 간무봉 방면으로 후퇴하게 되었으며, 한·미 해병은 해안분지 북쪽으로 진격하여 유리한 지형을 확보하게 되었다.

1951년 8월 말 미 제2사단이 피의 능선 전투에서 목표를 점령하지 못하고 고전이 계속되자 군단장은 그 원인이 적의 전력을 이곳에 집중하도록 허용한 때문인 것으로 분석하고 병력증원을 차단함과 아울러 화력을 분산시키기 위하여 군단 전역으로 작전을 확대, 적에게 압력을 가하기로 결심하였다. 이 결심에 따라 그는 군단 정면 약 10km 북쪽 박달고개－가칠봉－서희동－성내동에 이르는 해안분지 북측 고지군에 연한 작전통제선을 설정한 다음 예비인 미 제1해병사단과 국군 제5사단까지 전방으로 투입하고 8월 31일에 각 사단별 공격목표를 부여하였다. 이 명령에 의거 군단예비로 있던 미 제1해병사단이 해안분지를 공격하게 되었고, 이 사단의 서에서는 국군 제5사단이, 동에서는 제8사단이 병행 공격하였다.

미 제1해병사단(배속: 국군 제1해병연대)은 새로운 임무를 수행하기 위한 준비명령을 받고 28일 홍천에서 평촌으로 이동하여 미 제2사단과 국군 제8사단 방어지역 일부를 인수받아, 만대리로부터 평촌까지 해안분지 남쪽의 캔사스선으로 진출하였다. 사단은 8월 30일 까지 국군 제1해병연대와 미 제7해병연대를 전방에 배치하고 나머지 2개 연대를 예비로 확보한 채 공격준비에 들어갔다. 이 때 국군 제1해병연대는 해안분지 남쪽 능선에 제1대대와 제2대대를 배치하고 제3대대를 예비로 하여 일면 방어, 일면 공격준비에 들어갔다.

---

8) 1996년 12월 26일 국방군사연구소에서 발간한 『한국전쟁사(상·중·하)』에서 "해안분지 전투"에 관한 부분을 전량 발췌한 것이다.

가. 1단계 작전

당시 사단이 부여받은 공격목표는 해안분지 북쪽 일련의 횡격실 능선상의 1026, 924고지와 해안분지 북동쪽 702, 660고지군이었다. 이중 1026-924고지군은 국군 제1해병연대에, 702-660고지군은 미 제7해병연대의 목표였다. 해병사단 공격계획의 특징은 캔사스선의 방어부대가 일부 부대로써 주저항선을 방어한 채 작전통제선상의 목표를 공격한다는 것이다. 이 무렵 이곳에는 적도 부대 교대를 실시하여 인민군 제3군단이 제2군단 지역을 인수하였으며 그중 제1사단이 해안분지 북쪽 방어선에 투입되었다. 한편 사단으로부터 1026고지와 924고지(목표"3") 탈취임무를 부여 받은 제1해병 연대장 김대식 대령은 8월 30일 해안분지 남단의 방어진지 인수를 완료하자마자 곧 아래 요지의 공격명령을 하달하였다. 연대는 8월 31일 06:00를 기하여 공격, 목표 "3"을 점령한다. 미 해병연대도 좌익의 제3대대는 702고지 공격에서 역시 적의 강력한 저항과 매설된 많은 지뢰로 인하여 공격이 정체되었으나 우익이 제1대대는 목표"1"(516고지-660고지)을 점령하였다. 다음날 9월 1일 미 제7해병연대 제3대대는 09:00에 702고지 공격을 재개하여 견고한 진지에서 집요하게 저항한 적을 격퇴하면서 전진을 하다가 백병전 끝에 10:55 702고지를 점령하였다. 대대는 다음날 공격 개시 3일만에 702고지 전방의 602고지도 점령함으로써 사단목표를 모두 점령하였다. 한편 국군 제1해병연대(-)는 9월 1일 우익부대인 미 제3해병대대가 702고지를 점령함에 따라 이 부대의 작전지역을 통과하여 924고지를 측후방으로 우회하여 기습공격하려는 계획을 수립하였다. 그러나 예상외로 측방의 방어와 저항도 완강하여 격전을 거듭할 뿐이었다. 제2대대는 도주하는 적을 근접추격 700m 북쪽의 1055고지까지 탈취함으로써 연대목표 점령을 완료하였다. 이로써 국군 해병과 미 해병은 해안분지 북쪽과 동쪽의 고지군을 탈취하고 해안분지를 확보하였다. 그러나 많은 사상자를 내고 특히 이 전투에서 국군 해병은 지형의 특징상 기동로가 없어 정면으로는 공격하지 못하고 측방으로 우회하여 좁은 공간에서 목표를 공격, 해안분지 확보에 가장 중요한 고지인 1026고지(모택동고지)와 924고지(김일성고지)를 점령함으로써 국군의 명예를 드높이었다.

나. 2단계 작전

이 전투 후 해안분지 북쪽에 주진지로 편성했던 인민군 제1사단은 간무봉으로 후퇴하여 괴멸된 제3연대를 예비로 전환시키고 제14연대를 이 봉우리에서 동측으로 뻗은 1052고지-812고지-749고지에 전개하여 새 방어선을 구축하였다. 이때 미 제1해병사단은 9월 8일에 하달된 9월의 제한공격 지침에 따라 부여된 북측 간무봉에서 사단 정면으로 뻗은 능선상의 749고지를 점령할 목적으로 공격작전을 재개하게 되었다. 이 목표는 간무봉 일대의 적을 견제할 뿐만 아니라 해안분지에 대한 적의 공격을 사전에 차단할 수 있는 전술적 의미를 지니고 있었다. 사단은 1단계 작전을 끝낸 후 약 1주간의 부대정비를 한 다음 9월 11일부터 공격작전을 펴 9월 20일 까지 격전과 격전 끝에 749고지를 점령하고 해안분지 북쪽 5km 812고지까지 탈취하였다. 사단은 812고지 탈취로 작전목표를 달성하고 해안분지를 완전히 확보하게 되었으며 이때 군단으로부터 새로운 임무를 부여받자 펀치볼작전을 종료하였다. 그리고 이 전투에서 '51년 9월 13일 미 해병제161헬리콥터 수송대대가 '윈드밀(Wind Mill)'이란 긴급 공수작전을 실시하여 18,848LB의 보급품을 전장에 수송하고 74명의 부상자를 후송하였다. 이 작전은 9월 19일에도 또 한 차례 실시되었으며, 이는 최초로 시도된 헬리콥터 부상자 후송 공수작전이었다. 이 전투에서 미 해병사단과 국군 해병연대가 해안분지 동측 가장자리와 서화계곡 기동로를 이용해 목표를 공격하였는데, 이는 해안분지 양측방 사단이 병행 공격하여 측방 방호를 해주었으며, 특히 국군 제8사단이 노전평 전투를 통해 서화계곡 기동로와 그 동측 '낚시바늘 능선'을 이미 확보하고 있었기 때문에 가능하였다.

『피의 능선 전투 전적비』

- 전적비 위치: 강원도 양구군 동면 임당 2리
- 규 모: 경내면적40평, 기단높이1.75m, 비높이2.1m
- 건 립 연 도: 1958년 3월 15일
- 건립기관: 육군 제3군단
- 건립취지: 1951년 8월 29일부터 10월 30일에 걸쳐서 한국 해병 1연대와 미해병 제1사단이 수행한 서화리, 가칠봉, 피의 능선, 1,211고지, 무명고지 일대의 전투에서 산화한 장병들의 투혼을 기리고 그 넋을 위로하고자 건립함
- 비문내용: 단기 4284년 8월 29일부터 10월 30일까지

서화리, 가칠봉, 피의 능선, 1,211고지, 무명고지 일대를 중심으로 한 이 지구전투에서 자유와 평화를 위하여 용감히 싸워 적을 물리친 국군 제3, 5사단 및 해병 제

1연대의 장병들이여!
미 제2, 7, 25, 45사단 및 제1해병사단의 용사들이여. 인류의 평화와 자유의 반역자 북한괴뢰 제2군단이 평화롭던 이 강산을 피로써 물들이게 하고 조국의 가쁜 숨이 경각을 다툴 때에 임들의 몸이 방패가 되어 우리 민족을 살렸고, 임들의 흘리신 피는 조국애의 일편단심으로 이 나라를 건졌도다. 여기 임들의 빛나는 충성과 영용무쌍한 투혼을 천추만대에 전하고자 이 돌을 깎아 세우니라. 비록 이 비석은 모래알이 될지라도 임들의 그 위대한 공훈은 해와 달로 더불어 길이 빛나리라.

해안분지는 인제북쪽 약15km, 서로 사태리계곡과 동으로 소양강계곡 사이에 위치한 강원도 양구군 해안면 은전동의 중심직경 10km 크기의 분지지형을 일컫는다. 이분지는 북쪽의 1026고지. 924고지, 서쪽의 가칠봉(1242m), 대우산(1178m), 남쪽의 도솔산(1304m), 918고지, 동쪽의 달산령, 795고지, 908고지 등으로 둘러쌓여 있으며 그 둘레에 삐죽삐죽한 산정과 고개의 모습이 그러한 모양의 술잔(Punch Bowl)과 같다 하여 서양인이 집필한 전사에는 펀치볼로 명명되고 있다.

7. 평양공습(1951.7.21~7.30)

7월 21일, 제8군에게 제한공격을 명령한 리지웨이 대장은 평양 대공습을 워싱턴에 건의했다(7월 21일, 미 육군본부접수 17,293호). "우리는 북한 수도 평양에 대공습을 감행할 의도를 가지고 있다. 수개 도시에 선전 삐라를 살포해서 일대시민에게 경고한 후, 7월 24일 이후의 기상이 양호한 날을 택하여 폭격기와 전투기의 대 편대를 평양 상공에 투입할 것을 고려중에 있다. 현재 적은 평양에 상당량의 장비와 보급품을 집적하고 있고, 더욱이 평양이 적의 수송 기지임은 여러 차례 보고한 바와 같다." 그런데 워싱턴으로부터는 "이 시기에 대공습을 감행한다는 것이 과연 옳은 것인지 의문시된다. 정치정세가 극히 복잡하므로 평양공습은 중지하기 바란다."라고 지시해 왔다(7월 21일발 합참 전문통신 96,938호).

리지웨이 대장은 "대공습이 교섭에 악영향을 미칠 우려가 있다는 것은 인정하나, 그렇다고 해서 이대로 방치해 두면 적은 우리보다 강대해질 것이 확실하다. 그렇게 될 경우 적이 회담을 중단하고 공격을 재발하게 되면 다수의 미 군인이 생명을 잃게 될 것은 불을 보듯이 명확하다. 그러나 공습을 교묘하게 감행하면, 반드시 적군의 전력을 감소시키고, 또 교섭시에 적에게 압력을 가하는 효과를 기대할 수 있다. 이것은 세계적인 시야에서가 아니고 당연한 국지적 정세에 입각한 견해로, 적이 병력을 증강시킴으로써 위험성이 점증하고 있는 것을 알면서도 방관할 수 없다."(7월 23일 미 육군본부 접수 17,620호)라는 재차 공습의 승인을 요청했다.

그리고 2일후인 25일(휴회한 그 다음날)에 리지웨이 대장은 거듭해서 공습의 승인을 요청했다. 이에 대해서 워싱턴 수뇌부는 "경고 삐라의 살포는 불필요하게 공습을 선전해서 상대방을 협박하는 의미로 받아들여질 우려가 있으므로 바람직하지 않다. 또 회담이 재발되었는데 평양에 대공습을 가하면, 세계는 미국이 회담결렬을 기도하고 있다고 오해할 가능성도 있다. 그러나 귀관이 임무상 부득이하게 전술적인 공격을 가할 필요가 있고 평양이 가장 중요한 전술목표라고 판단한다면, 통상의 항공운용으로 간주해서 이를 승인한다."(7월 25일발, 합동참모본부전문 97,223호)

이 양자의 논쟁을 보면 맥아더장군과 워싱턴 수뇌부간의 과격했던 응수를 상기하게 되나, 맥아더 장군이 리지웨이 대장으로 교대되었음에도 여전히 현지와 중앙간에는 관점의 차이에서 발생하는 사고의 범위와 판단에 있어서의 주안점의 차이, 혹은 백만의 생명을 맡고 목전의 임무를 추진하고 있는 현지 군사령부와 대국의 이상을 추구하고 있는 자와의 사이에는 피할 수 없는 견해차이가 있었다는 것이 엿보인다. 그러나 맥아더 장군은 의식적이 아니었다고 해도 이것을 정치현장에 들고 나와서 파탄을 초래했으나 리지웨이 대장은 끝까지 분수를 지키면서 성실히 현지 지휘관으로서의 책임을 다하는 것을 본분으로 알고 그 영역을 벗어나지 않았던 것 같다. 이것이 두 사람의 사람됨을 단적으로 표현해 주는 것이라고 말할 수 있을 것이다.

그러나 이 전보의 교환에서 확실하게 나타난 것은 워싱턴이 교섭 책임을 리지웨이 대장에게 부과했음에도 불구하고 정치적인 의미를 갖는 군사행정을 금지했다는 것이었다. 결국 리지웨이 대장도 맥아더 장군이 말했던 "한쪽 손, 한쪽 발을 묶인 채 작전을 하지 않으면 안되었다."는 것과 동일한 제한을 받았다고 말할 수 있다. 그러나 이것이 현실이고, 정치가 모든 것에 우선하며 따라서 군사가 정치에 종속하는 이상, 고금을 통해 변치 않는 철칙인 것이다. 이러한 것도 정치와 군사와의 결합이 더욱 더 긴밀해진 현대전의 일단을 부각시킨 것이라고 말할 수 있다. 이리하여 평양 공습은 리지웨이 대장의 의도와는 상당히 거리가 먼 방향에서 용인 되었으나, 호기는 좀처럼 오지 않았다. 30년만의 대호우가 계속되고, 평양 상공은 두꺼운 비구름으로 덮여 있었다. 기다리다 지친 리지웨이 장군은 7월 30일에 공습을 감행시켰으나, 그날도 구름이 낮게 깔려 폭격기의 투입은 바랄 수 없었다. 그리고 북한의 방공화망도 점차적으로 정비되어 속도가 느린 폭격기의 저공 폭격은 위험했다.

그래서 약 450개의 전투기와 전투폭격기만으로 공습했으나, 두꺼운 구름과 지상을 뒤덮고 있던 연기(북한군의 대공연막)에 차장되어 공습의 효과는 확인할 수 없었다.

제3절 휴전협정 조인

1. 회담 경과

1951년 6월 23일 말리크가 휴전을 제의하자, 트루만은 동의한다는 견해를 표명했다. 6월 30일 Ridgeway 장군은 원산항에 정박중인 「덴마크 병원선」에서 첫 회담일정을 토의하기 위해 회담을 갖자고 제의했다. 7월 1일 중공은 휴전회담 수락을 발표하고 개성에서 7월 10일에서 7월 15일 사이에 만나자고 제의 하였다. 7월 8일 개성에서 예비회담을 갖게 되는데, 이때 본회담을 7월 10일 개성에서 갖자고 제의한 공산측에 대해 UN 대표는 조기 휴전에만 관심을 갖고 성급한 의도로 휴전회담 장소를 변경하는 것에 대해 관심이 없었다. 그들의 저의가 무엇인지도 모르고 동의함으로써 본회담장소가 개성으로 결정되었다. 여기서 공산측이 개성을 택한 이유는 "개성을 중립화하여 UN군의 진격을 봉쇄하고 공산군이 38선 이남을 장악하고 있다"는 불패의 인상을 국민들에게 심어주기 위해서였다. 7월 10일 본회담이 개성에서 개최된다. 7월 10일~7월 26일 어간에 회의의제 채택을 위한 협상을 실시해서 7월 26일 의제를 합의하고 7월 26~27일까지 군사분계선 설정문제를 토의하는 과정에 8월 22일~10월 25일까지는 회담에서 공산측 주장이 불리해지자 중립화되어 있는 "개성지역에 UN군이 무력을 사용했다."는 트집을 잡아 회담을 결렬시켜 이 기간 동안 회담이 중단되었다.

그 후 공산측을 회담장으로 끌어내기 위해 실시한 아군의 추계공세 결과 판문점에서 회담이 재개될 수 있게 되어, 1951년 11월~1953년 7월까지 휴전실시 보장문제와 포로문제를 병행 토의하다가 1953. 7. 27일 휴전협정이 조인되었다. 휴전회담이 2년여 동안 오랜 기간이 걸린 것은 회담에 임하는 쌍방의 기본방침이 상이했고, 주요 관건이었던 군사분계선 설정문제와 포로교환 문제에서 특히 이해대립이 컸기 때문이었다.

2. 휴전협정 조인[9)]

1953년 7월초 한·미간의 회담 시기 동안 판문점에서의 휴전 협상은 휴회 상태에 있었다. 공산군측은 본 회의의 재개를 요청하는 6월 29일자 클라크 장군의 서한을 숙고한 후, 7월 7일 그 회신을 보내어 선임연락장교회의를 재개하자고 제의하였다. 그들은 비록 UN군측 제안에 전적으로 만족하지는 않지만, 조기 휴전을 위해 애쓰는 UN군측의 희망을 고려하여, 양측의 대표단이 약속된 시간에 만나 휴전협정의 이행에 관한 문제와 휴전협정의 서명 이전에 여러 가지 준비 사항을 토의하는데 동의한다고 회신을 보내 왔다.

공산군측의 수락으로 대표단들은 즉각 휴전을 위한 마지막 토의에 들어갔다. 공산군측은 먼저 조인은 그들이 이룬 최근의 전진 상황을 반영하여 군사분계선과 비무장지대를 수정한 후까지 기다려야 한다고 제의하였다. 그렇지만 해리슨 장군은 조인 일자는 그 선의 수정을 기다리지 말고 즉각 결정해야 한다고 주장하였다. 그는 휴전은 조인 후 12시간이 지나면 유효하다는 것과 더불어 24일로 그 일자를 공산측에 제의하여 동의를 받았다. 전체 대표단은 그 다음 연락장교들에게 세부적으로 작업해야 할 과제를 위임하고 산회하였다. 따라서 이날부터 매듭지어야 할 문제는 네 가지가 남아 있었다. 즉, 군사분계선 및 비무장지대에 관한 건, 송환불원포로들의 인도 지역에 관한 건, 휴전협정에 의거해서 설치된 각종 위원회의 활동 개시에 관한 건, 휴전 문서의 실제적인 조인을 위한 제반 준비 사항 등이었다.

군사분계선의 수정 작업은 그동안 전선에서의 큰 변화가 없었을 뿐만 아니라 접촉선을 결정하기가 용이하였기 때문에 비교적 간단한 것처럼 보였으나, 중공군의 마지막 공세로 인하여 전선이 변동된 지역에 대해서는 문제가 상당히 복잡해졌다. 7월 20일 양측 연락장교들은 분계선 수정 건을 놓고 협의를 시작하였다. 쌍방은 군사분계선을 재협정할 사전 준비작업으로서 지도를 교환하였다. 다음날 연락장교들은 협상의 진전을 보아 휴전협정의 증거서류를 교환하고 군사분계선에 관한 최종적 수정에 합의를 보았다. 그러나 지도상에는 아직 최종 군사분계선이 그어져 있지 않은 상태였다.

7월 22일 UN군측은 일괄타결안을 제시한 후 상충점들을 해결하였다. UN군측은 포로 인도 장소를 휴전 발효 전에 결정하고자 하여 본국 송환을 원치 않는 공산 포로들

9) 국방군사연구소, 『한국전쟁(하)』, 1997년, pp.577~586.

을 비무장지대 남쪽 지역에서 포로송환위원회에 인계하도록 제의하였으며, 공산군측이 원칙적으로 이를 수락함으로써 이 문제는 7월 25일 마무리되었다. 그 후 양측은 본국으로 송환될 포로 수와 송환위원회에 인계될 포로 수에 관심이 집중되었다. 24일 UN군측은 송환불원포로 숫자를 중공군 14,500명, 북한군 7,800명으로 발표하였다. 공산군측이 발표한 숫자는 미군 3,313명, 국군 8,186명을 포함하여 총 12,746명이었다. 공산군측이 발표한 총수는 UN군측에서 예기했던 바와 큰 차이가 없었기 때문에 UN군측은 이를 받아들이기로 동의하였다.

이어서 포로 송환에 있어서의 교환 비율을 결정짓는 문제가 토의되었다. 이 비율은 쌍방의 수송 시설이나 행정 능력 등에 좌우되는 것으로서, UN군측은 상병 포로 360명을 포함해서 1일 1,800명 정도는 가능하다고 통보하였고, 공산군측은 상병 포로 외에 1일 3,000명을 요구하였다. 그러면서 공산군측은 수송 시설이 빈약하고 포로수용소가 원거리에 산재해 있기 때문에 1일 300명만을 인도할 예정이라고 통보하였다.

또한 UN군측은 군사정전위원회의 기능에 관한 준비로서 제반 규칙과 운용 세칙 등을 내용으로 하는 계획안을 공산군측에 제시하였다. 공산군측은 이에 대하여 근본적인 반대는 하지 않았지만 조속한 타결을 서두르지도 않았다. 왜냐하면 공산군측은 형식에 관한 논쟁을 통해 전쟁 기간 중 정치적인 이득을 보충해 보려고 마지막 노력을 시도하고 나왔기 때문이었다. 적 대표단은 마지막까지 복잡한 문제를 계속 제기하여, 양측 최고사령관이 판문점에서 서명할 경우, 한국과 자유 중국 신문 특파원은 제외시켜야 한다고 주장하였다. 7월 25일 클라크장군은 그럴 경우 그는 도쿄에서 서명하겠다고 응수하였으나, 적이 이 점에 관하여 양보하기를 거부하여 결국 UN군측도 그것을 더 이상 문제삼지 않았다. 그리하여 조인식은 휴전회담 수석대표들간에서 거행하기로 합의되었으며, 쌍방의 군사지휘관들의 서명은 그 후에 받기로 결정되었다. 조인 시각은 7월 27일 오전 10시 정각으로 하되 발효는 이날 22:00시로 결정되었다.

클라크장군은 UN군 부대에 27일 10:00시부터 12시간 동안은 군의 작전을 해군과 공군의 어떤 계획된 작전을 제외하고는 진지의 유지와 부대의 보존 상태를 확인하는 데 국한시키도록 하라고 명령하였다. 27일 09:57 본회의를 주관하던 대표들이 냉담한 분위기 가운데 입장하여 전열에 착석하였다. 해리슨장군과 남일은 서로 반대측에서 들어와 자리에 앉았다. 두 사람은 조인 문서에 서명을 하기 시작하면서도 상호간 인사말 한마디 교환치 않았다. 10:12 조인을 마치고 해리슨은 헬리콥터를 타고 문산리로 출발하였으며, 남일과 그 일행은 소제 지프차에 분승한 후 그 지역에서 떠나갔다. 이날 판문점에서 휴전조인식이 있은 2시간 후 이승만 대통령은 각 신문과 방송을 통하여 다음과 같은 성명을 전세계에 발표하였다. 『나는 정전이라는 것이 결코 싸움을 적게 하는 것이 아니라 더 많게 하고 고난과 파괴를 더 하게 하며 전쟁과 파괴적 행동으로 공산군측이 더욱 전진하여 오게 되는 서곡에 지나지 않을 것이라고 확신하였기 때문에 정전에 조인하는 것을 반대하여 왔다. 그러나 이제 정전이 조인되었음에 나는 정전의 결과에 대한 나의 그 동안의 판단이 옳지 않았기를 바란다. 한국의 해방과 통일 문제를 평화리에 해결하기 위하여 일정한 기간 정치 회담이 개최되고 있는 동안 우리는 정전을 방해하지 않을 것이다. 우리와 미국 사이에 도달된 합의는 양국의 공동 이익이 관련되어 있는 지역의 안전을 유지하기 위하여, 양국은 효과적으로 협조한다는 것을 보장하고 있다. 남한의 부흥은 즉시 그리고 효과적으로 진전될 것이다. 공산측은 북한을 위하여 이만한 일을 할 것인가? 차후도 당분간 공산 압제 하에서 계속 고생하지 않으면 안 될 동포들에게 우리는 다음과 같이 외친다. "동포여! 희망을 버리지 마시오. 우리는 여러분을 잊지 않을 것이며, 모른 체하지도 않을 것입니다. 한국민족의 기본 목표는 계속 남아 있으며, 기어코 성취하고야 말 것입니다. UN은 이 목표를 위하여 확약을 한 것입니다." 왜 우리들이 이와 같이 정책을 변경하여 정전을 방해치 않기로 하였는가 하는 상세한 설명은 차후 발표될 것이다.』

이대통령의 성명은 대한민국이 휴전에 협력할 것이라는 점을 온 국민에게 공포함과 아울러 송환불원포로들에게도 이 취지를 재 확신시키며, 만일 정치적 협상이 실패되는 날에는 국군이 또 다시 무기를 잡을 것이라는 점을 분명히 하고 있었다. 이대통령의 성명 발표와 때를 같이하여 미국에서도 한국의 휴전 성립을 알리는 미국 대통령의 성명이 발표되었다. 『휴전 조인 몇 시간 후 클라크 장군은 문산에서 테일러 장군, 극동해군사령관 클라크 제독과 공군사령관 웨이랜드 장군 참석 하에 서명하였다. 클라크 장군은 오후 문산리에서 고위군사고문관들과 국군 대표들이 참석한 가운데 이번의 휴전 조인이 정치적 해결책을 모색하는 동안 전투를 중지하려는 군사 협정에 불과하다는 사실을 환기시키면서 영구적인 결론이 날 때까지는 UN군은 한국에서 철수할 수 없으며 또 제반 경계 태세를 조금도 완화시킬 수 없음을 강조하였다. 휴전 조인 직후 지상 전투는 이미 중단되어 있었지만 포격전만은 계속되었다. UN군 전폭기들은 휴전 감시단이 임무 수행에 착수할 때까지 공산군의 제반 전투력을 감쇄시킬 목적으로 북한의 비행장 · 철로 · 도로 등을 강타하였으며, 해상에서는 해군 전함들이 고성과 원산에 대해 함포사격을 가하였다. 그러나 정각 22:00시가 되자 한국 전역에 걸쳐 포성이 맺고 마침내 열전은 종막을 고하게 되었다.』

공산군측도 북한의 김일성이 27일 오후 10시 평양에서 서명하고 중공군의 팽덕회가 다음날(28)일 오전 9시 30분 개성에서 서명함으로써 휴전 조인 절차는 모두 끝나게 되었다.

제4절 주요 전훈 분석

1. 역사적 의의

가. 정치적 측면

(1) UN이 최초로 집단안보 원칙을 단행한 국제전쟁

6 · 25전쟁은 UN이 처음으로 집단 안전보장 원칙을 행동화하여 "국제질서의 확립"이라는 중대한 결정을 하게한 전쟁이었다. 제2차 세계대전이 끝났을 때 온 세계의 한결 같은 소원은 더 이상 전쟁의 비극이 없는 평화의 세계가 실현되기를 기원했다. 그와 같은 절실한 소원의 표현이 바로 UN이었다.

이러한 의미에서 미국을 중심으로 한 UN군이 6 · 25전쟁에 참전한 것은 온 세계가 행이건 불행이건 그 운명을 공동으로 해결하겠다는 집단안전보장 시대에 접어들게 됨으로써 세계평화를 위협하는 어떠한 형태의 침략행위도 결코 용납하지 않겠다는 자유세계 국민들의 단호한 결의를 직접 행동으로 과시한 좋은 사례의 하나가 되었던 것이다.

(2) 세계전쟁 사상 최초의 제한전쟁

전쟁이란 어느 한쪽이 항복을 하거나 무력화 될 때까지는 거기에 어떠한 저항도 가할 수 없다는 것이 「클라우제비츠」의 '절대전' 개념이다. 그러나 제2차 세계대전이후 핵무기의 등장과 함께 미소를 중심으로 한 세계의 양극화 현상을 미소간의 직접적인 대결 즉 전면전쟁의 경우를 제외한 모든 전쟁의 절대화를 거의 불가능하게 하였다. 이는 핵 보유국들의 지역분쟁 참여에 대한 한계성을 의미하는 것으로서 6 · 25전쟁은 이를 예시한 최초의 것이었다.

6 · 25전쟁에서 미국이 UN군을 작전을 지도할 때 "중공이나 소련과의 전면전은 절대 피한다."라는 자세를 견지했던 것이 이를 잘 설명해주고 있다. 이러한 미국의 대 한반도 전략의 본질은 장차 한국문제 특히 제2의 6.25가 발발할 경우에도 크게 다른 바가 없을 것이다.

(3) 공산주의에 대한 근본적인 재평가

휴전회담에 임했던 UN측 대표 「조이」제독은 "공산주의자들과의 협상에 있어서는 군사적인 힘 이외에는 그들에게 압력을 가할 수 있는 아무런 수단도 없다. 물론 인내와 원칙이 필요하긴 하지만 그것이 결코 결정적일 수는 없다. 궁극적으로 그들에게는 힘이 정의의 근원인 것이다."라고 회고한 바가 있다. 오랜 세월을 북한 포로수용소에 억류되어 있다가 송환된 UN군 포로들은 한결같이 "우리는 공산주의자들의 생태에 대해서 너무나 아는 것이 없었다. 그들은 결코 인간이 아니라 인간의 탈을 쓴 마귀와도 같은 괴물이었다."라고 외쳤다.

결국 6 · 25전쟁을 통해서 공산주의자들이 어떠한 자들인지 비로소 알게 된 자유세계 국가들은 공산주의 국가가 진정한 적이라는 것을 깨닫게 된 것이다.

(4) 외세에 의한 한반도 통일은 불가능하다는 사실 증명

6 · 25전쟁은 UN의 명분으로 수행되었으면서도 그 전쟁목표를 UN의 통한결의와 일치시키지 못함으로써 우리에게 UN의 초국가적 능력이 얼마나 허구인가를 실감케 한 전쟁이었다. 우리의 기대를 부풀게 했던 UN을 통한 결의가 한낱 중공의 개입으로 백지화되고 확전이냐 또는 한국의 포기냐 하는 양자택일의 궁지에서 한때 한국으로부터 UN군의 전면철수까지 계획했었다는 사실을 우리는 명심해야겠다.

결국 한국의 정치적 통일은 미국이나 UN군이 전쟁목표가 될 수 없었던 것이며 미소의 양극화 현상이 계속되는 한 어떠한 형태로도 외세에 의한 한국의 정치적 통일을 기대할 수 없음을 입증하는 것이다.

이와 같은 값진 교훈은 오늘날 우리 국민들로 하여금 한국의 현실이 지니고 있는 문제점을 올바르게 이해하고 우리의 자세로 가다듬게 하는 길잡이가 될 수도 있을 것이다.

나. 전략적 측면

(1) 한국의 전략적 가치 재평가

원래 미국의 극동전략 "일본에 기지를 둔 해 · 공군으로 소련의 세력이 극동지역으로 팽창되는 것을 방지하겠다."라고 했던 전략은 다음과 같은 2가지 가정 "1950년도 후반까지는 소련과의 전면전쟁이 있으리라는 것과 장차전에서는 핵무기를 무장한 공군력이 주축이 될 것이다."라는 가정하에 세워진 전략이었다. 그러나 6 · 25전쟁에서는 이 두개의 가정이 모두 충족될 수 없었던 관계로 미국은 전략개념을 포기할 수밖에 없게 되었다. 따라서 미국은 결국 육 · 해 · 공군에 의존하는 재래식 전략을 따라야만 했던 것이다.

결국 아시아의 일각에서 재래식 전쟁을 수행하려면 일본내에 기지가 필요하고, 일본내의 기지에 의존하려면 일본의 남북해로의 방어가 필요하다. 이것은 곧 대만을 태평양 방위선에 포함시켜야 함을 뜻하고, 동시에 일본을 중심으로 한 미국의 안보이익에 대한 위협을 제거하기 위해서는 일본만이 아니라 아시아 본토의 일각, 즉 한국에 미군사력을 유지시켜야 한다는 것이다. 미국이 6 · 25전쟁이전에 수립했던 극동전략을 대폭 변경해서 1951년의 미 · 일 안보조약, 그리고 1953년의 한 · 미 안보조약, 그리고 55년의 미 · 중화민국 상호방위조약 등을 체결한 이유가 바로 여기에 있다.

이와 같이 6 · 25전쟁을 경험한 후에야 미국은 극동지역에 있어서 한반도의 전략적 가치를 다시 평가하게 되었다.

(2) 한국지형에 적합한 전략, 전술이 개발 필요

한국은 전 국토면적의 75%가 산악으로 형성되어 있고 또 6 · 25전쟁 당시 대부분의 전투가 산악지대를 중심으로 전개되었다. 전쟁을 통해서 보편적인 지형에서 개발된 미 · 소 전략, 전술을 그대로 한국에 적용시키기에는 근본적으로 맞지 않는다는 걸 피 · 아 모두 체험했다. 장차 예상되는 전투양상은 비록 무기체계의 발달로 다소 차이는 있을지라도 지형의 제한요소를 쉽게 극복하기는 어려울 것이기 때문에 전쟁의 주무대는 산악지대가 될 것이다.

이러한 측면에서 볼 때 한국지형에 적합한 전략, 전술을 개발하고, 이에 따라 편성, 장비, 무기체계의 선정, 훈련 등을 연구하고 발전시키는 것은 우리 군이 당면한 중요한 과제라고 하지 않을 수 없다. 우리 군은 6·25전쟁의 체험을 거울삼아서 육·해·공군을 망라한 한국형 전략, 전술 교리를 끊임없이 연구 발전시켜야 한다.

(3) 해상 통제권 확보의 중요성 인식

6·25전쟁에서 UN군이 만약 해상 통제권을 장악하지 못했더라면 전쟁은 어떻게 종결되었을지 모릅니다. 전쟁에서 지상군과 공군의 작전은 태평양을 건너서 수송되는 막대한 병력의 증원과 군수물자 공급에 전적으로 의존하고 있었다. 당시 UN군이 어느 정도 해상 수송력에 의존하였는가 하면 한국에 도착한 병력 7명중 6명이 해상수송 되었고, 5,400만톤의 화물과 2,200만톤의 유류가 함선 수송되었고, 항공기가 1톤의 화물을 수송토록 하기 위해서는 선박이 4톤의 연료를 제공해야만 했다.

이와 같이 전선으로 지원되는 식량, 탄약, 유류 등의 모든 물자가 해상으로 보급이 되었으며 이러한 해상수송력은 UN군의 전력에 지대한 영향을 미쳤던 것이다.

(4) 공중우세 확보의 중요성

6·25전쟁에서 우리가 북한군의 공격을 격퇴할 수 있었던 가장 큰 요인 중의 하나가 UN군의 공중우세권 확보였다. UN공군이 시종 공중우세를 확보하고 있었기 때문에 지상군과 해군이 공중위협 없이 전투임무를 수행할 수 있었고 또 UN공군의 대량 공중 공격으로 적의 전투능력 및 전의를 박탈할 수 있었던 것이다. UN공군의 공중우세 확보가 아니었으면 UN군은 낙동강 전선에서 인천상륙작전을 실시하기 이전에 격멸되었을 것이고, 1951년 초 중공군의 공격을 받고 다시 38선 이남으로 철수 했을 때도 만약 UN공군이 없었다면 한국을 포기할 수밖에 없는 상황까지 도달했을 것이다.

그러나 장차 한국에서 전쟁이 발발할 경우 과연 우리가 다시 공중우세권을 장악할 수 있을 것인가? 북한군은 이미 6·25전쟁을 교훈삼아 공군력 증강에 힘써 수적 두 배 이상을 보유하고 있고 러시아 또한 극동공군을 강화함으로써 미국의 태평양 방어에 가장 위협적인 존재로 부각되고 있다. 이러한 제반여건을 감안할 때 우리 공군의 균형된 전력증강은 시급한 과제라 아니할 수 없다. 만일 북한이 또다시 남침할 경우도 그들의 우선적 공격수단은 공군에 의한 선제기습이 될 것이다.

특히 현대전은 공중에서의 결전이 지상군보다 먼저 실시될 것이기 때문에 북한으로 하여금 만일 그들이 공중선제공격에 의한 남침을 시도한다면 그것은 곧 자멸을 초래할 뿐이라는 생각을 하도록 하기 위해서는 우선 우리의 강력한 대북한 공중억제 능력을 확보토록 해야 할 것이다.

2. 6·25전쟁의 주요 전훈

가. 국력의 신장만이 전쟁 예방

고금을 통해 볼 때 주로 정치, 경제, 사회적 불안과 그로 말미암은 국론의 분열로 국력이 약화되었을 때 외부로부터의 침략을 받아왔다. 북한의 남침도 결코 예외가 아니었다. 정치, 경제, 사회, 군 자체가 혼란했던 상황하에서 발발한 6·25전쟁은 그 어느 누구를 탓하기 전에 이러한 상황을 사전에 예방하지 못하고 또 극복하지 못한 우리자신들에게 책임이 있다. 따라서 장차 이 땅위에 제2의 6.25를 방지하기 위해서는 미국을 위시한 우방국과 안보 면에서 유대관계를 잘 유지하는 것도 중요하지만, 더욱 중요한 것은 국내적으로 정치, 사회적 안정을 바탕으로 한 국력의 신장이 가장 시급한 과제인 것이다. 즉 자주안보 역량을 강화함으로써 확고한 힘의 우위를 차지하는 것만이 확실한 안보의 길이라는 것을 명심해야겠다.

나. 입체적인 조기 경보체제 확립

전쟁에 있어서 기습을 당한 측은 곧 작전의 주도권을 상실하게 되고 그 때 받은 충격으로 회복하는데 소요되는 시간자체가 전세회복의 가능성 여부를 좌우하기 때문에 적의 기도를 사전에 탐지한다는 것은 매우 중요한 과제이다. 6·25전쟁 발발 전에도 여러 가지 남침징후를 제대로 파악하기 못했거나 무시하게 되었던 과오를 거울삼아 연합 및 합동 민·관까지도 입체적이고 과학적인 조기경보가 가능토록 제 여건을 갖춰야 할 것이다.

다. 전투수행능력 및 전투기량 연마

전쟁초기부터 공중우세권을 상실한 북한군은 불리한 상황극복을 위해 작전 전 기간을 통해 주로 야간작전을 전개했다. 반면에 아군은 공중 및 해상우세권을 장악한 가운데 주간전투 위주로 작전을 실시했고 야간전투란 것은 소부대단위 전술로만 여기고 그 수행능력도 대단히 미흡했다. 이러한 것은 백마고지 전투에서 주·야로 주인이 바뀌는 양상이 벌어졌던 것을 보면 잘 나타난다. 따라서 장차전에서도 야간전투가 필수적임을 명심하고 유비무환의 자세로 대비를 철저히 해야 하겠다.

라. 육·해·공군 전력의 균형 발전

전쟁 기간중 미8군의 공중우세권 장악으로 북한군의 전차를 무용지물로 만들었고 미국 공군의 근접지원 및 융단폭격 등으로 적 병력의 집중을 방지하고 병참선 차단 및 기동을 마비시킬 수 있었으며, 또한 해상권의 장악으로 인천 상륙작전도 가능했으며 해상 병참 보급 및 병력 등의 증원이 가능했고 적 진출을 저지할 수 있었던 것이다. 북한이 해·공군의 증강을 서두르고 있는 것도 이러한 때문이며 우리는 이러한 것에 대한 대비를 철저하게 해야겠다. 6·25전쟁 당시 단 한 대의 전차도 없던 우리 군은 북한군 T-34전차의 공격에 울분을 삼켜야 했다. 이는 전차부대 운용의 중요성을 일깨우는 계기가 됐다. 우리 군은 1957년 미국제 M4A3전차(일명 셔먼전차) 480대를 도입하고, 이듬해 추가로 15대를 들여왔다. 1959년에는 한·미간 추진된 신형장비 교체 계획에 따라 63년까지 M-46전차의 개량형인 M-47전차(패튼전차) 215대를 도입했다. 국군의 베트남전 파병을 계기로 '브라운 각서'에 의해 1966년 7월 2개 기갑여단과 1개 전차대대 창설로 M-48전차를 새로 도입함으로써 지상전력이 획기적으로 개선됐다.

1969년에는 M-48A2C 전차를 주한 미군으로부터 인수했다. 제1차 율곡사업(1974~1981년, 현재 전력증강사업)계획으로 M-47·48계열전차 M48A3·A5 개조 전차와 한국형 전차 개발로 대체됐다. 제2차 율곡사업(82~86년) 추진으로 기존 전차의 성능을 개량해 한국지형에 적합한 K-1전차(88한국형 전차)를 개발, 양산하여 기동 전력을 크게 향상했다. 지금은 120mm 주포를 탑재하고, 주야 전천후 전투가 가능하며 기동간 사격도 100% 명중률과 방호력, 기동력을 대폭 향상한 K1A1전차를 생산, 야전부대에 실전 배치하고 있다.

마. 전·후방 동시전투 체제 확립

우리는 북한군의 제2전선부대가 중공군 1차공세시 UN군 병력의 1/3을 견제했고 중공군 2차공세시에는 미 8군의 우익붕괴를 촉진시켰으며 평양-원산간 신 방어선 형성을 저지하고 미 10군단을 고립시켰는가 하면 미8군은 38선까지 철수하도록 강요했다는 사실을 잘 알고 있다. 장차전에서도 마찬가지일 것이다. 그들은 전·후방 동시 전장화를 위해 지금도 노력하고 있으며 우리는 이에 대한 대비를 해야만 한다.

바. 장차전에 대비 고도의 연합 및 합동작전 훈련 요구

현대전의 양상은 이미 어느 한 국가가 독립적으로 독자적 자주국방을 성취할 수 없게 되었으며 특히 한반도와 같이 열강의 이해가 상충되는 지역에 있어서는 더욱 그러할 것이다. 6·25전을 통해서도 미국을 중심으로 한 UN군과의 연합작전 및 육·해·공군의 합동작전 등의 성공이 있었기에 승리가 가능했던 것이다. 그러나 이러한 연합 및 합동작전에는 어려운 문제가 많으므로 문제점은 평소부터 찾아내어 해결해나가는 적극적인 자세가 필요하다 하겠다.

사. 병참선 확보여부가 전쟁의 승패와 직결

북한군이 기습공격의 효과를 충분히 달성했음에도 공격기세를 끝까지 유지하지 못했던 주 원인중의 하나가 신장된 병참선을 유지하지 못했다는 것이다. 또한 UN군이 북진할 때도 원활하지 못한 병참지원이 문제가 되었다. 병참보급 문제는 소부대로 부터 대부대에 이르기까지 작전에 결정적 영향을 미친다는 사실을 명심해야 한다. 북한군은 배합전으로 아 후방의 병참선 차단을 위해 그들의 전력을 강화하고 있는 것을 감안하여 우리는 우리의 병참선 확보유지는 물론 나아가 적의 병참보급 능력을 마비시킬 수 있는 방법까지도 강구해야 하겠다.

아. 투철한 정신전력 및 국민화합은 총력안보의 원동력

북한군 남침 40여일만에 전 국토의 90%가 적의 수중에 들어가는 절망적 사태에 처했지만 북한군이 기대했던 민중봉기는 일어나지 않았으며 오히려 국민 대부분이 고난의 피난길을 택하고 또 어떤 사람들은 맨 주먹으로 북한군과 맞서 싸웠다. 뿐만 아니라 학생들까지도 자진해서 총을 잡고 전선에 투입되었던 것이다. 이러한 우리의 의지는 UN군 참전 전까지 맨주먹으로 북한군의 남하를 저지했으며 낙동강선에서의 위기를 구하는 원동력이 되었던 것이다. 이러한 "호국의 얼"이야말로 총력안보의 구심점이며 국민화합과 정신전력의 원천으로서 길이 계승되어야 할 우리 민족의 기상임을 이 전쟁을 통해 확인했다.

3. 별오리 남침작전 평가회의

가. 개요

1950년 6월 25일 남침 이후 한반도의 92%를 장악한 8월 이후부터 북한군은 부산 교두보를 돌파하기 위하여 공격한지 약 한달 반에 이르러, 9월 15일 한국군과 미군의 인천상륙작전으로 전황은 반전되었고, UN군의 급 추격을 받아 패주하기 시작하였다. 그 후 중공군의 참전으로 12월 6일 평양을 탈환하고 재차 38°선을 향하여 남하중이던 12월 21일부터 23일까지 평안북도(자강도) 별오리에서 조선 노동당 중앙위원회 제2기 제3차 전원회의인 대규모의 남침작전 평가회의가 김일성이 주재한 가운데 실시되었다. 별오리 남침 작전평가는 북한군 전사에서 "격렬한 전쟁중에 열린 최초의 중앙위원회 총회였지만, 당과 국가생활의 모든 영역에서 전쟁 승리를 위한 일대 전환점이 되었다."라고 평가하고 있고, 시기적인 특성 때문에 차후의 전쟁·작전지도로 직결되는 규범성을 많이 포함하고 있으며, 김일성이 북한군의 작전에 대한 직접적인 평가 및 차후 대책에 관해 언급한 흔하지 않은 자료중에 한가지로 평가된다.

나. 결함사항(북한군 자체 분석)

단계별로 김일성이 지적한 결함내용과 이에 따른 전략적 평가는 1단계 "승리적 전진을 계속하던 시기", 2단계 "일시적 후퇴시기", 3단계 "중국 인민군의 지원으로 종국적 승리를 준비할 시기"로 구분하였다. 6개월간의 전쟁경험에서 얻은 결론으로 김일성은 여섯 가지의 장점과 여덟 가지의 결함사항을 제시하였다. 별오리 회의에서의 김일성의 군사전략상의 반성에 대한 원문과 그 평가는 아래와 같으며 이를 기반으로 하여 북한의 군사노선 및 발전방향은 중국이나 구 소련의 개념을 벗어나 나름대로의 토착적인 체제를 갖추게 되었다.

첫째로 우리는 미 제국주의와 같은 강대한 제국주의 약탈자와 투쟁하는 조건하에서 자기의 예비부대를 더 많이 준비하지 못하였으며 많은 곤란이 있을 것을 완전히 타산하지 못하고 그것을 극복할 준비사업들이 부족하였습니다.

둘째로 아직까지도 우리 군대가 청소하며 우리 군대의 간부들이 청소함으로 말미암아 일단 곤란이 도달할 때에 그를 극복할 조직성이 미약함을 타산하지 못하였던 것입니다. 그 결과 많은 부대의 간부들에게는 비 조직적인 행동으로써 부대를 지휘하는데 결함이 있었고 난관 돌파에 대한 견결성이 부족하였습니다. 그리하여 지휘에 능숙치 못하고 정세를 파악하는데 미숙하며 부대를 통솔하는데 큰 결함이 있었습니다.

셋째로 부대의 규율성이 약하였습니다. 그 결과 많은 부대장들과 지휘관들은 상급의 명령을 제때에 실행하지 않으며 그 명령을 관철하기에 노력하지 않았습니다.

넷째로 적들의 유생력량을 소멸하는 것은 군사승리의 제1조건임을 망각하고 적들을 거저 분산 혹은 도망치게 하였습니다. 그 결과 적들에게 시간적 여유를 주어 다시 부대를 수습하여 가지고 반공할 가능성을 주었습니다.

다섯째로 우수한 공군과 해군과 포화들을 소유한 적들과 싸우는 특수한 조건에서 전투를 진행할 줄 몰랐습니다. 거저 기계적으로 전투규정을 습득하여 각종 부동한 조건하에서와 각종 부동한 전술로써 싸움하는데 부족하였습니다. 특히 적들의 공습이 심한 조건하에서 산지전과 야간전투에 능숙하지 못하였습니다.

여섯째로 적 후방에 유격전쟁을 전개하는 것은 우리가 공군이 약하고 기동성이 약한 조건하에서 적의 기동성을 파괴하며 적을 분산격멸하며 적의 참모부와 후방을 습격하여 적후방에서 제2전선을 조직함으로써 적의 퇴로를 차단하여 적의 공포와 당황을 초래케 하는 것이다.

일곱째로 우리의 후방 공급사업들이 잘 조직되지 못하였으며 후방 기관들에는 많은 해독분자들이 잠입하여 전선공급에 방해를 주었습니다. 그리하여 많은 후방물자를 우리 부대는 제때에 공급받지 않았습니다.

여덟째로 부대내에 정치공작사업이 고도로 전개되지 못하였고 부대내에서 고도로 되는 혁명적 애국사상으로 교양하는 사업이 부족하였습니다.

위와 같은 6 · 25전쟁에 관한 전략적 반성은 전쟁의 와중에서 전쟁책임을 타인에게 전가시키면서 독전을 하려는 의도가 내포되어 있으나, 김일성 스스로가 스스로에게 내린 6 · 25전쟁에 대한 평가이므로 그 후 북한 군사노선 및 발전방향의 기본개념으로 오늘날까지 북한군에 지대한 영향을 미치고 있다.

제5절 6·25전쟁 총평

제국주의 일본의 패망와 더불어 소련이 북한에 진주하자 그들은 김일성을 그들의 괴뢰로 삼아 공산집단의 기초를 다져나갔다. 소련의 세계적화 야욕 일환으로 주어지는 적극적인 군사원조를 받은 북한공산집단은 겨레의 의사에 반하여 이루어진 국토분단의 비극적 현상을 고정화시키면서 남침 준비에 광분해 오다가 드디어 동족상잔의 피비린내 나는 참극을 빚어내고 말았다.

미국정부가 한국은 전략적 가치가 없을 뿐만 아니라 오히려 부담이 된다고 생각하여 대한 군사 및 경제원조에 소극적인 반응을 보였던 반면, 소련은 마르크스-레닌주의에 의한 세계정복사업의 일환으로 북한 공산집단에게 적극적인 원조를 함으로서 한반도에는 힘의 균형이 상실되었는데 이것은 전쟁을 자초한 것이나 다름없는 처사였다. 그리하여 공산주의자들은 제2차 세계대전 후의 냉정시대에 공공연한 무력침공을 최초로 한국에 대해서 감행하게 되었다. 다행이 미국과 유엔의 개입으로 그들의 기도는 좌절되고 말았지만 미국의 개입은 한국만을 위한 것이 아님을 주목해야 한다.

우리들은 미처 준비하지 못한 군사력을 온 국민의 정신력과 피나는 노력으로 보충하면서 3년간 전쟁을 치렀다. 이 땅 위에 살던 많은 사람들이 희생물이 되었고 해방 후 발전되어 왔던 산업시설이 대부분 파괴되었다. 그러나, 이러한 상처를 입고도 우리는 이 땅에 일어난 전쟁의 방향을 스스로 결정할 수 없는 입장에 처하게 되었다. 1950년 10월 7일 유엔이 6·25전쟁에 대하여 결의한 의도의 근본적인 목적이 한국의 통일과 민주정부의 수립에 있었던 반면, 전쟁을 치러는 동안 한국문제의 해결방안은 한국의 통일, 원상회복, 제한전쟁, 그리고 휴전으로 변해갔다. 따라서 스스로의 힘으로 자기의 운명을 결정하지 못하는 민족의 운명은 타인의 의사에 의하여 좌지우지된다는 것을 몸소 체험하였다.

5천년의 역사 터전인 이 강토와 그 역사의 주인인 이 겨레를 재물로 바쳐 적화혁명의 야욕을 짧은 시일 안에 이룩하려던 공산집단의 반역적 도전은 우리의 기나긴 민족사를 통하여 일찍이 경험해본 적이 없는 가장 큰 수난이요 시련이었다. 끊임없는 외세의 침략을 물리치며 삶의 터전을 슬리롭게 지켜온 우리 겨레의 자주적 의지와 줄기찬 생명력은 이와 같은 수난 속에서 다시금 더 높이 불타 올랐다. 우리 겨레가 지닌 불굴의 자주정신과 생명력은 공산집단의 반역적 만행에 의해 제고된 투철한 반공정신과 더불어 저들의 무도한 침략을 물리치면서 불퇴진의 저력을 발휘했으며, 그리하여 초기의 엄청난 열세와 불리함을 이겨내고 전세를 재빨리 역전시킴으로써 조국을 위난에서 구출하였다.

외부세력에 의하여 그어진 분단선은 새로운 휴전선으로 모습만 바꾸어 우리 겨레로 하여금 더할 수 없는 비분을 머금게 한다. 전쟁의 결과는 북한 공산집단에 대하여 대한민국의 명백한 정신적 승리로 매듭지어졌다. 이 전쟁은 동시에 우리 민족사가 세계사의 진행에 긍정적으로 참여하는 커다란 계기를 마련하였으니 겨레의 자주성과 조국의 정통성을 지키기 위한 우리의 대공투쟁은 한 걸음 나아가 자유 우방의 일선에서 공산주의 세력의 팽창을 저지하여 세계의 평화와 안전을 유지하려는 인류공동의 투쟁으로 연결되었던 것이다.

이 전쟁은 또한 우리 겨레로 하여금 주체적인 안보의식을 일깨워 자주국방력의 건설을 촉진케 한 역사적 계기가 되었다. 1948년 미 · 소 점령군의 철수가 끝난 후 자주방위를 위한 실질적 역량을 완전히 갖추지 못하고 있던 상태에서 불의의 침략을 맞은 우리는 이 강토에 전체주의적 공산체제를 강요하려는 북한 공산집단의 무력위협이 존재하는 한 모든 문제에 앞서 그들의 도발을 언제라도 분쇄할 수 있는 역량을 갖추는 것만이 우리의 생존을 위해 절대적으로 중요하다는 것을 깊이 인식하였다.

이 전쟁을 계기로 앙양된 온 겨레의 공산집단에 대한 경각심과 자주국방의 결의가 바탕이 되어 우리 국군의 경이적인 발전과 성장을 거듭하였다. 3년이라는 단기간에 국군의 전투력이 세계적인 수준으로 향상을 이룩한 것은 무엇보다도 공산집단의 무도한 침략으로부터 민족의 생존과 조국의 안전을 보장하기 위해 그 어떤 희생을 무릅쓰고라도 반드시 이겨야 하며 그들과 싸워서 이기려면 반드시 적보다 우세한 힘을 하루빨리 갖추어야 한다는 일념으로 자주국방 의식과 투철한 멸공정신 그리고 애국애족의 사명감으로 모든 장병의 정신이 굳게 무장되었다

우리는 이미 일선 위주의 방위태세에서 탈피하여 정규군은 물론이고 향토예비군과 민방위대을 비롯한 전 국토의 모든 국민들이 전후방 군대와 민간인의 구별없이 국가총력전 수행에 적극 참여하는 총력 안보태세를 갖추었으며 한편으로는 경제개발에 의한 국력 배양과 이를 토대로 하는 방위산업의 육성을 통하여 북한 공산집단과의 단독대결에서 능히 저들을 압도할 수 있는 자주국방 태세의 기초를 다져놓았다. 우리는 국민 모두가 국가발전에 동참하여 국력배양과 국민총화에 매진해야 할 때이다.

색 인

(ㄱ)

(ㄴ)

(ㄷ)

(ㄹ)

참고문헌

□ 국내자료

국방군사연구소, "한국전쟁(상 · 중 · 하)", 1996.
국방부 전사편찬위원회, "한국전쟁사(1권~8권)", 1968~1954.
국방부 군사편찬연구소, "한국전쟁의 새로운 연구", 2002.
합동참모본부, "한국전사", 1984.
육군본부 군사감실, "육군전사(1권~7권)", 1952~1957.
육군본부 군사연구실, "육군역사일지", 1945~1953.
육군본부 군사연구실, "창군전사", 1980.
해군본부 정훈감실 "한국전쟁사(상 · 하)", 1962.
공군본부 정훈감실 "공군사(제1집)", 1962.
해병대 사령부 정훈감실 "해병전투사(제1집)", 1962.
육군대학, "한국전쟁사", 1999.
일본육전사연구보급회편, "한국전쟁", 1987.

□ 국외자료

U.S. Department of the Army, South to the Nakdong North to the Yalu. Washington, D.C. Government Printing Office, 1961.

U.S. Department of the Army, The True Tent and Fighting Front. Washington, D.C. Government Printing Office, 1966.

U.S. Department of the Army, Ebb and Flow : November 1950-July 1951. Center of Military History U. S. Army Washington, D.C., 1990.

U.S. Department of the Navy, History of United States Naval Operations : Korea. Washington, D.C. Government Printing Office, 1962.

U.S. Department of Air Force, The United States Air Force in Korea 1950-1953. New York : Duell, Sloan and Pearce. 1961.

U.S. Joint Chief of Staff, The History of the Joint Chief of Staff, vol.Ⅲ : The Joint Chief of Staff and National Policy-The Korean War, part Ⅰ, Ⅱ. Prepared by James F. Schnabel and Robert J. Watson. Wilmington, Del. : Michael Glazier, 1979.

about the Authors

김성우

육군사관학교졸업, 행정학 박사
미국 인사관리과정
육본 비서실/인사참모부
육군교육사령부
이라크 다국적군사령부 한국군대표 파병
육군대령 예편
원광대학교 겸임교수
영남이공대학교 전임교수
현 : 동명대학교 군사학과 전임교수, 학과장
대한군사교육학회/한국치안행정학회 부회장